电子信息专业
虚拟仿真实验教程

主　编　任国凤
副主编　张　琼　茍燕琴　史慧敏

东北林业大学出版社
Northeast Forestry University Press
·哈尔滨·

版权专有　侵权必究
举报电话：0451-82113295

图书在版编目（CIP）数据

电子信息专业虚拟仿真实验教程/任国凤主编 — 哈尔滨：东北林业大学出版社，2023.1
　　ISBN 978-7-5674-3033-4

Ⅰ.①电… Ⅱ.①任… Ⅲ.①电子信息—计算机仿真—实验—教材 Ⅳ.① G203-33

中国版本图书馆 CIP 数据核字 (2023) 第 018722 号

责任编辑：潘　琦
封面设计：乔鑫鑫
出版发行：东北林业大学出版社
　　　　　（哈尔滨市香坊区哈平六道街 6 号　邮编：150040）
印　　装：长春市昌信电脑图文制作有限公司
开　　本：787 mm×1092 mm　1/16
印　　张：19
字　　数：416 千字
版　　次：2023 年 1 月第 1 版
印　　次：2023 年 1 月第 1 次印刷
书　　号：ISBN 978-7-5674-3033-4
定　　价：78.00 元

如发现印装质量问题，请与出版社联系调换。（电话：0451-82113296　82191620）

前　言

本书以新工科建设为背景，立足应用型人才培养目标，整合电子信息类专业实验教学内容、改进教学方法，构建"认知型－综合设计型－探究型"虚拟仿真实验教学体系。本书具体内容共三篇：第一篇为电子电路篇，包括电子技术实验仿真知识、模拟电子技术实验、数字电子技术实验和数字系统设计实验；第二篇为信号处理篇，包括信号与系统实验和数字信号处理实验；第三篇为通信系统篇，包括通信系统实践理论介绍和通信原理实验。其中，每一章的实验项目主要包括实验目的、实验内容、预习要求、实验设计及仿真、问题讨论及开放性拓展等内容。

全书内容丰富，系统性和科学性强，适合电子信息专业应用型本科高校的教师作为教材或学生实践学习的参考书，尤其是在新工科建设背景下，本书可作为电子信息专业混合式实践教学的重要参考资料。

本书由忻州师范学院电子系任国凤任主编，张琼、荀燕琴和史慧敏任副主编，其中，张琼编写共计14万字，荀燕琴编写共计14万字，史慧敏编写共计13.6万字。全书由任国凤统稿总纂。限于时间和编写水平，书中的有不足之处，恳请同行专家、读者批评指正。

编者

2022年12月

目　录

第一篇　电子电路篇

第1章　电子技术实验仿真知识 ... 3
- 1.1　概述 ... 3
- 1.2　Multisim 仿真软件 ... 3
- 1.3　Quartus Ⅱ 软件 ... 6
- 1.4　ModelSim 软件 ... 7
- 1.5　实验教学要求 ... 8

第2章　模拟电子技术实验 ... 9
- 2.1　模拟电子技术基础性实验 ... 9
- 2.2　模拟电子技术综合性实验 ... 22

第3章　数字电子技术实验 ... 35
- 3.1　数字电子技术基础性实验 ... 35
- 3.2　数字电子技术综合设计性实验 ... 53

第4章　数字系统设计实验 ... 76
- 4.1　数字系统设计方法概述 ... 76
- 4.2　硬件描述语言及仿真测试软件 ... 79
- 4.3　数字系统设计基础性实验 ... 80
- 4.4　数字系统设计综合设计性实验 ... 101

第二篇　信号处理篇

第5章　信号与系统实验 ... 117
- 5.1　常见基本信号的分类及观察 ... 117
- 5.2　常见信号基本运算的 MATLAB 实现 ... 131
- 5.3　连续 LTI 系统的时域分析 ... 143
- 5.4　周期信号的傅里叶级数分解与合成 ... 147
- 5.5　Fourier 变换及性质 ... 160

    5.6　频域分析及应用 ··· 177
    5.7　抽样定理 ··· 183
    5.8　Laplce 变换 ·· 191
    5.9　连续 LTI 系统的 S 域分析 ·· 196
第 6 章　数字信号处理实验 ··· 204
    6.1　离散时间信号及其运算 ·· 213
    6.2　离散 LTI 系统的时域分析 ·· 216
    6.3　Z 变换和 Z 域分析 ··· 214
    6.4　离散傅里叶变换和快速傅里叶变换 ···································· 222
    6.5　FIR 数字滤波器设计及软件实现 ······································· 233
    6.6　IIR 数字滤波器设计与软件实现 ·· 243

第三篇　通信系统篇

第 7 章　通信系统实践理论 ··· 255
    7.1　概述 ··· 255
    7.2　Simulink 仿真环境 ·· 255
    7.3　通信系统实验简介 ··· 257
第 8 章　通信原理实验 ··· 259
    8.1　模拟调制解调系统实验 ·· 259
    8.2　数字基带通信系统实验 ·· 271
    8.3　数字带通系统实验 ··· 278

参考文献 ·· 298

第一篇 电子电路篇

第1章 电子技术实验仿真知识

1.1 概述

随着电子技术和计算机技术的发展,电子产品已与计算机紧密相连,电子产品的智能化日益完善,电路的集成度越来越高,而产品的更新周期却越来越短。电子设计自动化(Electronic Design Automation,EDA)技术,使得电子线路的设计人员能在计算机上完成电路的功能设计、逻辑设计、性能分析、时序测试,以及印刷电路板的自动设计。对于从事电子行业的设计人员来说,不会使用电子设计自动化工具是无法适应信息社会对设计人员的要求的。而 EDA 工具的使用方法并不是在短时间就能掌握的。因此,在高校电子电路课程中结合教学内容引入 EDA 工具软件进行设计,使学生掌握一定的 EDA 技术和 EDA 软件的使用方法是非常必要的。

EDA 技术已经在电子设计领域得到广泛应用。很多发达国家目前已经基本上不存在电子产品的手工设计。EDA 技术借助计算机存储量大、运行速度快的特点,可实现设计方案进行人工难以完成的模拟评估、设计检验、设计优化和数据处理等工作。EDA 已经成为集成电路、印制电路板、电子整机系统设计的主要技术手段。

1.2 Multisim 仿真软件

Multisim 是以 Windows 为基础的 EDA 仿真工具,属于美国国家仪器公司的电路设计软件套件,是入选加州大学伯克利分校 SPICE 项目中为数不多的几款软件之一。Multisim 在学术界以及产业界被广泛地应用于电路教学、电路图设计以及 SPICE 模拟。Multisim 是以 Windows 为基础的仿真工具,适用于板级的模拟/数字电路板的设计工作。它包含了电路原理图的图形输入、电路硬件描述语言输入方式,具有丰富的仿真分析能力和形象直观的优点。

Multisim 的主要特点有以下几个方面。

(1)友好直观的用户界面。元器件和测试仪器等均可从屏幕上的器件库和仪器库中直接选取,电路原理图的创建、电路的测试分析和结果的图表显示等全部集成到同一电路窗口。

(2)丰富的元件库。提供了规模庞大的元器件库,各种元件分门别类地放在这些元件箱中供用户随意调用,用户还可以建立自己的元件库,即对自己研发的新器件编辑、修改和创建。

（3）齐全的虚拟仪表。有大量的仪器仪表，如万用表、函数信号发生器、双踪示波器、波特图仪、字信号发生器、逻辑分析仪、逻辑转换器、失真仪和频谱分析仪等。这些仪器的参数设置、使用方法与外观设计与真实仪器基本一致，且能多台同时调用，并可将测试结果保存，为电路的仿真提供了强大的保证。

（4）强大的分析功能。可以完成电路的瞬态分析和稳态分析、时域和频域分析、器件的线性和非线性分析、电路的噪声分析和失真分析、离散傅里叶分析、电路零极点分析、交直流灵敏度分析等电路分析方法，以帮助设计人员分析电路的性能。

使用 Multisim 是软件进行电路设计和分析可以采用流程图的方式表示。首先，应根据电路功能绘制电路原理图，包括元器件的选取和元器件之间的物理连接；其次，根据要求设置元器件参数；再次，使用 Multisim 虚拟实验平台提供的虚拟实验仪器进行参数的测量，如果测量数据有误应分析其原因并修改电路元件参数，直到结果达到满意为止；最后，根据实验结果进行分析与总结。

可以使用 Multisim 交互式地搭建电路原理图，并对电路进行仿真。Multisim 提炼了 SPICE 仿真的复杂内容，这样无须懂得深入的 SPICE 技术就可以很快地进行捕获、仿真和分析新的设计，这也使其更适用于电子学教学。通过 Multisim 和虚拟仪器技术，PCB 设计工程师和电子学教育工作者可以完成从理论到原理图捕获与仿真再到原型设计和测试这样一个完整的综合设计流程。

Multisim 计算机仿真与虚拟仪器技术可以很好地解决理论教学与实际动手实验相脱节的这一难题。学生可以很好地、很方便地把刚刚学到的理论知识用计算机仿真真实地再现出来，并且可以用虚拟仪器技术创造出真正属于自己的仪表，极大地提高了学员的学习热情和积极性。真正地做到了变被动学习为主动学习。这些在教学活动中已经得到了很好的验证；还有很重要的一点就是，计算机仿真与虚拟仪器对教师的教学也是一个很好的提高和促进。

Multisim 电路仿真软件最早是加拿大图像交互技术公司（Interactive Image Technologies，IIT）于 20 世纪 80 年代末推出的一款专门用于电子线路仿真的虚拟电子工作平台（Electronics Workbench，EWB），用来对数字电路、模拟电路以及模拟/数字混合电路进行仿真。20 世纪 90 年代初，EWB 软件进入我国。1996 年 IIT 公司推出 EWB 5.0 版本，由于其操作界面直观、操作方便、分析功能强大、易学易用等突出优点，在我国高等院校得到迅速推广，也受到电子行业技术人员的青睐。

从 EWB 5.0 版本以后，IIT 公司对 EWB 进行了较大的变动，将专门用于电子电路仿真的模块改名为 Multisim，将原 IIT 公司的 PCB 制板软件 Electronics Workbench Layout 更名为 Ultiboard，为了增强器布线能力，开发了 Ultiroute 布线引擎。另外，IIT 公司还推出了用于通信系统的仿真软件 Commsim。至此，Multisim、Ultiboard、Ultiroute 和 Commsim 构成现在 EWB 的基本结构，能完成从系统仿真、电路仿真到电路板图生成的全过程，其中，最具特色的仍然是电路仿真软件 Multisim。

2001年，IIT公司推出了Multisim 2001，重新验证了元件库中所有元件的信息和模型，提高了数字电路仿真速度，开设了EdaPARTS.com网站，用户可以从该网站得到最新的元件模型和技术支持。

2003年，IIT公司又对Multisim 2001进行了较大的改进，并将其升级为Multisim 7，其核心是基于带XSPICE扩展的伯克利SPICE的强大的工业标准SPICE引擎来加强数字仿真的，提供了19种虚拟仪器，尤其是增加了3D元件以及安捷伦的万用表、示波器、函数信号发生器等仿实物的虚拟仪表，将电路仿真分析增加到19种，元件增加到13 000个。提供了专门用于射频电路仿真的元件模型库和仪表，以此搭建射频电路并进行实验，提高了射频电路仿真的准确性。此时，Multisim 7已经非常成熟和稳定，是加拿大IIT公司在开拓电路仿真领域的一个里程碑。随后IIT公司又推出Multisim 8，增加了虚拟Tektronix示波器，仿真速度有了进一步提高，仿真界面、虚拟仪表和分析功能则变化不大。

2005年以后，IIT公司隶属于美国NI公司，并于2005年12月推出Multisim 9。Multisim 9在仿真界面、元件调用方式、搭建电路、虚拟仿真、电路分析等方面沿袭了EWB的优良特色，但软件的内容和功能有了很大不同，将NI公司的最具特色的LabVIEW仪表融入Multisim 9，可以将实际I/O设备接入Multisim 9，克服了原Multisim软件不能采集实际数据的缺陷。Multisim 9还可以与LabVIEW软件交换数据，调用LabVIEW虚拟仪表，增加了51系列和PIC系列的单片机仿真功能，还增加了交通灯、传送带、显示终端等高级外设元件。

2007年NI公司发行NI系列电子电路设计套件（NI Circuit Design Suite 10），该套件含有电路仿真软件NI Multisim 10和PCB板制作软件NI Ultiboard 10两个软件，增加了交互部件的鼠标单击控制、虚拟电子实验室虚拟仪表套件（NI ELVIS Ⅱ）、电流探针、单片机的C语言NI公司于2007年8月26日发行NI系列电子电路设计套件（NI Circuit Design Suite 10），该套件含有电路仿真软件NI Multisim 10和PCB板制作软件NI Ultiboard 10两个软件，增加了交互部件的鼠标单击控制、虚拟电子实验室虚拟仪表套件（NI ELVIS Ⅱ）、电流探针、单片机的C语言编程以及6个NI ELVIS仪表。

2010年初，NI公司正式推出NI Multisim 11，能够实现电路原理图的图形输入、电路硬件描述语言输入、电子线路和单片机仿真、虚拟仪器测试、多种性能分析、PCB布局布线和基本机械CAD设计等功能。

2012年，NI公司又推出了Multisim 12。Multisim 12电路仿真环境通过使用直观的图形化方法，简化了复杂的传统电路仿真，并且提供了用于电路设计和电子教学的量身定制版本。

2013年，NI公司发布了Multisim 13.0，提供了针对模拟电子、数字电子及电力电子的全面电路分析工具。

2018年，NI公司发布了Multisim 14.0，全新的主动分析模式可让用户更快速地获得仿真结果和运行分析。借助全新的iPad版Multisim，随时随地可进行电路仿真。来自领先制造商的6 000多种新组件借助领先半导体制造商的新版和升级版仿真模型，扩展模拟和混合模式应用。

电子技术的实验与课程设计主要以 Multisim 14 为基础来设计与分析（图 1.1、图 1.2）。

图 1.1 Multisim 元器件

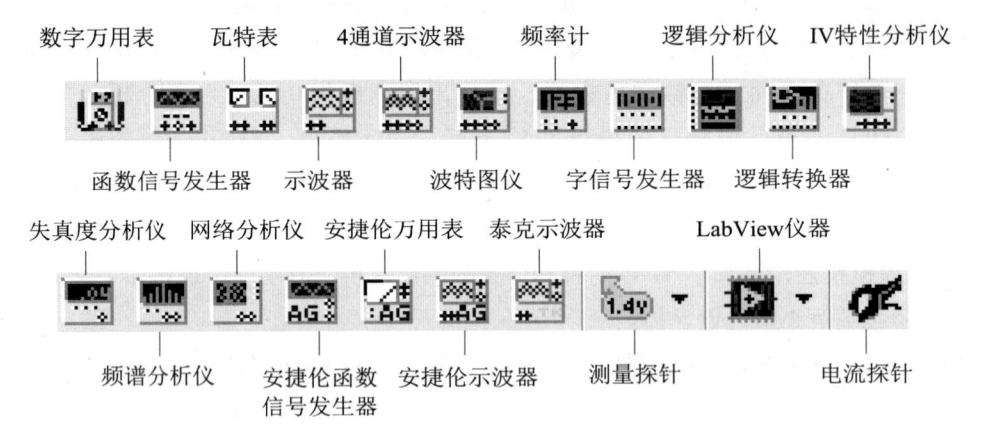

图 1.2 虚拟仪器仪表

1.3 Quartus Ⅱ 软件

Altera 公司的 Quartus Ⅱ 软件提供了 SOPC（System on Programmable Chip，可编程片上系统）设计的一个综合开发环境，是进行 SOPC 设计的软件基础。Quartus Ⅱ 软件集成环境包括以下内容：系统级设计，嵌入式软件开发，可编程逻辑元件（PLD）设计、综合、布局和布线、验证和仿真。

Quartus Ⅱ 软件根据设计者需要提供了一个完整的多平台开发环境，它包括整个 FPGA 和 CPLD 设计阶段的解决方案。图 1.3 给出了 Quartus Ⅱ 软件的开发流程。

Quartus Ⅱ 软件为流程的每个阶段提供 Quartus Ⅱ 图形用户界面、EDA 工具界面和命令行界面。可以在整个流程中使用这些界面中的任意一个，也可以在设计流程的不同阶段使用不同的界面。

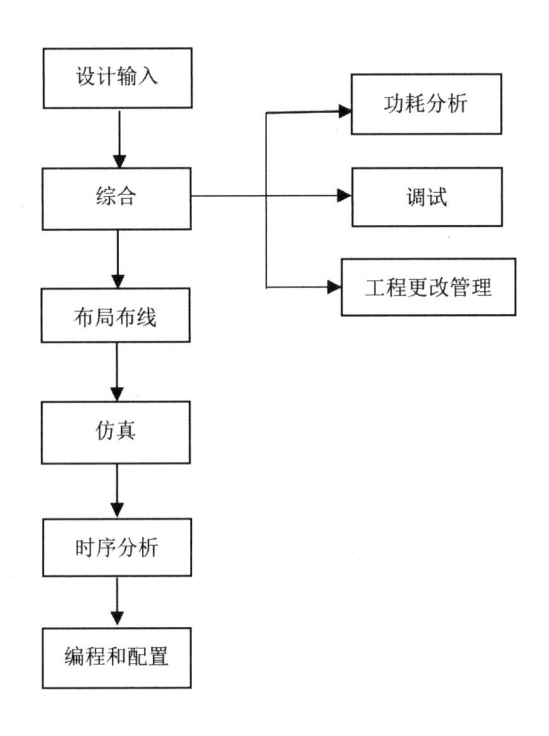

图 1.3 Quartus Ⅱ 软件开发流程

1.4 ModelSim 软件

Mentor 公司的 ModelSim 是业界最优秀的 HDL 语言仿真软件,它能提供友好的仿真环境,是业界唯一的单内核支持 VHDL 和 Verilog 混合仿真的仿真器。它采用直接优化的编译技术、Tcl/Tk 技术和单一内核仿真技术,编译仿真速度快,编译的代码与平台无关,便于保护 IP 核,个性化的图形界面和用户接口,为用户加快调错提供强有力的手段,是 FPGA/ASIC 设计的首选仿真软件。

ModelSim 软件的主要特点包括以下几个方面。

(1) RTL 和门级优化,本地编译结构,编译仿真速度快,跨平台跨版本仿真;

(2) 单内核 VHDL 和 Verilog 混合仿真;

(3) 源代码模板和助手,项目管理;

(4) 集成了性能分析、波形比较、代码覆盖、数据流 ChaseX、Signal Spy、虚拟对象 Virtual Object、Memory 窗口、Assertion 窗口、源码窗口显示信号值、信号条件断点等众多调试功能;

(5) C 和 Tcl/Tk 接口,C 调试;

(6) 对 SystemC 的直接支持,和 HDL 任意混合;

(7) 支持 SystemVerilog 的设计功能;

（8）对系统级描述语言的最全面支持，SystemVerilog，SystemC，PSL；

（9）可以单独或同时进行行为（behavioral）、RTL 级和门级（gate-level）的代码。

1.5 实验教学要求

通过实验教学环节，学生应达到以下基本要求：

（1）正确使用常用电子仪器。

（2）掌握电子电路的基本测试技术。

（3）学会正确记录实验数据，分析实验结果。

（4）学会查阅电子器件手册和相关技术资料。

（5）具有选择元器件设计小系统电子电路和进行安装调试的能力。

（6）具有初步分析、寻找和排除常见故障的能力。

（7）会使用电子设计自动化（EDA）软件对一般电子电路进行设计、模拟仿真和下载编程。

（8）能独立撰写有理论分析、实事求是、行文通顺的实验报告。

第 2 章 模拟电子技术实验

"模拟电子技术实验"是电子信息工程专业与通信专业的专业基础实践课程之一。本章内容是在"模拟电子技术"理论课程的教学基础上,通过实验使学生加深对所学理论知识的理解,培养学生对模拟电子电路的实验研究能力。该课程完成后,学生巩固和加深了所学所学的模拟电子技术理论知识,培养了运用理论解决实际问题的能力。学生应掌握常用电子仪器的使用方法,熟悉各种测量技术和测量方法,掌握典型的电子线路的装配、调试和基本参数的测试,逐渐学习排除实验故障,学会正确处理测量数据,分析测量结果,为后续课程和从事实际工作打下良好的基础,并在实验中培养严肃认真、一丝不苟、实事求是的态度。

2.1 模拟电子技术基础性实验

2.1.1 三极管直流特性测试

2.1.1.1 实验目的
（1）理解晶体管参数和特性曲线的物理意义；
（2）掌握测试晶体管直流参数的方法。

2.1.1.2 实验内容
晶体三极管是电子电路中最常见的器件之一,其性能参数可以从特性曲线上加以判断。晶体三极管具有电流放大作用,其实质是三极管能以基极电流微小的变化量来控制集电极电流较大的变化量。图 2.1 是输入特性曲线测试电路原理图,测绘输入特性曲线如图 2.2 所示。图 2.3 是输出特性曲线测试电路原理图,测绘输出特性曲线如图 2.4 所示。

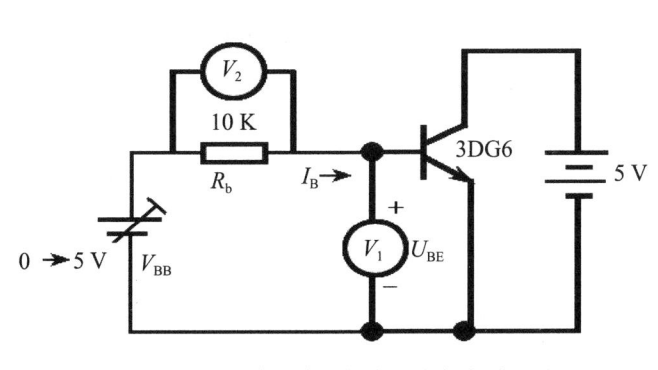

图 2.1 输入特性曲线测试电路原理图　　图 2.2 输入特性曲线

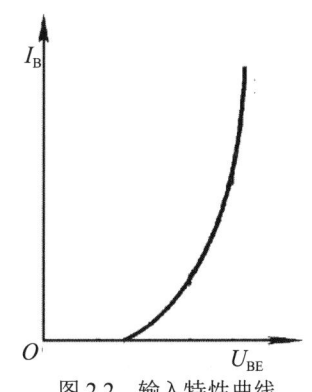

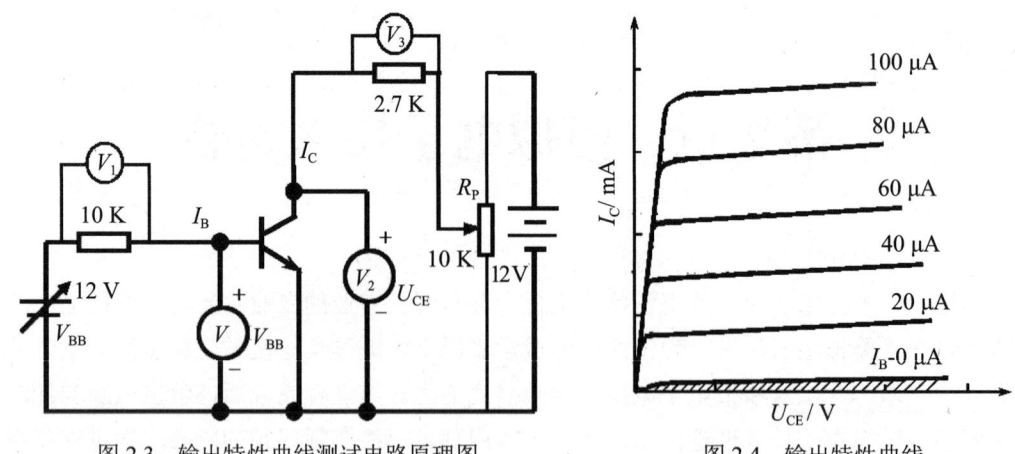

图 2.3　输出特性曲线测试电路原理图　　　图 2.4　输出特性曲线

利用 Multisim 软件对晶体三极管的输入和输出特性曲线进行测量。IV 分析仪（IV-Analysis）是测试半导体器件特性曲线的仪器，等同于现实的晶体管特性曲线测试仪，用来分析二极管、PNP 和 NPN 晶体管、PMOS 和 CMOS FET 的 IV 特性。

利用 Multisim 软件直流扫描法分析三极管输入输出特性曲线。直流扫描分析的作用是计算电路在不同直流电源下的直流工作点。设置扫描的起始值，设置扫描的终止值，直流工作点是使用指定的起始值计算的，来自电源的值增加，并计算另一个直流工作点。再次增加增量值，过程继续直至达到停止值。结果显示在图示仪视图（Grapher View）上。

2.1.1.3　预习要求

（1）理解晶体管参数和特性曲线；

（2）掌握输入输出特性曲线的函数关系；

（3）掌握 Multisim IV 分析仪的测量方法。

（4）掌握 Multisim 直流扫描法的测量方法。

2.1.1.4　实验设计及仿真

（1）IV 特性分析仪。

IV 分析仪可用于分析半导体器件的输出特性曲线。以 NPN 型晶体管 2N2222A 为例，从仪表工具栏中单击选取 IV 分析仪，双击该图标打开显示面板。在元器件下拉菜单中选择 BJT NPN 选项，面板右下方则显示晶体管的 b、e 和 c 三极连接顺序的示意图。建立测试电路如图 2.5 所示。点击面板上的仿真参数按钮，设定 U_{CE}（V_ce）和 I_B（I_b）扫描范围分别为 0～5 V 和 0～40 μA，如图 2.6 所示。点击仿真按钮进行仿真，得到晶体管的输出特性曲线如图 2.7 所示。面板下方可以显示光标所在位置的某条曲线 i_B、U_{CE} 及 i_C 的值，单击其他曲线可显示相应数值。

（2）直流扫描法。

直流扫描法分析三极管输入特性曲线，测试电路如图 2.8 所示。设定 V_1 为扫描电压，扫描范围分别为 0～5 V，扫描结果输入特性曲线如图 2.9 所示。

直流扫描法分析三极管输出特性曲线，测试电路如图 2.10 所示。设定 V_2 和 I_1 分别为扫描电压和扫描电流，扫描范围分别为 0～12 V 和 0～60 μA，扫描结果如图 2.11 所示。

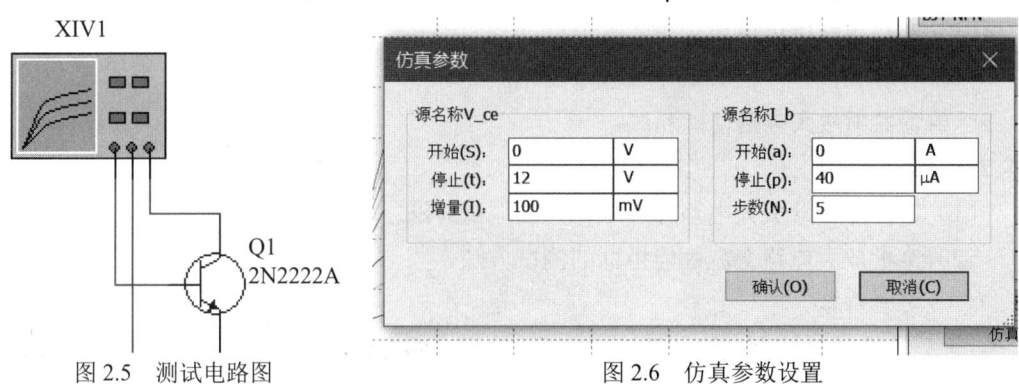

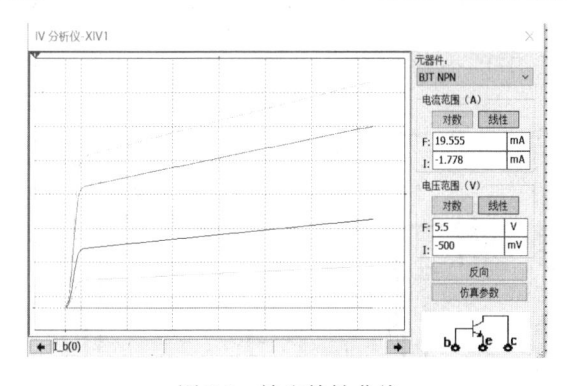

图 2.5　测试电路图

图 2.6　仿真参数设置

图 2.7　输出特性曲线

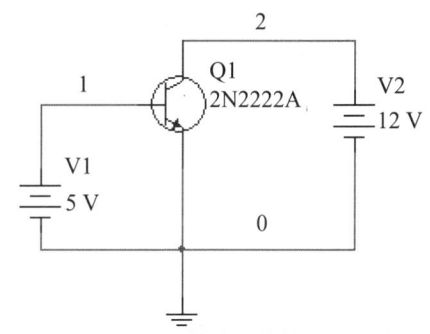

图 2.8　三极管输入特性测试电路

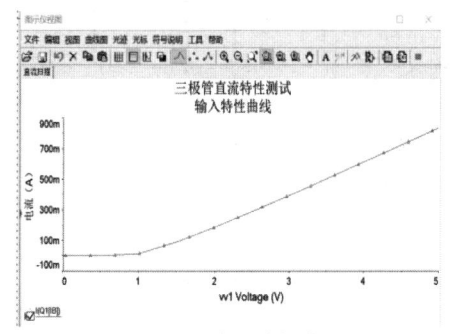

图 2.9　输入特性曲线

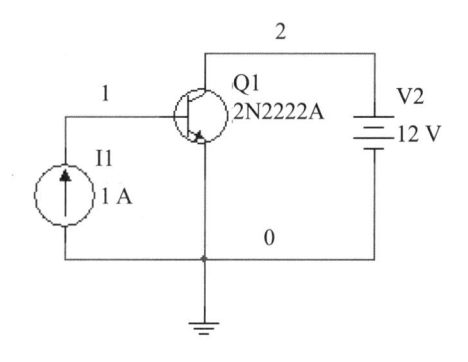

图 2.10　三极管输出特性测试电路

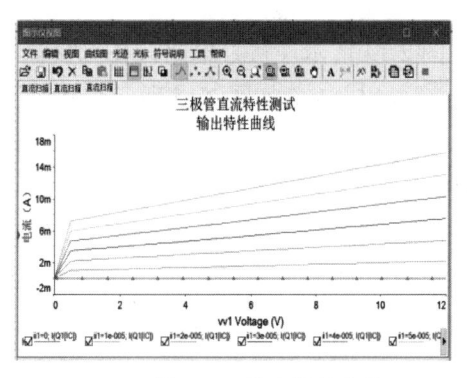

图 2.11　输出特性曲线

· 11 ·

2.1.1.5 问题讨论及开放性拓展

（1）实际电路中电流放大系数 β 值处处相等吗？

（2）计算 β 值时，一般取什么区域的电流计算？

2.1.2 单管共射放大电路性能测试

2.1.2.1 实验目的

（1）掌握晶体管放大电路静态工作点的调试方法；

（2）掌握放大电路交流性能指标的测试方法。

2.1.2.2 实验内容

单管分压式共射放大电路如图 2.12 所示，放大电路交流参数测试示意图如图 2.13 所示，在无输入交流信号的情况下，调节偏置电阻 R_P，使 $I_C = 2mA$，$U_{R_C} = 5.4$ V，确定静态工作点。输入端接入交流信号源，测试交流参数。

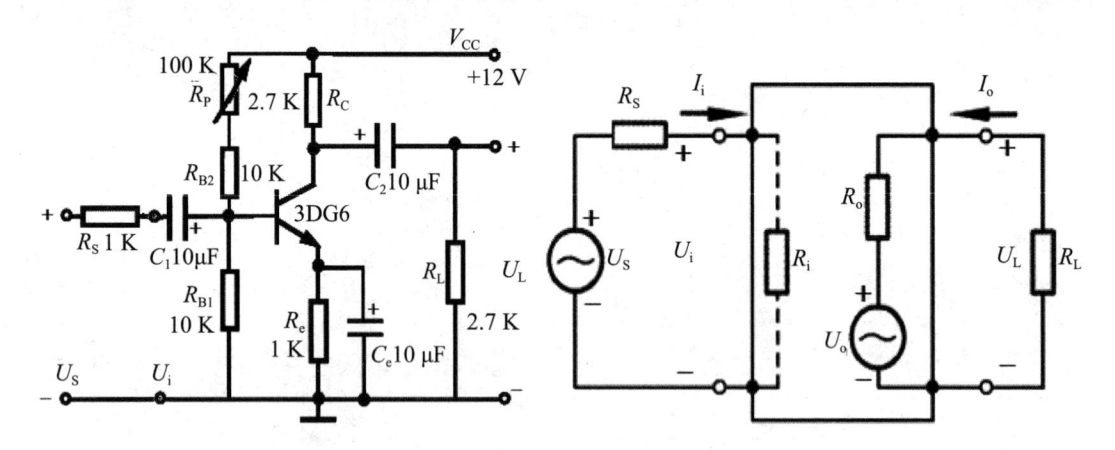

图 2.12 分压式共射放大电路   图 2.13 放大电路交流参数测试示意图

2.1.2.3 预习要求

（1）理解晶体管放大电路的性能；

（2）掌握放大电路交流性能指标。

2.1.2.4 实验设计及仿真

（1）静态工作点的调试。

按图 2.14 所示连接好电路，在无交流信号输入的情况下，调节偏置电阻 R_P，使 $I_C = 2$ mA，$U_{R_C} = 5.4$ V，如图 2.15 所示，然后用万用电表分别测量 U_{CEQ}、U_{CQ}、U_{BQ}、U_{EQ}，并测出此时 R_P 的值填入表 2.1。

（2）交流参数的测试。

按图 2.16 连好电路，输入端接入交流信号源，信号频率为 1 kHz，先将负载电阻断开，将电路的输出端接到示波器的输入端，改变输入信号的幅值，观察输出波形，输出波形如图 2.17 所示，在输出波形不失真的情况下，用数字万用表分别测试信号源电压 U_S、输入电压 U_i、空载输出电压 U_o，在输入不变的情况下，把负载接入电路，测出负载两端的电压 U_L，填入表 2.2，并计算电路的放大倍数 A_U、输入电阻 R_i、输出电阻 R_o。

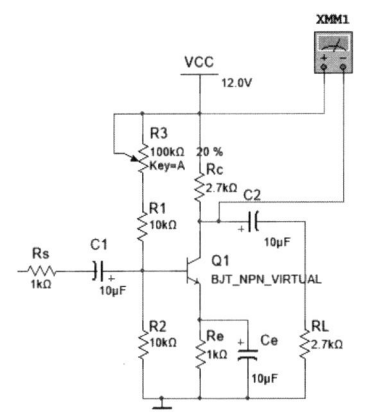

图 2.14 分压式偏置共射放大电路测试图 　　图 2.15 万用表测试图

表 2.1　$I_C = 2$ mA（$U_{R_C} = 5.4$ V）

测量参数	U_{BQ}/V	U_{CQ}/V	U_{EQ}/V	U_{CEQ}/V	R_P/kΩ
测量值	2.847	6.507	2.055	4.452	19.976

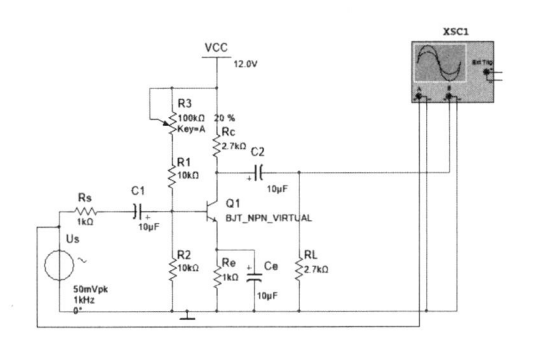

图 2.16　交流参数的测试电路 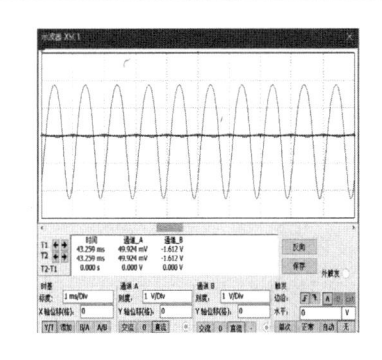　　图 2.17　交流参数的示波器测试

表 2.2　信号频率 f 为 1 kHz 时各个参数的数值

测量参数	U_S	U_i	U_o	U_L	$A_{US}=U_L/U_S$	$A_U=U_L/U_i$	$R_i=\dfrac{U_i}{U_S-U_i}R_L$	$R_o=\dfrac{U_o-U_L}{U_L}R_L$
数值	707 mV	515 mV	4.99 V	3.448 V	4.88	6.70	2.68 kΩ	1.21 kΩ

2.1.2.5　问题讨论及开放性拓展

（1）分压式偏置共射放大电路中，调节基极电阻可以实现集电极电流改变。借助万用表在不断开电路的前提下，通过哪些量的测量可以确定集电极电流？

（2）分压式偏置共射放大电路中，已知信号源和信号源内阻，借助万用表在不断开电路的前提下，通过哪些量的测量可以确定输入电流、输入电压、输入电阻？

（3）分压式偏置共射放大电路中，信号源确定，借助万用表在不断开电路的前提下，通过哪些量的测量可以确定输出电流、输出电压、输出电阻、电压放大倍数？

2.1.3　差动放大电路

2.1.3.1　实验目的

（1）掌握差动放大电路的调试方法；

（2）掌握差动放大器电压放大倍数和共模抑制比的测量方法。

2.1.3.2 实验内容

典型的差动放大电路如图 2.18 所示。该电路用于测试电路的静态工作点，测量差模放大倍数、共模放大倍数。

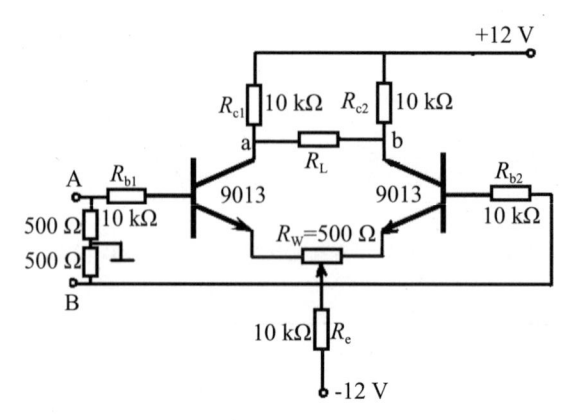

图 2.18　典型差动电路

2.1.3.3 预习要求

（1）掌握差动放大器的主要性能指标；

（2）掌握电路信号输入及测量方式。

2.1.3.4 实验设计及仿真

（1）调零，并测量静态工作点。

按图 2.18 连接电路，将 A、B 短接接地，用数字万用表测量两管集电极 a、b 之间的电压 ΔU_o，调节可调电阻 R_P 使 $\Delta U_o=0$。测量此时电路的静态值，测量电路如图 2.19 所示，测量结果填入表 2.3。

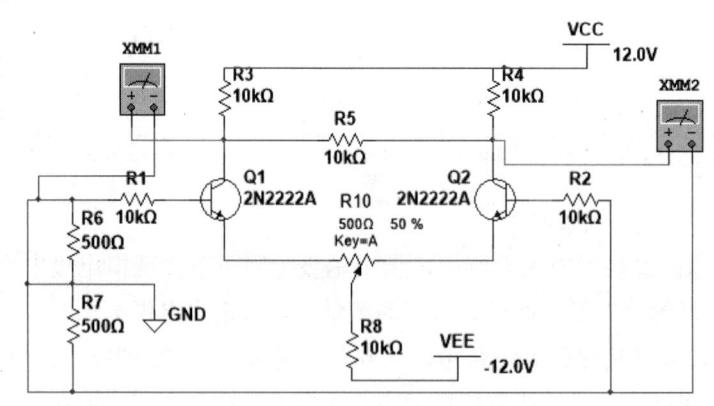

图 2.19　静态工作点仿真测量图

表 2.3　电路静态值

测量参数	U_{B1}	U_{B2}	U_{C1}	U_{C2}	U_{CE1}	U_{CE2}	I_{C1}	I_{C2}
测量值	38 mV	38 mV	6.428 V	6.426 V	7.069 V	7.069 V	0.557 mA	0.557 mAV

（2）将 A、B 间的短路线拆去，然后在 A、B 间接入频率 $f = 50$ Hz 的差模信号 U_i，

用示波器观察输出波形,在不失真的前提下,调节一个合适的输入信号幅值,当前信号设置为 50 Hz,100 mV,测量此时的输入输出,通过信号发生器输入差模信号电路图如图 2.20 所示,如果示波器观察输入输出信号如图 2.21 所示,即说明信号得到放大,通过万用表测量参数,填入表 2.4。

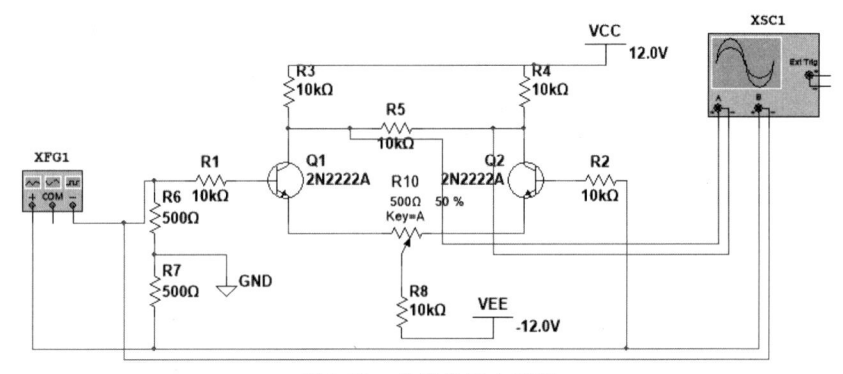

图 2.20 差模信号电路图

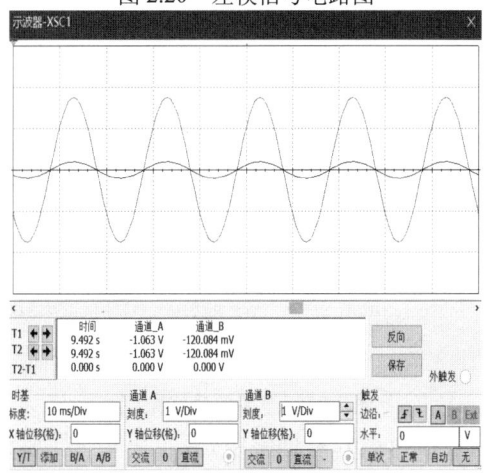

图 2.21 差模信号结果图

表 2.4 差模输入

测量参数	U_{i1}	U_{i2}	U_{c1}	U_{c2}	U_o	$A_{d1}=U_{c1}/U_{i1}$	$A_{d2}=U_{c2}/U_{i2}$	$A_d=\dfrac{U_o}{U_{i1}-U_{i2}}$
数值	70.7 mV	70.7 mV	623 V	623 V	1.245 V	8.81	8.81	∞

(3)将 A、B 两端短路,在 A 与地之间加入共模信号,当前信号设置为 50 Hz,100 mV,测量此时的输入输出,通过信号发生器输入差模信号电路图如图 2.22 所示,如果示波器观察输入输出信号如图 2.23 所示,即说明输出信号得到抑制,基本为零,通过万用表测量参数,填入表 2.5。

表 2.5 共模输入

测量参数	U_{i1}	U_{i2}	U_{c1}	U_{c2}	U_o	$A_{c1}=U_{c1}/U_{i1}$	$A_{c2}=U_{c2}/U_{i2}$	$A_c=U_c/U_i$
数值	141 mV	141 mV	68.3 mV	68.3 mV	0.2 μV	0.48	0.48	0

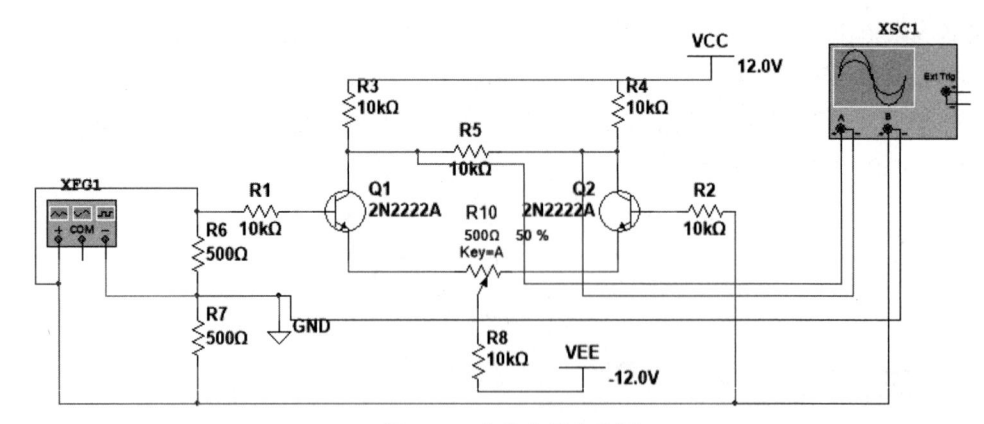

图 2.22 共模信号电路图

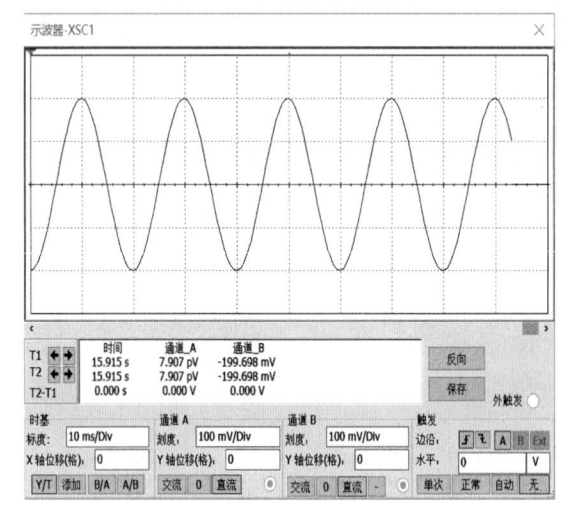

图 2.23 差模信号结果图

（4）根据所测数据计算电路的共模抑制比。

$$K_{\text{CMR}} = \frac{|A_{\text{d}}|}{|A_{\text{c}}|} = \infty$$

2.1.3.5 问题讨论及开放性拓展

（1）差动放大器都有那些优点？差动放大器为什么能较好地抑制零点漂移？

（2）发射极电阻 R_{e} 起什么作用，如果没有行不行？

2.1.4 负反馈放大电路

2.1.4.1 实验目的

（1）掌握在电路中引入负反馈的方法；

（2）进一步理解负反馈对电路性能的影响。

2.1.4.2 实验内容

电压并联负反馈放大电路性能参数测试，电路如图 2.24 所示，基本放大器的各项性能指标测试，电路如图 2.25 所示。

图 2.24 电压并联负反馈

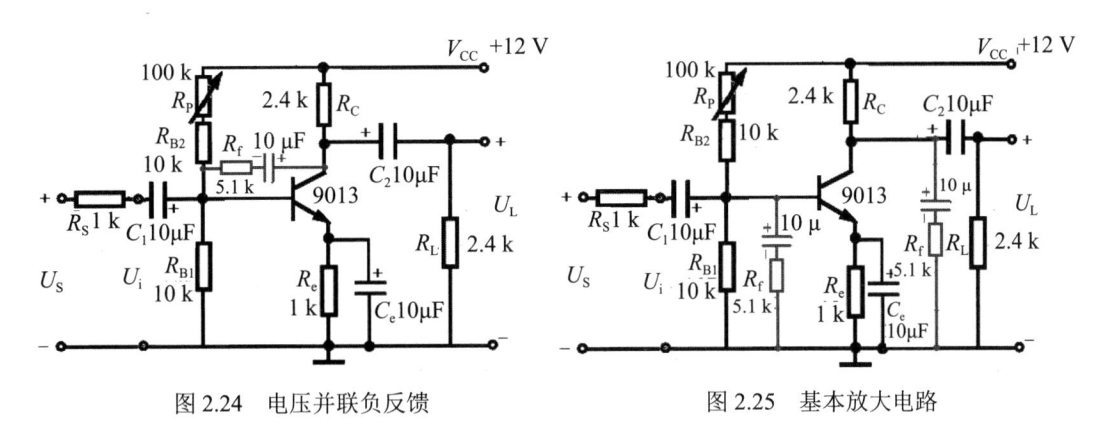

图 2.25 基本放大电路

2.1.4.3 预习要求

（1）掌握负反馈放大电路的主要性能指标；

（2）掌握电路信号输入及测量方式。

2.1.4.4 实验内容及仿真

电压并联负反馈放大电路性能参数测试，测试电路如图 2.26 所示。

（1）调节静态工作点。

在无输入交流信号的情况下，调节偏置电阻 R_P，使得 R_C 两端电压与 U_{CE} 接近即可，测量电路如图 2.26 所示，用万用表电压挡位测量 U_{BQ}、U_{EQ}、U_{CEQ} 并填写表 2.6。

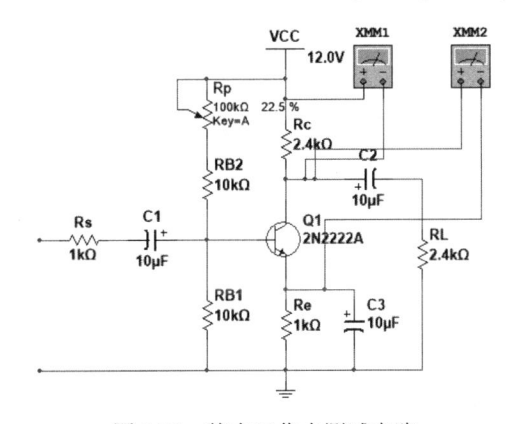

图 2.26 静态工作点测试电路

表 2.6 静态工作点

测量参数	U_{BQ}/V	U_{EQ}/V	U_{CEQ}/V	I_{CQ}/mA
参数值	2.721	2.077	4.97	2.06

（2）电路性能参数测试，测试电压放大倍数 A_{uf}，输入电阻 R_{if} 和输出电阻 R_{of}。

①以 $f=1\ \text{kHz}$ 的正弦信号输入放大器，用示波器监视输出波形 U_o，测量电路如图 2.27 所示，在 U_o 不失真的情况下，示波器显示输入输出波形如图 2.28 所示，测量 U_S、U_i、U_L，记入表 2.7。

②保持 U_S 不变，断开负载电阻 R_L，测量电路如图 2.29 所示，示波器显示输入输出波形如图 2.30 所示，测量空载时的输出电压 U_o，记入表 2.7。

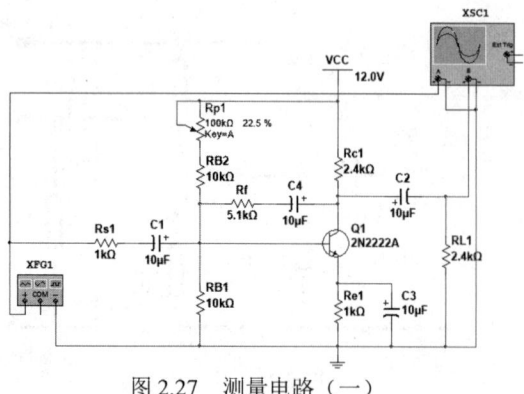

图 2.27　测量电路（一）

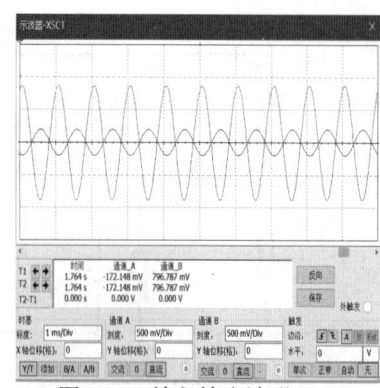

图 2.28　输入输出波形（一）

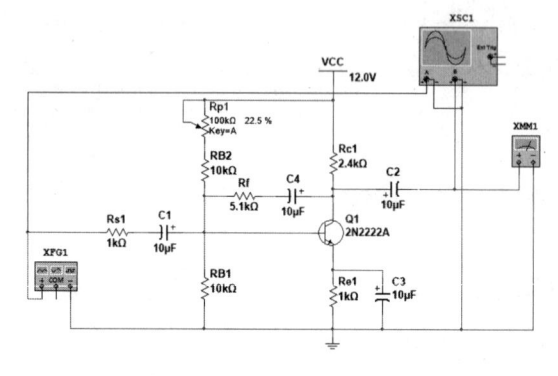

图 2.29　测量电路（二）

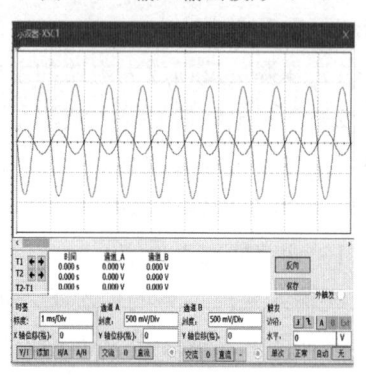

图 2.30　输入输出波形（二）

(3) 测试基本放大器的各项性能指标。

将实验电路改接为图 2.25 所示的基本放大电路。调节 U_S，在输出波形不失真的条件下，重复（2）中的步骤，测量电路如图 2.31 所示，波形图如图 2.32 所示，测量基本放大器的 A_u、R_i 和 R_o，记入表 2.7。

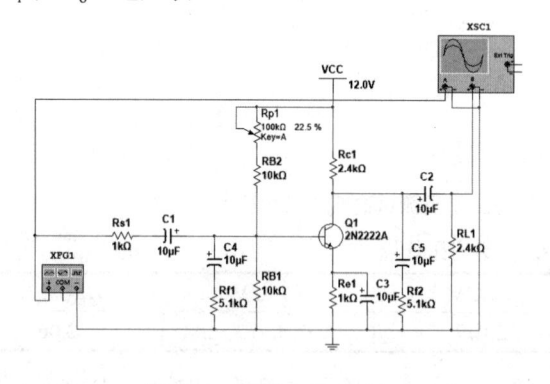

图 2.31　测量电路（三）

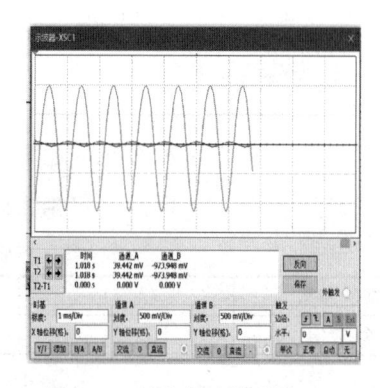

图 2.32　输入输出波形（三）

表 2.7　电压并联负反馈电路性能测试

电压测量值	U_S	U_i	U_L	U_o	A_u	$R_i = \dfrac{U_i}{U_S - U_i} R_S$	$R_o = \left(\dfrac{U_o}{U_L} - 1\right) R_L$
负反馈放大器	141 mV	16.5 mV	0.62 V	0.65 V	39.3	0.13 kΩ	0.11 kΩ
基本放大器	28.3 mV	18.4 mV	0.76 V	1.208 V	65.7	1.84 kΩ	1.41 kΩ

2.1.4.5 问题讨论及开放性拓展

（1）为什么放大电路中要引入负反馈？

（2）负反馈放大电路的分析要点？

（3）根据实验结果，总结负反馈对放大器性能的影响有哪些？

2.1.5 集成运算放大电路的应用

2.1.5.1 实验目的

能够运用集成运放进行一般电路的设计与实现。

2.1.5.2 实验内容

自行设计电路，要求实现以下运算关系（任选其中一种即可）。

（1）$U_{o1} = -10U_{i1}$（输入交流信号）。

（2）$U_{o2} = 11U_{i2}$（输入交流信号）。

（3）$U_{o3} = 8(U_{i2}-U_{i1})$（输入直流电压信号）。

2.1.5.3 预习要求

（1）掌握集成运算放大电的主要性能指标；

（2）完成电路的设计。

2.1.5.4 实验设计及仿真

（1）设计反向比例运算电路实现 $U_{o1} = -10U_{i1}$，电路设计及仿真如图 2.33、图 2.34 所示，示波器 A 通道为输入信号，B 通道为输出信号，从示波器图 2.34 可以看出，相位相反，通过万用表测量与理论值对比，如表 2.8 所示，实现 $U_{o1} = -10U_{i1}$。

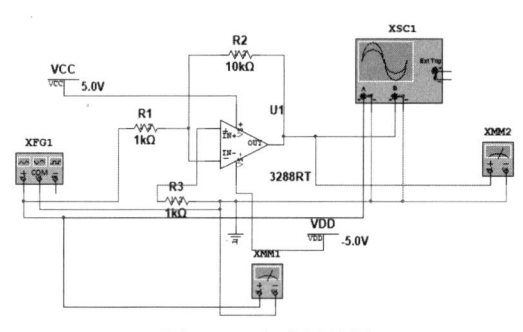

图 2.33 电路设计图 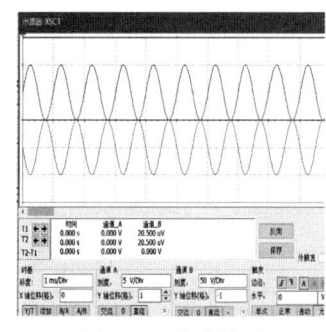　　图 2.34 仿真结果

表 2.8 反向比例运算

输入信号	U_{i1}/V	2.12	2.48	2.83	3.18	3.54
理论值	U_{o1}/V	21.2	24.8	28.3	31.8	35.4
实测值	U_{o1}/V	21.2	24.8	28.3	31.8	35.4

（2）设计同向比例运算电路实现 $U_{o2} = 11U_{i2}$，电路设计及仿真如图 2.35 所示，示波器 A 通道为输入信号，B 通道为输出信号，从示波器图 2.36 可以看出，相位相同，通过万用表测量与理论值对比，如表 2.9 所示，实现 $U_{o2} = 11U_{i2}$。

（3）设计加减运算电路实现 $U_{o3} = 8(U_{i2}-U_{i1})$，电路设计如图 2.37 所示，直流输入信号由直流电源提供，通过万用表测量与理论值对比，如表 2.10 所示，实现 $U_{o3} = 8(U_{i2}-U_{i1})$。

图 2.35　电路设计图　　　　　　　图 2.36　仿真结果

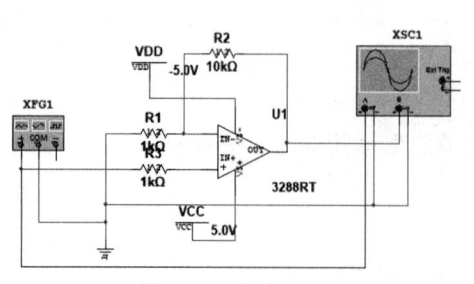

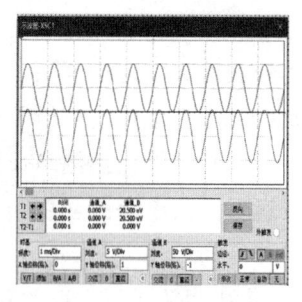

表 2.9　同向比例运算

输入信号	U_{i2}/V	1.414	1.768	2.121	2.475	3.536
理论值	U_{i2}/V	15.554	19.448	23.331	27.225	38.896
实测值	U_{o2}/V	15.556	19.445	23.334	27.223	38.891

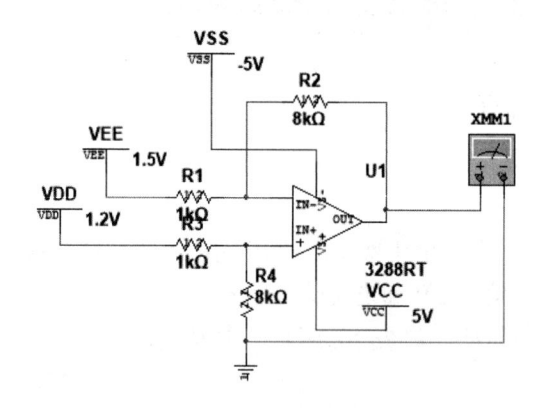

图 2.37　电路设计图

表 2.10　加减运算电路

输入信号	U_{i1}	1 V	1.5 V	1.5 V	2.5 V	2 V
	U_{i2}	1 V	1 V	2 V	1 V	3 V
理论值	U_{o3}	0 V	-4 V	-2.4 V	-12 V	8 V
实测值	U_{o3}	-20 μV	-4 V	-2.4 V	-12 V	8 V

2.1.5.5　问题讨论及开放性拓展

(1) 分析运算放大电路的基本出发点。

(2) 基本运算电路的种类有哪些？

2.1.6　正弦波振荡电路的设计与实现

2.1.6.1　实验目的

(1) 熟练掌握 R_C 桥式正弦波振荡电路的工作原理；

(2) 进一步提高基本电路设计能力。

2.1.6.2　设计要求

(1) 电路设计按整体结构参考图 2.38 进行，输出信号频率为 2 kHz；

(2) 选择适当的 R_C，使输出频率接近上述要求值；

（3）选择适当的 R_1、R_2、R_P 以满足电路要求。

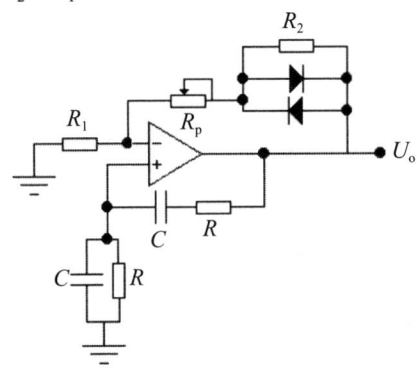

图 2.38 电路整体结构参考图

2.1.6.3 预习要求

（1）掌握正弦波振荡电路的主要性能指标；

（2）完成正弦波振荡电路参数的设计。

2.1.6.4 实验设计及仿真

正弦波振荡电路的设计如图 2.39 所示，其起振部分如图 2.40 所示，正弦波振荡如图 2.41 所示，从示波器可以得到正弦波振荡周期为 504 μs，通过 Tekteonix 示波器测得频率为 1.98 kHz，如图 2.42 所示。在不失真的范围内，增大 R_P 时，输出波形的幅度是增大，如图 2.43 所示，参数记录如表 2.11 所示。

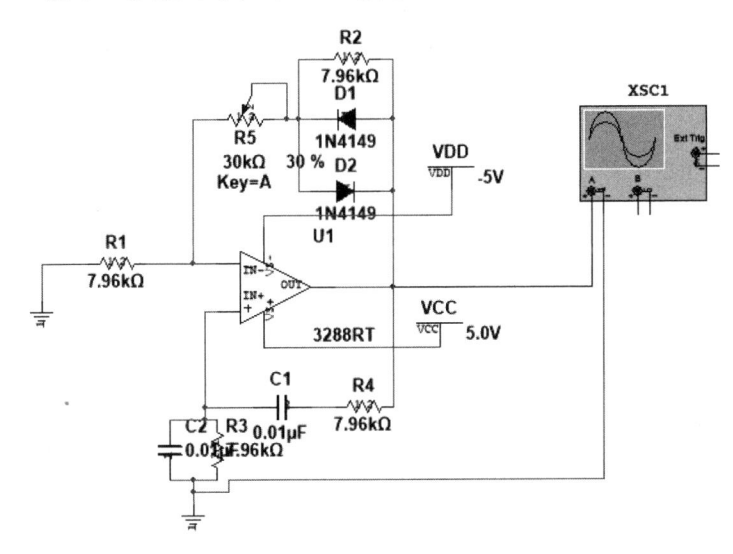

图 2.39 正弦波振荡电路

表 2.11 正弦波振荡电路参数

实验记录	参数选择记录				
信号频率计算值	R	C	R_1	R_2	R_P
2 kHz	7.96 kΩ	0.01 μF	7.96 kΩ	7.96 kΩ	30 kΩ
信号频率测量值	1.98 kHz				

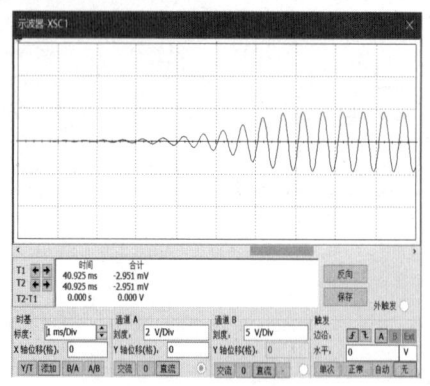

图 2.40 起振部分 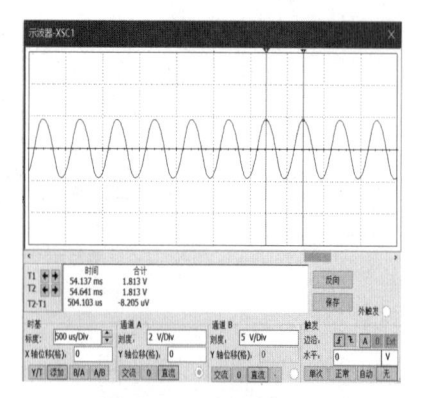　　　　　　　　　图 2.41 正弦波振荡

图 2.42 频率测量 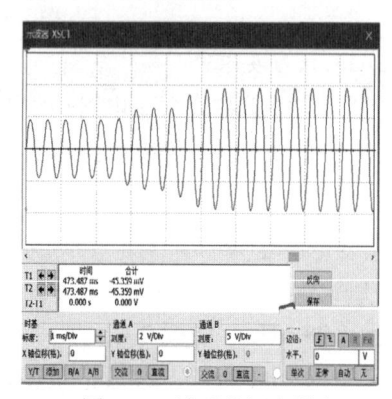　　　　　　　　　图 2.43 波形的幅度增大

2.1.6.5　问题讨论及开放性拓展

R_P 的逐渐增大是否会引起波形失真，原因是什么？

2.2　模拟电子技术综合性实验

电子电路设计及制作课程设计是电子技术基础课程的实践性教学环节，通过该教学环节，要求达到以下目的：

（1）进一步掌握模拟电子技术的理论知识，培养工程设计能力和综合分析问题、解决问题的能力。

（2）基本掌握常用电子电路的一般设计方法，提高电子电路的设计和实验能力。

（3）熟悉并学会选用电子元器件，为以后从事生产和科研工作打下一定的基础。

模拟电子技术综合性实验电路设计一般包括拟定性能指标、电路的预设计、实验和修改设计等环节。

综合性实验设计衡量的标准：工作稳定可靠，能达到所要求的性能指标，并留有适当的余量；电路简单、成本低、功耗低；所采用元器件的品种少、体积小且货源充足；便于生产、测试和修改等。

电路设计一般步骤如图 2.44 所示。由于电子电路种类繁多，千差万别，设计方法和步骤也因情况不同而有所差异，因而设计步骤需要交叉进行，有时甚至会出现多次反复，因此在设计时，应根据实际情况灵活掌握。

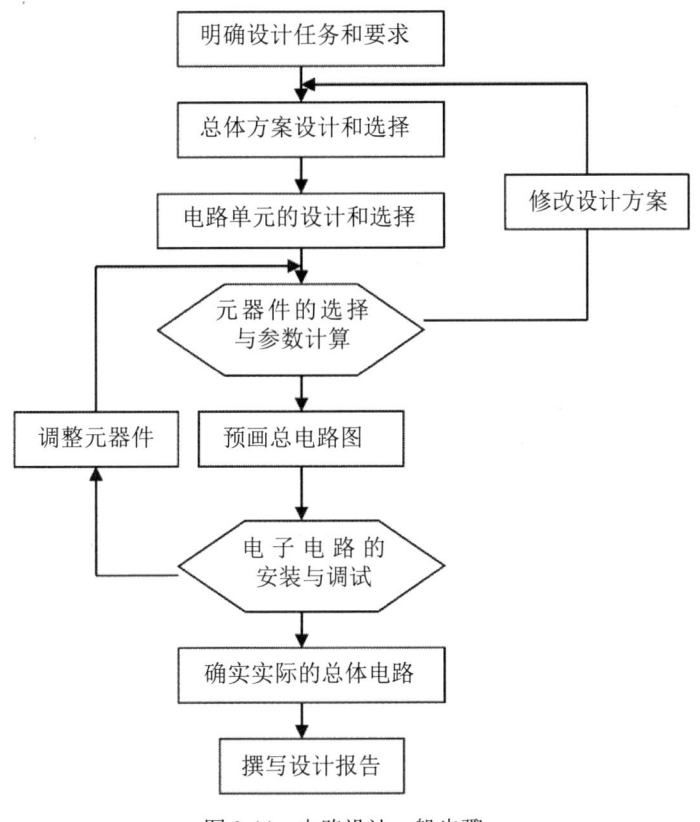

图 2.44　电路设计一般步骤

2.2.1　可调直流稳压电源的设计

2.2.1.1　实验目的

（1）进一步加深理解整流电路的工作原理及滤波电路的作用；

（2）掌握直流稳压电路的设计方法，合理的选择整流二极管、滤波电容及集成稳压器。

2.2.1.2　设计要求

（1）合理的设计硬件电路；

（2）实现直流稳压电源输出 12 V 以下的可调电压。

2.2.1.3　预习要求

（1）掌握直流稳压电路的设计要点；

（2）完成可调直流稳压电路的设计。

2.2.1.4　设计内容及仿真

集成直流稳压电源由电源变压器、整流电路、滤波电路和可调稳压电路四部分组成，首先变压器输入 220 V 的交流电压，输出为交流电压；其次经整流电路整成单项脉动电流；最后经滤波电路滤除纹波，实现输出直流电压，通过可调稳压电路，实现可调稳定的电压输出。

各部分电路的作用如下：

电源变压器：变压器的作用是将电网 220 V 的交流电压变换成整流滤波电路所需要的交流电压。

整流电路：主要将经变压器降压后的交流电变成单向脉动直流电。

滤波电路：滤除脉动直流中的交流成分，使输出电压接近理想的直流电压。

可调稳压电路：实现可调稳定输出电压，使输出电压不受电压波动和负载大小的影响。

（1）电源变压器。

变压器是变换交流电压、电流和阻抗的器件，当初级线圈中通有交流电流时，铁芯（或磁芯）中便产生交流磁通，使次级线圈中感应出电压（或电流）。设计采用参数为 NLT_PQ_4_10 的变压器，输入 220 V，50 Hz 交流电，输出为 22 V 交流电。

（2）整流电路。

桥式整流电路输出电压脉动小，正负半周均有电流流过，电源利用率高，输出的直流电压比较高，所以桥式整流电路中变压器的效率较高，在同等功率容量条件下，体积可以小一些，其总体性能优于半波整流电路和全波整流电路。桥式整流电路不仅保留了半波整流电路和全波整流电路的全部优点，而且克服了它们的缺点，所以选择桥式整流电路。

整流电路由四个二极管组成，既加正向电压导通，且正向电阻为 0，外加反向电压截止，且反向电流为 0。选择额定电流为 1 A，反向耐压为 1 000 V 的二极管组 1B4B42，电路图如图 2.45 所示，输入及输出波形如图 2.46 所示。

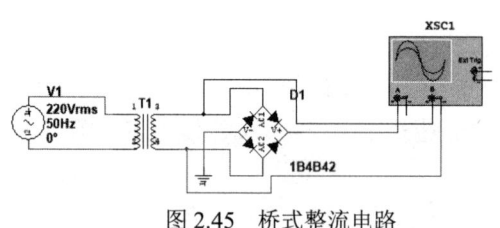

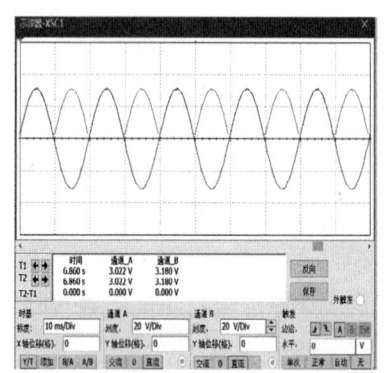

图 2.45　桥式整流电路　　　　图 2.46　桥式整流电路输入输出波形对比

（3）滤波电路。

滤波电路由 2 个 1 μF 电容，1 个 10 H 电感，构成了 π 型 LC 滤波电路，电路图如图 2.47 所示，整流前波形及滤波输出波形对比如图 2.48 所示。

（4）可调稳压电路。

由于整流滤波电路输出电压会随着电网电压的波动而波动，随着负载电阻的变化而变化。为了获得稳定性好的直流电压，必须采取稳压措施。稳压采用三端稳压集成电路 LM317，LM317 是应用最为广泛的电源集成电路之一，它既具有固定式三端稳压电路的最简单形式，又具备输出电压可调的特点。此外，LM317 还具有调压范围宽、稳压性能好、噪声小、纹波抑制比高等优点。LM317 是可调节 3 端正电压稳压器，在输出电压范围为 1.2～37.0 V 时能够提供超过 1.5 A 的电流，输出波形如图 2.49 所示，可调稳压电路电路图如图 2.50 所示。通过测量，可以实现 12 V 及以下的稳定直流电压。

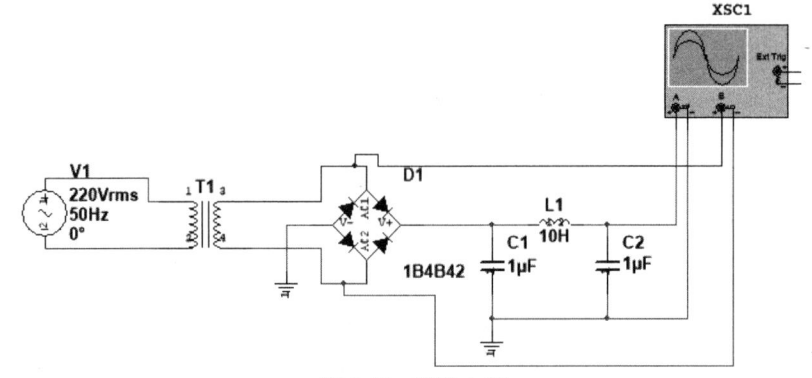

图 2.47　滤波电路

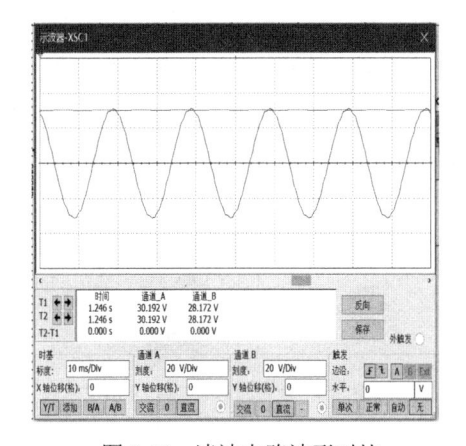

图 2.48　滤波电路波形对比　　　　图 2.49　稳压电路输出波形

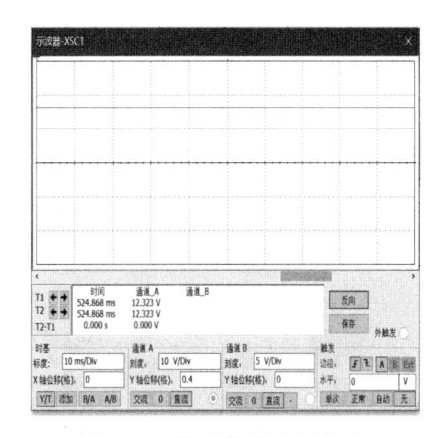

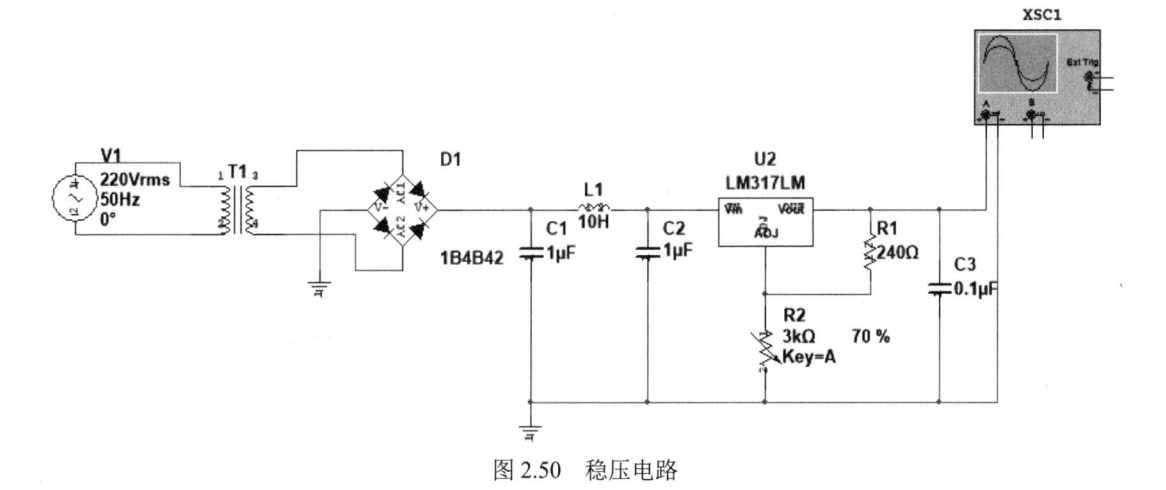

图 2.50　稳压电路

2.2.1.5　问题讨论及开放性拓展

（1）滤波电路是否有其他方法实现？

（2）可调稳压电路是否有其他方法实现？

2.2.2 基于两级 LM324 的电压串联负反馈放大电路的设计

2.2.2.1 实验目的

（1）进一步加深理解电压串联负反馈放大电路的作用；

（2）熟悉 LM324 的性能；

（3）掌握基于两级 LM324 的电压串联负反馈放大电路的设计方法。

2.2.2.2 设计要求

（1）通过两级 LM324 设计电压串联负反馈放大电路；

（2）放大倍数 100。

2.2.2.3 预习要求

（1）掌握电压串联负反馈放大电路的设计要点；

（2）完成基于两级 LM324 的电压串联负反馈放大电路的设计。

2.2.2.4 设计内容及仿真

设计基于两级 LM324 的放大电路，分别对 U1A 和 U1B 引入局部电压负反馈，放大倍数为 1 000 倍，电路如图 2.51 所示，输入 1 kHz，10 mV 的信号，输入输出波形如图 2.52 所示，万用表测量输入输出电压如图 2.53 所示，基本可以实现 1 000 倍放大。

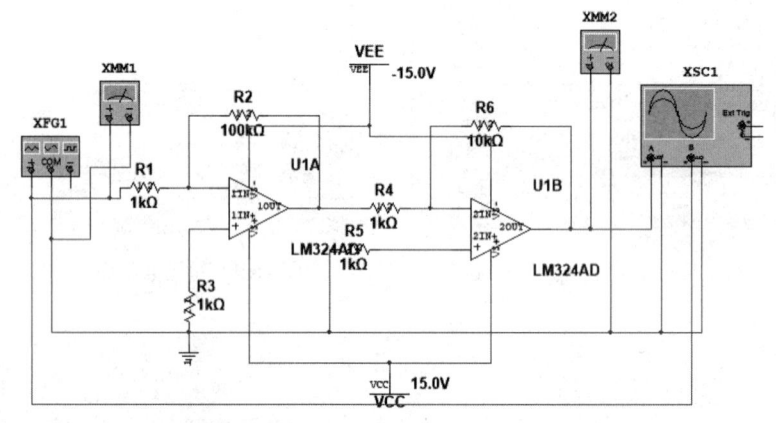

图 2.51 局部电压并联负反馈放大电路

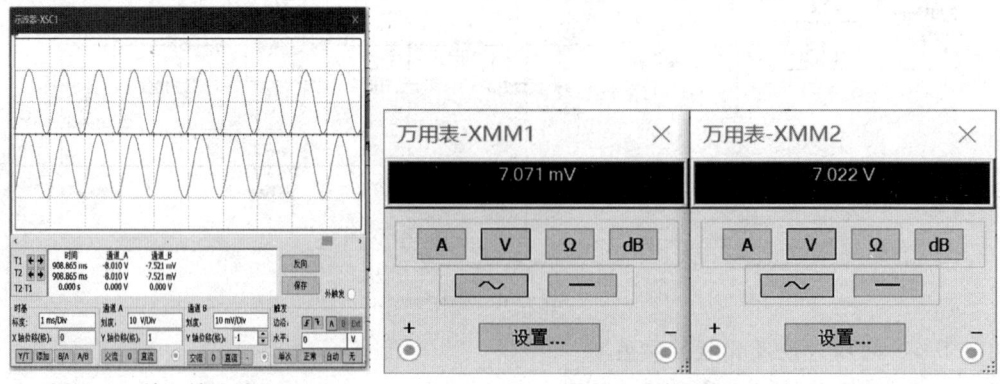

图 2.52 输入输出波形

图 2.53 输入输出电压

基于两级 LM324 的电压串联负反馈放大电路在级间引入了电压串联负反馈，闭环放大倍数为 100，电路如图 2.54 所示，输出波形如图 2.55 所示，万用表测量输入输出电压如图 2.56 所示，基本可以实现 100 倍放大。

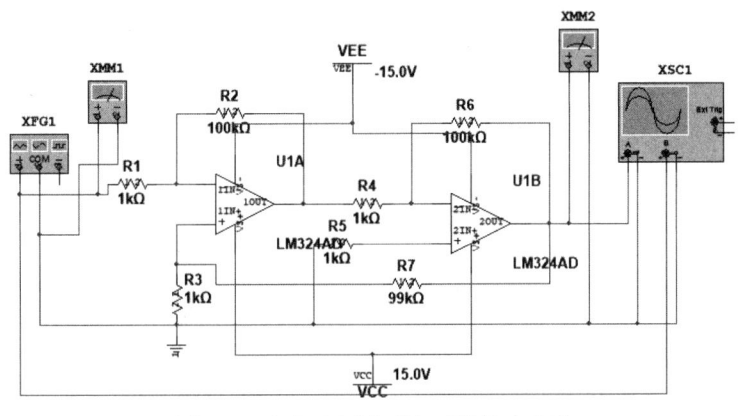

图 2.54　级间电压串联负反馈放大电路

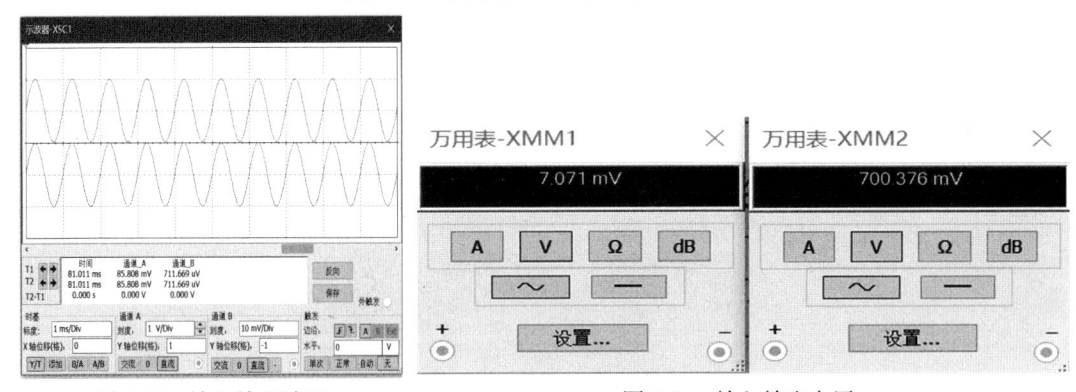

图 2.55　输入输出波形

图 2.56　输入输出电压

2.2.2.5　问题讨论及开放性拓展

（1）改变 R_6 对局部电压并联负反馈放大电路放大倍数的影响有哪些？

（2）改变 R_6 对电压串联负反馈放大电路放大倍数的影响有哪些？

2.2.3　基于分立元件的两级放大电路

2.2.3.1　实验目的

（1）进一步加深理解放大电的作用；

（2）掌握基于分立元件的两级放大电路的设计方法。

2.2.3.2　设计要求

放大倍数大于 300。

2.2.3.3　预习要求

（1）掌握两级放大电路的设计要点；

（2）完成基于分立元件的两级放大电路的设计。

2.2.3.4　设计内容及仿真

单级放大电路的设计如图 2.57 所示，调节静态工作点，使输出不失真，通过示波器观测其输入输出波形如图 2.58 所示。根据示波器读数可以得到输出波形正半周约为

60 mV，输入波形负半周约为 4 mV，放大倍数约为 15 倍。

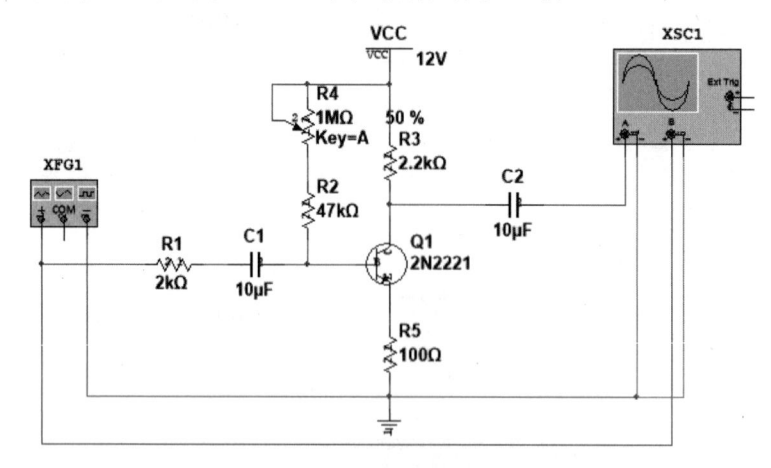

图 2.57　单级放大电路

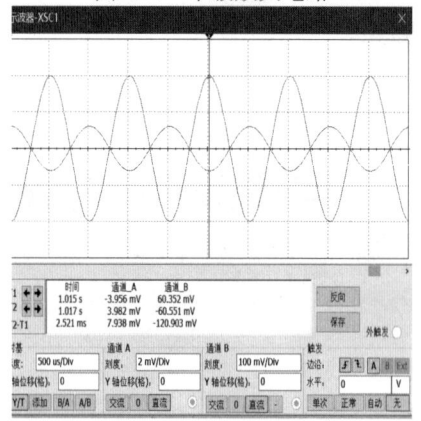

图 2.58　输入输出波形

两级放大电路的设计如图 2.59 所示，调节静态工作点，使输出不失真，通过示波器观测其输入输出波形如图 2.60 所示。根据示波器读数可以得到输出波形正半周约为 1.4 V，输入波形负半周约为 4 mV，放大倍数约为 350 倍。

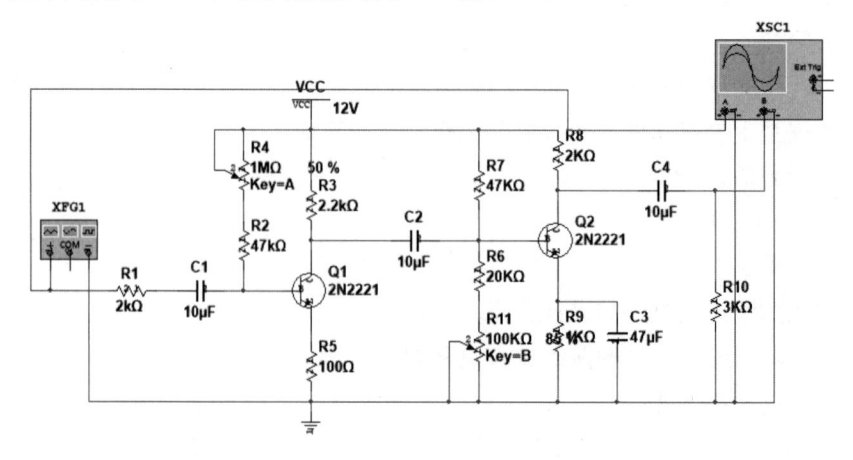

图 2.59　单级放大电路

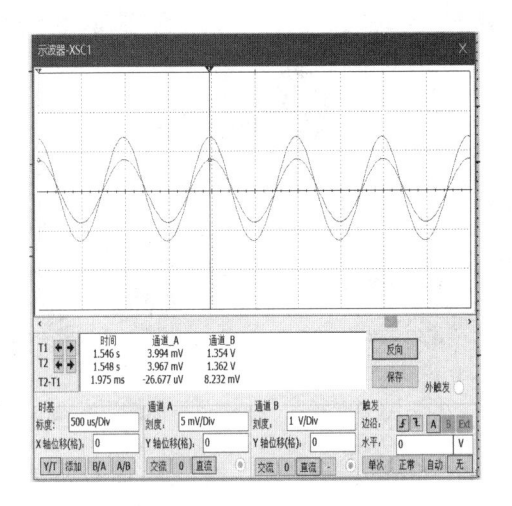

图 2.60　输入输出波形

2.2.3.5　问题讨论及开放性拓展

通过两级直接耦合是否可以实现放大电路？

2.2.4　基于 LM324 的矩形波产生电路

2.2.4.1　实验目的

（1）进一步加深理解矩形波产生电路的作用；

（2）熟悉 LM324 的性能；

（3）掌握基于 LM324 矩形波产生电路的设计方法。

2.2.4.2　设计要求

（1）通过 LM324 设计矩形波产生电路。

（2）工作频率为 80～100 Hz。

2.2.4.3　预习要求

（1）掌握矩形波产生电路的设计要点；

（2）完成基于 LM324 的矩形波产生电路的设计。

2.2.4.4　设计内容及仿真

电路设计如图 2.61 所示，振荡周期 $T = 2R_3 C \ln(1 + \frac{2R_1}{R_2}) = 10.98$ ms，工作频率 $f = \frac{1}{T} =$ 91 Hz，电压输出幅值有稳压管确定。

仿真得到基于 LM324 的矩形波波形图如图 2.62 所示，产生电路周期为 11.254 ms，通过 Tekteonix 示波器测得频率为 89.6 Hz，如图 2.63 所示，符合设计要求。

2.2.4.5　问题讨论及开放性拓展

（1）如需要占空比可调，需要如何改进电路？

（2）如需改变输出电压，需要如何改进电路？

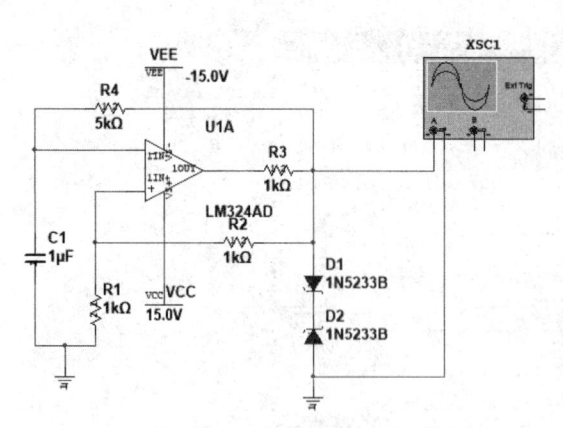

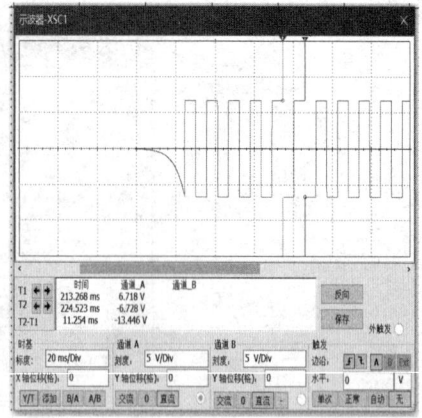

图 2.61　矩形波产生电路　　　　　图 2.62　矩形波产生电路波形图

图 2.63　矩形波产生电路频率测量图

2.2.5　基于 LM324 的三角波产生电路

2.2.5.1　实验目的

（1）进一步加深理解三角波产生电路的作用；

（2）熟悉 LM324 的性能；

（3）掌握基于 LM324 三角波产生电路的设计方法。

2.2.5.2　设计要求

（1）通过 LM324 设计三角波产生电路。

（2）工作频率为 80～100 Hz。

2.2.5.3　预习要求

（1）掌握三角波产生电路的设计要点；

（2）完成基于 LM324 的三角波产生电路的设计。

2.2.5.4　设计内容及仿真

电路设计如图 2.64 所示，振荡周期 $T = \dfrac{4R_1R_4C}{R_2} = 12$ ms，工作频率 $f = \dfrac{1}{T} = 83$ Hz，通过调节 R_1、R_2，可以改变输出的幅值。

仿真得到基于 LM324 的三角波波形图如图 2.65 所示，通过 Tekteonix 示波器测得频率为 97.5 Hz，符合设计要求。

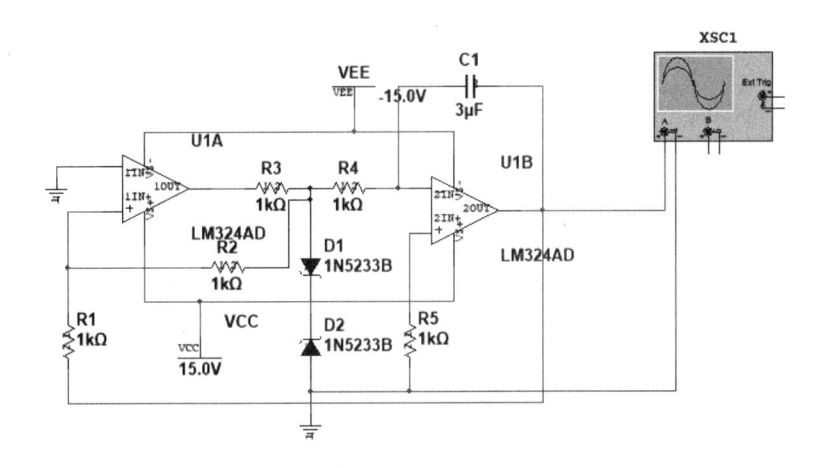

图 2.64　三角波产生电路

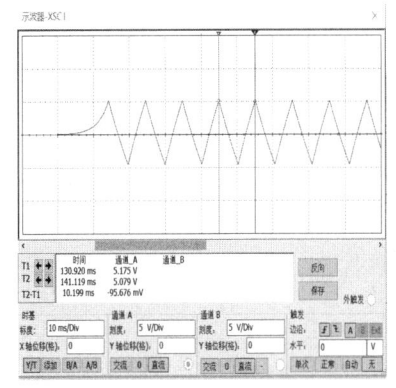

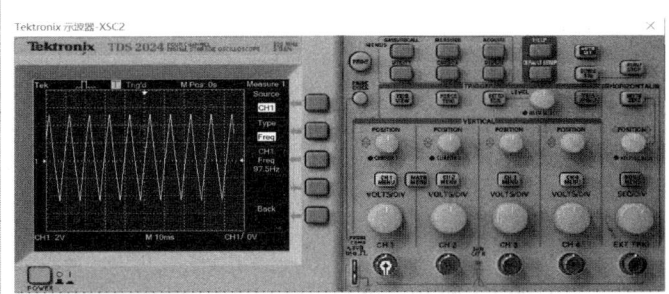

图 2.65　三角波产生电路波形图　　图 2.66　三角波产生电路频率测试图

2.2.5.5　问题讨论及开放性拓展

（1）如需改变输出频率，需要如何调节电路？

（2）如需改变输出电压，需要如何调节电路？

2.2.6　基于 LM324 的锯齿波产生电路

2.2.6.1　实验目的

（1）进一步加深理解锯齿波产生电路的作用；

（2）熟悉 LM324 的性能；

（3）掌握基于 LM324 锯齿波产生电路的设计方法。

2.2.6.2　设计要求

（1）通过 LM324 设计锯齿波产生电路。

（2）工作频率为 80～100 Hz。

2.2.6.3　预习要求

（1）掌握锯齿波产生电路的设计要点；

（2）完成基于 LM324 的锯齿波产生电路的设计。

2.2.6.4 设计内容及仿真

电路设计如图 2.67 所示，振荡周期 $T = \dfrac{2R_1(2R_5 + R_2)C}{R_3} = 10.06$ ms，工作频率 $f = \dfrac{1}{T} = 99.4$ Hz。

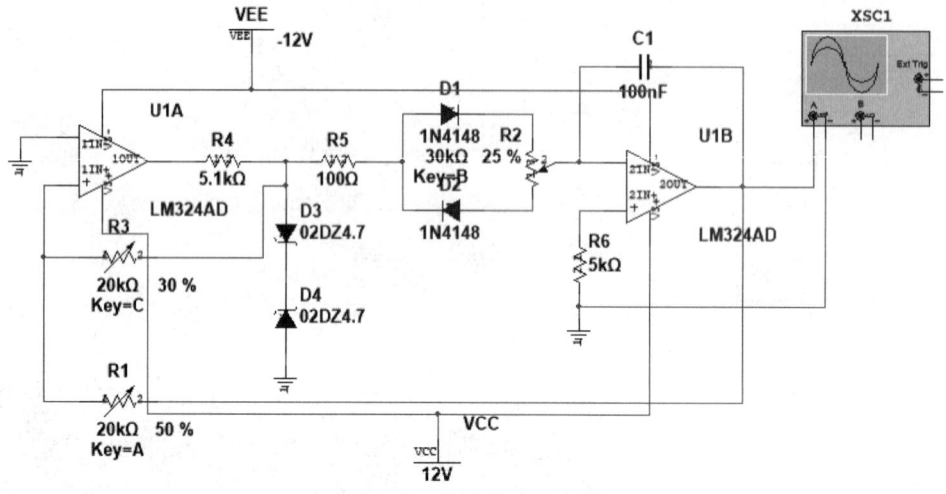

图 2.67　锯齿波产生电路

仿真得到基于 LM324 的锯齿波波形图如图 2.68 所示，通过 Tekteonix 示波器测得频率为 93.3 Hz，如图 2.69 所示，符合设计要求。

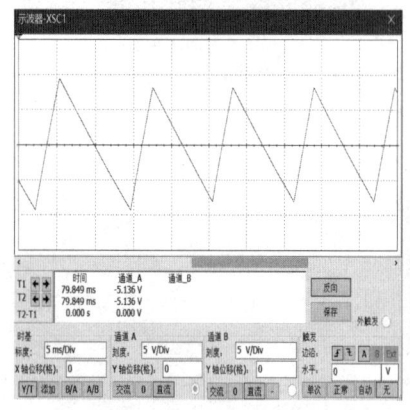

图 2.68　锯齿波产生电路波形图　　图 2.69　锯齿波产生电路频率测量图

2.2.6.5 问题讨论及开放性拓展

（1）如何调整锯齿波产生电路的输出频率？
（2）如何调整锯齿波产生电路的输出幅值？
（3）如何调整锯齿波产生电路的占空比？

2.2.7 基于 LM324 及乘法器的运算电路

2.2.7.1 实验目的

（1）进一步加深理解乘法器的作用；

（2）熟悉 LM324 的性能；

（3）掌握基于 LM324 及乘法器的运算电路的设计方法。

2.2.7.2 设计要求

（1）通过 LM324 设计乘法器的运算电路；

（2）实现下列运算关系 $U_o = 2U_{i1}U_{i2} - U_{i3}$。

2.2.7.3 预习要求

（1）掌握乘法器运算电路的设计要点；

（2）完成基于 LM324 及乘法器的运算电路的设计。

2.2.7.4 设计内容及仿真

电路的设计如图 2.70 所示，U_{i1}、U_{i2}、U_{i3} 由 V1、V2、V3 提供。

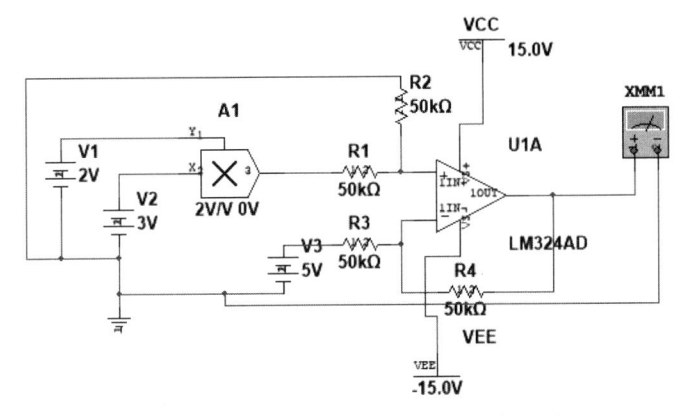

图 2.70 基于 LM324 及乘法器的运算电路

当 U_{i2} = 1 V，U_{i3} = 5 V，通过直流扫描，输出 U_o 与输入 U_{i1} 特性如图 2.71 所示。当 U_{i1} = 2 V，U_{i3} = 5 V，通过直流扫描，输出 U_o 与输入 U_{i2} 的特性如图 2.72 所示。当 U_{i1} = 2 V，U_{i2} = 1 V，通过直流扫描，输出 U_o 与输入 U_{i3} 的特性如图 2.73 所示。

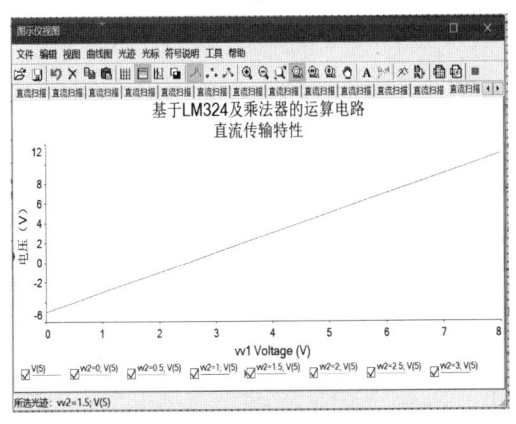

图 2.71 输出 U_o 与输入 U_{i1}

图 2.72 输出 U_o 与输入 U_{i2}

2.2.7.5 问题讨论及开放性拓展

（1）输入的最大值是否有限制？

（2）输出的最大值是否有限制？

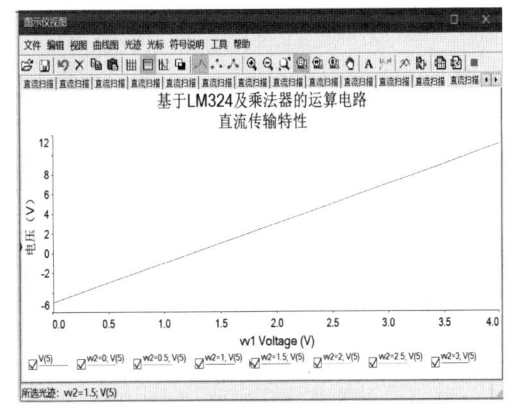

图 2.73　输出 U_o 与输入 U_{i3}

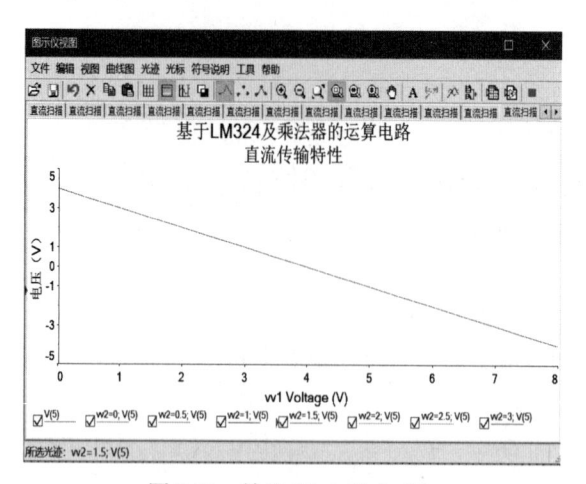

第3章 数字电子技术实验

数字电子技术实验是对电类专业开设的独立实验，与"数字电子技术"理论课程相辅相成，它相对于理论教学具有直观性、实践性、综合性，通过实验教学环节，巩固"数字电子技术"的基础理论知识，掌握数字电子技术的相关实验方法及实践技巧，掌握常用数字集成电路的逻辑功能、性能参数并能加以正确应用，初步具备一般数字电路系统的分析、设计和综合调试能力，使学生通过分析、设计电路，安装、调试电路，排除电路故障，掌握数字电子技术的原理，并能根据需要合理选用所需集成电路，培养学生掌握组合与时序逻辑电路的实验技能，掌握集成电路的使用规则和实验电路的布线方法，具备基本电路分析和设计能力。数字电子技术实验不但可以巩固学生的理论知识，提高理论与实践相联系的水平，同时能提高学生对电子电路进行测量、调试、设计的能力，从而为后续专业课程的学习打下坚实的基础。

数字电子技术实验实验教学是整个教学环节的重要组成部分，本课程在教学实施过程中针对不同层次的学生安排了基本实验、综合设计实验。基本实验将课堂教学与实践教学相结合，是学生必须完成的实验内容，通过完成基本实验可以使学生掌握数字路分析和设计的基本原理和基本过程，使学生能通过实际操作对所学理论融会贯通，使学生知识、能力和素质得到同步提高。

学生在完成基本实验之余可以根据兴趣选择综合设计实验实现某个系统电路的设计。综合设计实验可以丰富和拓宽学生有关数字集成电路、数字电路逻辑设计和工程应用方面的知识，培养学生的创新能力和独立分析能力，在培养学生的应用能力和创新能力方面具有极其重要的地位和作用。

3.1 数字电子技术基础性实验

3.1.1 利用 Multisim 进行逻辑函数的化简与变换

3.1.1.1 实验目的

（1）掌握 Multisim 软件的基本使用方法；

（2）理解逻辑函数不同表示方法之间的转换意义，并利用软件实现。

3.1.1.2 实验原理

逻辑函数是借用逻辑代数把实际生活中事件的抽象表达。同一事件的逻辑函数可以有不同的表达形式，根据实际情况可以灵活变换。逻辑函数的化简与变换最常用的化简方法有公式法和卡诺图化简法，但在变量较多的情况下，逻辑函数的化简与变换将会特别复杂。本实验利用 Multisim 软件中所带的逻辑转换器，进行一种简单可行的逻辑函数的化简与变换。对与或非门电路、逻辑关系式、真值表三者之间用逻辑转换器自动转换。

逻辑变换器是 Multisim 特有的虚拟仪器，现实中并没有这种仪器，它可以实现逻辑电路、真值表和逻辑表达式的相互转换。

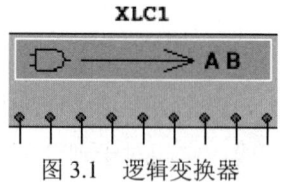

逻辑转换仪的图标如图 3.1 所示，只有将逻辑电路转换为真值表或逻辑表达式时，才需要与逻辑电路连接。逻辑转换仪的图标有 9 个端子，其中左边 8 个用于连接逻辑电路的输入端，右边的一个连接输出端。

图 3.1 逻辑变换器

3.1.1.3 实验内容

（1）已知真值表（表 3.1），写出对应的逻辑函数式（最小项和的形式），并化简成最简与或式。

表 3.1 真值表

M	N	P	Q	Y	M	N	P	Q	Y
0	0	0	0	0	1	0	0	0	0
0	0	0	1	0	1	0	0	1	0
0	0	1	0	0	1	0	1	0	0
0	0	1	1	1	1	0	1	1	1
0	1	0	0	0	1	1	0	0	1
0	1	0	1	0	1	1	0	1	1
0	1	1	0	1	1	1	1	0	1
0	1	1	1	1	1	1	1	1	1

（2）将下列逻辑函数化简为最简与或形式。

① $Y_1 = AB'CD+ABD+AC'D$；② $Y_2 = [(A'+C)'+(A+B)'+(B+C')']'$；

③ $Y_3 = (AB'C'D+AC'DE+B'DE+AC'D'E')'$。

（3）求下列函数的反函数并化为最简与或形式。

① $Y_1 = AB+BC+AC$；② $Y_2 = [(A+B')(A'+C)]'AC+BC$。

（4）用与非门实现下列逻辑函数，画出电路图（全部用二输入与非门实现）。

① $Y_1 = AB+BC+AC$；② $Y_2 = (ABC'+AB'C+A'BC)'$。

（5）写出下列逻辑图 3.2 对应的函数式。

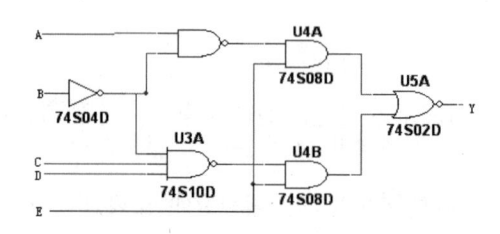

图 3.2 逻辑图

· 36 ·

3.1.1.4 实验结果

（1）调用 Multisim 中逻辑变换器如图 3.1 所示，选择四输入变量如图 3.3 所示，直接采用逻辑变换器化简成最简与或式。

$Y = A'B'CD+A'BCD'+A'BCD+AB'CD+ABC'D'+ABC'D+ABCD'+ABCD$

$Y = AB+BC+CD$

$Y = MN+NP+PQ$

（2）调用 Multisim 中逻辑变换器，$Y_1 = AB'CD+ABD+AC'D$ 通过输入逻辑函数如图 3.4 所示转换为真值表如图 3.5 所示，化简为最简与或形式如图 3.6 所示，其他略。

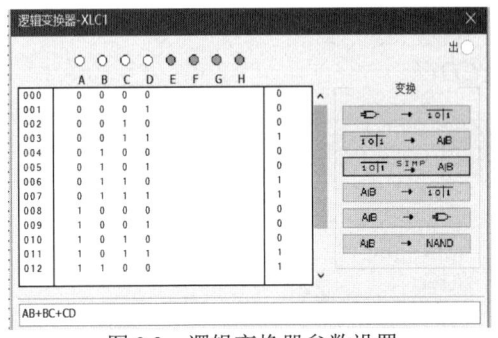

图 3.3　逻辑变换器参数设置

图 3.4　输入逻辑函数

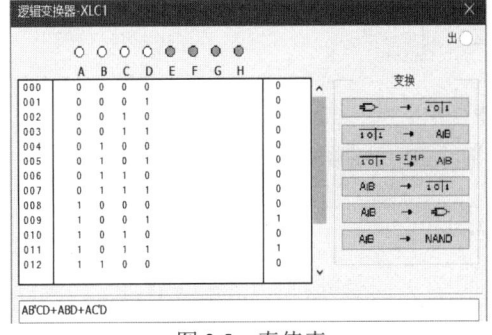

图 3.5　真值表

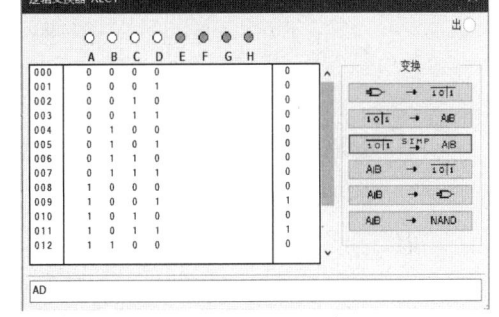

图 3.6　最简与或形式

① $Y_1 = AD$；② $Y_2 = A'B+BC$；③ $Y_3 = A'E'+A'B+BDE'+D'E+CE'+BC$。

（3）调用 Multisim 中逻辑变换器，通过输入逻辑函数，化简为最简与或形式。

①$Y'_1 = (AB+BC+AC)' = A'B'+ A'C'+ B'C'$；②$Y'_2 =\{[(A+B')(A+C')]'AC+BC\}'= B'+C'$。

（4）调用 Multisim 中逻辑变换器，输入逻辑函数，化简为如图 3.7、图 3.8 所示的电路图。

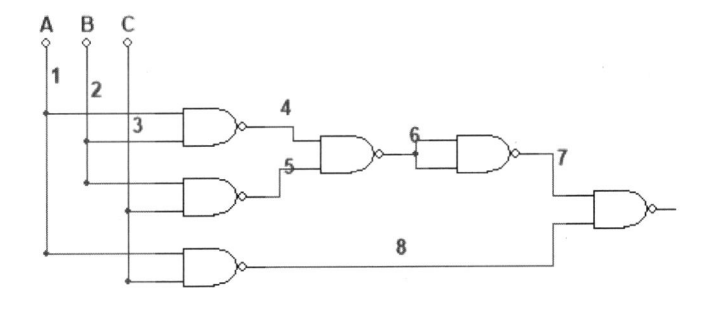

图 3.7　$Y_1 =AB+BC+AC$ 电路图

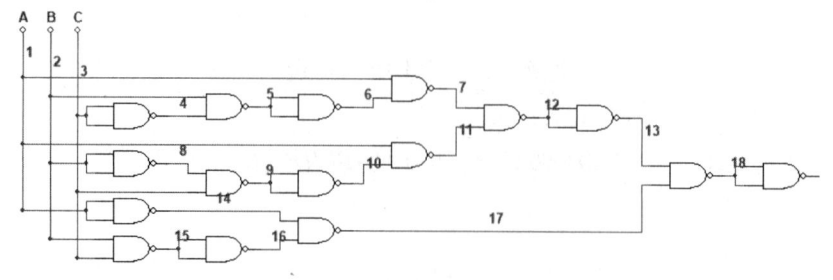

图 3.8　$Y_2 = (ABC'+AB'C+A'BC)'$ 电路图

（5）调用 Multisim 中逻辑变换器，画电路图如图 3.9 转换为真值表如图 3.10，化简为最简与或形式如图 3.11 所示。

$$Y_1 = AB'CD+E$$

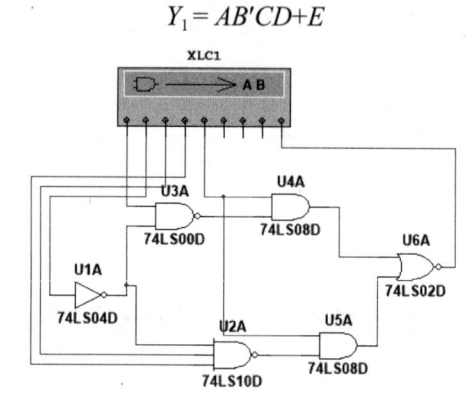

图 3.9　电路图

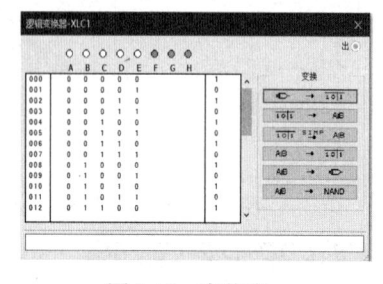

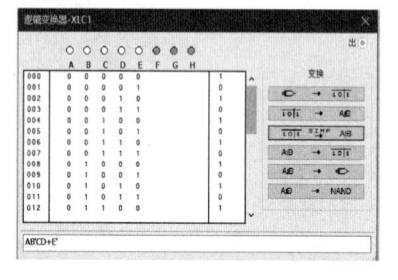

图 3.10　真值表　　　图 3.11　最简与或形式

3.1.1.5　问题讨论及开放性拓展

（1）逻辑函数有哪几种表示方法？

（2）请说明对逻辑函数进行化简和变换的意义。

3.1.2　三变量组合逻辑电路的设计与实现

3.1.2.1　实验目的

（1）掌握组合逻辑电路的设计方法。

（2）掌握利用给定器件实现组合逻辑电路的方法要点。

（3）依据设计目标特点，能够合理地选择器件，使得设计更简捷直观。

3.1.2.2　设计要求

方案 1：3 人表决电路

当3人 A、B、C 中多数同意时，红灯点亮，反之，绿灯亮，真值表如表3.2所示。

表3.2　3人表决电路真值表

A	B	C	Y
0	0	0	0
0	0	1	0
0	1	0	0
0	1	1	1
1	0	0	0
1	0	1	1
1	1	0	1
1	1	1	1

方案2：列车控制电路

旅客列车分为特快、直快和慢车3种，车站发车的优先顺序为特快、直快和慢车。在同一时间里，车站只能开出一班车，即车站只能给一班列车发出对应的开车信号。试设计一个能满足上述要求的逻辑电路（用红灯表示列车开车信号灯，对应位置从左向右依次为特快、直快和慢车），真值表如表3.3所示。

表3.3　列车控制电路真值表

A 慢车	B 直快	C 特快	Y_1 特	Y_2 直	Y_3 慢
0	0	0	0	0	0
×	×	1	1	0	0
×	1	0	0	1	0
1	0	0	0	0	1

本设计提供两种与非门集成电路，74LS00 和 74HC00，每样限定 2 块，要求每人限用两块。74LS00 和 74HC00 为四组 2 输入端与非门。

3.1.2.3　预习要求

（1）熟悉 74LS00 和 74HC00 引脚及功能。

（2）分析组合逻辑电路设计步骤。

（3）设计三变量组合逻辑电路。

3.1.2.4　实验设计及仿真

方案1：

（1）根据真值表，列逻辑函数 $Y = A'BC+AB'C+ABC'+ABC$。

（2）根据 7400 芯片要求，逻辑函数可以化简为

$Y = A'BC+AB'C+ABC'+ABC = AB+BC+AC = [(AB)'(BC)'(AC)']' = \{[(AB)'(BC)']''(AC)'\}'$

根据逻辑式得到逻辑图如图 3.12 所示。

Multisim 仿真中通过字发生器提供输入信号，逻辑分析仪观察输出信号。

Multisim 中字发生器是一个可以产生 32 位同步逻辑信号的仪器，用于对数字逻辑电路进行测试。

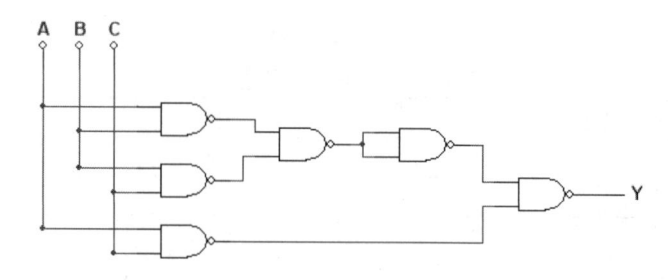

图3.12 方案1电路图

字信号发生器的图标左侧有0~15共16个输出端，右侧有16~31也是16个输出端，任何一个都可以用作数字电路的输入信号。另外，R为备用信号端，T为外触发输入端。字发生器图标、字发生器面板及字发生器参数设置如图3.13、图3.14、图3.15所示，可选择不同的触发方式选择、输出字元频率、进制等。

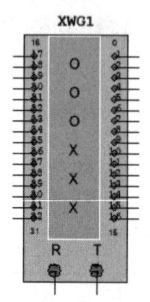

图3.13 字发生器图标 　　图3.14 字发生器面板 　　图3.15 字发生器参数设置

逻辑分析仪可以同步显示和记录16路逻辑信号，用于对数字逻辑信号的高速采集和时序分析。

逻辑分析仪的图标左侧有1~9、A~F共16个输入端，使用时接到被测电路的相关节点。图标下部也有3个端子，C是外时钟输入端，Q是时钟控制输入端，T是触发控制输入端，逻辑分析仪图标如图3.16所示。工作时提取逻辑分析仪，连接于以设定好工作状态的自信号发生器输出端，为便于观察，可以将连线设定为不同的颜色。逻辑分析仪面板如图3.17所示，逻辑分析仪触发设置如图3.18所示，逻辑分析仪时钟设置如图3.19所示。

通过字发生器提供输入信号，逻辑分析仪测量输出，电路图及结果如图3.20、图3.21所示，符合设计要求。

图3.16 逻辑分析仪图标 　　图3.17 逻辑分析仪面板

图 3.18　逻辑分析仪触发设置 　　图 3.19　逻辑分析仪时钟设置

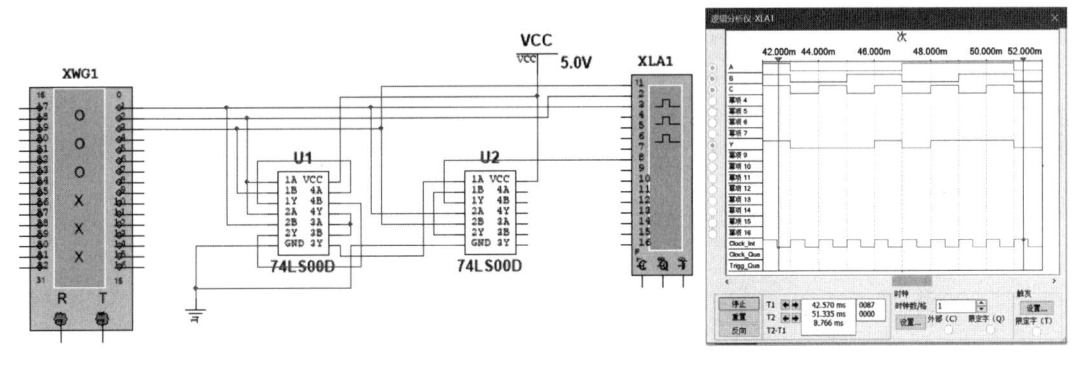

图 3.20　方案 1 仿真图　　图 3.21　方案 1 仿真结果

方案 2：

（1）根据真值表，列逻辑函数：

$Y_1 = C$；$Y_2 = B'C$；$Y_3 = AB'C'$

（2）根据 7400 芯片要求，可以化简为：

$Y_1 = C$；$Y_2 = (B'C)''$；$Y_3 = AB'C' = [(AB')''C]''$

根据逻辑式得到逻辑图如图 3.22 所示。

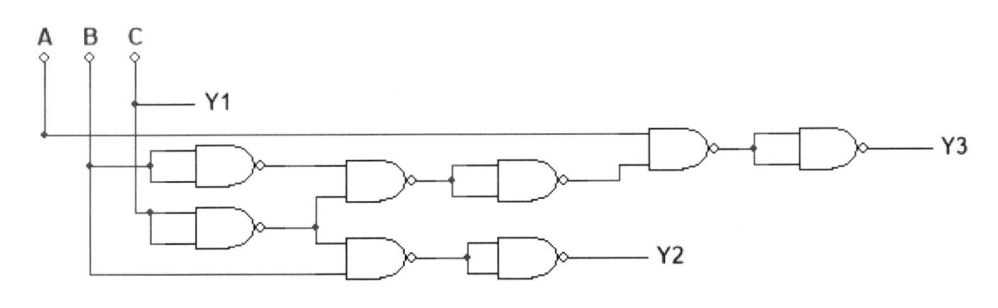

图 3.22　方案 2 电路图

通过字发生器提供输入信号，逻辑分析仪测量输出，电路图及结果如图 3.23、图 3.24 所示，符合设计要求。

3.1.2.5　问题讨论及开放性拓展

（1）与非门是否为上述方案中最理想的器件？

（2）你认为用哪种器件可以使设计更简捷直观？试设计。

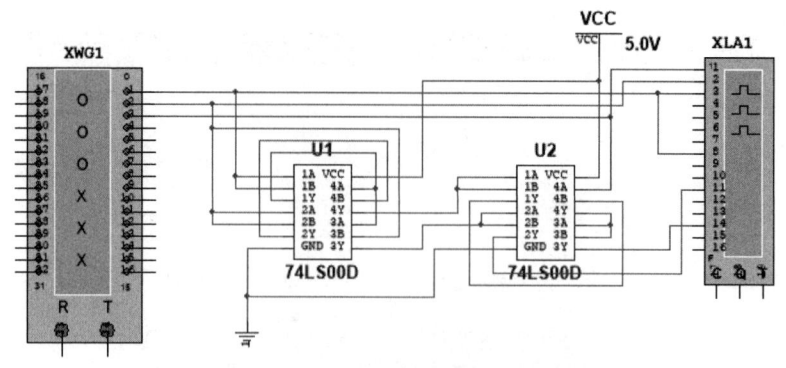

图 3.23 方案 2 仿真图

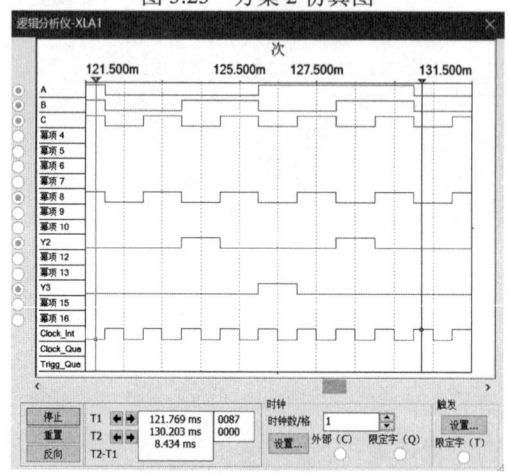

图 3.24 方案 2 仿真结果

3.1.3 组合逻辑电路的设计与器件应用

3.1.3.1 实验目的

（1）掌握多输出组合逻辑电路的设计方法；

（2）掌握常用中规模集成器件——译码器和数据选择器的原理及应用；

（3）初步查阅器件资料的能力，逐步提高工程能力；

（4）通过分析设计目标，能够从已有器件中合理地进行选择，并实现设计目标。

3.1.3.2 设计要求

（1）设计名称：交通灯故障检测电路设计

（2）目标要求：通过判断红、黄、绿 3 个指示灯的工作状态，使电路送出两路信号：Y_1 为逻辑错误指示信号，Y_2 为系统电源指示信号。

（3）设计提示：真值表（表 3.4）。

表 3.4 交通灯故障检测真值表

$A_红$	$B_黄$	$C_绿$	Y_1	Y_2
0	0	0	1	0
0	0	1	0	1
0	1	0	0	1

续表

$A_红$	$B_黄$	$C_绿$	Y_1	Y_2
0	1	1	1	1
1	0	0	0	1
1	0	1	1	1
1	1	0	1	1
1	1	1	1	1

（4）本设计提供如下器件：74LS138（1块）、74LS20（1块）、74LS151（2块）

3.1.3.3 预习要求

（1）熟悉译码器 74LS138，数据选择器 74LS151、74LS20 引脚示意图及功能表。

（2）根据设计要求设计所需电路，并选择译码器或数据选择器实现所设计电路。

3.1.3.4 实验设计及仿真

设计方案如下所述。

（1）根据真值表，列逻辑函数。

$Y_1 = A'B'C' + A'BC + AB'C + ABC' + ABC$；$Y_2 = (A'B'C')'$

（2）根据 74138 芯片要求，可以化简为：

$Y_1 = A'B'C' + A'BC + AB'C + ABC' + ABC = \sum m(0,3,5,6,7) = (m_1'm_2'm_4')''$；$Y_2 = (A'B'C')' = m_0'$

（3）设计电路图如图 3.25 所示，通过字发生器提供输入信号，逻辑分析仪测量输出，采用 74138 芯片仿真及结果图 3.26 所示，符合设计要求。

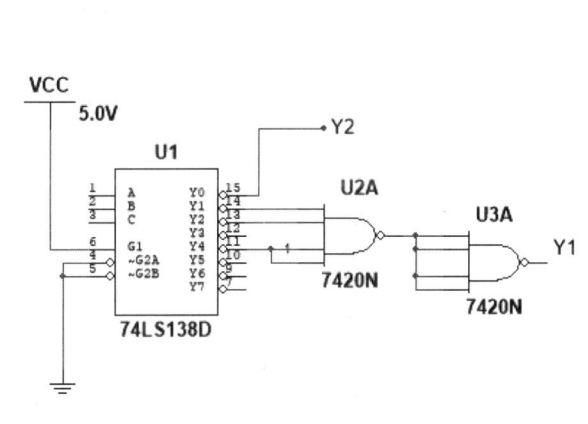

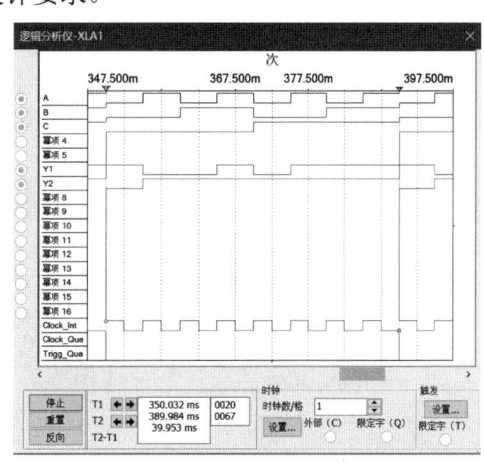

图 3.25 电路图

图 3.26 仿真结果

（4）根据 74151 芯片要求：

令 A、B、C 接 C、B、A 引脚

$Y_1 = A'B'C' + A'BC + AB'C + ABC' + ABC$

$D_0 = 1$；$D_1 = 0$；$D_2 = 0$；$D_3 = 1$；$D_4 = 0$；$D_5 = 1$；$D_6 = 1$；$D_7 = 1$

$Y_2 = (A'B'C')'$

$D_0 = 0$；$D_1 = 1$；$D_2 = 1$；$D_3 = 1$；$D_4 = 1$；$D_5 = 1$；$D_6 = 1$；$D_7 = 1$

通过字发生器提供输入信号，逻辑分析仪测量输出，采用74151芯片Y1仿真及结果如图3.27、图3.28所示，符合要求。

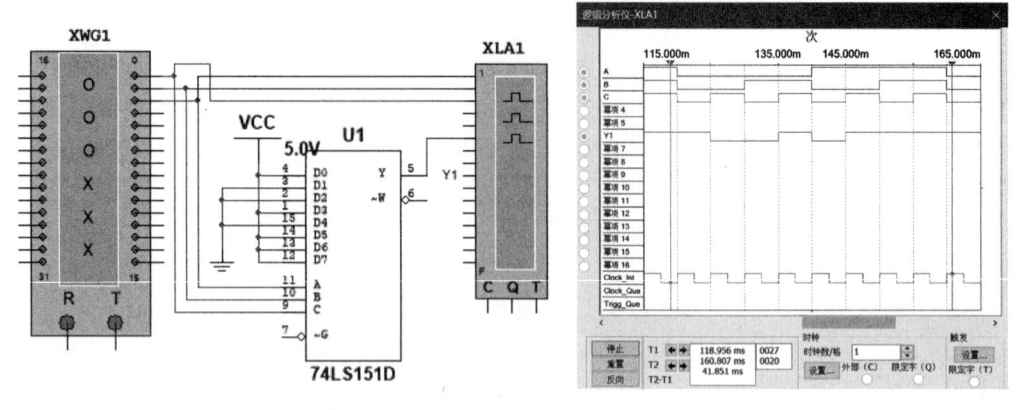

图3.27　Y1仿真图　　　　　　　　　图3.28　Y1仿真结果

通过字发生器提供输入信号，逻辑分析仪测量输出，采用74151芯片Y2仿真及结果如图3.29、图3.30所示，符合要求。

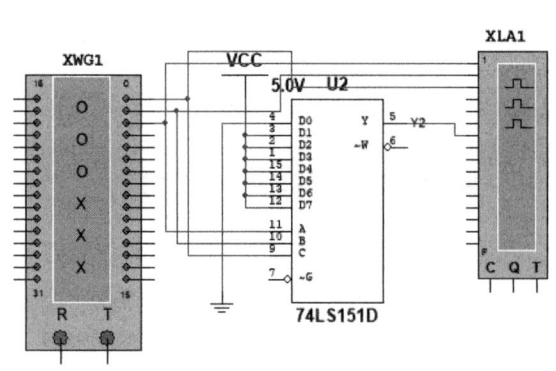

图3.29　Y2仿真图 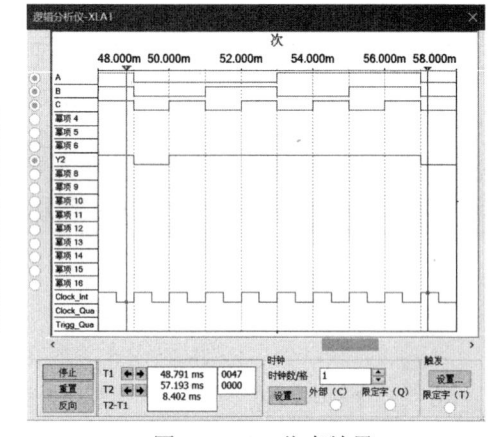　　　　　　　　　图3.30　Y2仿真结果

3.1.3.5　问题讨论及开放性拓展

实际应用中组合逻辑电路设计的关键问题？

3.1.4　集成触发器功能特性与应用

3.1.4.1　实验目的

（1）掌握集成触发器的功能特点及测试方法；

（2）能够利用集成触发器进行初步的电路设计。

3.1.4.2　设计要求

（1）利用两块74LS112或74LS74集成电路，实现8分频电路的设计与仿真。

（2）Multisim仿真中通过逻辑分析仪或示波器观察输出信号。

3.1.4.3　预习要求

（1）熟悉74LS112和74LS74引脚及功能；

（2）分析集成触发器设计方法；

(3) 通过两块 74LS112 或 74LS74 设计 8 分频电路。

3.1.4.4　实验设计及仿真

(1) 功能测试，如表 3.5、表 3.6 所示。

表 3.5　74LS112 功能操作测试表

$\overline{S_d}$	$\overline{R_d}$	J	K	CP	Q^n	Q^{n+1}	功能操作说明
1	0	×	×	×	1	0	异步置 0
0	1	×	×	×	0	1	异步置 1
1	1	0	1	×	1	0	置 0
1	1	1	0	×	0	1	置 1

表 3.6　74LS74 功能操作测试表

$\overline{S_d}$	$\overline{R_d}$	D	CP	Q^n	Q^{n+1}	功能操作说明
1	0	×	×	1	0	异步置 0
0	1	×	×	0	1	异步置 1
1	1	0	×	1	0	置 0
1	1	0	×	0	1	置 1

(2) 电路设计。根据二进制加法运算规则可知，在多位二进制数末位加 1，若第 i 位以下皆为 1 时，则第 i 位应翻转。由此得出规律，若用 T 触发器构成计数器，则第 i 位触发器输入端 T_i 的逻辑式应为：$T_i = Q_{i-1}Q_{i-2}\cdots Q_0$；$T_0 \equiv 1$。

用 JK 触发器 74LS112 设计 8 分频电路：$J_0 = K_0 = 1$，$J_1 = K_1 = Q_0$，$J_2 = K_2 = Q_2Q_1$。

8 分频设计电路图如图 3.31 所示。

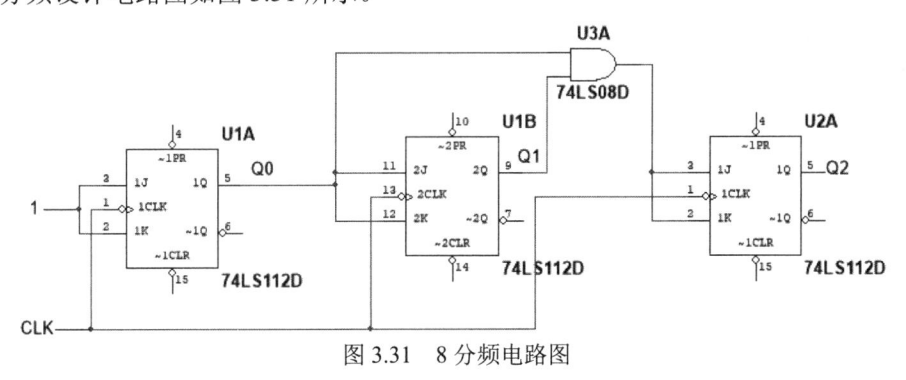

图 3.31　8 分频电路图

(3) 仿真结果。Multisim 仿真中通过逻辑分析仪或四通道示波器观察输出信号，逻辑分析仪前文已述，四通道示波器是电子实验中应用最普遍的仪器，用于观察信号波形和测量信号的幅度、周期及频率等参数。可以同时对 4 路信号进行观察和测量。因而在对 3 路以上信号进行对比观察和测量时，更为方便，四通道示波器如图 3.32 所示。

四通道示波器在通道 A 区右边有一个 4 档转换开关的旋钮，默认位置为 A，将鼠标移到旋钮上，在靠近外围字母的位置，单击左键，旋钮的标识指针即指向相应的字母，频道名称随即相应改变。即可对该频道进行参数设置，设置完成后，再切换至其他通道，如图

3.33 所示。

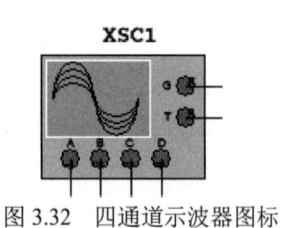

图 3.32　四通道示波器图标　　　　图 3.33　四通道示波器面板

测试电路及通过 4 路示波器观察仿真结果如图 3.34、图 3.35 所示，符合设计要求。

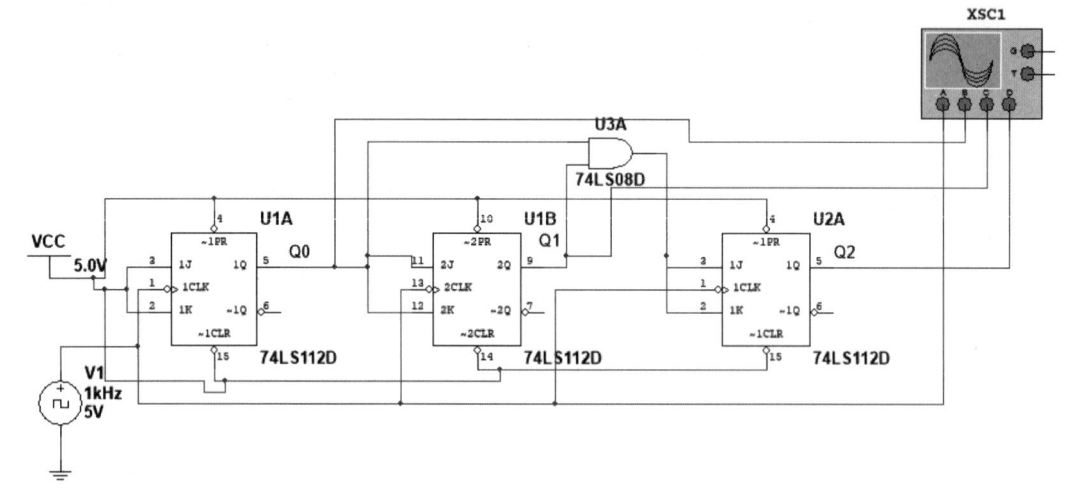

图 3.34　8 分频仿真电路图

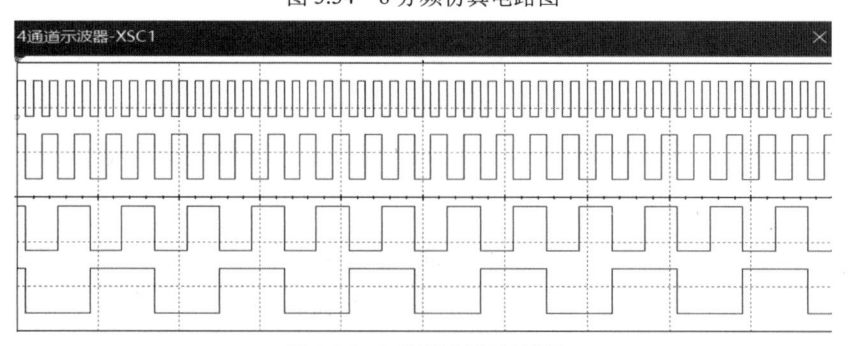

图 3.35　8 分频电路波形图

3.1.4.5　问题讨论及开放性拓展

用其他触发器是否可以设计 8 分频电路？

3.1.5　计数器及显示译码器综合应用

3.1.5.1　实验目的

（1）熟悉常用集成计数器的功能特点；

(2)能够利用集成计数器进行初步的电路设计；

(3)能够应用显示译码器。

3.1.5.2 设计要求

(1)将显示译码器、计数器正确连接，使之构成一个十进制计数器，数码管显示（0~9）。

(2)设计构成一个 N<10 的任意进制计数器，使用置零法和置数法实现。

3.1.5.3 预习要求

(1)查找显示译码器、计数器资料；

(2)完成电路设计。

3.1.5.4 实验设计及仿真

(1)十进制计数器，数码管显示（0~9）。采用74LS160设计技计数功能，74LS160为十进制计数器，其输出端为0000~1001，为十进制0~9，因此可以直接与74LS48连接，74LS48是输出高电平有效的译码器，通过电阻连接数码管显示，电路设计及仿真结果如图3.36所示。

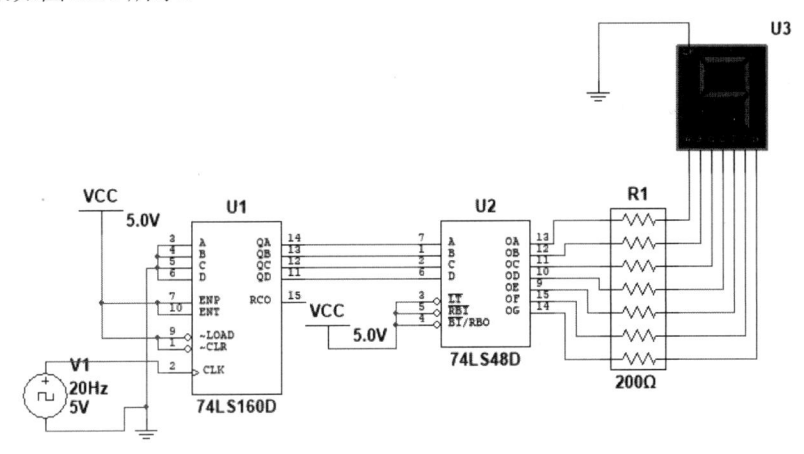

图 3.36　十进制计数器

(2)设计构成一个 $N=6$ 的任意进制计数器，使用置零法和置数法实现。同步置零法设计 $N=6$，其状态转换表如表3.7所示。

表 3.7　状态转换表

计数顺序	Q_3	Q_2	Q_1	Q_0	等效十进制
0	0	0	0	0	0
1	0	0	0	1	1
2	0	0	1	0	2
3	0	0	1	1	3
4	0	1	0	0	4
5	0	1	0	1	5
6（暂态）	0	1	1	0	—

采用同步置零法 QDQCQBQA 为 0110，电路设计及仿真如图 3.37 所示。

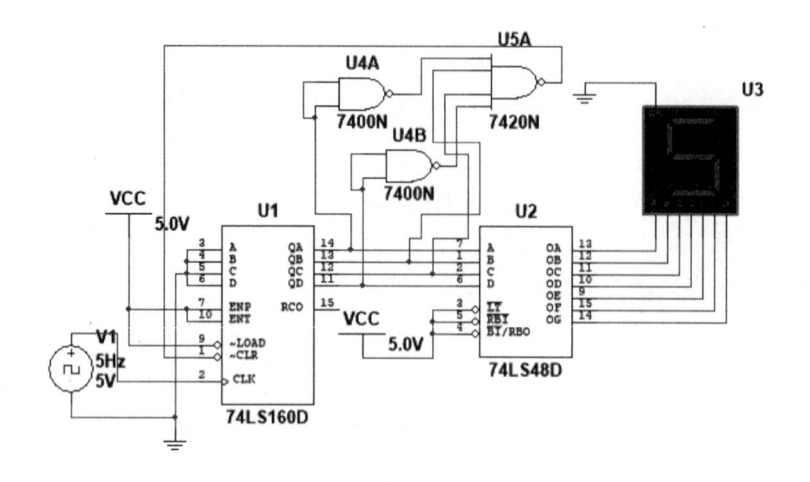

图 3.37 置零法六进制计数器

异步置数法设计 $N=6$，其状态转换表如表 3.8 所示。

表 3.8 状态转换表

计数顺序	Q_3	Q_2	Q_1	Q_0	等效十进制
0	0	0	0	0	0
1	0	0	0	1	1
2	0	0	1	0	2
3	0	0	1	1	3
4	0	1	0	0	4
5	0	1	0	1	5

采用异步置数法设计 $N=6$，QDQCQBQA 为 0101，电路设计及仿真如图 3.38 所示。

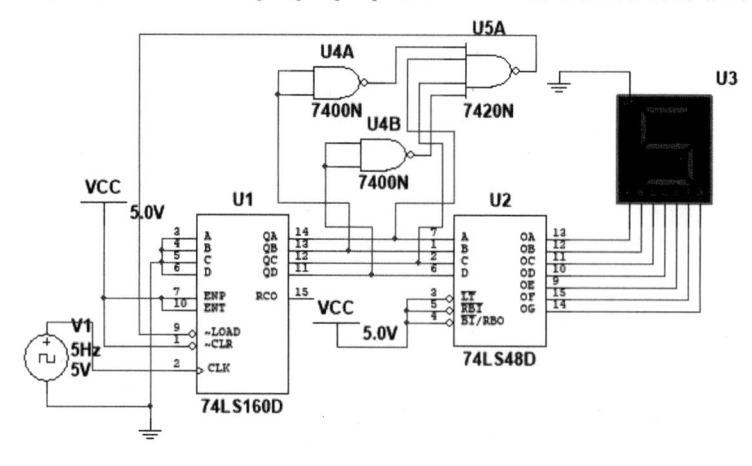

图 3.38 置数法六进制计数器

3.1.5.5 问题讨论及开放性拓展

（1）置零法与置数法设计计数电路的区别有哪些？

(2) 是否可以采取其他计数电路？如果可以试设计。

3.1.6 同步时序逻辑电路的设计

3.1.6.1 实验目的

(1) 掌握同步时序逻辑电路的设计方法，提高解决实际问题的能力。

(2) 进一步熟悉 Multisim 软件在电路设计中的应用。

3.1.6.2 设计要求

设计一个六进制计数器。要求电路能够自启动，利用 JK 触发器或 D 触发器实现。

(1) 触发器可以选择 JK 或 D 触发器，其他附加门自选。

(2) 所设计电路可以进行自启动。

(3) 触发器异步清零端设计一个按键，可以手动清零。

3.1.6.3 预习要求

(1) 熟悉 JK 触发器或 D 触发器引脚及功能。

(2) 分析同步时序逻辑电路的设计步骤。

(3) 设计六进制计数器电路。

3.1.6.4 实验设计及仿真

(1) 电路设计。因为计数器的工作特点是在时钟信号的操作下自动的依次从一个状态转为下一个状态，所以没有输入逻辑变量，只有进位输出信号，取进位信号为输出逻辑变量 C，同时规定有进位输出时 $C=1$，无进位输出时 $C=0$。六进制计数器有六个状态，其状态转换表如表 3.9 所示。

表 3.9 状态转换表

计数顺序	Q_2	Q_1	Q_0	进位输出 C	等效十进制
0	0	0	0	0	0
1	0	0	1	0	1
2	0	1	0	0	2
3	0	1	1	0	3
4	1	0	0	0	4
5	1	0	1	1	5

由状态转换表得到电路次态卡诺图如图 3.39 所示。

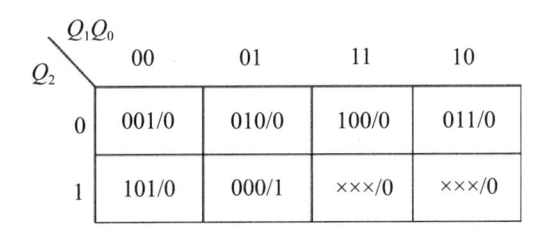

$Q_2 \backslash Q_1Q_0$	00	01	11	10
0	001/0	010/0	100/0	011/0
1	101/0	000/1	×××/0	×××/0

图 3.39 电路次态卡诺图

把电路次态卡诺图分解为 4 个卡诺图化解如图 3.40 至图 3.43 所示。

Q_2 \ Q_1Q_0	00	01	11	10
0	1	0	0	1
1	1	0	×	×

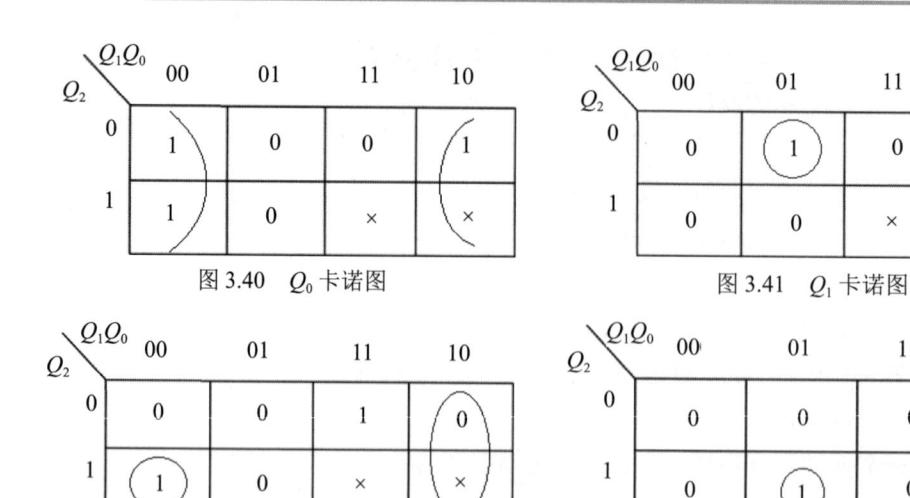

图 3.40 Q_0 卡诺图

Q_2 \ Q_1Q_0	00	01	11	10
0	0	1	0	1
1	0	0	×	×

图 3.41 Q_1 卡诺图

Q_2 \ Q_1Q_0	00	01	11	10
0	0	0	1	0
1	1	0	×	×

图 3.42 Q_2 卡诺图

Q_2 \ Q_1Q_0	00	01	11	10
0	0	0	0	0
1	0	1	0	0

图 3.43 输出端 C 卡诺图

卡诺图化简得出状态方程：

$Q_2^* = Q_1Q_0 + Q_2Q_0'$， $Q_2^* = Q_2'Q_1Q_0 + Q_2Q_0'$（JK 触发器）

$Q_1^* = Q_2'Q_1'Q_0 + Q_1Q_0'$， $Q_0^* = Q_0'$

输出方程：$C = Q_2Q_1'Q_0$

采用 JK 触发器，根据 JK 触发器的特性方程，得到驱动方程：

$J_2 = Q_1Q_0$， $K_2 = Q_0$， $J_1 = Q_2'Q_0$， $K_1 = Q_0$， $J_0 = 1$， $K_0 = 1$

检查电路自启动，没有进入循环圈的是 110 和 111，这两状态得用状态方程算，算出的结果分别为 111、100，所以电路是可以自启动的。

（2）仿真分析。采用 JK 触发器电路图如图 3.44 所示，通过 S1 开关可以清零。通过逻辑分析仪测量 Q_2、Q_1、Q_0 以及 C 端的结果如图 3.45 所示。

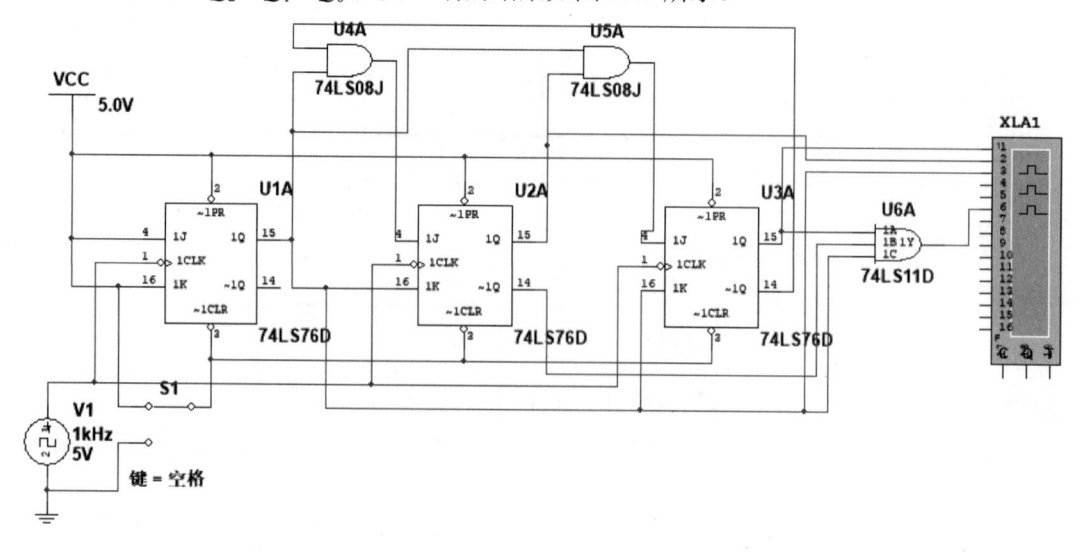

图 3.44 六进制仿真图

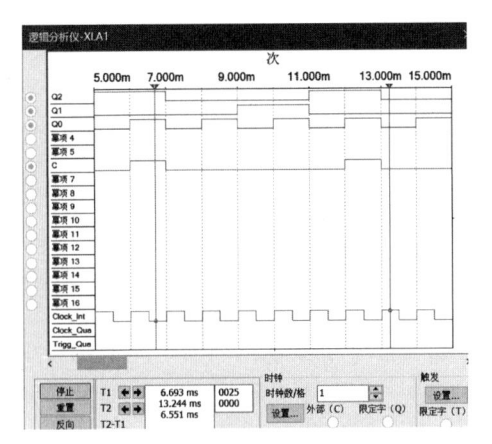

图 3.45　逻辑分析仪结果图

通过数码管显示六进制计数器计数及通过开关 S1 清零如图 3.46、图 3.47 所示。

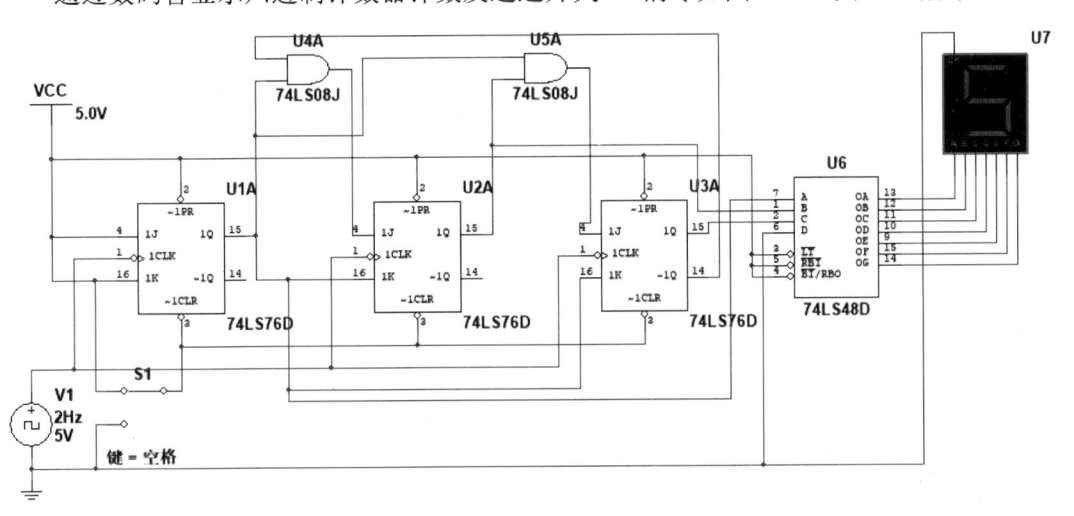

图 3.46　六进制计数

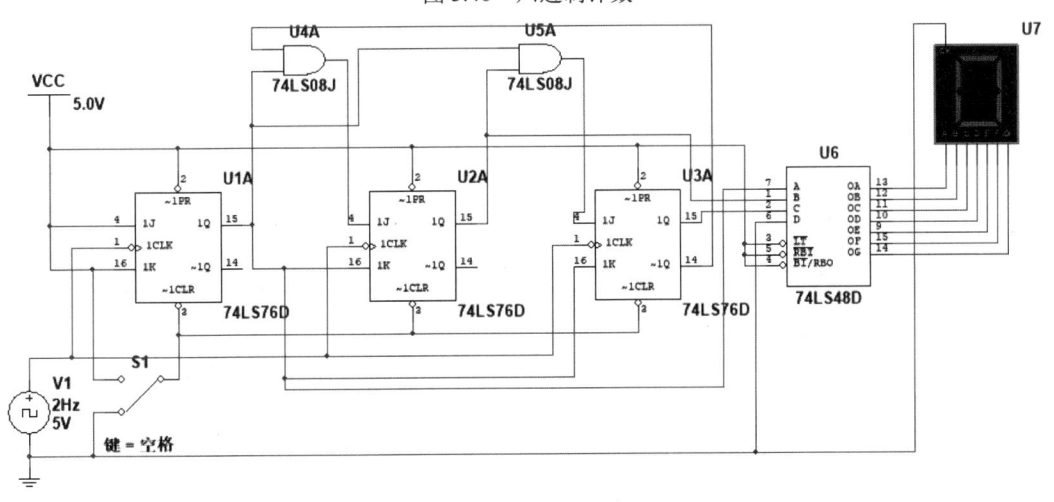

图 3.47　清零

3.1.6.5 问题讨论及开放性拓展

采用 D 触发器或 T 触发器如何实现六进制计数，试设计。

3.1.7 555 时基电路的应用研究

3.1.7.1 实验目的

（1）掌握 555 定时器的工作原理；

（2）掌握应用 555 定时器构成多谐振荡器的电路接法，能根据需要对其参数进行调节。

3.1.7.2 设计目标

（1）试用 LM555 定时器设计一个多谐振荡器，电源电压 12 V；

（2）将以上多谐振荡器进一步设计为压控多谐振荡器，并研究控制电压与输出信号频率的关系；

（3）发挥部分：占空比可调。

3.1.7.3 预习要求

熟悉 LM555 的功能及引脚，设计多谐振荡器电路。

3.1.7.4 设计及仿真

（1）如果电源电压 V_{CC} = 12 V，压控输入电压不外接，则正向阈值电压 V_{T+} = 2/3V_{CC} = 8 V；负向阈值电压为：V_{T-} = 1/3V_{CC} = 4 V，R_1 = 51 kΩ，

$$T = T_1 + T_2 = (R_2 + R_1)C\ln\frac{V_{CC} - V_{T-}}{V_{CC} - V_+} + R_2 C\ln\frac{0 - V_{T+}}{0 - V_-} = 91.5 \text{ ms}, \quad f = \frac{1}{T} = 10.93 \text{ Hz}$$

设计电路如图 3.48 所示，仿真结果如图 3.49 所示，可以得到周期为 91.442 ms。

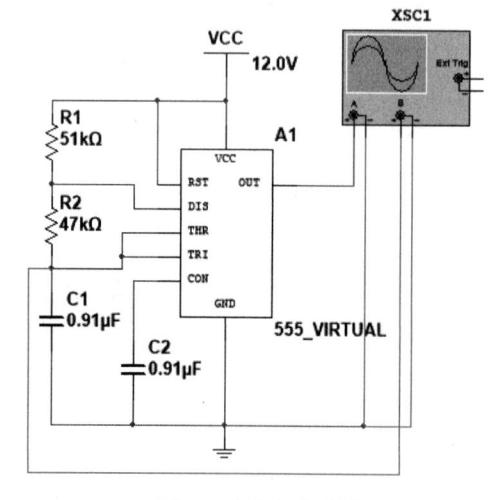

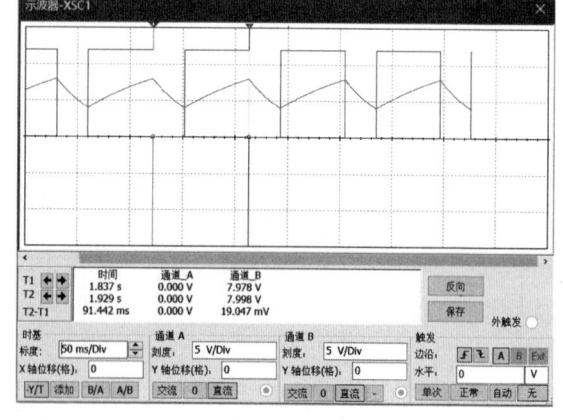

图 3.48　仿真电路图　　　　　　　图 3.49　示波器显示

（2）如果电源电压 V_{CC} = 12 V，压控输入电压接 9 V，则正向阈值电压：V_{T+} = 9 V；负向阈值电压为：V_{T-} = 1/2V_{CO} = 4.5 V。

设计电路如图 3.50 所示，仿真结果如图 3.51 所示，可以得到周期为 112.544 ms。

当压控输入电压接 6 V，则电路如图 3.52 所示，仿真结果如图 3.53 所示，可以得到周期为 65.651 ms。

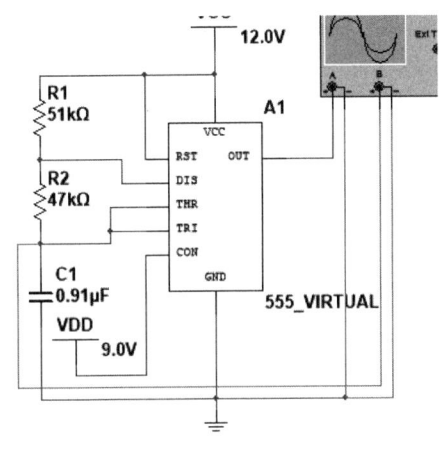

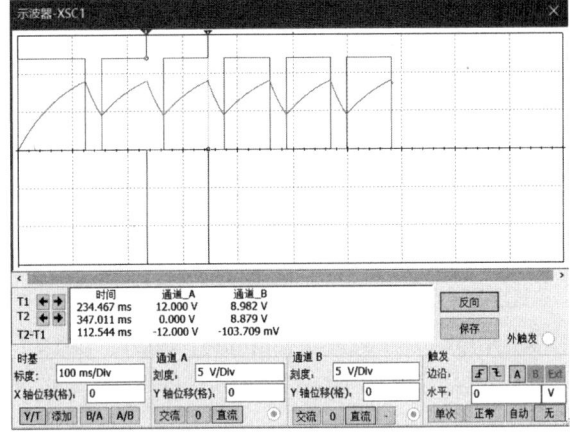

图 3.50　仿真电路图

图 3.51　示波器显示

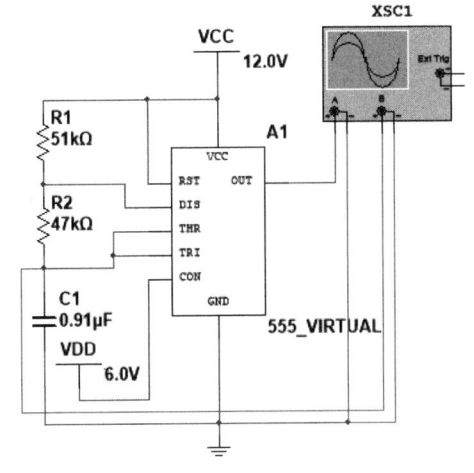

图 3.52　仿真电路图

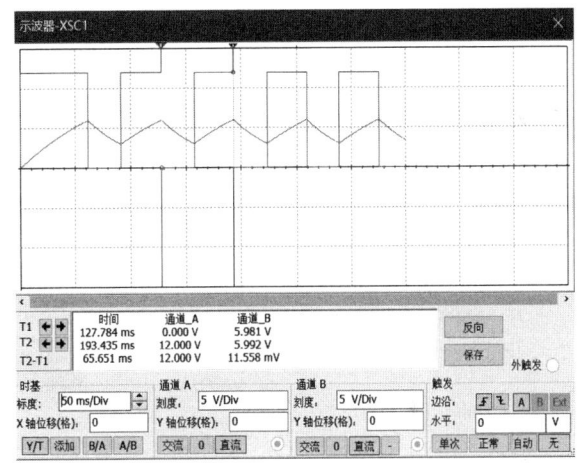

图 3.53　示波器显示

3.1.7.5　问题讨论及开放性拓展
控制电压与输出信号频率之间有什么关系？

3.2　数字电子技术综合设计性实验

3.2.1　节拍脉冲发生器的设计

3.2.1.1　实验目的
（1）熟悉中规模集成电路的功能；
（2）掌握节拍脉冲发生器的设计方法。

3.2.1.2　设计要求
节拍脉冲发生器也称顺序脉冲发生器，它能够产生一组在时间上有先后顺序的矩形脉冲。用这组脉冲可以使控制器形成所需的各种控制信号，以便控制机器按照事先规定的顺序进行一系列操作。

3.2.1.3 预习要求

查找资料，熟悉 74LS163、74138 的功能及引脚，确定电路设计方案，绘制完整实验电路原理图，完成所设计逻辑电路的仿真测试。

3.2.1.4 设计及仿真

在 Multisim 平台上创建主要由 74LS163 和 74LS138 构成的 8 路顺序脉冲发生器仿真电路，74LS163 是 4 位二进制同步计数器，它具有同步清零、同步置数的功能，在清零端和置数端输入电平无效的情况下，输出端能够累计输入时钟脉冲的个数，输出 QDQCQBQA 的计数状态为 0000、0001、0010、0011、0100、0101、0110、0111、1000、1001、1010、1011、1100、1101、1110 及 1111 的循环。

在本设计方案中选取 555 时基电路提供时钟信号，74LS163 的低三位即 QCQBQA 为有效输出，连接至 74LS138 的输入端，电路设计如图 3.54 所示，逻辑分析仪对输出进行检测如图 3.55 所示，实现设计要求。

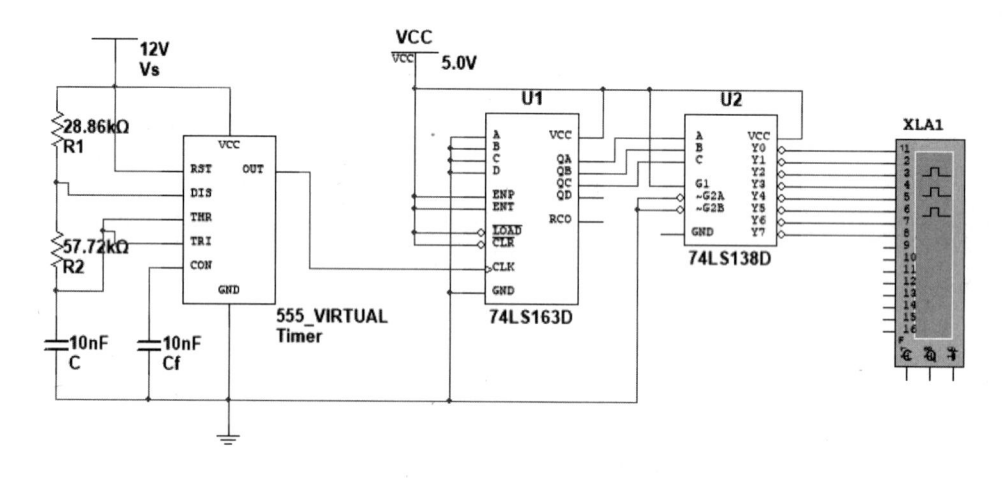

图 3.54 节拍脉冲发生器电路

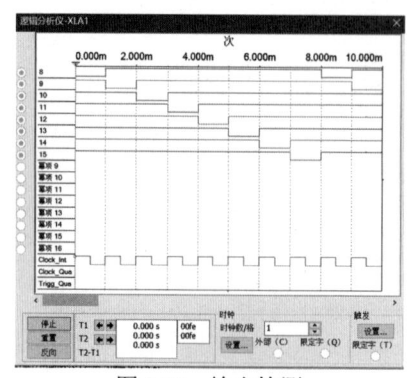

图 3.55 输出检测

3.2.1.5 问题讨论及开放性拓展

试设计其他方案。

3.2.2 水泵工作控制电路的设计

3.2.2.1 实验目的
(1) 掌握基本组合逻辑电路的分析和设计方法。
(2) 掌握基本逻辑故障识别与诊断基本方法。

3.2.2.2 设计要求
某工厂蓄水箱由大小两台水泵 ML 和 MS 供水,水箱中设置了高、中、低三个水位检测元件 C、B、A。水面低于检测元件时,检测元件给出高电平;水面高于检测元件时,检测元件给出低电平。现要求:水位超过 C 点时,两台水泵停止工作;水位低于 C 点而超过 B 点时,小泵 MS 单独工作;水位低于 B 点而超过 A 点时,大泵 ML 单独工作;水位低于 A 点时,MS、ML 两台水泵同时工作。试设计一个能够控制水泵启动、停止的逻辑控制电路。

3.2.2.3 预习要求
查找资料,确定电路设计方案,绘制完整实验电路原理图,完成所设计逻辑电路的仿真测试。

3.2.2.4 设计及仿真
根据设计要求列真值表如表 3.10 所示。

表 3.10 真值表

A	B	C	Y_{MS}	Y_{ML}
0	0	0	0	0
0	0	1	1	0
0	1	0	×	×
0	1	1	0	1
1	0	0	×	×
1	0	1	×	×
1	1	0	×	×
1	1	1	1	1

由真值表可以得到逻辑函数:
$$Y_{MS} = A'B'C + ABC , \quad Y_{ML} = A'BC + ABC$$

(1) 由门电路实现。

通过卡诺图利用无关项进行化简 MS、ML 逻辑式如图 3.56、图 3.57 所示。

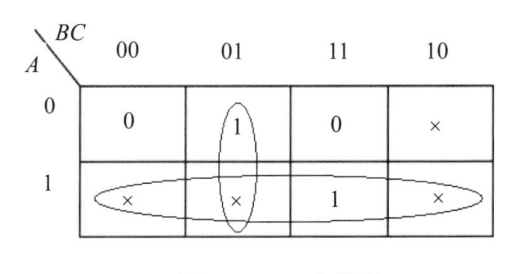

图 3.56 MS 卡诺图 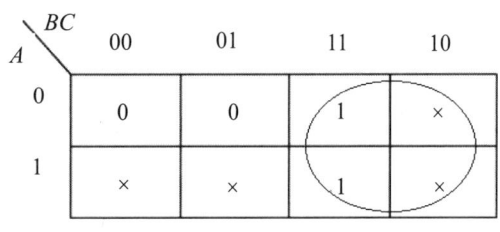　　　　图 3.57 ML 卡诺图

得到 $Y_{MS} = A + B'C = (A'(B'C)')'$，$Y_{ML} = B$。

大水泵 MS 由逻辑式得到电路图如图 3.56 所示，通过逻辑分析仪仿真结果如图 3.57 所示，小水泵 ML 由逻辑式得到可以直接由 B 连接到 ML 输出，实现预期要求。

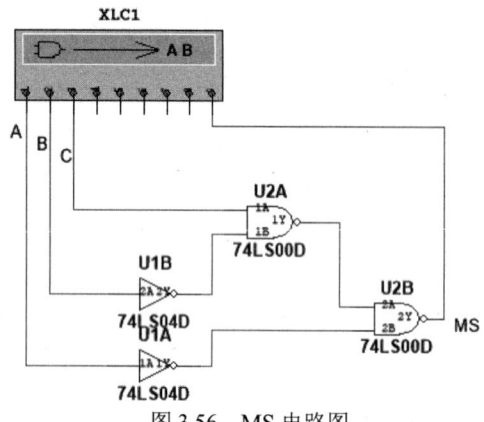

图 3.56　MS 电路图　　　　　　　图 3.57　MS 逻辑分析仪仿真图

（2）由 74LS138 实现。

由 3-8 线译码器 74LS138 设计，将逻辑函数进行变换：

$$Y_{MS} = ((A'B'C)'(ABC)')' = (m_1'm_7')' , \quad Y_{ML} = ((A'BC)'(ABC)')' = (m_3'm_7')'$$

大水泵 MS 由逻辑式得到电路图如图 3.58 所示，通过逻辑分析仪仿真结果如图 3.59 所示，小水泵 ML 由逻辑式得到电路图如图 3.60 所示，通过逻辑分析仪仿真结果如图 3.61 所示，实现预期要求。

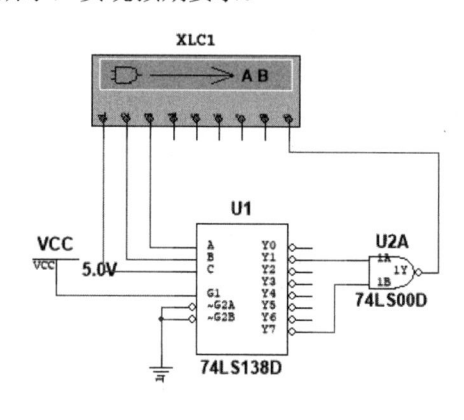

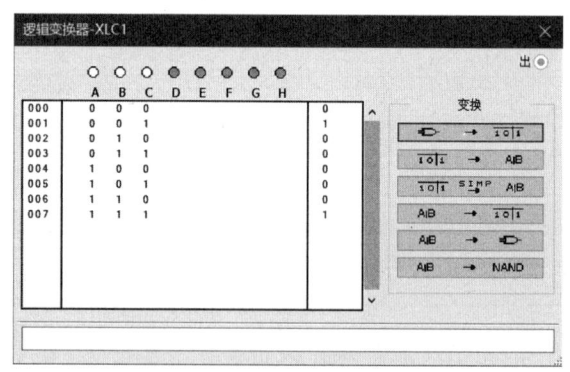

图 3.58　MS 电路图　　　　　　　图 3.59　MS 逻辑分析仪仿真图

3.2.2.5　问题讨论及开放性拓展

是否有其他设计方案？

3.2.3　序列信号发生的设计

3.2.3.1　实验目的

（1）熟悉中规模集成电路的功能；

（2）熟悉序列信号发生器的设计方法。

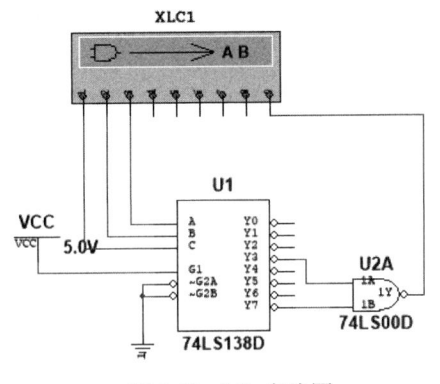

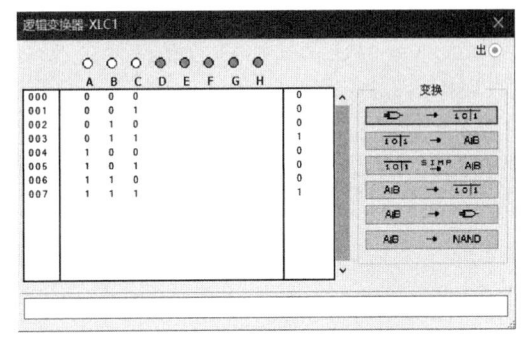

图 3.60　ML 电路图　　　　　　　　图 3.61　ML 逻辑分析仪仿真图

3.2.3.2　设计要求

（1）序列信号是指在同步脉冲作用下循环地产生一串周期性的二进制信号，能产生这种信号的逻辑器件就称为序列信号发生器或序列发生器。

（2）设计序列信号发生器，实现生成一个特定的串行数字信号 1011100110。

3.2.3.3　预习要求

查找资料，确定电路设计方案，绘制完整实验电路原理图，完成所设计逻辑电路的仿真测试。

3.2.3.4　设计及仿真

（1）触发器设计序列信号发生器。

列出所要发生的序列信号的状态转换表，输出为 Q_3，Q_3 提供的是给定的十位序列信号，1011100110；通过 D 触发器组成移位寄存器，F 反馈系数的值由 Q_0^* 决定，状态转换表如表 3.11 所示。

表 3.11　状态转换表

CLK	Q_3	Q_2	Q_1	Q_0	F
0	1	0	1	1	1
1	0	1	1	1	0
2	1	1	1	0	0
3	1	1	0	0	1
4	1	0	0	1	1
5	0	0	1	1	0
6	0	1	1	0	1
7	1	1	0	1	0
8	1	0	1	0	1
9	0	1	0	1	1

用卡诺图的方法化简反馈系数 F 如图 3.62 所示。

根据以上卡诺图化简可得：$F = Q_1'Q_0' + Q_3'Q_1' + Q_3'Q_2' + Q_3'Q_0'$。

电路主要是由上升沿触发的 D 触发器 74LS47 所构成的移位寄存器并加入反馈电路所组成，反馈电路根据上一步骤加入与门和或门来设计实现，电路如图 3.63 所示，仿真结果如图 3.64 所示，输出串行数字信号 1011100110，达到设计要求。

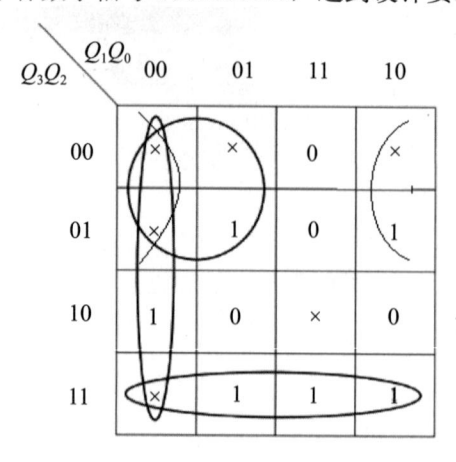

图 3.62　F 的卡诺图

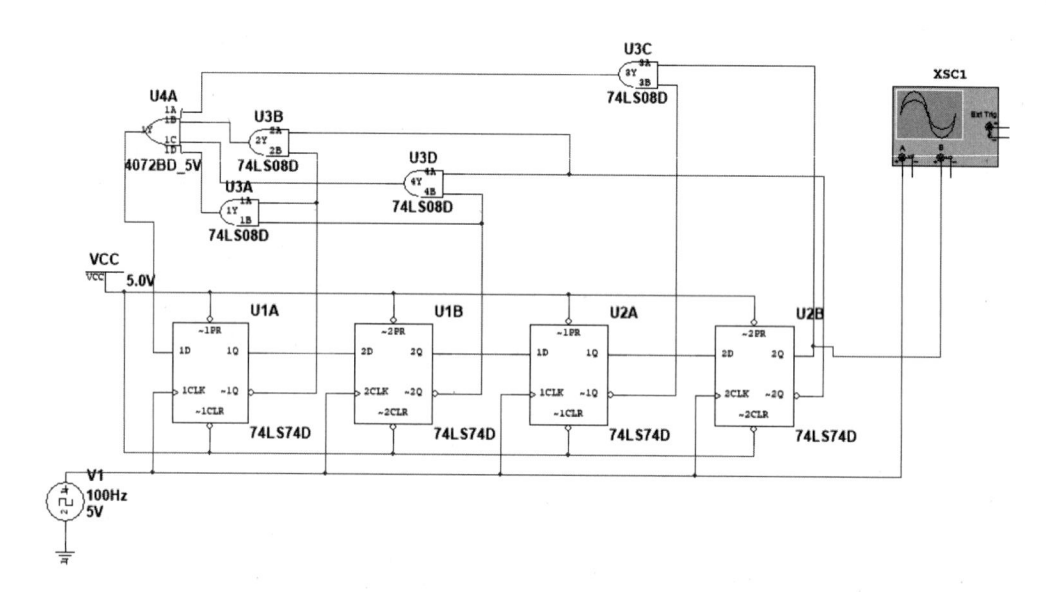

图 3.63　D 触发器设计序列信号发生器

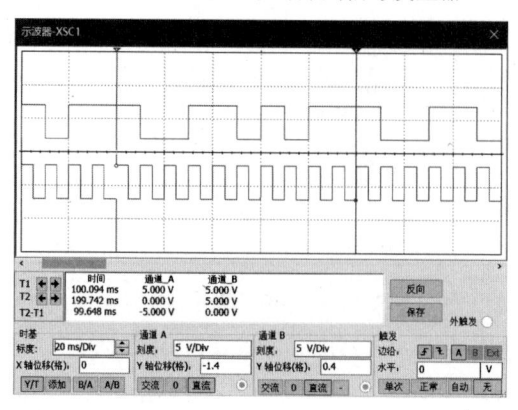

图 3.64　计数器设计序列信号发生器的仿真结果

(2) 用计数器和数据选择器来设计实现。

选择 74LS161 计数器的前 10 个状态实现计数功能，74LS151 数据选择器 F 输出序列信号 1011100110，列出状态转换表如表 3.12 所示。

表 3.12 状态转换表

CLK	Q_3	Q_2	Q_1	Q_0	F
0	0	0	0	0	1
1	0	0	0	1	0
2	0	0	1	0	1
3	0	0	1	1	1
4	0	1	0	0	1
5	0	1	0	1	0
6	0	1	1	0	0
7	0	1	1	1	1
8	1	0	0	0	1
9	1	0	0	1	0

采用同步置零法设计 74LS161 计数器的前 10 个状态实现计数功能，74LS151 八选一数据选择器 F 输出序列信号 1011100110，电路设计如图 3.65 所示。序列信号发生器的仿真结果如图 3.66 所示，输出串行数字信号 1011100110，达到设计要求。

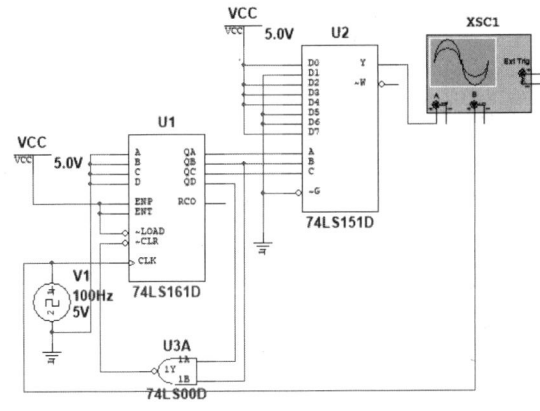

图 3.65 计数器设计序列信号发生器 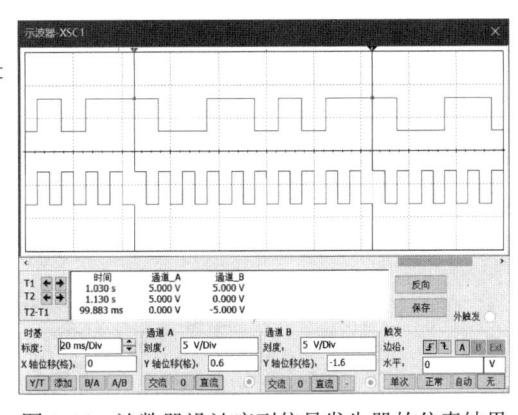　　图 3.66 计数器设计序列信号发生器的仿真结果

3.2.3.5 问题讨论及开放性拓展

（1）两种方法设计对比各具哪些特点？

（2）是否有其他设计方案？

3.2.4 串行数据检测器的设计

3.2.4.1 实验目的

（1）熟悉中规模集成电路的功能；

（2）熟悉串行数据检测器的设计方法。

3.2.4.2 设计要求

（1）在数据通信中，传送的常常是一系列的二进制码，并且其格式往往都包括：

同步头、用户地址码和用户信息码。在数据通信的接收端，同步之后，需要检测用户地址码；再接收用户信息码；最后对用户信息码进行处理。所以，串行数据检测器常常用于数据通信的接收端。其主要任务是检测用户地址码以及接收用户信息码。

（2）设计串行数据检测器，能够识别 01101。

3.2.4.3 预习要求

查找资料，确定电路设计方案，绘制完整实验电路原理图，完成所设计逻辑电路的仿真测试。

3.2.4.4 设计及仿真

设有六个状态，分别为 S_0、S_1、S_2、S_3、S_4、S_5。其中 S_0 表示为 1，S_1 表示 0 状态，S_2 表示 01 状态，S_3 表示 011 状态，S_4 表示 0110 状态，S_5 表示 01101 状态，X 被用来表示输入，Y 被用来表示输出，当检测到 01101 这五位序列信号时，Y 输出为 1。X 输入为 0 到 S_1，S_1 输入 1 到 S_2，S_2 输入 1 到 S_3，S_3 输入 0 到 S_4，S_4 输入 1 到 S_5。

所检测序列信号原始状态如图 3.67 所示。

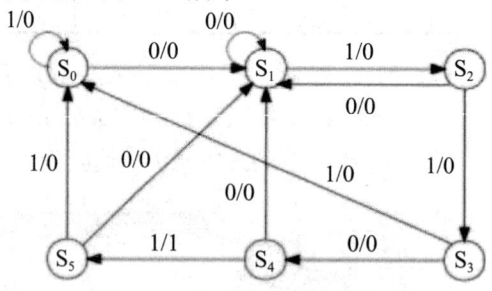

图 3.67 序列信号原始状态图

S_0 被赋予状态 000，S_1 被赋予状态 001，S_2 被赋予状态 010，S_3 被赋予状态 011，S_4 被赋予状态 100，S_5 被赋予状态 101，赋予状态后的状态转换图如图 3.68 所示。

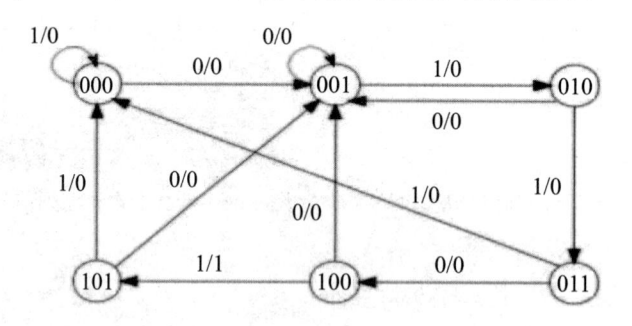

图 3.68 赋予状态后的状态转换图

通过以上步骤的状态转换图即可列出相应的状态真值表。

表 3.13 状态转换表

X	Q_2	Q_1	Q_0	Q_2^*	Q_1^*	Q_0^*	Y
0	0	0	0	0	0	1	0
0	0	0	1	0	0	1	0
0	0	1	0	0	0	1	0

续表

X	Q_2	Q_1	Q_0	Q_2^*	Q_1^*	Q_0^*	Y
0	0	1	1	1	0	0	0
0	1	0	0	0	0	1	0
0	1	0	1	0	0	1	0
1	0	0	0	0	0	0	0
1	0	0	1	0	1	0	0
1	0	1	0	0	1	1	0
1	0	1	1	0	0	0	0
1	1	0	0	1	0	1	1
1	1	0	1	0	0	0	0

（1）用 D 触发器设计实现序列信号检测器。

列出 Q_2、Q_1、Q_0、Y 的次态的卡诺图并进行化简，如图 3.69 至图 3.72 所示。

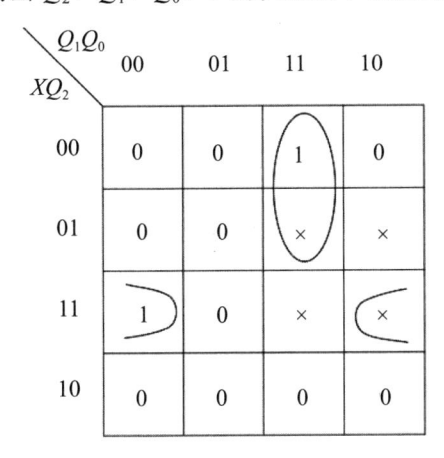

图 3.69　Q_2^* 的卡诺图

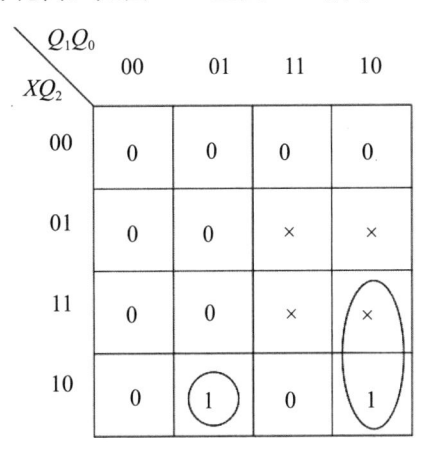

图 3.70　Q_1^* 的卡诺图

图 3.71　输出 Q_0^* 的卡诺图

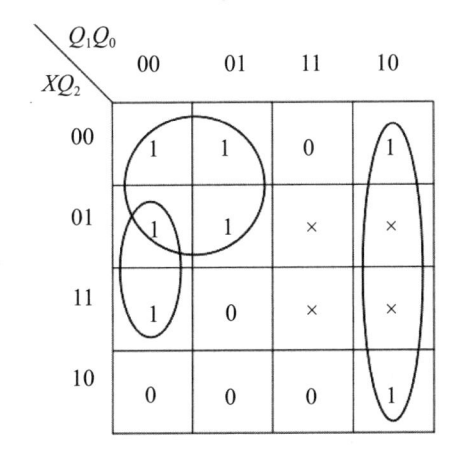

图 3.72　输出 Y 的卡诺图

根据卡诺图化简得出状态方程：

$$Q_2^* = X'Q_1Q_0 + XQ_2Q_0', \quad Q_1^* = XQ_2'Q_1'Q_0 + XQ_1Q_0', \quad Q_0^* = X'Q_1' + Q_2Q_1'Q_0' + Q_1Q_0'$$

输出方程：$Y = XQ_2Q_0'$

驱动方程：

$$D_2 = X'Q_1Q_0 + XQ_2Q_0' = [(X'Q_1Q_0)' \cdot (XQ_2Q_0')']'$$

$$D_1 = XQ_2'Q_1'Q_0 + XQ_1Q_0' = [(XQ_2'Q_1'Q_0)' \cdot (XQ_1Q_0')']'$$

$$D_0 = X'Q_1' + Q_2Q_1'Q_0' + Q_1Q_0' = [(X'Q_1')' \cdot (Q_2Q_1'Q_0')' \cdot (Q_1Q_0')']'$$

检查电路自启动，$X = 0$ 时，110 和 111 没有进入循环圈，将 110 和 111 代入状态方程，算出的结果分别为 001 和 100。$X = 1$ 时，110 和 111 没有进入循环圈，代入状态方程算，得到的结果分别为 111 和 000，所以电路是可以自启动的。

电路设计如图 3.73 所示，通过字发生器提供序列信号 01101，仿真测试结果如图 3.74 所示，符合设计要求。

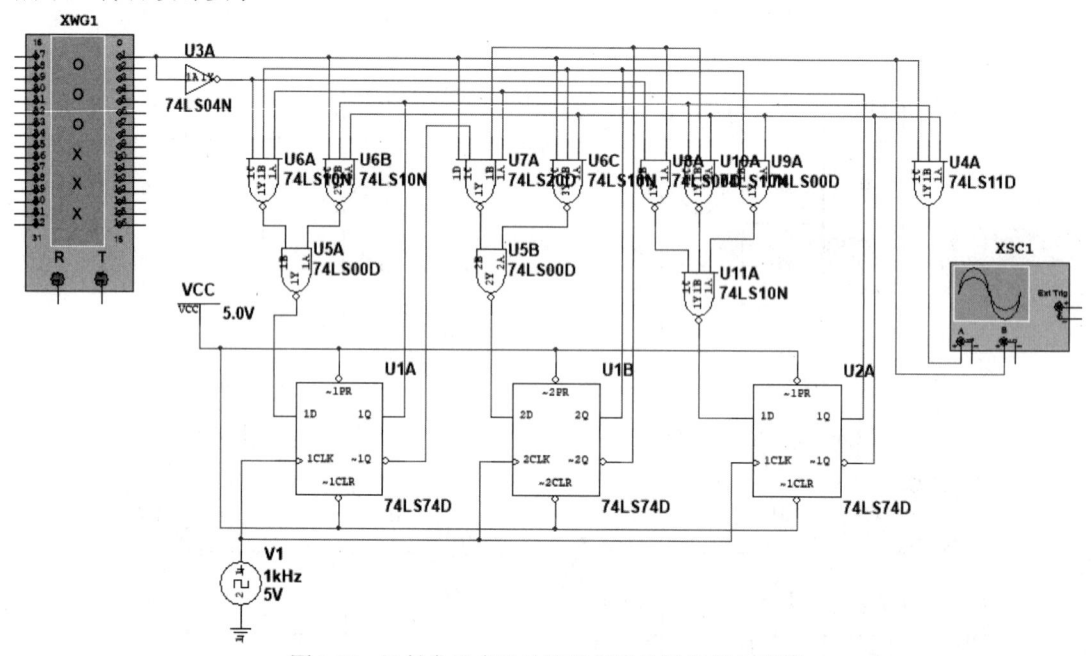

图 3.73 D 触发器来设计序列信号的检测器电路图

（2）JK 触发器来设计实现序列信号的检测器。

JK 触发器与 D 触发器在解决问题时，卡诺图化简化最小项的方法有所不同，D 触发器的次态状态与前一时刻的状态相同，JK 触发器得由下式来找到每个 J 和 K 的状态。

$$Q^* = JQ' + K'Q$$

用 JK 触发器的状态真值表和用 D 触发器的状态真值表是相同的，此方法的 Q_1 的次态的卡诺图和输出 Y 卡诺图的化简方法与用 D 触发器的化简方法相同，这里只需要列出 Q_2 和 Q_0 的次态的卡诺图即可。Q_2^* 的卡诺图化简如图 3.75，Q_0^* 的卡诺图化简如图 3.76 所示。

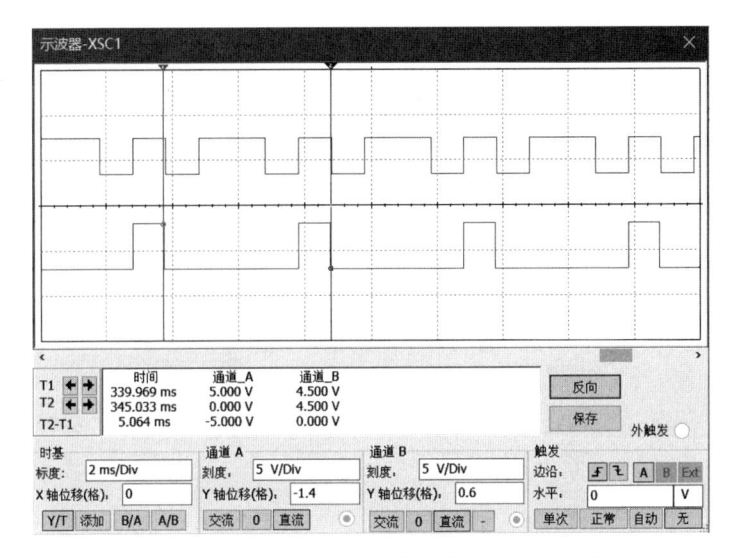

图 3.74 D 触发器来设计序列信号的检测器的仿真结果

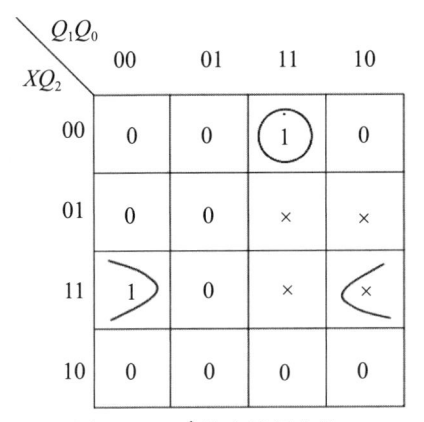

图 3.75 Q_2^* 的卡诺图化简   图 3.76 Q_0^* 的卡诺图化简

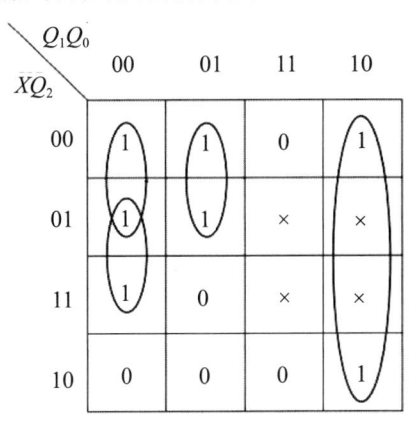

根据卡诺图化简列出状态方程：

$$Q_2^* = X'Q_2'Q_1Q_0 + XQ_2Q_0', \quad Q_1^* = XQ_2'Q_1'Q_0 + XQ_1Q_0'$$

$$Q_0^* = Q_1Q_0' + Q_2Q_1'Q_0' + X'Q_1'Q_0' + X'Q_1'Q_0$$

输出方程：$Y = XQ_2Q_0'$

由状态方程可得驱动方程：

$$J_2 = X'Q_1Q_0, \quad K_2 = (XQ_0')', \quad J_1 = XQ_2'Q_0, \quad K_1 = (XQ_1)'$$

$$J_0 = Q_1 + Q_2Q_1' + X'Q_1' = \left[Q_1' \cdot (Q_2Q_1')' \cdot (X'Q_1')'\right]', \quad K_0 = (X'Q_1')'$$

当 X = 0 时，110 和 111 没有进入循环圈的状态，将 110 和 111 代入状态方程计算，结果分别为 001 和 000。当 X = 1 时，110 和 111 没有进入循环圈的状态，代入状态方程计算，得到的结果分别为 101 和 010，即电路是可以自启动的。

电路设计如图 3.77 所示，字信号发生器每产生依次所要求检测的序列信号 01101 时，JK 触发器设计序列信号检测器仿真结果如图 3.78 所示。

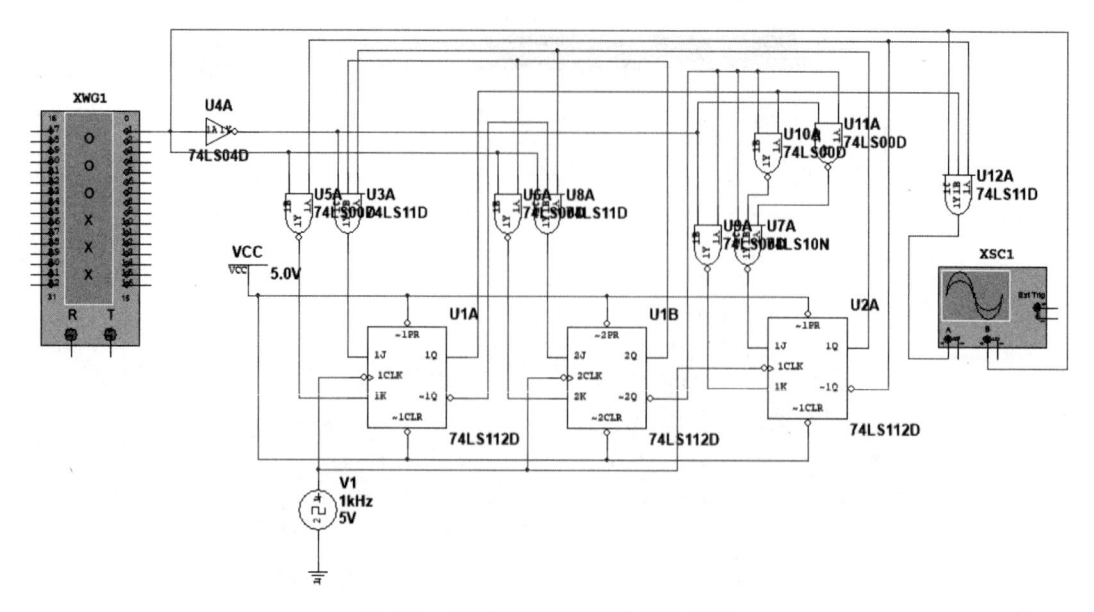

图 3.77　序列信号检测器仿真电路图

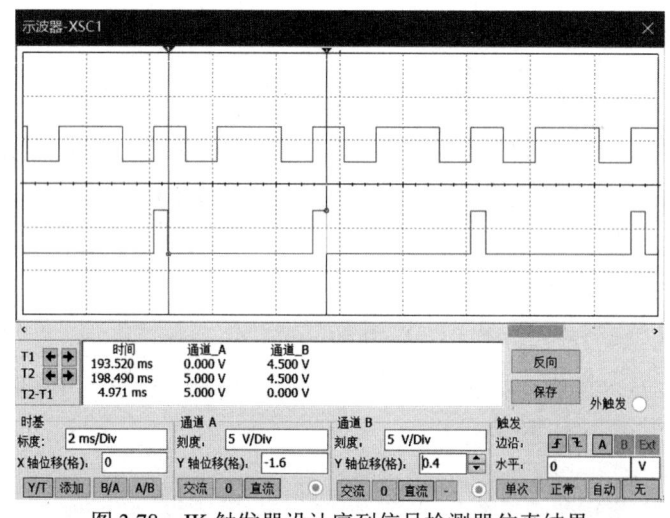

图 3.78　JK 触发器设计序列信号检测器仿真结果

3.2.4.5　问题讨论及开放性拓展

两种方法设计对比特点。

3.2.5　可控进制计数器的设计与仿真

3.2.5.1　实验目的

（1）熟悉中规模集成电路计数器功能；

（2）掌握任意进制计数器的设计方法。

3.2.5.2　设计要求

基于 74LS160 的可控多进制计数系统设计与仿真，利用集成同步加法计数器 74LS160 设计出一个可控的多进制计数系统。利用拨码控制电路，该系统可以分别实现 7 进制、9 进制和 79 进制计数功能，从而体现出该系统的可控性、灵活性和实用性。

3.2.5.3 预习要求

查找资料，熟悉74LS160的功能及引脚，设计电路实现7进制、9进制和79进制计数功能，绘制完整实验电路原理图，完成所设计逻辑电路的仿真测试。

3.2.5.4 设计及仿真

7进制计数电路的计数状态为0~6，因此，利用同步置数法求出 S6 的代码为0110，又因该4位代码从左至右分别对应74LS160的4位输出端QD、QC、QB、QA，从代码可知QD、QA的电平为低，QC、QB的电平为高，即使得反馈置数函数为 $Y = (Q_B Q_C)'$，选用了74LS00来生成反馈。时钟脉冲源选择的是100 Hz、5 V 的方波信号，数据输入端 A~D 均接地，QD、QC、QB、QA 连接数码管显示，电路设计如图3.79所示。

9进制计数电路的计数状态为0~8，与7进制计数电路设计原理、方法类似，唯一的区别在于，S8 的代码为1 000，即使得反馈置数函数为 $Y = Q_D'$。由此，采用74LS04来获得反馈。

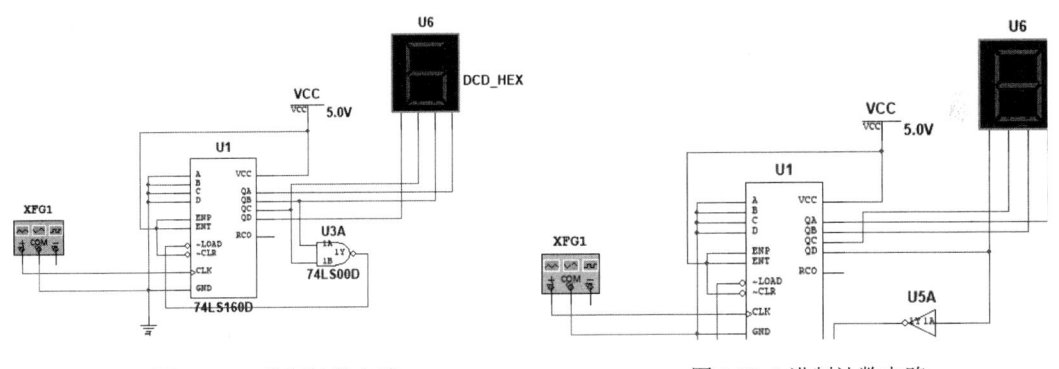

图3.79　7进制计数电路　　　　　图3.80　9进制计数电路

79进制计数电路的计数状态为0~78。该电路采用级联法完成，将2片74LS160进行级联，利用同步置数法求出反馈置数函数为 $Y = (Q_{A1} Q_{B1} Q_{C1} Q_{D2})'$，其中 $Q_{A1} Q_{B1} Q_{C1}$ 分别为高位片74LS160的输出端（高位片用来显示十位上的数字），Q_{D2} 为低位片74LS160的输出端（低位片用来显示个位上的数字），采用4输入与非门74LS20来实现反馈，电路如图3.81所示。

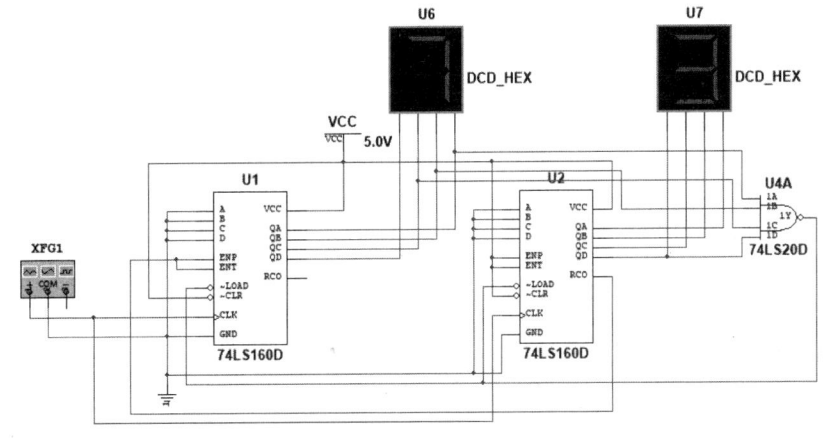

图3.81　79进制计数电路

综合以上设计，通过 4 路拨拨码开关 S1，可构成可控的多进制加法计数系统，若将 S1 按 1000 进行设置，则可实现 7 进制计数，如图 3.82 所示，若将 S1 按 0100 进行设置，则可实现 9 进制计数，如图 3.83 所示。若将 S1 按 0011 进行设置，则可实现 79 进制计数，如图 3.84 所示。

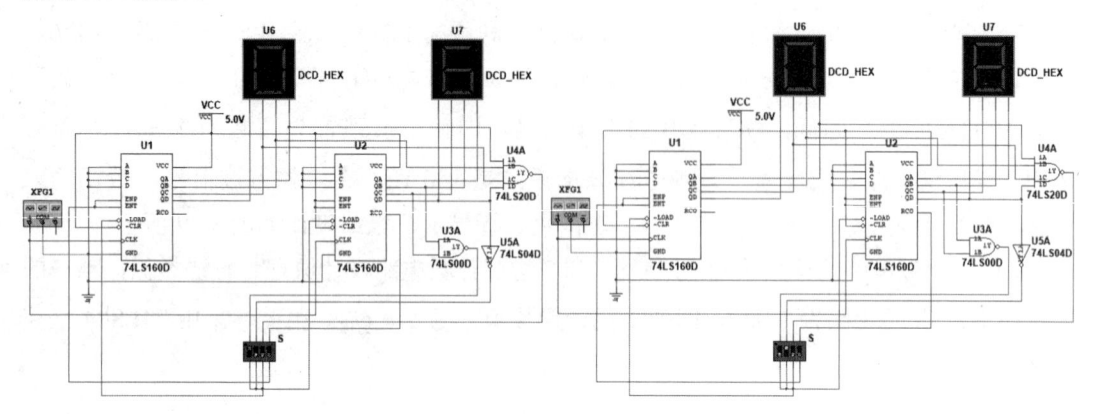

图 3.82　可控电路实现实现 7 进制计数　　　　图 3.83　可控电路实现实现 9 进制计数

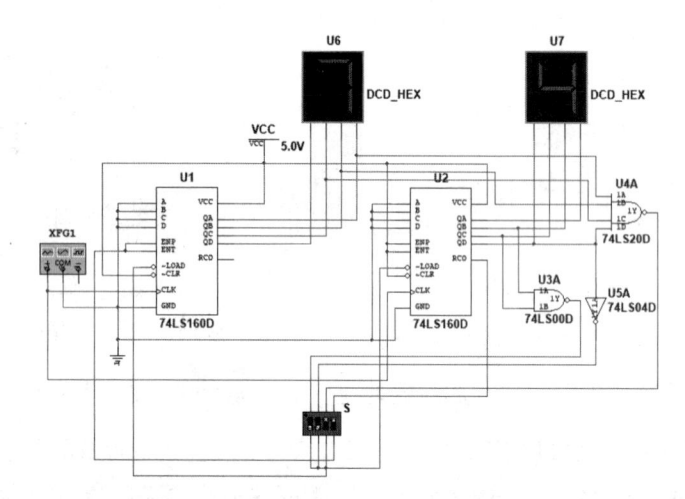

图 3.84　可控电路实现实现 79 进制计数

3.2.5.5　问题讨论及开放性拓展

如何实现更多可控进制计数器？

3.2.6　彩灯循环电路的设计与仿真

3.2.6.1　实验目的

（1）熟悉中规模集成电路的功能；

（2）熟悉电路的设计方法。

3.2.6.2　设计要求

设计彩灯循环控制电路，8 路四花型流水灯控制电路实现：1 个彩灯点亮，从左往右移动，循环 2 次；2 个彩灯点亮，从左往右移动，循环 2 次；4 个彩灯点亮，从左往右移动，循环 2 次；8 个彩灯从左到右依次点亮，然后依次熄灭，循环 1 次。

3.2.6.3 预习要求

查找资料，确定电路设计方案，绘制完整实验电路原理图，完成所设计逻辑电路的仿真测试。

3.2.6.4 设计及仿真

按设计要求，可以得到如表的4种花型及其对应二进制代码如表3.14所示。

表3.14 4种花型及其对应二进制代码

花型	状态要求	时钟周期	二进制码
1	1个彩灯点亮，从左往右移动，循环2次	16	1000000010000000
2	2个彩灯点亮，从左往右移动，循环2次	16	1100000011000000
3	4个彩灯点亮，从左往右移动，循环2次	16	1111000011110000
4	8个彩灯从左到右依次点亮，然后依次熄灭，循环1次	16	1111111100000000

选择555时基电路提供时钟信号，设计方式参考实验3.1.7；时钟脉冲产生电路1用于为花型代码产生电路和数据输出显示电路提供时钟脉冲，时钟脉冲产生电路2用于为自动转换控制电路提供时钟脉冲。

花型代码产生电路用于产生4种花型所对应的二进制代码。它是由模十六计数器74LS161的输出端和与门74LS08、非门74LS04构成的组合逻辑门相连接来构成。

自动转换控制电路采用双D触发器74LS74连接成一个4进制加法计数器，把两个输出端接四选一数据选择器74LS153的地址变量输入端，控制流水灯的4种花型进行自动转换。

数据输出显示电路用来观察流水灯花型的显示情况。8位移位寄存器74LS164可以实现彩灯状态的右移，把移位寄存器的8个输出端口分别与彩灯和电阻相连接，就能观察到实验结果。

花型代码产生电路在时钟脉冲产生电路1产生的时钟脉冲的控制下，可以产生实现4种花型的二进制代码。

将自动转换控制电路中的双D触发器74LS74连接成一个4进制加法计数器，在时钟脉冲产生电路2产生的时钟脉冲控制下，双D触发器的两个输出端Q_2、Q_1就会输出00、01、10、11等4种不同的逻辑状态，将Q_2、Q_1接至四选一数据选择器74LS153的地址变量端，来控制四选一数据选择器所要输出的花型代码，每一种逻辑状态与一种花型的二进制代码对应。自动转换控制电路中四选一数据选择器74LS153的数据输入端分别与花型代码产生电路的一个输出端相连接，这样就将花型代码产生电路所产生的4种花型代码送到了四选一数据选择器的四路数据输入端。

将四选一数据选择器的数据输出端接到显示电路中的8位移位寄存器的数据输入端，接着四选一数据选择器就会把控制彩灯花样的二进制代码送到8位移位寄存器中，在脉冲产生电路1提供的时钟脉冲信号的作用下，8位移位寄存器接收到的数据就会在移位寄存器的八位并行输出端$Q_H \sim Q_A$从低位向高位移动，实现右移。在显示电路中就会看到彩灯的4种花型能够自动循环。表3.14给出了4种花型及其对应的二进制代码。对应时钟脉冲产生电路1的16个脉冲周期，花型一、花型二和花型三可以循环两次，花型四可以循环一次。

电路设计及花型 1 如图 3.85 所示，花型 2 如图 3.86 所示，花型 3 如图 3.87 所示，花型 4 如图 3.88 所示。

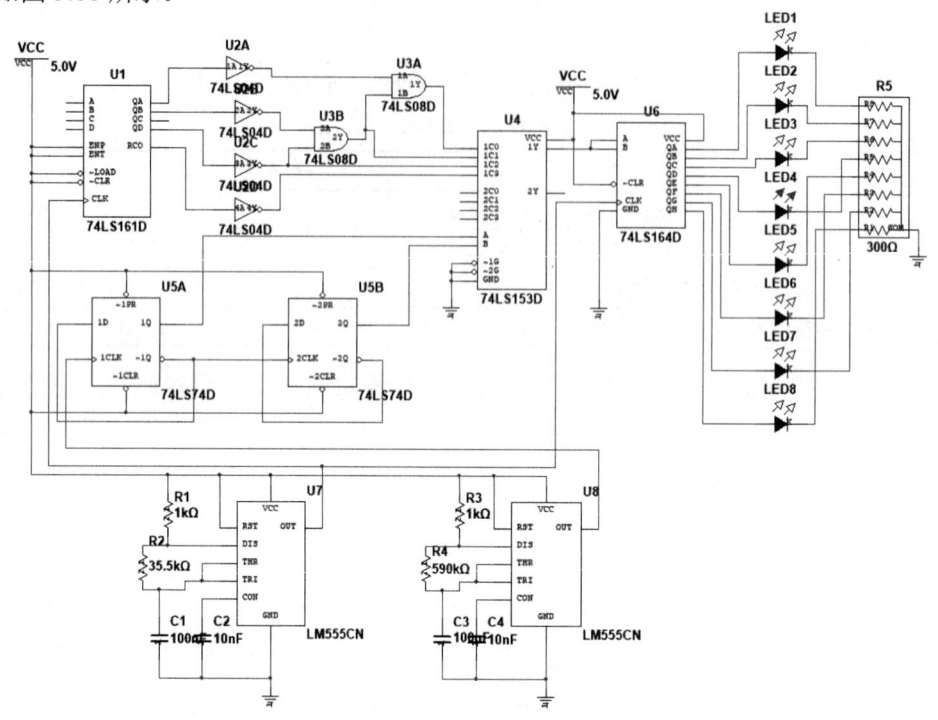

图 3.85　花型 1

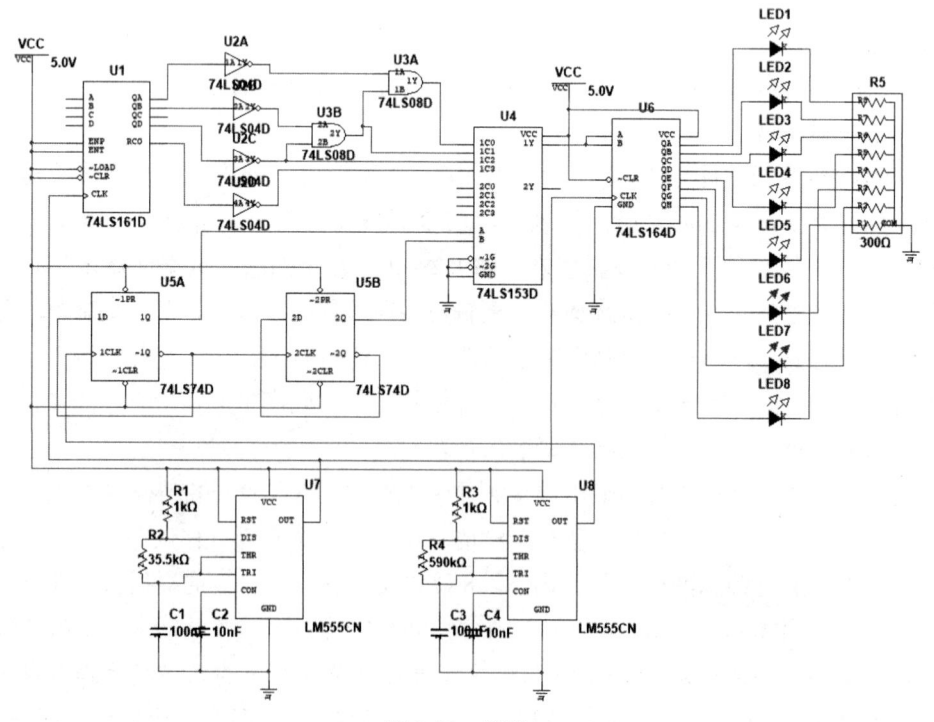

图 3.86　花型 2

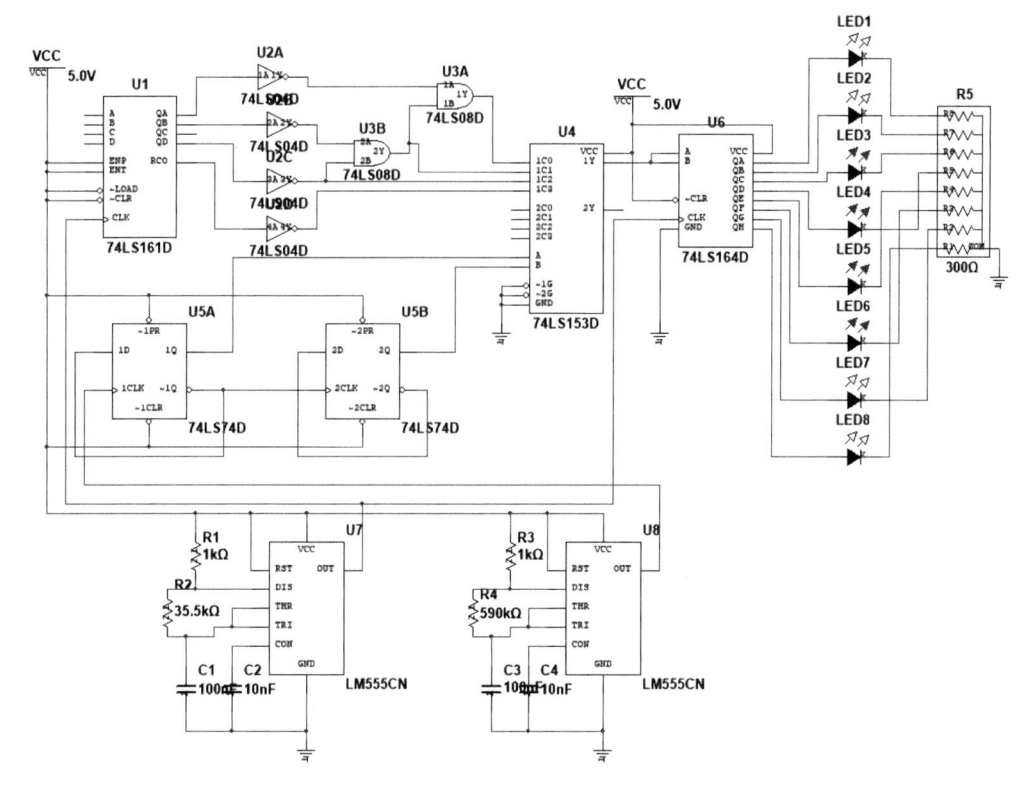

图 3.87 花型 3

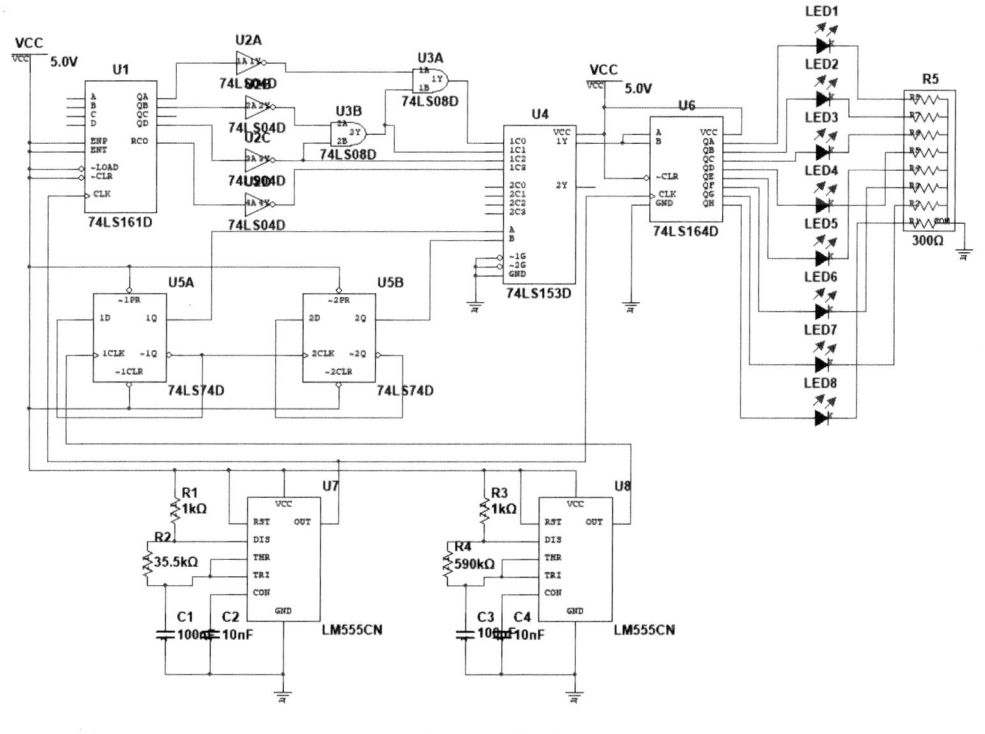

图 3.88 花型 4

3.2.6.5 问题讨论及开放性拓展

设计一四花样自动切换的彩灯控制器,要求实现:彩灯一亮一灭,从左向右移动。

3.2.7 医院呼叫系统电路的设计

3.2.7.1 实验目的

(1)学习优先编码器的设计;

(2)熟悉中规模集成电路的功能。

3.2.7.2 设计要求

八个病房,当有病房呼叫时,值班室的数码管即显示相对最高优先级别的病房号,而且蜂鸣器发声,从而实现呼叫功能。

3.2.7.3 预习要求

查找资料,熟悉 74LS148、74LS148 的功能及引脚,确定电路设计方案,绘制完整实验电路原理图,完成所设计逻辑电路的仿真测试。

3.2.7.4 设计及仿真

本设计是实现一个具有优先级的病房呼叫系统。通过优先编码器对模拟病房编码,再通过译码器译出模拟的最高级病房号,当有病房呼叫时信号通过译码器和逻辑门触发,值班室的数码管即显示相对最高优先级别的病房号,而且蜂鸣器发声,从而实现呼叫功能。

系统功能在有多个呼叫信号同时产生时,对已有的最高级别信号进行清零,观察系统能否对剩余信号中的最高级别信号进行优先呼叫,或者在原有呼叫信号的基础上再输入一个最高级别的呼叫信号,观察系统能否将此最高级别信号优先呼叫。

使用过程如下所述。

(1)按照病人的病情划分优先级别,有多人同时呼叫时,系统按优先等级显示呼救编号。

(2)当病人按下呼叫信号按钮呼叫灯亮,同时值班室对应病人编号的呼叫灯亮起,蜂鸣器发出呼叫声,等待医护人员。

(3)当医护人员处理完最高级别呼叫后,系统显示下一优先级别的病房编号。

模拟 8 位病房,将病人依据病情从 1 至 8 依次排放,当病人按下呼叫按钮,对应病房呼叫灯亮起。根据要求列真值表 3.15。

表 3.15 真值表

A	B	C	YA	YB	YC	YD
0	0	0	0	0	0	1
0	0	1	1	1	1	0
0	1	0	0	1	1	0
0	1	1	1	0	1	0
1	0	0	0	0	1	0
1	0	1	1	1	0	0
1	1	0	0	1	0	0
1	1	1	1	0	0	0

通过真值表可以得到：

YA=A0，YB=A1 ⊕ A0，YC=A2A1′A0′+A2′A1+A2′A0，YD=A2′A1′A0′

设计电路如图 3.89 所示，当只有一路 X5 呼叫时如图 3.89 所示，X5 灯亮，数码管显示 5，蜂鸣器发出呼叫声。

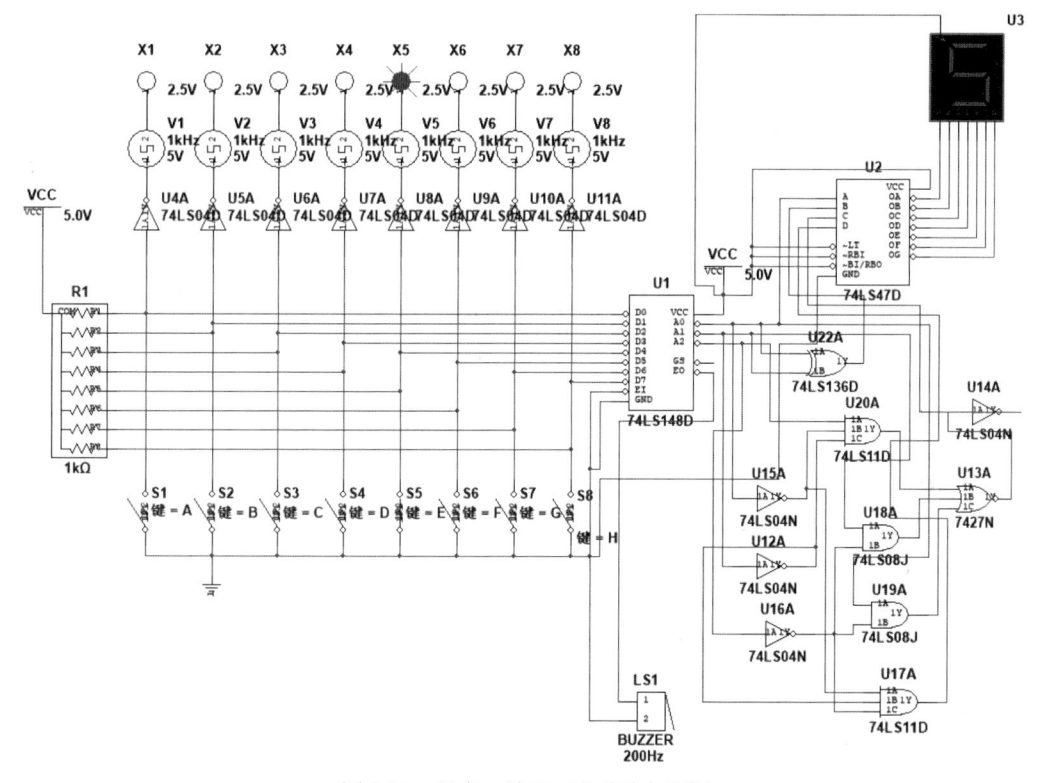

图 3.89　只有一路 X5 呼叫时电路图

当有多路 X2、X3、X5、X8 同时呼叫时如图 3.90 所示，X2、X3、X5、X8 灯亮，数码管显示优先级最高的 8 号，蜂鸣器发出呼叫声。

当处理优先级最高的 8 号呼叫后，电路如图 3.91 所示，X2、X3、X5 号灯依然亮，同时数码管显示优先级最高的 5 号如图 3.91 所示，实现预期功能。

3.2.7.5　问题讨论及开放性拓展

（1）是否在设计上可以进一步优化？

（2）是否有其他设计？

3.2.8　8 路竞赛抢答器设计

3.2.8.1　实验目的

（1）熟悉中规模集成电路的功能；

（2）掌握 8 路竞赛抢答器的设计方法。

3.2.8.2　设计要求

设计一个智力竞赛抢答器，可同时供 8 名选手参加比赛，主持人设置一个控制开关，可清零和抢答开始，抢答器具有数据锁存和显示的功能。

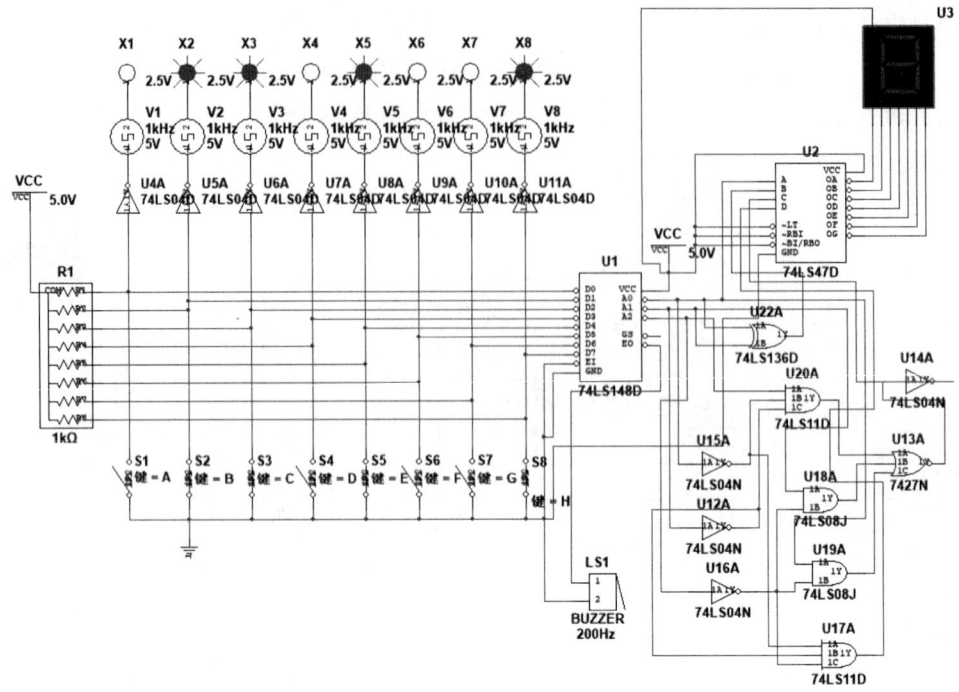

图 3.90 多路 X2、X3、X5、X8 同时呼叫电路图

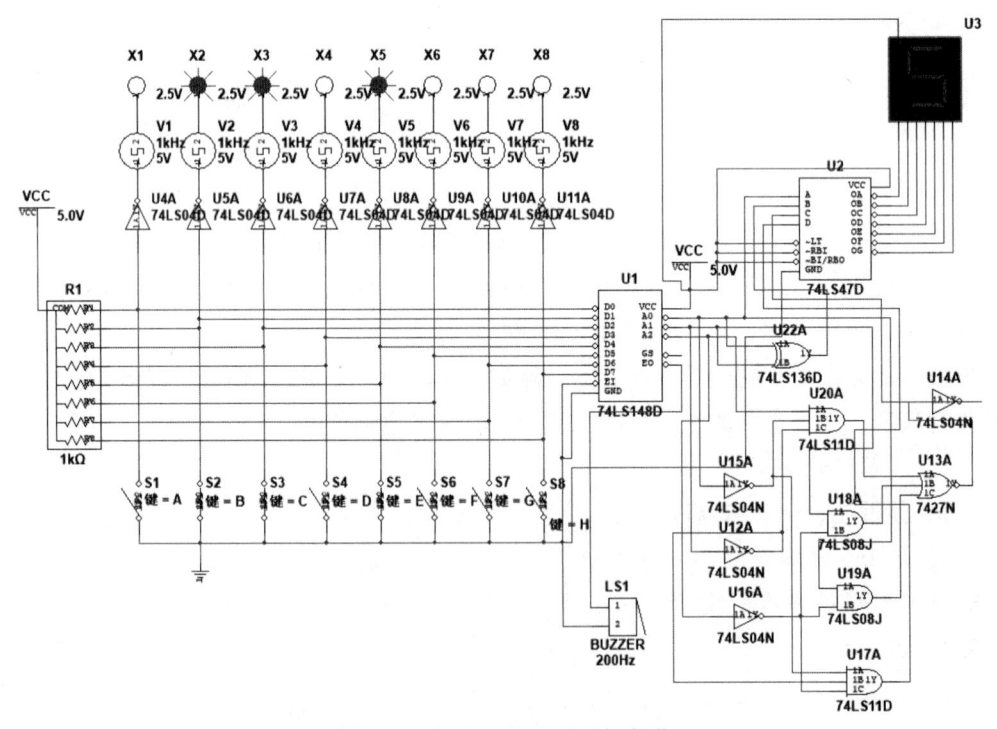

图 3.91 处理 8 号呼叫后电路图

3.2.8.3 预习要求

查找资料，确定电路设计方案，绘制完整实验电路原理图，完成所设计逻辑电路的仿真测试。

3.2.8.4 设计及仿真

8名选手参加比赛，各用一个抢答按钮，按钮的编号与选手的编号相对应，分别是X1、X2、X3、X4、X5、X6、X7、X8。节目主持人设置一个控制开关，用来控制系统的清零（编号显示数码管灭灯）和抢答的开始。抢答器具有数据锁存和显示的功能。抢答开始后，若有选手按动抢答按钮，编号立即锁存，对应选手的灯亮。封锁输入电路，禁止其他选手抢答。优先抢答选手的信号灯一直亮到主持人将系统清零为止。抢答器具有定时抢答的功能，且一次抢答的时间可以由主持人设定。当节目主持人启动"开始"键后，要求定时器立即倒计时，并用显示器显示。参赛选手在设定的时间内回答，抢答有效，定时器停止工作，相应选手的灯亮，显示器上显示抢答时刻的时间，并保持到主持人将系统清零为止。如果定时抢答的时间已到，却没有选手抢答时，本次抢答无效，系统短暂报警，并封锁输入电路，禁止选手超时后抢答。

智力抢答器包括抢答电路，发光二极管显示电路，主持人控制开关电路，控制电路，秒脉冲产生电路，定时、译码、显示电路。

抢答电路的功能有两个，一是能分辨选手按键的先后，并锁存优先抢答者的编号，供译码显示电路用；二是要使其他选手的操作无效。选用优先编码器74LS148和RS锁存器74LS279可以完成上述功能。它由主体电路和扩展电路两部分组成。主体电路完成基本的抢答功能，即开始抢答后，当选手按动抢答键时，能使代表该选手的发光二极管发光，同时能封锁输入电路，禁止其他选手抢答，扩展电路完成定时抢答的功能以及将时间显示出来。

发光二极管显示电路是由8个发光二极管组成的，由于在仿真时要观察灯的亮与熄灭，所以用灯来代替一下。

主持人控制开关有很多作用，当这个开关弹起时，74LS374将不工作，并且可以控制译码显示电路的清零和置数功能。

控制电路是由门电路组成的。当有一人按下了抢答开关后，所对应的Q端输出为高电平，经过几个或门后，最后输入74LS374和74LS192的脉冲输入端的信号固定为高电平，将脉冲信号锁住，无论别的抢答开关按下与否，都不会影响结果，这就起到了控制电路的作用。

报警电路中，使用灯来表示，当无人抢答时，指示灯亮。

秒脉冲信号产生电路可以通过555定时器得以实现，但在此次设计中，为了简便，直接用方波电源来实现，将其周期改为1秒即可。

定时、译码、显示电路是由74LS44译码器、74LS192计数器和七段数码管构成的。74LS192的四个输入端DCBA端分别接上高电平，低电平，低电平，高电平，则通过译码器在七段数码管上显示9，然后通过减计数，依次减一，当抢答按钮按下时，控制电路将会锁住脉冲信号，因此数码管应该显示当前数字不变。直至下一次抢答时，主持人通过置数重新将其置为9。

当主持人按S2键，开始抢答时，倒计时开始如图3.92所示，答题指示灯X9亮。

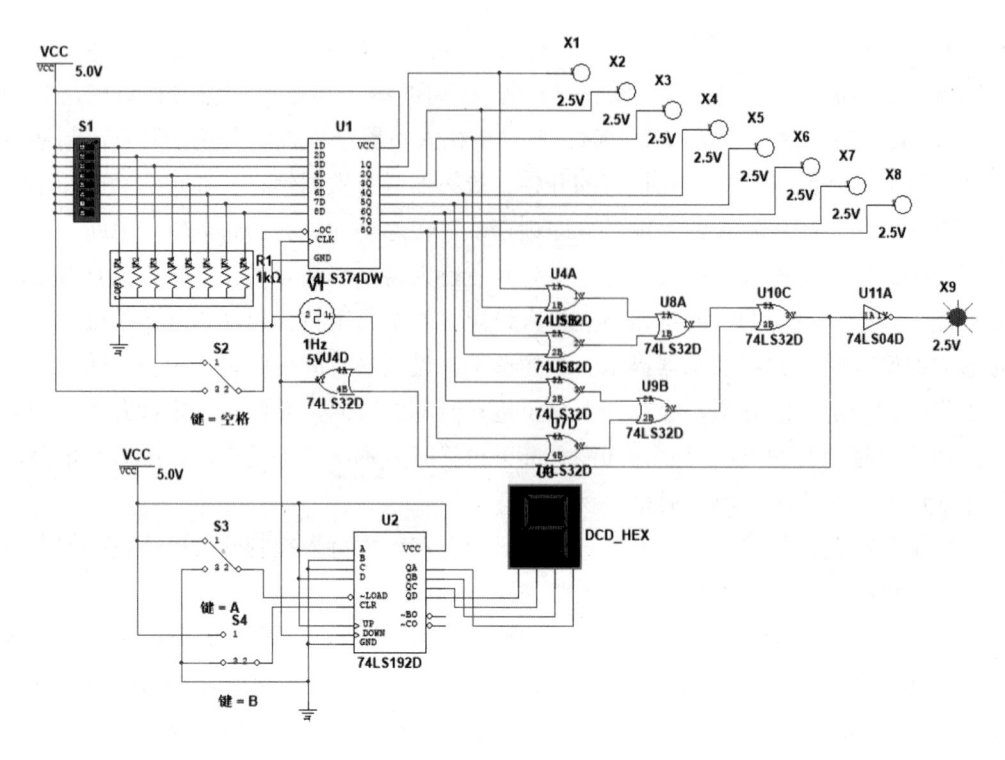

图 3.92　开始抢答

通过按键表示当三号抢答时，X3 灯亮，答题指示灯 X9 灭，数码管显示时间停止，如图 3.93 所示，即使有其他选手六号答题，指示灯不变，如图 3.94 所示。

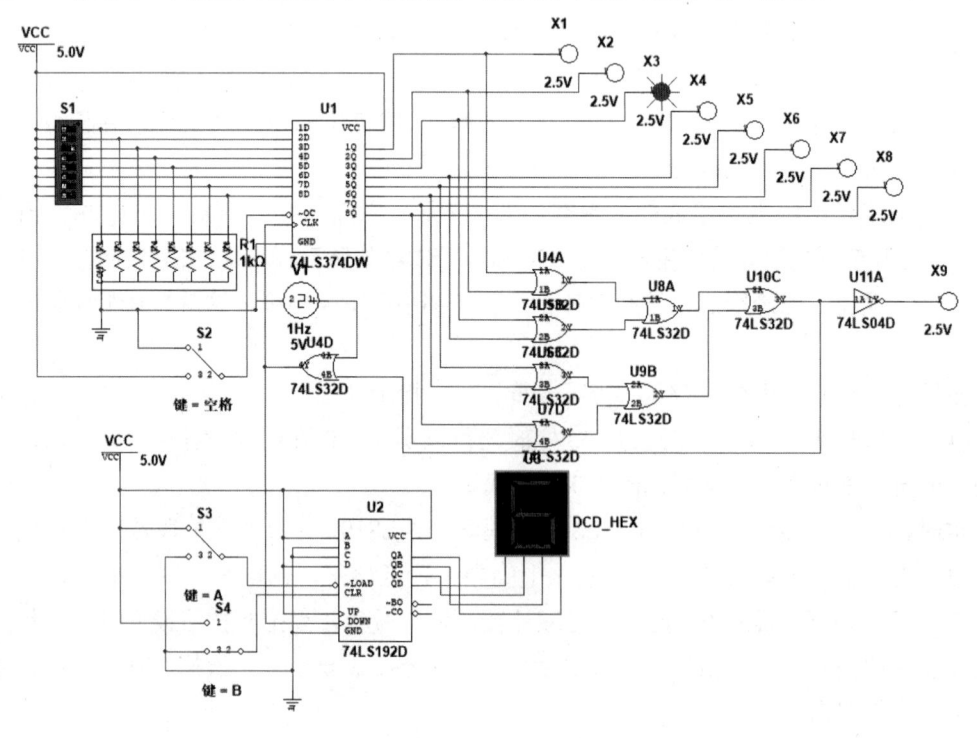

图 3.93　三号抢答

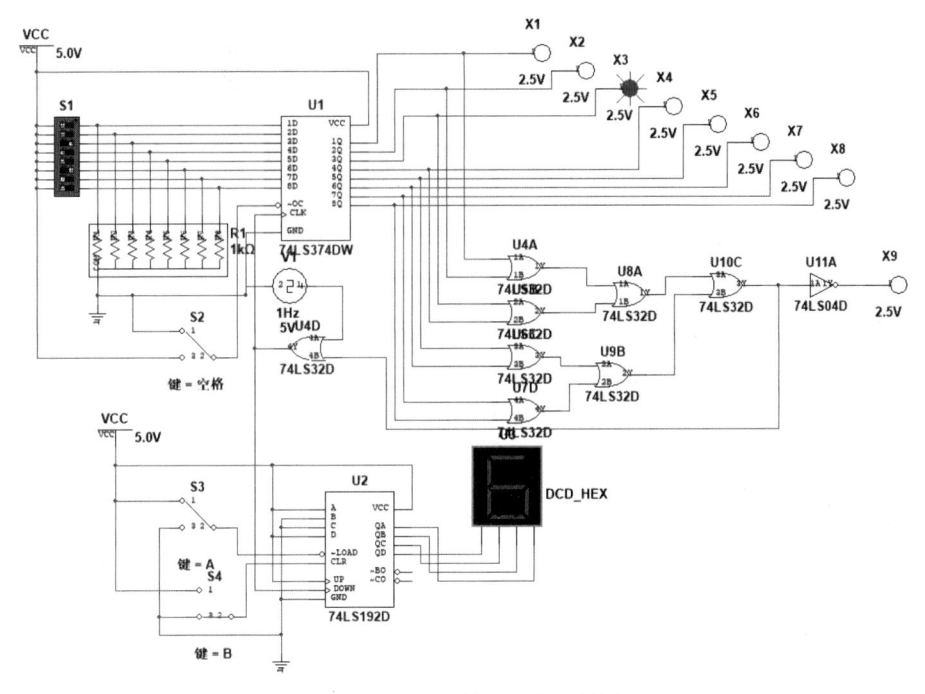

图 3.94　三号抢答，六号按键

主持人按键 S3 后，重新置数，重新倒计时，如图 3.95 所示。

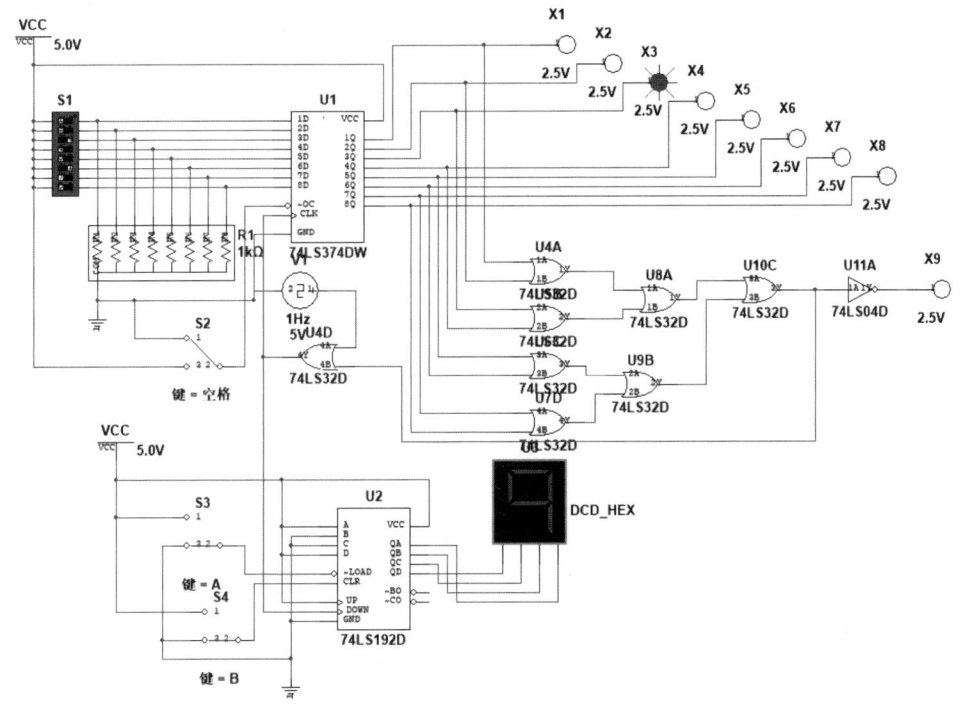

图 3.95　重新置数

3.2.8.5　问题讨论及开放性拓展

设计中如何实现信号锁存的功能？

第 4 章 数字系统设计实验

进入 21 世纪，电子信息技术以迅猛的速度改变着人们生产生活的方方面面，使人们的生活多姿多彩。数字电子技术在全球电子信息化的浪潮中起着巨大的推动作用。数字化的浪潮几乎席卷了电子技术应用的所有领域。数字系统的实现方法也经历了从 SSI、MSI、LSI、VLSL 到 ULSL 的全过程，数字系统设计和应用也进入了全新的时代。本章利用数字设计系统技术，介绍数字系统设计课程的实验内容。

4.1 数字系统设计方法概述

4.1.1 数字系统的基本概念

数字系统是以离散形式表示的具有存贮、传输、信息处理能力的逻辑子系统的集合。具体来说，数字系统是由具体特定功能的逻辑部件组建独立的交互式设计装置，其结构可以划分为两部分，如图 4.1 所示。

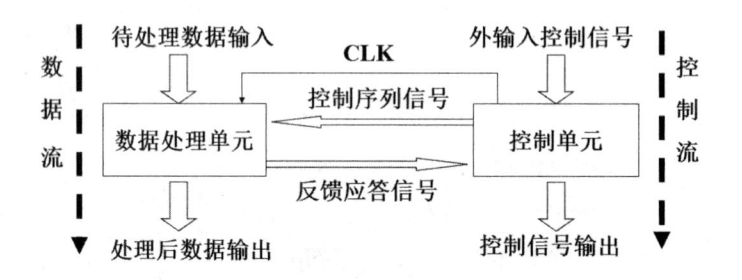

图 4.1 数字系统的结构

数字系统的设计与器件密切相关，一般按照所用器件的不同分为两部分，即传统的数字系统设计和现代电子系统设计。其中，传统的数字系统设计指积木式的搭接方法，主要通过电路板将模拟电子器件和数字电路集成块等搭接成电子系统，这类型系统需要设计者选择合适的器件组成电路板，最终实现设计。现代电子系统设计通过微控制器可编程逻辑器件对器件内部进行设计来实现系统功能，这是一种基于芯片的设计方法。相比较而言，传统的数字系统设计只能依赖电路板进行设计，结构不灵活、设计效率低下；而现代电子系统设计以微处理器芯片为控制部件，因而人们往往将有无控制部件作为区分数字系统的传统设计方法和现代电子系统的重要标志。

数字系统的基本模型分为动态模型和算法模型。

4.1.1.1 数字系统的动态模型

动态模型利用真值表、卡诺图、逻辑方程、状态转换图、状态方程和时序图等传统描述方法建立的系统模型。

4.1.1.2 数字系统的算法模型

算法模型基本思想是利用算法实现数字系统的基本功能，并借此建立系统模型。具体思路是通过分层的算法模块构建算法模型，特征是包含若干个子运算和相应的控制序列。其中，系统的算法模型是数字系统设计的核心。获得算法模型需要考虑如下问题。

（1）如何将系统运算划分为相对独立又相互联系的子运算。

（2）各子运算间信息的流通。

（3）如何有规则地控制各子运算。

4.1.2 数字系统设计的一般步骤

数字系统的设计没有一成不变的步骤，它往往与设计者的经验、兴趣爱好密切相关。一般来说，系统的设计过程归纳为如下几个环节。

4.1.2.1 总体设计方案的确定

在广泛搜集与查阅相关资料的基础上，广开思路，利用已有的各种理论知识，从各种可能性出发，拟定出尽可能多的方案，以便做出更合理的选择和总体方案的确定。

针对所拟的方案进行分析和比较，比较方案的标准有三个。一是技术指标的比较，看哪种方案完成的技术指标最完善。二是电路简易的比较，看哪种方案在完成技术指标的前提下，最简便。三是经济指标的比较，在完成上述指标的情况下，选择成本最低的方案，经过比较后确定最佳方案。对确定的方案再进行细化和完善，形成最终方案。

4.1.2.2 单元电路的设计与选择

按照确定的总体方案设计框图，对各功能框分别设计或选择出满足其要求的单元电路。明确功能框对单元电路的技术要求，必要时应详细拟定出单元电路的性能指标，然后进行单元电路结构形式的选择或设计。

对每一个功能框图进行设计和计算，主要包括以下几个方面。

（1）选择电路的结构和形式。

（2）组成电路的中心元件的选择。

（3）电路元件的计算和选择。

（4）核算所设计的电路是否满足要求。

（5）画出单元电路的原理电路图。

4.1.2.3 元器件的选择和参数计算

选择元器件时，首先注重功能上满足要求；其次性能参数也要满足要求。数字电路的电气参数指标较少，一般只有最高工作频率、传输延迟、工作电压及驱动电路等特性指标。而这些指标往往取决于所选择的器件。因而，为了满足电气特性的要求，就要选择合适的器件。

制作小型数字系统可以使用分立器件（74系列、MAX4000系列）、可编程逻辑器件（CPLD、FPGA等）和半定制的ASIC等多种类型的器件，选择时要根据元器件性能、自身对元器件的熟悉程度、开发时间和成本等因素的考虑并决定。大多数情况下，选择元器件需要进行参数的计算。在计算时，结果不可能是一个具体的数值，往往是一段范围，这时可根据可靠性、经济性等指标，选择最佳的器件来实现。

计算参数时应遵循以下原则。

（1）冗余原则：不要让元器件长时间工作在极限状态下，应留有余地。一般选择极限参数在额定值的 1.5～2.0 倍的元器件。

（2）最坏情况原则：对于工作条件，应按照最坏情况去设计电路和计算参数，这样才能保证系统的稳定和可靠。

（3）最简原则：在元器件的使用上，尽量使得元件的种类最少，数量最少，但不能以牺牲系统的整体性能为代价来精简。

另外，在电阻和电容的选择上，应选择计算值附近的标称值元件。例如，计算出来的电阻为 5 kΩ，则可选择常见的 4.7 kΩ 或者 5.1 kΩ 电阻。

4.1.2.4 总体设计

各单元电路确定好后，要认真考虑它们之间的级联问题，如电气特性的相互匹配、信号耦合方式、时序配合，以及相互干扰问题等。画出完整的电路原理图，列出所需的元器件明细表，采用计算机仿真等手段对所要设计的电路进行设计和调试。

4.1.2.5 安装和调试

由于电子元器件品种繁多且性能分散，电子电路与计算中又有工程估算问题，所以，设计出的电路难免会存在这样那样的问题，甚至有可能出错。

在安装之前，需要对各个元器件的质量进行测试和检验，以减少调试中的问题。在安装过程中，尽量注意安装的技术规范，避免损坏元器件。调试包括单元电路的性能调试和整个电路的技术指标测试。在测试过程中，要善于发现问题，并找出解决的办法，从而摸索出调试的一般方法和规律，总结出有用的实践经验。

4.1.2.6 总结报告

设计总结报告，包括对设计中产生的各种图表和资料进行汇总，以及对设计过程的全面系统总结，把实践经验上升到理论高度。

4.1.3 数字系统设计的方法论

数字系统设计的方法是比较灵活的，需要设计者根据设计要求和设计环境选择设计方法，可以是一种方法，亦可以是多种方法的综合。数字系统大致有以下四种设计方法。

4.1.3.1 自上而下的设计方法

自上而下的设计方法是一种自顶向下，由抽象定义到具体实现，由高层次到低层次逐步转换，逐步求精的设计方法。自顶向下是指将数字系统的整体逐步分解为各个子系统和模块，若子系统规模较大，则还需将子系统进一步分解为更小的子系统和模块，层层分解，直至整个系统中各子系统关系合理，并便于逻辑电路级的设计和实现为止。

其优点有以下几个。

（1）自上而下的设计方法采用模块化设计结构。

（2）从上到下逐步由粗略到详细，符合常规的逻辑思维习惯。

（3）高层设计同元器件无关，设计易于在各种集成电路工艺或可编程器件之间移植。

（4）适合多个设计者同时进行设计。用系统工程方法对设计任务进行合理分配，对设计进行管理。

（5）这种方法易于实现最优化设计。

该方法需要注意在功能仿真和时序仿真时上级到下级转换的准确性。

4.1.3.2 自下而上的设计方法

从现成的数字器件或子系统出发，根据用户的需求，对现有的元器件或子系统进行修改、扩大及相互连接，构成新的系统。这种方法要求设计者具有一定的项目设计经验。其优点有设计时间短，设计成本低；可以充分利用已有的设计成果。缺点为很难保证系统结构的最优化。

当然，自上而下、自下而上两种设计方法的选择和组合并没有严格的规则可以遵循，需要视具体情况而定。

4.1.3.3 自关键部位开始设计

这种设计方法实际上是前面两种方法的结合和变形。找出待设计系统中，决定整个系统性能和结构的关键或核心部件，然后以该部位为出发点向整个系统发散进行。

4.1.3.4 系统信息流驱动设计

（1）系统数据流驱动设计。

依据系统的技术要求，分析待处理数据所需进行的变换或运算以数据的流程推动系统设计的进行。

（2）系统控制流驱动设计。

从用户要求出发，由应该实施的控制过程入手，确定系统的控制流程，然后依据控制的要求及信号的格式，逐步推导出系统电路的实施方案。

4.2 硬件描述语言及仿真测试软件

硬件描述语言是一种用字符写成的计算机语言，用于描述硬件的操作规范，并表示电子电路随时间的行为和空间结构。与编程语言相比，硬件描述语言的语法和含义描述了时间和并发性，它们是硬件的基本属性，并且完全不同。由一个网表作为一种语言来描述电路连接关系。

硬件描述语言处理系统包括一个基于描述生成网表和可编程逻辑设备配置的综合系统，以及一个直接基于描述执行仿真的模拟器。该模拟器使硬件设计人员可以在实施之前检查硬件操作。有一些模拟器仅处理数字事件，而那些模拟器则详细处理模拟事件。从一开始就设计了一些语言来处理模拟，而其他语言则作为扩展添加。

常见的硬件描述语言有 VHDL、Verilog HDL、AHDL，其中，AHDL 语言为 Altera 公司推出的专门服务于该公司 CPLD 和 FPGA 芯片的语言。在此，仅介绍 VHDL 和 Verilog

HDL 语言。

4.2.1 VHDL

早在 1980 年，因为美国军事工业需要描述电子系统的方法，美国国防部开始进行 VHDL 的开发。1987 年，IEEE（Institute of Electrical and Electro-NICS Engineers）将 VHDL 制定为标准。参考手册为 IEEE VHDL 语言参考手册标准草案 1076/B 版，于 1987 年批准，称为 IEEE 1076-1987。应当注意，起初 VHDL 只是作为系统标准的一个标准，而不是为设计而制定的。第二个版本是在 1993 年制定的，称为 VHDL-93，增加了一些新的命令和属性。它的综合库至今也没有标准化，不具有晶体管开关级的描述能力和模拟设计的描述能力。目前的看法是，对于特大型的系统级数字电路设计，VHDL 是较为适宜的。

本书中的数字系统实验均采用该语言。

4.2.2 Verilog HDL

Verilog HDL 是 1983 年由 GDA（Gate Way Design Automation）公司的 Phil Moorby 首创的。在 1984～1985 年，Phil Moorby 设计出了第一个名为 Verilog-XL 的仿真器；1986 年，他对 Verilog HDL 的发展又做出了另一个巨大的奉献，提出了用于快速门级仿真的 XL 算法。

随着 Verilog-XL 算法的成功，Verilog HDL 语言得到迅速发展。1989 年，Cadence 公司收购了 GDA 公司，Verilog HDL 语言成为 Cadence 公司的私有财产。1990 年，Cadence 公司决定公开 Verilog HDL 语言，于是成立了 OVI（Open Verilog International）组织，负责促进 Verilog HDL 语言的推广。基于 Verilog HDL 的优越性，IEEE 于 1995 年制定了 Verilog HDL 的 IEEE 标准，即 Verilog HDL 1364-1995；2001 年发布了 Verilog HDL 1364-2001 标准。在这个标准中，融入了 Verilog HDL-A 标准，使 Verilog 有了模拟设计描述的能力。

4.2.3 仿真测试软件

本书中的实验教学案例用到的数字系统设计专用软件有 Quartus Ⅱ 软件和 MolelSim 软件。

4.3 数字系统设计基础性实验

4.3.1 全加器

4.3.1.1 实验目的

（1）掌握 Quartus Ⅱ 的使用方法。

（2）掌握 VHDL 语言的设计方法。

4.3.1.2 实验原理

计算机中的加法器一般就是全加器，它实现多位带进位加法。下面以一位全加器为例进行介绍，如图 4.2 所示。图 4.2 中的"进位入" C_{i-1} 指的是低位的进位输入，"进位出"指的是本位的进位输出。一位全加器的真值表如表 4.1 所示。

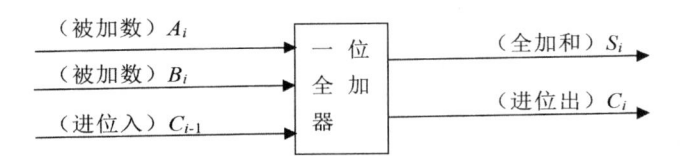

图 4.2　一位全加器

表 4.1　一位全加器真值表

输入			输出	
C_{i-1}	B_i	A_i	S_i	C_i
0	0	0	0	0
0	0	1	1	0
0	1	0	1	0
0	1	1	0	1
1	0	0	1	0
1	0	1	0	1
1	1	0	0	1
1	1	1	1	1

根据上表便可写出逻辑函数表达式：

$$S_i = A_i \cdot \overline{B_i C_{i-1}} + \overline{A_i} B_i \overline{C_{i-1}} + \overline{A_i} \cdot \overline{B_i} \cdot C_{i-1} + A_i \cdot B_i \cdot C_i$$

$$C_i = A_i \cdot B_i + A_i \cdot C_{i-1} + B_i \cdot C_{i-1}$$

全加器功能的实现方法有很多种。多位全加器就是在一位的原理上扩展而成的。

4.3.1.3　实验内容

（1）利用 Quatus Ⅱ 软件进行原理图输入设计一位全加器。

（2）进行编译、仿真、测试、连线、下载。

（3）在一位全加器的基础上设计四位全加器，进行编译、仿真、测试、连线、下载，观察实验结果。

4.3.1.4　实验结果及分析

（1）一位全加器仿真波形（图 4.3）。

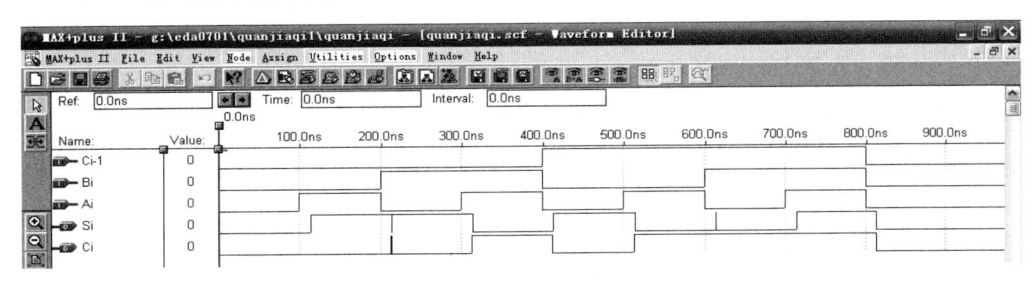

图 4.3　一位全加器仿真结果

图 4.3 中，Ai 和 Bi 为输入数值，Ci-1 为进位输入，Si 为本位和，Ci 进位输出。图中结果验证了真值表中的理论。实现了一位全加器的功能。

（2）四位全加器仿真波形（部分）。

受排版所限,四位全加器的结果是部分截屏。图 4.4 中,A1～A4 和 B1～B4 未本位输入,S1～S4 为本位和,Ci 为进位输入,Co 为进位输出。图中仿真结果印证了四位全加器的理论,但是,本实验中的全加器为串行计算的全加器,计算速度较慢。在后面的实验中,我们会介绍并行计算的四位相加器的设计方法。

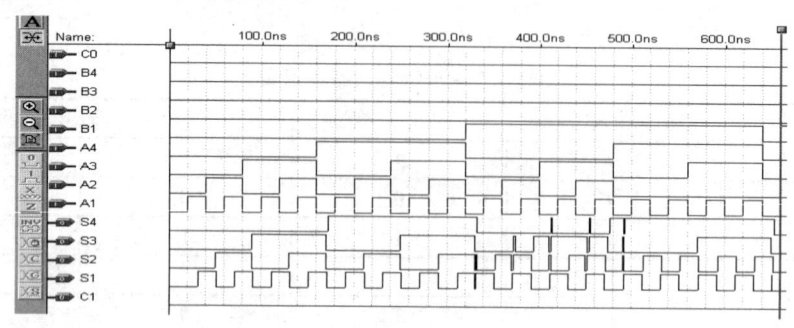

图 4.4　一位全加器仿真结果

(3) 四位全加器延时分析。

图 4.5 所示结果表明串行四位全加器的延时为 15 ns 左右,具体数值取决于各输入和输出引脚。相比较并行全加器,其延时较大。并行全加器的延时分析将于并行全加器的设计中介绍。

	C1	S1	S2	S3	S4
A1	16.4ns	11.5ns	12.4ns	14.4ns	16.4ns
A2	14.4ns		10.4ns	12.4ns	14.4ns
A3	12.4ns			10.4ns	12.4ns
A4	12.9ns				12.9ns
B1	15.9ns	11.0ns	11.9ns	13.9ns	15.9ns
B2	14.4ns		10.4ns	12.4ns	14.4ns
B3	12.4ns			10.4ns	12.4ns
B4	12.9ns				12.9ns
C0	18.9ns	14.0ns	14.9ns	16.9ns	18.9ns

图 4.5　四位全加器的延时分析结果

(4) 一位全加器和四位全加器设计原理图。

如图 4.6 和图 4.7 所示为一位和四位全加器的原理图,这是利用 Quartus Ⅱ 软件的原理图输入法绘制的,绘制好后利用软件自带的仿真工具进行仿真。仿真结果与图 4.3 和图 4.4 结果相近。

4.3.1.5　问题讨论及开放性拓展

(1) 试比较利用卡诺图直接设计四位全加器和利用一位全加器设计四位全加器这两种方法的优缺点。

(2) 本实验中设计的 4 位全加器有何缺陷?

4.3.2　3-8 译码器的设计

4.3.2.1　实验目的

(1) 通过一个简单的 3-8 译码器的设计,让学生掌握组合逻辑电路的设计方法。

(2) 初步掌握 VHDL 语言的常用语句。

(3) 掌握 VHDL 语言的基本语句及文本输入的 EDA 设计方法。

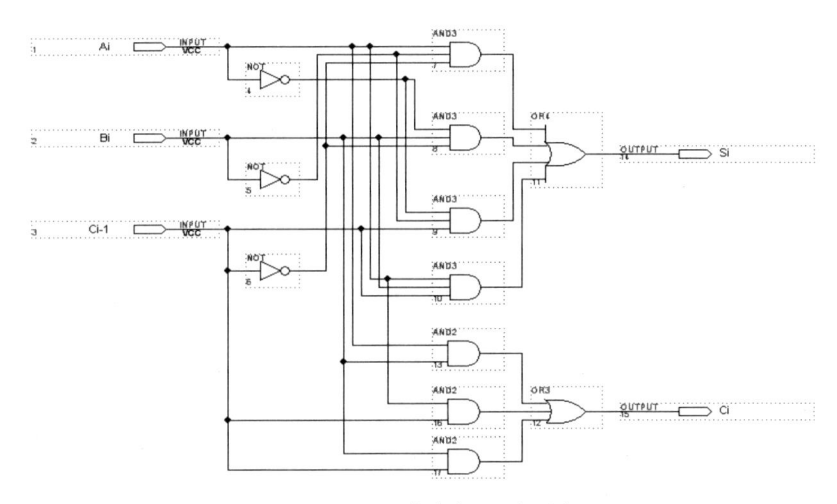

图 4.6 一位全加器原理图

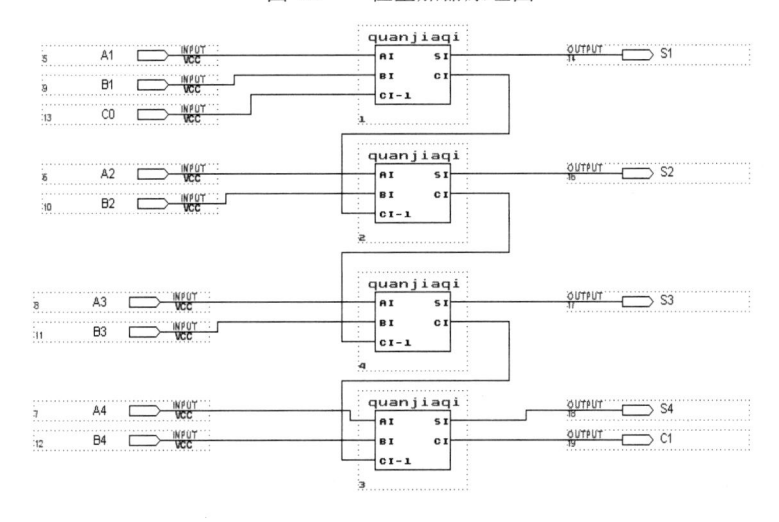

图 4.7 四位全加器的原理图

4.3.2.2 实验要求

设计一个 3-8 译码器使其满足表 4.2 所示真值表。

表 4.2 3-8 译码器真值表

选通输入			二进制输入			译码输出							
S0	S1	S2	A	B	C	Y0	Y1	Y2	Y3	Y4	Y5	Y6	Y7
×	1	×	×	×	×	1	1	1	1	1	1	1	1
×	×	1	×	×	×	1	1	1	1	1	1	1	1
0	×	×	×	×	×	1	1	1	1	1	1	1	1
1	0	0	0	0	0	0	1	1	1	1	1	1	1
1	0	0	0	0	1	1	0	1	1	1	1	1	1
1	0	0	0	1	0	1	1	0	1	1	1	1	1
1	0	0	0	1	1	1	1	1	0	1	1	1	1
1	0	0	1	0	0	1	1	1	1	0	1	1	1

续表

选通输入			二进制输入			译码输出							
S0	S1	S2	A	B	C	Y0	Y1	Y2	Y3	Y4	Y5	Y6	Y7
1	0	0	1	0	1	1	1	1	1	1	0	1	1
1	0	0	1	1	0	1	1	1	1	1	1	0	1
1	0	0	1	1	1	1	1	1	1	1	1	1	0

（1）采用原理图输入法利用门电路进行设计并实现仿真、下载。

（2）利用 VHDL 语言输入进行设计并进行仿真。

4.3.2.3 预习要求

（1）熟悉 3-8 译码器原理。

（2）根据原理绘制原理图。

（3）初步写出 VHDL 语言程序。

4.3.2.4 实验记录

（1）原理图及源程序。

源程序如下：

```
library IEEE;
USE IEEE.STD_LOGIC_1164.ALL;
ENTITY ym38 IS
        PORT (s0,s1,s2,a,b,c:in std_logic;
            y:out std_logic_vector(7 downto 0));
end ym38;
architecture bhv of ym38 is
    signal indata:std_logic_vector(2 downto 0);
    begin
  indata<=c &b &a;
        process(indata,s0,s1,s2)
      begin
        if(s0='1' and s1='0' and s2='0') then
        case indata is
          when "000"=>y<="11111110";
          when "001"=>y<="11111101";
          when "010"=>y<="11111011";
          when "011"=>y<="11110111";
          when "100"=>y<="11101111";
          when "101"=>y<="11011111";
          when "110"=>y<="10111111";
```

```
            when "111"=>y<="01111111";
            when others=>y<="XXXXXXXX";
         end case;
      else
         y<="11111111";
      end if;
   end process;
```
原理图如图 4.8 所示。

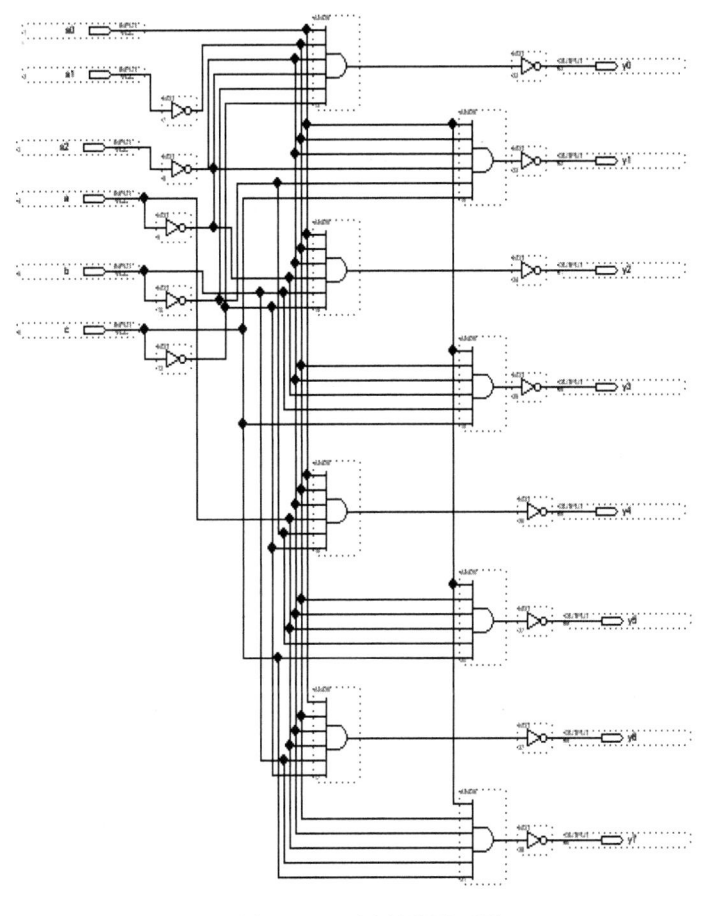

图 4.8　3-8 译码器原理图

（2）仿真波形（两种方法）。

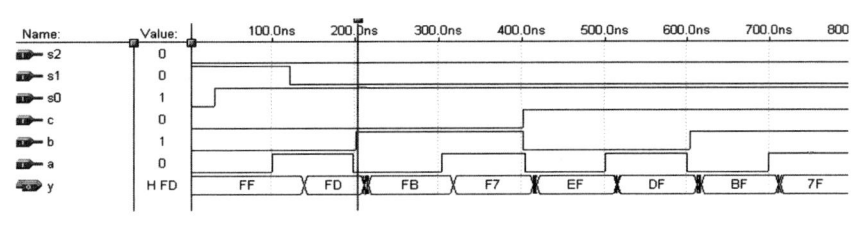

图 4.9　VHDL 语言输入时仿真波形

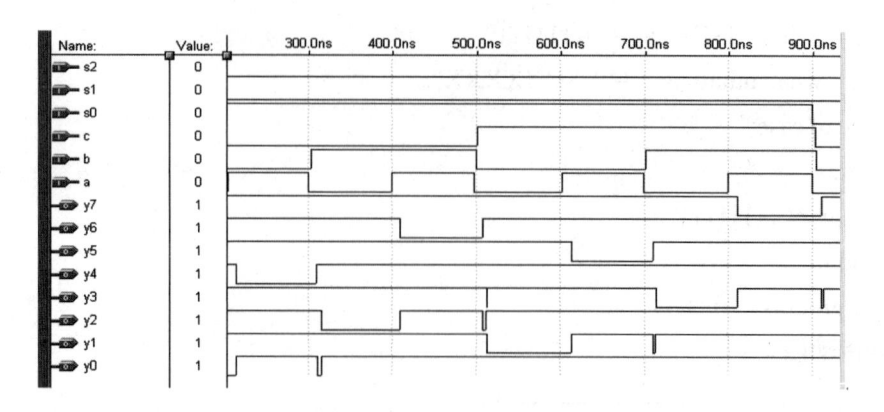

图 4.10 原理图输入时仿真波形

（3）延时分析（两种方法）。

图 4.11 VHDL 语言输入时延时分析

图 4.12 原理图输入时延时分析

4.3.2.5 问题讨论及开放性拓展

比较此实验中两种输入法哪种好一些，好在哪里？

4.3.3 上升沿触发的 D 触发器的设计

4.3.3.1 实验目的

（1）掌握采用 VHDL 语言设计常见时序逻辑电路的方法。

（2）进一步熟悉 VHDL 语言的常见语句。

（3）理解时钟信号和使能信号在 VHDL 语言中的表述方法。

4.3.3.2 设计要求

设计一个带使能信号的上升沿触发的 D 触发器。其中，EN=1 时触发器正常工作。

4.3.3.3 预习要求

初步编写出设计程序。

4.3.3.4 实验记录

（1）设计源程序。

```
LIBRARY IEEE;
USE IEEE.STD_LOGIC_1164.ALL;
ENTITY D IS
  PORT (CLK,D,en:IN STD_LOGIC;
      Q :OUT STD_LOGIC);
END D;
ARCHITECTURE B OF D IS
  SIGNAL Q1:STD_LOGIC;
  BEGIN
  PROCESS(CLK,Q1)
  BEGIN
   IF (CLK'EVENT AND CLK='1')THEN
   IF(EN='1')THEN
     Q1<=D;
    END IF;
    END IF;
   END PROCESS;
    Q<=Q1;
END B;
```

（2）仿真波形（图4.13）。

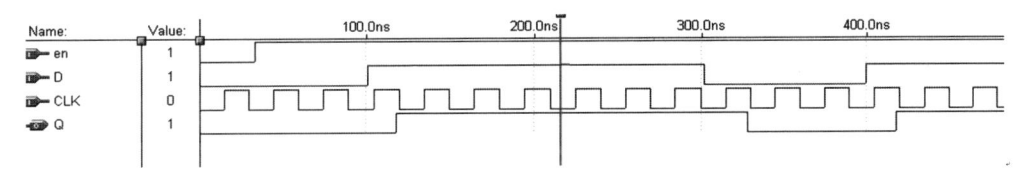

图4.13 D触发器设计的仿真结果

4.3.3.5 问题讨论及开放性拓展

试给出带有使能端的JK触发器设计程序。

4.3.4 三态总线控制电路设计

4.3.4.1 实验目的

（1）掌握进程的一般描述方法；

（2）进一步掌握文本输入的EDA设计方法。

4.3.4.2 设计内容

设计一个三态总线控制门电路。具体设计要求如下：

（1）当EN=0时，三态门的输出端处于高阻状态；

（2）根据EN值的不同，使得输出端分别选择输出七个输入端的信号。七个输入端的输入信号均为四位二进制信号。试用两种方法实现（其中必须包含信号量的定义）。

4.3.4.3 实验结果记录

（1）两种方法的源程序。

其一：
```vhdl
entity santaimen is
 port(en:in std_logic_vector(2 downto 0);
    i1,i2,i3,i4,i5,i6,i7:in std_logic_vector(3 downto 0);
    output:out std_logic_vector(3 downto 0));
end santaimen;
architecture bhv of santaimen is
 signal o1:std_logic_vector(3 downto 0);
 begin
 process(en,i1,i2,i3,i4,i5,i6,i7)
  begin
  case en is
   when "000"=>o1<=(others=>'Z');
   when "001"=>o1<=i1;
   when "010"=>o1<=i2;
   when "011"=>o1<=i3;
   when "100"=>o1<=i4;
   when "101"=>o1<=i5;
   when "110"=>o1<=i6;
   when "111"=>o1<=i7;
   when others=>o1<=(others=>'Z');
  end case;
 end process;
 output<=o1;
end bhv;
```

其二：
```vhdl
library ieee;
use ieee.std_logic_1164.all;
entity santaimen is
 port(en:in std_logic_vector(2 downto 0);
    i1,i2,i3,i4,i5,i6,i7:in std_logic_vector(3 downto 0);
    output:out std_logic_vector(3 downto 0));
end santaimen;
architecture bhv of santaimen is
 signal o1:std_logic_vector(3 downto 0);
```

```
begin
process(en,i1,i2,i3,i4,i5,i6,i7)
 begin
 if en="000" then
   o1<="ZZZZ";
 elsif en="001" then
   o1<=i1;
 elsif en="001" then
   o1<=i1;
 elsif en="010" then
   o1<=i2;
 elsif en="001" then
   o1<=i3;
 elsif en="100" then
   o1<=i4;
 elsif en="101" then
   o1<=i5;
 elsif en="110" then
   o1<=i6;
 elsif en="111" then
   o1<=i7;
 else o1<="ZZZZ";
 end if;
end process;
output<=o1;
end bhv;
```

（2）仿真波形（只需要一种源程序的仿真波形），仿真结果如图4.14所示。

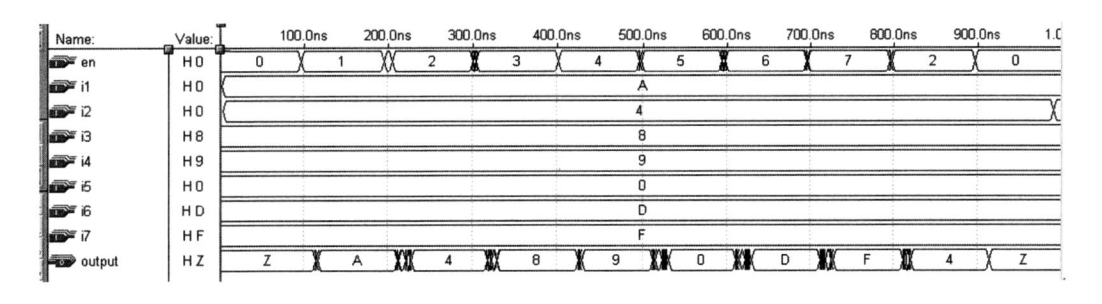

Name	Value	100.0ns	200.0ns	300.0ns	400.0ns	500.0ns	600.0ns	700.0ns	800.0ns	900.0ns	1.0
en	H 0	0	1	2	3	4	5	6	7	2	0
i1	H 0	A
i2	H 0	4
i3	H 8	8
i4	H 9	9
i5	H 0	0
i6	H D	D
i7	H F	F
output	H Z	Z	A	4	8	9	0	D	F	4	Z

图4.14 三态总线电路仿真结果

（3）延时分析（两种方法的延时分析），如图4.15、图4.16所示。

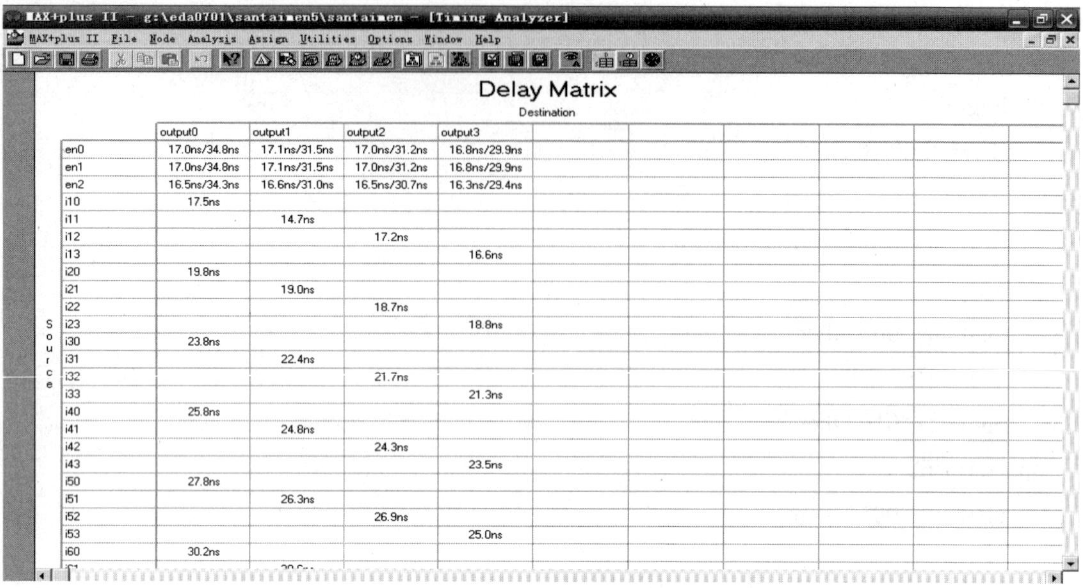

	output0	output1	output2	output3
en0	17.0ns/34.8ns	17.1ns/31.5ns	17.0ns/31.2ns	16.8ns/29.9ns
en1	17.0ns/34.8ns	17.1ns/31.5ns	17.0ns/31.2ns	16.8ns/29.9ns
en2	16.5ns/34.3ns	16.6ns/31.0ns	16.5ns/30.7ns	16.3ns/29.4ns
i10	17.5ns			
i11		14.7ns		
i12			17.2ns	
i13				16.6ns
i20	19.8ns			
i21		19.0ns		
i22			18.7ns	
i23				18.8ns
i30	23.8ns			
i31		22.4ns		
i32			21.7ns	
i33				21.3ns
i40	25.8ns			
i41		24.8ns		
i42			24.3ns	
i43				23.5ns
i50	27.8ns			
i51		26.3ns		
i52			26.9ns	
i53				25.0ns
i60	30.2ns			

图 4.15　case 语句延时分析

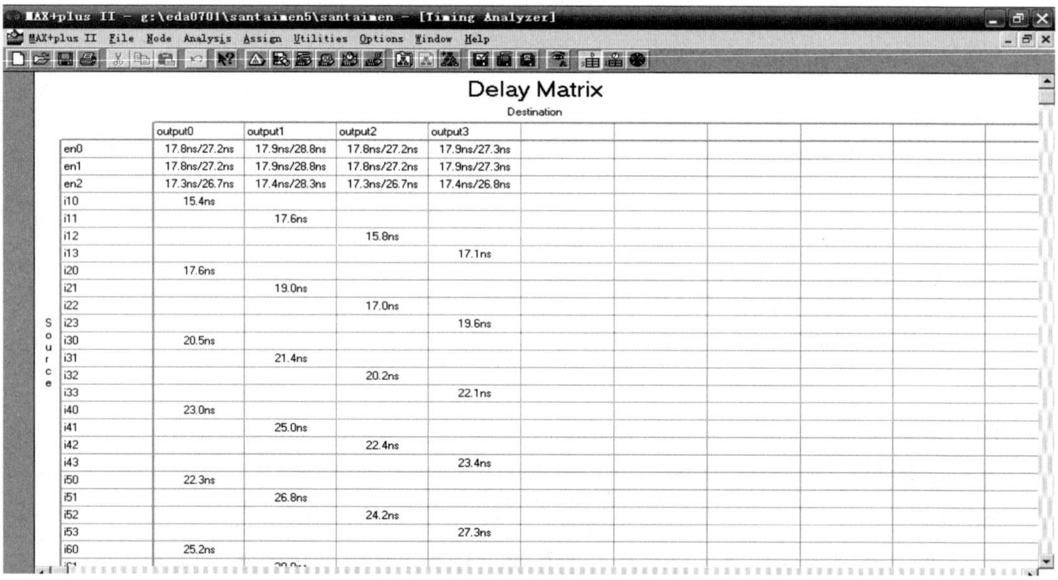

	output0	output1	output2	output3
en0	17.8ns/27.2ns	17.9ns/28.8ns	17.8ns/27.2ns	17.9ns/27.3ns
en1	17.8ns/27.2ns	17.9ns/28.8ns	17.8ns/27.2ns	17.9ns/27.3ns
en2	17.3ns/26.7ns	17.4ns/28.3ns	17.3ns/26.7ns	17.4ns/26.8ns
i10	15.4ns			
i11		17.6ns		
i12			15.8ns	
i13				17.1ns
i20	17.6ns			
i21		19.0ns		
i22			17.0ns	
i23				19.6ns
i30	20.5ns			
i31		21.4ns		
i32			20.2ns	
i33				22.1ns
i40	23.0ns			
i41		25.0ns		
i42			22.4ns	
i43				23.4ns
i50	22.3ns			
i51		26.8ns		
i52			24.2ns	
i53				27.3ns
i60	25.2ns			

图 4.16　嵌套 if 语句延时分析

4.3.5　7 段数码管控制接口

4.3.5.1　实验目的

（1）掌握 7 段共阴极数码管工作的基本原理；

（2）掌握多个进程并发执行的工作原理；

（3）掌握 EDA-V 型实验箱数码管显示模块的工作原理及控制方法；

（4）进一步掌握 VHDL 语言的基本语句。

4.3.5.2　实验要求

设计一个数码管显示的控制电路，使其驱动 EDA 实验箱上数码管显示模块正常工作。

具体要求如下：

（1）在时钟信号的驱动下，8个数码管选通工作，显示0～F的数值。选通信号为SEL0～SEL2。

（2）控制模块输出给显示模块a～g，从而控制显示模块的显示内容。

4.3.5.3 实验原理

（1）8位8字形数码管显示模块

数码管为共阴极数码管。本模块的输入口共有21个，为11个段信号输入口和3个位信号输入口，分别为A、B、C、D、E、F、G、DP、SEL0、SEL1、SEL2。其中SEL0、SEL1、SEL2位于16×16点阵模块区，它们经3-8译码器后送给数码管作为选信号，其对应关系如表4.3。

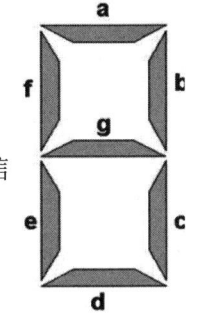

表4.3 LED数码管显示接口及对应的显示状态

接口序号			数码管
SEL2	SEL1	SEL0	状态
1	1	1	第1位亮
1	1	0	第2位亮
1	0	1	第3位亮
1	0	0	第4位亮
0	1	1	第5位亮
0	1	0	第6位亮
0	0	1	第7位亮
0	0	0	第8位亮

注：最右边为第一位

（2）可调数字信号源

时钟信号源可产生从1.2 Hz～20 MHz的任意频率。该电路采用全数字化设计，提供的最高方波频率为20 MHz、出口（CLK0～CLK5），每个输出口输出的频率各不相同，通过JP1～JP11这11组跳线来完成设置的，其中CLK0输出口的频率通过JP7（CLK0）来设置，这样输出的时钟频率种类为20 MHz、10 MHz、5 MHz、2.5 MHz、1.25 MHz。

CLK1输出口的频率通过JP1（F_SEL1）及JP8（CLK1）来设置，输出频率对应的关系为：

FCLK1=20MHz×F_SEL1×CLK1

CLK2输出口的频率通过JP1（F_SEL1）、JP2（F_SEL2）及JP9（CLK2）来设置，输出频率对应的关系为：

FCLK2=20MHz×F_SEL1×F_SEL2×CLK2

CLK3输出口的频率通过JP1(F_SEL1)、JP2(F_SEL2)、JP3(F_SEL3)及JP10(CLK3)来设置，输出频率对应的关系为：

FCLK3=20MHz×F_SEL1×F_SEL2×F_SEL3×CLK3

CLK4输出口的频率通过JP1（F_SEL1）、JP2（F_SEL2）、JP3（F_SEL3）、JP4（F_

SEL4）及 JP11（CLK4）来设置，输出频率对应的关系为：

FCLK4=20MHz×F_SEL1×F_SEL2×F_SEL3×F_SEL4×CLK4

CLK5 输出口的频率通过 JP1（F_SEL1）、JP2（F_SEL2）、JP3（F_SEL3）、JP4（F_SEL4）、JP5（F_SEL5）及 JP6（CLK5）来设置，输出频率对应的关系为：

FCLK5=20MHz×F_SEL1×F_SEL2×F_SEL3×F_SEL4×F_SEL4×CLK5

比如要得到 1.2 Hz 的信号，短路子的设置如下：

   JP1 F_SEL1：1/16

   JP2 F_SEL2：1/16

JP3 F_SEL3：1/16

JP4 F_SEL4：1/16

JP5 F_SEL5：1/16

JP6 F_SEL6：1/16

JP7 CLK0：1.25M

信号输出 CLK5。

4.3.5.4　实验记录

（1）设计源程序。

```vhdl
library ieee;
use ieee.std_logic_1164.all;
use ieee.std_logic_unsigned.all;
use ieee.std_logic_arith.all;
entity xshkzh is
 port(clk:in std_logic;
    dti:in std_logic_vector(3 downto 0);
    sel:out std_logic_vector(2 downto 0);
    xsh:out std_logic_vector(6 downto 0));
 end xshkzh;
architecture bhv of xshkzh is
 signal cnt8:std_logic_vector(2 downto 0);
 begin
  p1:process(clk)
   begin
    if rising_edge(clk) then
     cnt8<=cnt8+1;
    end if;
    sel<=cnt8;
   end process p1;
```

```
p2:process(dti)
  begin
  case dti is
    when "0000"=>xsh<="0111111";
    when "0001"=>xsh<="0000110";
    when "0010"=>xsh<="1011011";
    when "0011"=>xsh<="1001111";
    when "0100"=>xsh<="1100110";
    when "0101"=>xsh<="1101101";
    when "0110"=>xsh<="1111100";
    when "0111"=>xsh<="0000111";
    when "1000"=>xsh<="1111111";
    when "1001"=>xsh<="1100111";
    when "1010"=>xsh<="1110111";
    when "1011"=>xsh<="1111100";
    when "1100"=>xsh<="1011000";
    when "1101"=>xsh<="1011110";
    when "1110"=>xsh<="1111001";
    when "1111"=>xsh<="1110001";
    when others=>xsh<="ZZZZZZZ";
  end case;
  END PROCESS p2;
end bhv;
```

（2）仿真波形（图4.17）。

图4.17　七段数码管显示控制系统仿真波形

4.3.5.5　问题讨论及开放性拓展

（1）本实验中，当时钟频率为多少时，我们可以观察到8个数码管同时工作且显示相同内容，这是为什么？

（2）如果本实验要求数码管按照时钟控制轮流显示0～F，应如何设计？

4.3.6　含异步清零和同步时钟使能的加法计数器设计

4.3.6.1 实验目的

（1）学习计数器的设计、仿真和硬件测试方法；

（2）进一步熟悉 VHDL 设计技术。

4.3.6.2 设计要求

设计一个 24 进制含异步清零和同步时钟使能的加法计数器，具体要求如下：

（1）清零端高电平时，信号输出为 0，使能端高电平时可以计数；

（2）本计数器为上升沿触发；

（3）计数器的输出为两路信号，分别代表计数值的个位和十位；两路信号以 BCD 码输出。

4.3.6.3 实验记录

实验源程序如下：

```
library ieee;
use ieee.std_logic_1164.all;
use ieee.std_logic_unsigned.all;
entity cnt24 is
  port(cr,en:in std_logic;
     clk:in std_logic;
     qg:out std_logic_vector(3 downto 0);
     qs:out std_logic_vector(3 downto 0));
end cnt24;
architecture bhv of cnt24 is
  signal qq:std_logic_vector(4 downto 0);
  signal g,s:std_logic_vector(3 downto 0);
  begin
  p1:process(cr,en,clk,qq)
    begin
    if cr='1' then
     qq<="00000";
    elsif clk'event and clk='1' then
     if en='1' then
       if qq<"10111" then
         qq<=qq+1;
       else qq<="00000";
       end if;
     end if;
    end if;
```

end process p1;
p2:process(qq)
 begin
  case qq is
   when "00000"=>g<= "0000";
        s<="0000";
   when "00001"=>g<="0001";
        s<="0000";
   when "00010"=>g<="0010";
        s<="0000";
   when "00011"=>g<="0011";
        s<="0000";
   when "00100"=>g<="0100";
        s<="0000";
   when "00101"=>g<="0101";
        s<="0000";
   when "00110"=>g<="0110";
        s<="0000";
   when "00111"=>g<="0111";
        s<="0000";
   when "01000"=>g<="1000";
        s<="0000";
   when "01001"=>g<="1001";
        s<="0000";
   when "01010"=>g<="0000";
        s<="0001";
   when "01011"=>g<="0001";
        s<="0001";
   when "01100"=>g<="0010";
        s<="0001";
   when "01101"=>g<="0011";
        s<="0001";
   when "01110"=>g<="0100";
        s<="0001";
   when "01111"=>g<="0101";
        s<="0001";

```
            when "10000"=>g<="0110";
                      s<="0001";
            when "10001"=>g<="0111";
                      s<="0001";
            when "10010"=>g<="1000";
                      s<="0001";
            when "10011"=>g<="1001";
                      s<="0001";
            when "10100"=>g<="0000";
                      s<="0010";
            when "10101"=>g<="0001";
                      s<="0010";
            when "10110"=>g<="0010";
                      s<="0010";
            when "10111"=>g<="0011";
                      s<="0010";
            when others=>g<="0000";
                      s<="0000";
         end case;
       end process p2;
        qg<=g;
        qs<=s;
     end bhv;
```

4.3.6.4 仿真结果（图4.18）

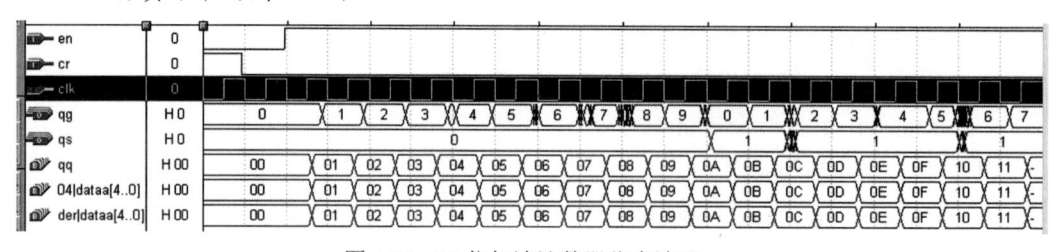

图4.18　24位加法计数器仿真波形

4.3.6.5 问题讨论级开放性拓展

设计一个60进制的加法计数器，具体要求与本实验中的24进制计数器相同。

4.3.7 简易正弦信号发生器的设计

4.3.7.1 实验目的

（1）进一步熟悉Quatus Ⅱ软件的使用方法；

（2）掌握逻辑分析仪的使用方法；

（3）掌握 LPM-ROM 的使用方法。

4.3.7.2 实验内容

定制 LPM-ROM 模块，并利用其设计一个简易的正弦信号发生器，该信号发生器由以下三部分组成。

（1）计数器或地址信号发生器。

（2）正弦信号数据存储器 ROM（6位地址线，8位数据线），含有128个8位波形数据（一个正弦波形周期）。

（3）VHDL 顶层程序设计。

注意：本实验中未给正弦信号波形接 D/A 转换器，因而采用逻辑分析仪进行观察。

4.3.7.3 实验记录

```
LIBRARY IEEE;
USE IEEE.STD_LOGIC_1164.ALL;
USE IEEE.STD_LOGIC_UNSIGNED.ALL;
ENTITY qq IS
  PORT(RST,CLK,EN: IN STD_LOGIC;
     AR: OUT STD_LOGIC_VECTOR(5 DOWNTO 0);
     Q : OUT STD_LOGIC_VECTOR(7 DOWNTO 0));
  END;
ARCHITECTURE ONE OF qq IS
COMPONENT SIN
  PORT(address : IN STD_LOGIC_VECTOR(5 DOWNTO 0);
     clock : IN STD_LOGIC;
     q: OUT STD_LOGIC_VECTOR(7 DOWNTO 0) );
END COMPONENT;
  SIGNAL Q1: STD_LOGIC_VECTOR(5 DOWNTO 0);
BEGIN
PROCESS(CLK,RST,EN)
BEGIN
IF (RST='0') THEN
Q1<="000000";
ELSIF CLK'EVENT AND CLK='1' THEN
IF(EN='1') THEN Q1<=Q1+1;
END IF;
END IF;
END PROCESS;
AR<=Q1;
```

u1:SIN PORT MAP (address=>Q1,q=>Q,clock=>CLK);
END ;

4.3.7.4 实验结果（图4.19）

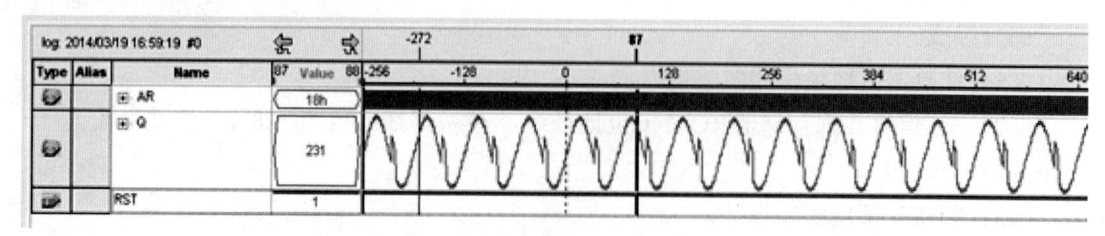

图4.19 嵌入式逻辑分析仪显示结果

4.3.7.5 问题讨论级开放性拓展

（1）总结宏功能模块的应用环境，可实现哪些设计？

（2）设计一个方波生成器。

4.3.8 序列检测器的设计

4.3.8.1 实验目的

（1）用状态机实现序列检测器的设计；

（2）了解一般状态机的设计与应用。

4.3.8.2 实验内容

（1）采用VHDL语言设计序列检测器，具体要求如下：

①检测序列为"10101110"。该序列从左到右依次进入检测器，如果检测到完整序列，检测器输出为'1'，反之输出为'0'。

②利用Quatus Ⅱ软件生成状态转移图。

③对该检测器进行仿真，得到仿真波形。

（2）采用图形编辑方法设计序列检测器，检测序列为"11010101"。具体要求为：

①对电路进行仿真，得到仿真波形。

②将该电路图转化成VHDL语言形式。

4.3.8.3 实验记录

LIBRARY IEEE;
USE IEEE.STD_LOGIC_1164.ALL;
ENTITY AA IS
PORT (CLK, DIN, RST: IN STD_LOGIC;
       SOUT: OUT STD_LOGIC);
END AA;
ARCHITECTURE behav OF AA IS
  TYPE states IS (s0, s1, s2, s3,s4,s5,s6,s7,s8);
  SIGNAL ST,NST : states :=s0 ;
BEGIN

```
COM : PROCESS(ST,DIN)  BEGIN
CASE ST IS
WHEN s0 => IF DIN = '1' THEN  NST <= s1;ELSE NST<=s0; END IF;
WHEN s1 => IF DIN = '0' THEN  NST <= s2;ELSE NST<=s0; END IF;
WHEN s2 => IF DIN = '1' THEN  NST <= s3;ELSE NST<=s0; END IF;
WHEN s3 => IF DIN = '0' THEN  NST <= s4;ELSE NST<=s0; END IF;
WHEN s4 => IF DIN = '1' THEN  NST <= s5;ELSE NST<=s0; END IF;
WHEN s5 => IF DIN = '1' THEN  NST <= s6;ELSE NST<=s0; END IF;
WHEN s6 => IF DIN = '1' THEN  NST <= s7;ELSE NST<=s0; END IF;
WHEN s7 => IF DIN = '0' THEN  NST <= s8;ELSE NST<=s0; END IF;
WHEN s8 => IF DIN = '0' THEN  NST <= s2;ELSE NST<=s0; END IF;
WHEN OTHERS => NST <= st0;
END CASE ;
END PROCESS;
REG: PROCESS (CLK,RST)
   BEGIN
    IF RST='1' THEN  ST<=s0;
ELSIF ( CLK'EVENT AND CLK='1') THEN  ST<=NST;
     END IF;
   END PROCESS REG;
SOUT<='1'WHEN ST=s8 ELSE '0' ;
END behav;
```

4.3.8.4 仿真结果（图 4.20）

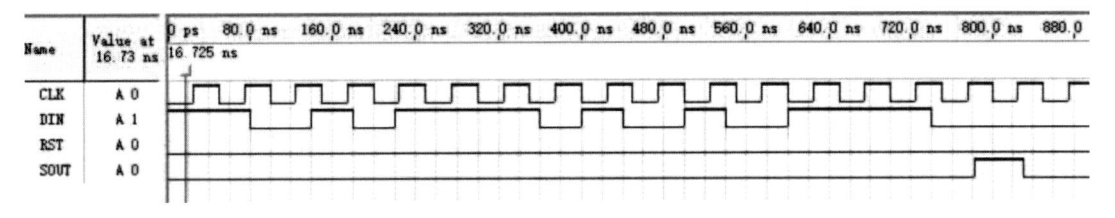

图 4.20 序列检测器仿真结果

4.3.8.5 问题讨论及开放性拓展

（1）利用序列检测器设计简易数字密码锁。

（2）如何给本实验设计出的序列检测器去除毛刺？

4.3.9 16 位数字相关器的设计

4.3.9.1 实验目的

（1）掌握 EDA 的层次化设计方法；

（2）了解用 VHDL 语言设计的思想；

4.3.9.2 设计要求

（1）设计一个4位数字相关器，具体相关器理论，查阅相关资料。

（2）利用4位数字相关器设计16位数字相关器。

4.3.9.3 实验记录

（1）4位数字相关器源程序。

entity xgq is

 port(a,b:std_logic_vector(3 downto 0);

　　c:out std_logic_vector(2 downto 0));

 end entity;

 architecture bhv of xgq is

　signal stamp:std_logic_vector(3 downto 0);

　begin

　stamp<=a xor b;

　process(stamp) begin

　case(stamp) is

 when "0000"=>c<="100";

 when "1000"|"0100"|"0010"|"0001"=>c<="011"; when"1100"|"0110"|"0011"|"1001"|"1010"|"0101"=>c<="010";

　when"1110"|"0111"|"1011"|"1101"=>c<="001";

　when "1111"=>c<="000";

　end case; end process; end bhv;

（2）16位数字相关器电路图（图4.21）。

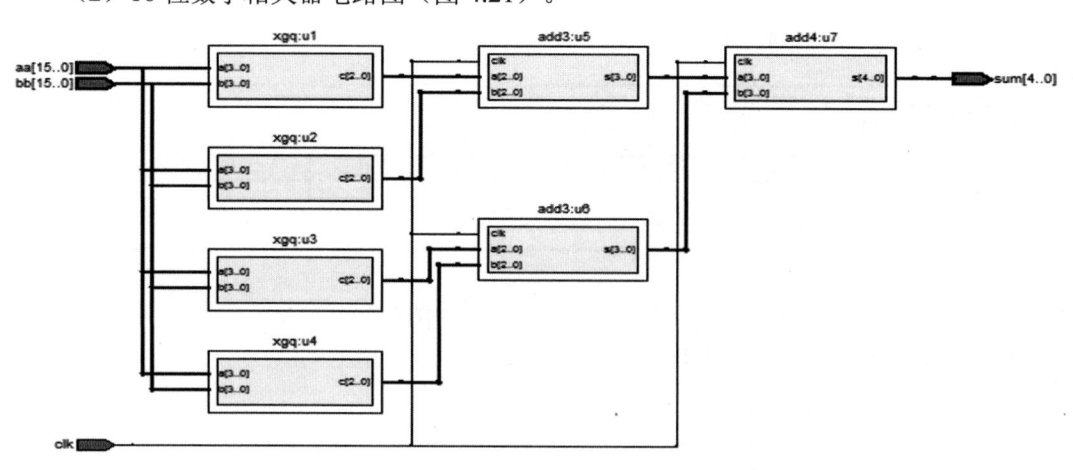

图4.21　16位数字相关器原理图

4.3.9.4 问题讨论及开放性拓展

如何实现流水线设计？解释流水线设计的理论。

4.4 数字系统设计综合设计性实验

4.4.1 简易数字时钟的设计

4.4.1.1 实验目的
（1）掌握各类计数器及将它们相连的方法；
（2）掌握多个数码管显示的原理与方法；
（3）掌握 EDA 的层次化设计方法；
（4）了解用 VHDL 语言设计的思想；
（5）了解整个数字系统的设计方法；
（6）培养学生综合应用数字电路中所学到的理论知识去独立完成设计课题的能力；
（7）培养学生严肃认真的工作作风和严谨的科学态度。

4.4.1.2 设计要求
本实验课题的要求为：
（1）设计一个具有时、分、秒计时，6 位时钟显示电路；
（2）该计时电路为 24 h 计时制。

4.4.1.3 实验记录
（1）实验原理图（图 4.22）及源程序。

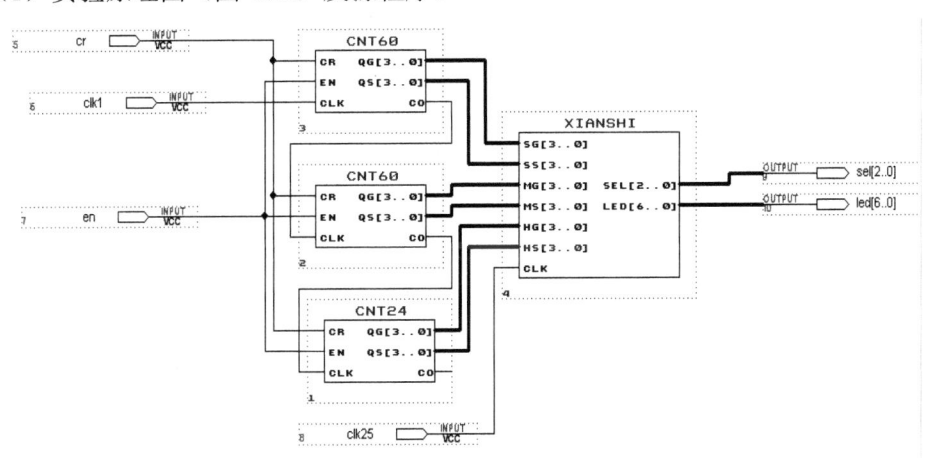

图 4.22　数字时钟顶层原理图

24 进制计数器核心程序（部分）

```
entity cnt24 is
  port(cr,en:in std_logic;
     clk:in std_logic;
     qg:out std_logic_vector(3 downto 0);
     qs:out std_logic_vector(3 downto 0);
     co:out std_logic);
```

end cnt24;
architecture bhv of cnt24 is
  signal qq:std_logic_vector(4 downto 0);
  signal g,s:std_logic_vector(3 downto 0);
  begin
  p1:process(cr,en,clk,qq)
    begin
    if cr='1' then
     qq<="00000";
    elsif clk'event and clk='1' then
      if en='1' then
        if qq<"10111" then
         qq<=qq+1;
         co<='0';
        else qq<="00000";
          co<='1';
        end if;
      end if;
    end if;
    end process p1;
  p2:process(qq)
    begin
    case qq is
      when "00000"=>g<="0000";
            s<="0000";
      ……
      when others=>g<="0000";
            s<="0000";
    end case;
    end process p2;
   qg<=g;
   qs<=s;
  end bhv;
60进制计数器核心程序（部分）
entity cnt60 is
  port(cr,en:in std_logic;

```vhdl
    clk:in std_logic;
    qg:out std_logic_vector(3 downto 0);
    qs:out std_logic_vector(3 downto 0);
    co:out std_logic);
end cnt60;
architecture bhv of cnt60 is
  signal qq:std_logic_vector(5 downto 0);
  signal g,s:std_logic_vector(3 downto 0);
  begin
  p1:process(cr,en,clk,qq)
    begin
    if cr='1' then
     qq<="000000";
    elsif clk'event and clk='1' then
      if en='1' then
        if qq<"111011" then
           qq<=qq+1;
           co<='0';
        else qq<="000000";
           co<='1';
        end if;
      end if;
    end if;
    end process p1;
  p2:process(qq)
    begin
    case qq is
      when "000000"=>g<="0000";
            s<="0000";
      ……
      when others=>g<="0000";
            s<="0000";
    end case;
    end process p2;
  qg<=g;
  qs<=s;
```

end bhv;

译码显示控制模块

```vhdl
entity xianshi is
  port(sg,ss,mg,ms,hg,hs:in std_logic_vector(3 downto 0);
       sel:out std_logic_vector(2 downto 0);
       led:out std_logic_vector(6 downto 0);
       clk:in std_logic);
end xianshi;
architecture bhv of xianshi is
  signal count:std_logic_vector(2 downto 0);
  signal num:std_logic_vector(3 downto 0);
  begin
  p1:process(clk,sg,ss,mg,ms,hg,hs)
    begin
    if clk'event and clk='1' then
      if count<"101" then
        count<=count+1;
      else count<="000";
      end if;
    end if;
    end process p1;
  p2:process(count)
    begin
    case count is
      when "000"=>num<=sg;
      ……
      when "101"=>num<=hs;
      when others=>num<="0000";
    end case;
    end process p2;
  p3:process(num)
    begin
    case num is
      when "0000"=>led<="0111111";
      ……
      when "1111"=>led<="1110001";
```

```
        when others=>led<="ZZZZZZZ";
     end case;
    end process p3;
   sel<=count;
end bhv;
```

（2）各模块仿真波形。

图 4.23 至图 4.26 为本实验仿真结果。其中，图 4.23 为顶层电路图仿真结果，图 4.24、图 4.25 分别为 24、60 进制加法计数器，图 4.26 为译码显示控制部分仿真结果。

这个实验的译码显示控制模块是以北京精仪达盛的 EDA-V 型实验箱为参考。

（3）下载结果观察并记录。

（4）延时分析（总电路和各模块全部分析）。

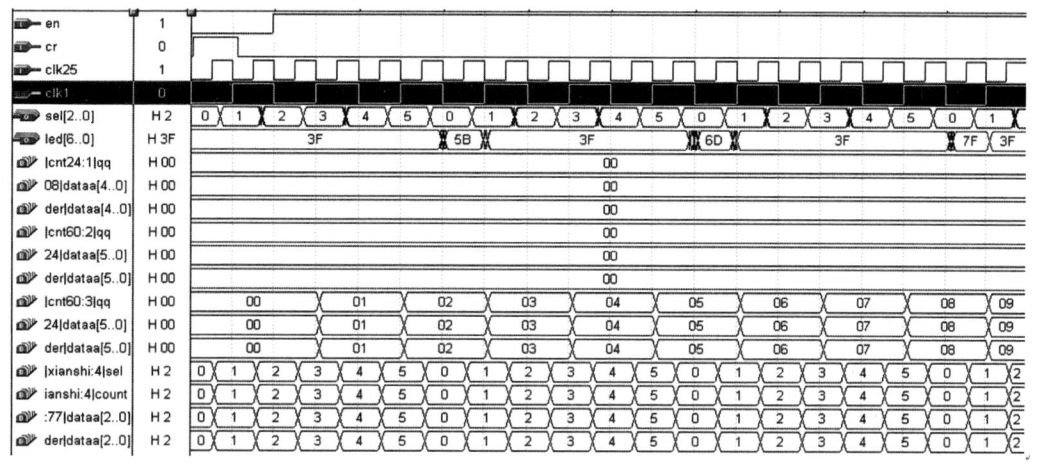

图 4.23 顶层电路仿真波形图

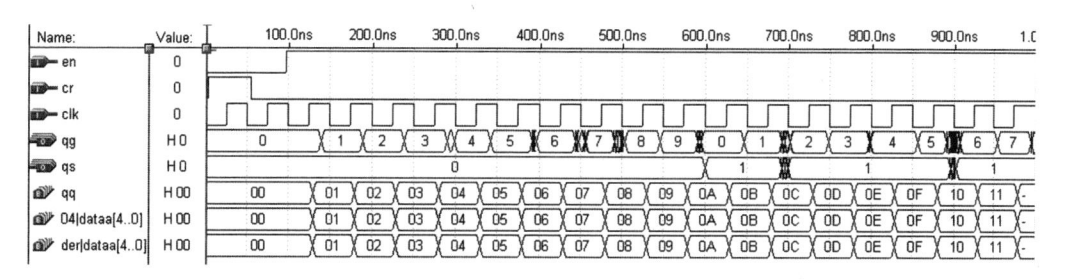

图 4.24 24 进制加法计数器仿真结果

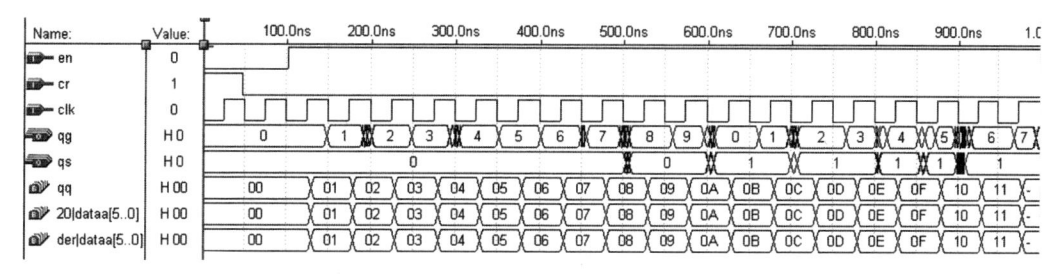

图 4.25 60 进制加法计数器仿真结果

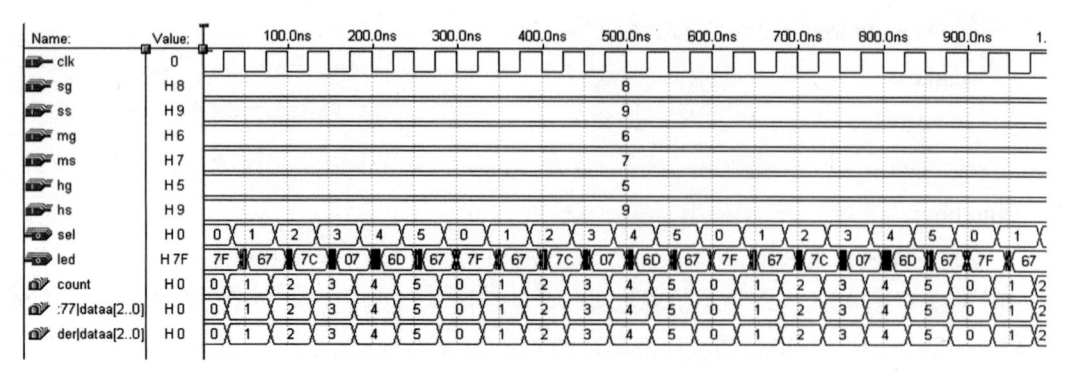

图 4.26 译码显示控制子模块仿真结果

4.4.1.5 问题讨论及开放性拓展

（1）本实验为综合类实验题目，你准备这个实验的难点在哪里？需要如何解决？

（2）在本实验要求的基础上添加整点报时功能，需要如何设计？

4.4.2 十字路口交通管理器设计

4.4.2.1 实验目的

（1）掌握 EDA 的层次化设计方法；

（2）了解用 VHDL 语言设计的思想；

（3）了解整个数字系统的设计方法；

（4）培养学生综合应用数字电路中所学到的理论知识去独立完成设计课题的能力；

（5）通过查阅手册和文献资料，培养学生独立分析和解决实际问题的能力。

4.4.2.2 设计要求

设计一个十字路口交通管理器，该管理器控制十字路口甲、乙两条道路的红黄绿三色灯，指挥车辆和行人安全通过，交通管理器示意图如图 4.27 所示，图中 R1、Y1、G1 是甲道红、黄、绿灯；R2、Y2、G2 是乙道红、黄、绿灯。

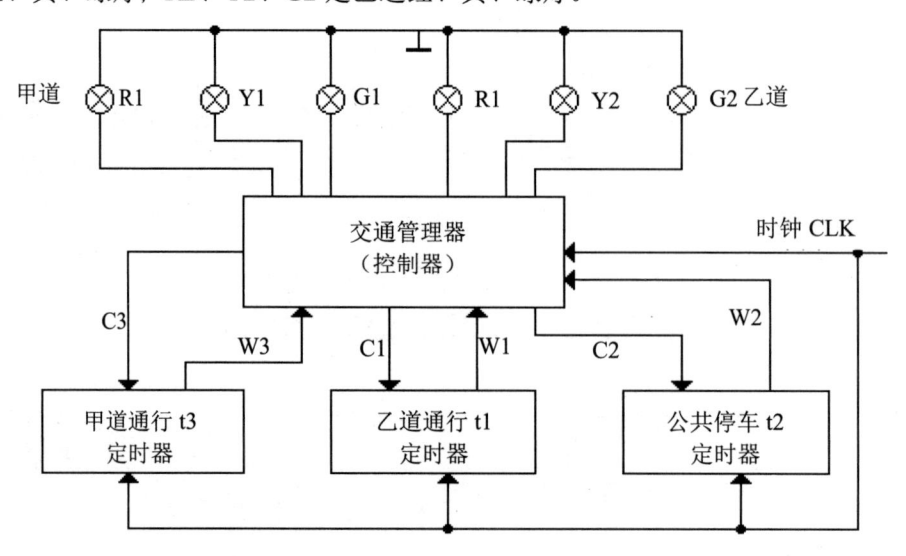

图 4.27 十字路口交通灯控制系统

该交通管理器由控制器和受其控制的 3 个定时器以及 6 个交通灯组成,图中 3 个定时器分别确定甲道和乙道通行时间 t1、t3 以及公共的停车(黄灯亮)时间 t2。这三个定时器采用以秒信号为时钟的计数器来实现,C1、C2、C3 分别是这些定时器的工作使能信号,即当 C1、C2 或 C3 为 1 时,相应的定时器开始计数,W1、W2 和 W3 为定时计数器的指示信号,计数器在计数过程中,相应的指示信号为 0,计数结束时为 1。

本实验要求采用原理图输入法和文本输入法相结合的方法进行设计。

4.4.2.3 实验记录

(1)实验原理图和源程序。(略)

(2)仿真结果和下载结果。(略)

(3)延时分析。

4.4.2.4 问题讨论及开放性拓展

如果本实验中甲乙两道添加左转弯控制时,应该如何实现?

4.4.3 自动售邮票机设计

4.4.3.1 实验目的

(1)加深学生对 VHDL 语言的熟练及应用

(2)提高学生的课程设计水平,加强学生的实验能力。

4.4.3.2 设计任务

(1)利用 VHDL 语言设计自动电子售邮票机。

(2)利用实验箱进行下载,对程序进行验证。

(3)总结程序设计结果。

(4)设计任务分解。

①售卖的邮票有两种,面值分别为 6 角和 8 角,每种的单价用一个开关控制。

②用 3 个开关分别代表 3 种面额的硬币,面额分别有 1 角、5 角、1 元,每个键可以按多次,除了 1 元以外。

③当购买成功时,用一个灯来表示,并用其他的四个灯来表示找回的余额;当投入的钱不够时,按下复位键退回所投钱,在复位后回到初始状态。

4.4.3.3 实验原理及模块介绍

(1)功能概况。

程序共分四个进程,每个进程有 2~3 个功能,总功能框架如图 4.28 所示。

设计思路如下所述:

总体分为四个进程,让其并行运行。在选邮票、购买邮票、找回零钱的整个购买过程有用到状态机,让其有先后执行的顺序,定义了三个状态量 S0、S1、S2。S0 表示选邮票的过程;S1 表示将总的投入钱算出与邮票面值比较,购买成功与否的过程;S2 表示钱不够,将投入的钱退回的过程。四个进程为 P1、P2、P3、P4。

P1 在时钟信号 CLK1 的作用下,分为两种情况:

①按设计要求在需要复位时,将投入的钱的总数清零,即在复位信号 reset=1 的情况下,

将其状态转到 S2。

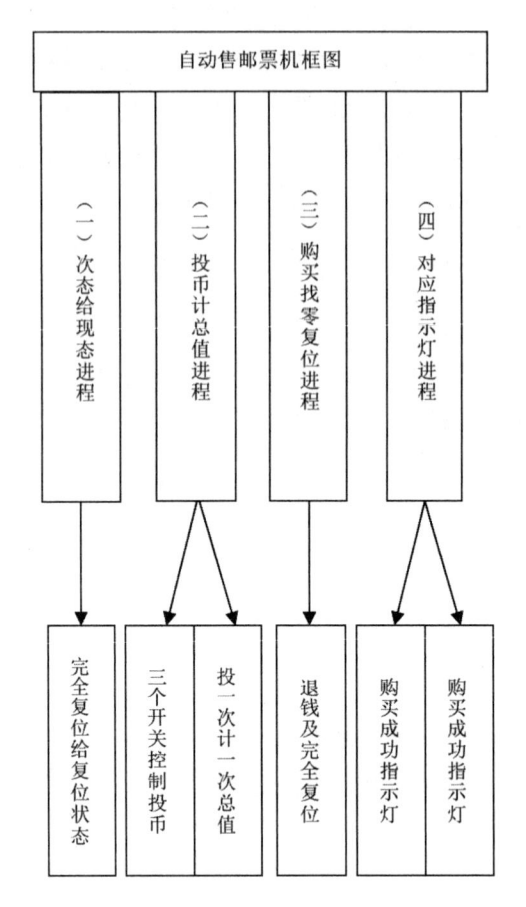

图 4.28 自动售邮票机框图

②在没有复位的情况下，将实现次态赋给现态的转化。

P2 整个进程是投钱及算出投入钱总面值的过程，在复位信号 reset1=1 的时候，总值 tincoint=0；当 reset1≠1 时，在时钟信号 CLK 的作用下，投入的钱 coin1、coin5 或 coin10 等于 1 时，将其转化为相应的二进制"0001""0101""1010"，将其赋给 touru，然后将投入的钱累加赋给总的钱数 tincoint。

P3 整个进程则有状态之间的转化且有先后顺序，首先将总的钱数赋给信号量 zong，然后与其并行的是选择要购买的邮票面值，选通后将状态 S1 赋予次态，通过进程 P1，将次态转化为现态，现态进行判断进入 S1 状态，在 S1 状态中将总的钱数与所选邮票面值比较，看是否能成功购买；当钱不够时，按下 reset 键，即使 reset=1，会退回所投硬币；当钱够时，用一个指示灯表示购买成功，并将余额赋给 ret。

P4 则是实现显示找零、退钱的进程，共有 4 个灯作为指示灯，在 P3 进程中的 S1 状态中，在总钱数小于邮票面值时，当 reset=1 时，将 ret=zong(3 downto 0)，当总钱数大于邮票面值时，ret=(zong-stamp)；在 P3 进程中的 S2 状态中，ret=zong(3 downto 0)，然后在此进程中用相应的灯实现 0～9 的显示。

4.5.3.4 方案的实现

（1）统计模块。

根据各种硬币输入，统计出总钱数提供给主控模块。每次售票完成或退钱成功后总钱数通过复位键归零。

```
p2:process(clk)
  begin
    if reset1='1'then tincoint<="00000";
    elsif clk'event and clk='1' then
      if coin1='1'then touru<="0001";
      elsif coin5='1'then touru<="0101";
      elsif coin10='1'then touru<="1010";
      elsif coin1='0' and coin5='0' and coin10='0' then
      touru<="0000";
      end if;
      tincoint<=touru+tincoint;
    end if;
  end process p2;
```

详细描述：将投入的钱 1 角、5 角或 1 元转化为相应的二进制数赋给 touru，然后在时钟信号每一次上升沿到来时，算一次总投入的钱数赋给 tincoint。

（2）主控及出票模块。

完成总体控制和各种状态之间的转化。本模块为主控制模块，控制其他模块一致完成自动售邮票。根据所需邮票和主控模块传来的出票信号输出相应的票和钱不够时将钱退回。

```
p1:process(clk1)
  begin
    if reset1='1'then c_state<=s2;
    elsif clk1'event and clk1='1'then
    c_state<=n_state;
    end if;
  end process p1;
p3:process(c_state)
  begin
    zong<=tincoint;
    case c_state is
    when s0=> if six='1' then stamp<="0110";n_state<=s1;
        elsif eight='1' then stamp<="1000"; n_state<=s1;
        else zong<="00000";ret<="0000";light<='0';n_state<=s0;
```

```
            end if;
    when s1=> if zong<stamp then
             if reset='1' then ret<=zong(3 downto 0);
             end if;
             elsif zong>=stamp light<='1';ret<=(zong-stamp);
             end if;
    when s2=>  if six='1'or eight='1'then
              ret<=zong(3 downto 0);light<='0';zong<="00000";
              n_state<=s0;
              end if;
    end case;
    end process p3;
```

详细描述：按照设计所需，在复位信号 reset1 为 1 有效的情况下，现态转到 S2，将投入的钱清零；或者在没有复位信号时，在每一次时钟信号上升沿到来时，实现各个状态之间的转化，进而控制整个购买过程。首先将总的投入钱数 tincoint 赋给信号量 zong，然后进入选邮票的过程，在选通邮票面值 six 或 eight 为 1 后，将其转为相应二进制 "0110""1000" 赋给 stamp，随之将状态 S1 赋给次态；或者在没有选通邮票的情况下，让所有的状态都回到初始值，次态转到 S0，继续维持在投钱的过程。通过主控模块进程 P1，进行将次态赋给现态的转化，然后现态进行判断进入 S1 状态，如果是 S1 的状态时，则进行买票过程，将总的钱数与所选邮票面值进行比较，在钱够的情况下，light 灯亮表示购买成功，将 zong-stamp 剩余的钱赋给 ret，在找零模块 P4 进程中将多余的钱退出；如果钱不够的情况下，按下复位信号 reset，将总的钱数赋给 ret，通过找零模块 P4 将钱退出，同时 light 灯不亮表示邮票没有购买成功，次态回到 S0，回到初始状态，继续下次购买行为。

（3）找零模块。

根据出票模块及复位信号来控制找零钱数及输出相应票额。

```
p4:process(ret) -- 找钱，退钱的相应指示灯
    begin
    case ret is
when "0000" => retlight<="0000"; when "0001" => retlight<="0001";
when "0010" => retlight<="0010"; when "0011" => retlight<="0011";
when "0100" => retlight<="0100";when "0101" => retlight<="0101";
when "0110" => retlight<="0110"; when "0111" => retlight<="0111";
when "1000" => retlight<="1000";when "1001" => retlight<="1001";
when others => null;
end case;
end process p4;
```

详细描述：在出票模块中总的钱数与所选邮票面值比较，多余的钱数赋给 ret，在此进程中，钱不够时赋给 ret，然后对 ret 进行判断，输出找零的票额转化为对应的 retlight。

4.4.3.5 实验总结

实验中存在的不足：退完钱返回初始状态的功能在实验中是通过两个两个复位键来控制的；

实验过程中出现的问题：一个进程中的敏感信号不能在多个进程及状态中相互影响，只能在同一个进程中作用，在解决这个问题时，可以多设置一个信号量，对其进行赋值，在实验中还出现的问题是，不能在多个进程中对同一个信号量在同一级别的运行状态下进行操作。在设计程序时，要理清程序的运行顺序，对并行或者串行要能很好地掌握并利用。在状态机中，不可以使用时钟信号，只能让各个状态在一定条件下相互跳转。

4.4.3.6 实验总程序

```
library ieee;
use ieee.std_logic_1164.all;
use ieee.std_logic_arith.all;
use ieee.std_logic_unsigned.all;
entity xrg4 is
 port(clk,clk1:in bit;
    coin1,coin5,coin10:in std_logic; -- 投入 1 角、5 角、1 元硬币
    reset,reset1:in std_logic; -- 清零信号，1 有效
    six,eight:in std_logic; --6，8 角的邮票
    light:out std_logic;  -- 购买成功指示灯
    retlight:out std_logic_vector(3 downto 0) ); -- 找回的硬币
end entity xrg4;
architecture xxrr of xrg4 is
 type state is (s0,s1,s2);-- 状态机
 signal n_state:state;-- 次态
 signal c_state:state;-- 现态
 signal touru:std_logic_vector(3 downto 0); -- 投入硬币面值
 signal tincoint:std_logic_vector(4 downto 0);-- 计算出硬币总值（进程中）
 signal stamp:std_logic_vector(3 downto 0);  -- 邮票面值
 signal ret:std_logic_vector(3 downto 0);  -- 找零值
 signal zong:std_logic_vector(4 downto 0);  -- 状态机硬币总值
begin
 p1:process(clk1)  -- 次态给现态
  begin
   if reset1='1'then c_state<=s2;
```

```vhdl
    elsif clk1'event and clk1='1'then
      c_state<=n_state;
      end if;
  end process p1;
    p2:process(clk)    -- 投入钱并计算总值
    begin
      if reset1='1'then tincoint<="00000";
      elsif clk'event and clk='1' then
      if coin1='1'then touru<="0001";
  elsif coin5='1'then touru<="0101";
  elsif coin10='1'then touru<="1010";
  elsif coin1='0' and coin5='0' and coin10='0' then
  touru<="0000";
  end if;
  tincoint<=touru+tincoint;
  end if;
  end process p2;
    p3:process(c_state)          -- 进行购买，找零，退钱
    begin
    zong<=tincoint;
    case c_state is
  when s0=> if six='1' then stamp<="0110";n_state<=s1; -- 选通6角或8角邮票
        elsif eight='1' then stamp<="1000"; n_state<=s1;
        else   zong<="00000";ret<="0000";light<='0';n_state<=s0;
        end if;
  when s1=> if zong<stamp  then
        if reset='1' then ret<=zong(3 downto 0);
        end if;
        elsif zong>=stamp then light<='1';ret<=(zong-stamp);
        end if;
  when s2=> if six='1'or eight='1'then
  ret<=zong(3 downto 0);light<='0';zong<="00000";
        n_state<=s0;
        end if;
    end case;
    end process p3;
```

```
p4:process(ret)            -- 找钱，退钱的相应指示灯
 begin
 case ret is
 when "0000" => retlight<="0000"; when "0001" => retlight<="0001";
 when "0010" => retlight<="0010"; when "0011" => retlight<="0011";
 when "0100" => retlight<="0100"; when "0101" => retlight<="0101";
 when "0110" => retlight<="0110"; when "0111" => retlight<="0111";
 when "1000" => retlight<="1000"; when "1001" => retlight<="1001";
 when others => null;
 end case;
 end process p4;
 end xxrr;
```

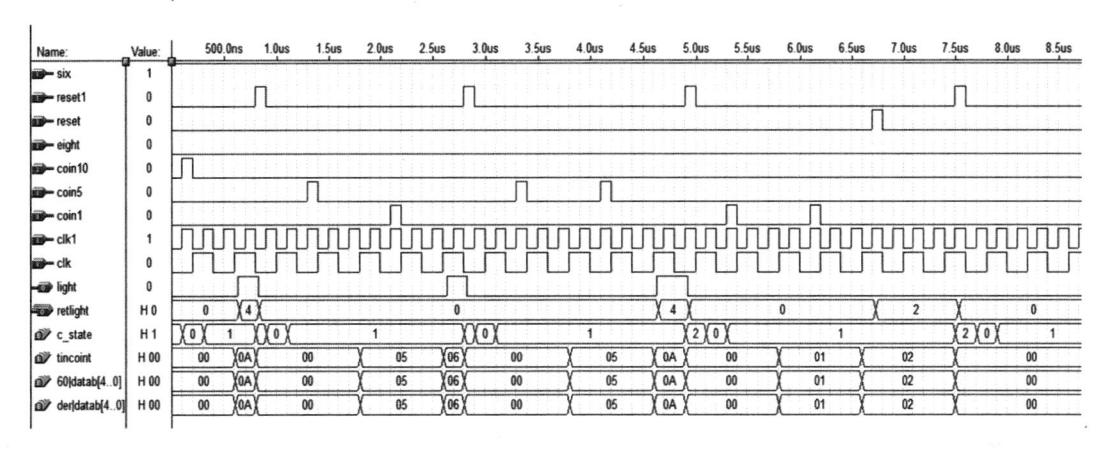

图 4.29 波形图

4.4.4 乒乓游戏机设计

4.4.4.1 实验目的

（1）掌握 Quatus Ⅱ 软件的使用方法；

（2）掌握 sopc 实验系统下载测试的方法；

（3）理解 EDA 设计的自顶向下设计思路；

（4）培养综合应用所学知识进行电子设计的能力。

4.4.4.2 实验项目介绍及要求

两人乒乓游戏机能够模拟乒乓球比赛的基本过程和规则，并能自动裁判和计分。乒乓游戏机是用 8 个发光二极管代表乒乓球台，中间 2 个发光二极管兼做乒乓球网，用点亮的发光二极管按一定的方向移动来表示球的运动。在电路中设置 4 个输入端：2 个是发球开关，2 个是击球开关（分别归甲乙两人所有）。

当甲方按下发球开关时，靠近甲方的第一盏灯亮，然后发光二极管由甲向乙依次点亮，代表乒乓球在移动。当球过网后，按设计者规定的球位乙方可以击球。若乙方提前击球或

没有击着球，则判乙方失分，甲方得分。然后重新发球，比赛继续进行。比赛一直进行到一方计分到 11 分，该局比赛结束。记分牌清零，可以开始新的一局比赛。

乒乓游戏机的具体功能如下：

（1）使用乒乓游戏机的甲乙双方各在不同的位置发球或击球。

（2）乒乓球的位置和移动方向由灯亮及依次点亮的方向决定，球移动的速度为 0.1～0.5 s 移动一位。游戏者根据求的位置做出相应的动作，提前击球或出界均判失分。

（3）比赛用 11 分为一局来进行，甲乙双方都应设置自己的记分牌，任何一方先记满 11 分，该方就算胜了此局。当记分牌清零后，又可以开始新的一局比赛。

4.4.4.3　实践过程安排

（1）根据题目要求构建设计流程图，进行模块搭建（一周）。

（2）详细设计。在 Quatus Ⅱ 软件上利用 VHDL 语言进行设计（一周）。

（3）测试验证。将编译好的程序下载到实验系统上观察结果（一周）。

（4）撰写实践报告（一周）。

第二篇　信号处理篇

第 5 章 信号与系统实验

信号与系统作为高等学校电子信息、通信工程、电气等专业的专业必修内容，以高数、电路分析、复变函数等内容为基础，同时是通信原理、数字信号处理课程的基础，在教学环节起着承上启下的作用。另外，在本章内容中，将物理问题、电路系统与数学建模紧密结合，有傅里叶变换和频域分析，线性常微分方程求解和连续 LTI 系统的时域分析，以及拉普拉斯变换、Z 变换和系统的复频域分析等内容。因此，信号与系统课程理论性强，教学内容多，公式多且抽象，学生要有坚实的数学基础才能理解信号与系统的理论部分。受学时和课程的限制，使得学生在该课程学习中出现较大的困扰，学习效率较低。而实验教学是该课程必不可少的内容，对理论课的学习有辅助和提高的作用，因此在实验教学中发基于 MATLAB 的信号与系统实验软件教学，把建模仿真结合起来，可以帮助学生更直观地理解课程中理论的概念及运算过程，通过实验提高学习的兴趣和积极性，进一步更好地理解信号与系统理论内容。

该实验课程依据信号与系统的基本内容，将课程的各部分内容组织形成 9 个实验进行仿真教学，包括了教学大纲上的主要知识点。

5.1 常见基本信号的分类及观察

5.1.1 实验目的

（1）熟悉常见的信号的函数表达式及波形图像；了解参数对函数波形的影响。

（2）观察和熟悉常见的方波、正弦波和三角波的特点。

5.1.2 实验原理

MATLAB 绘制基本信号的方法有两种：数值法、符号法。数值法是在某一个时间范围中进行等间隔抽样，调用该函数计算法抽样点的函数值，得到两组数值适量，进而用绘图语句画出其波形。符号法是利用 MATLAB 的符号运算功能，需定义符号变量和符号函数，运算结果是符号表达式的解析式，也可以用绘图语句画出其波形图。

例 5.1.1 MATLAB 绘制指数函数 $f(t)=Ke^{at}$。调用格式为 ft=K*exp(a*t)

（1）参数 a 对函数的影响：

指数函数特点：当 a>0 时，f(t) 为单调递增函数；当 a<0 时，f(t) 为单调递减函数。调用格式为 ft=K*exp(a*t)。

仿真程序如下：

K=1;

a1=-0.4;a2=-1;a3=0.4;a4=1;t=0:0.01:4;

ft1=K*exp(a1*t);ft2=K*exp(a2*t);

ft3=K*exp(a3*t);ft4=K*exp(a4*t);

subplot(2,2,1:2),plot(t,ft1,'r',t,ft2,'g'),title('a<0');

legend('a=-0.4','a=-1');grid on;

subplot(2,2,3:4),plot(t,ft3,'k',t,ft4,'b'),title('a>0');

legend('a=0.4','a=1');grid on;

仿真结果如图 5.1 所示。

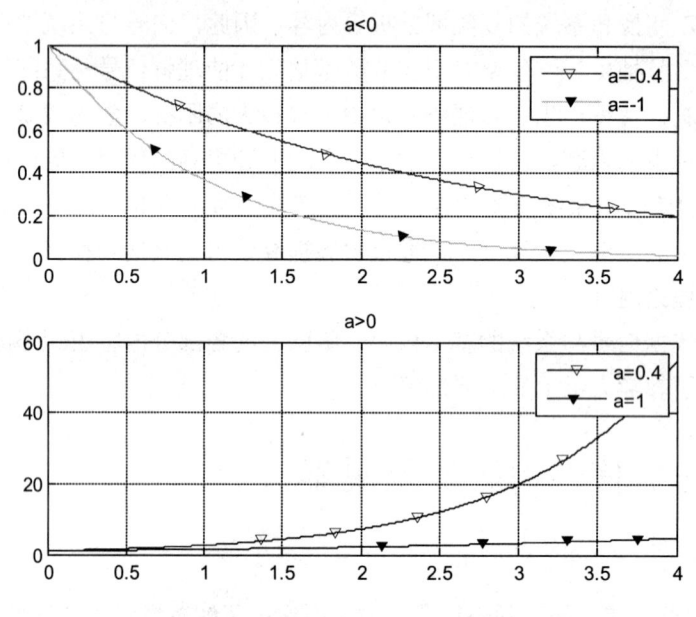

图 5.1 参数 a 对指数信号的影响

（2）K 值对函数的影响。

仿真程序如下：

a=-0.4;

K1=1;K2=4;K3=-1;K4=-4;

t=0:0.01:10;

ft1=K1*exp(a*t);

ft2=K2*exp(a*t);

ft3=K3*exp(a*t);

ft4=K4*exp(a*t);

subplot(2,2,1:2),plot(t,ft1,'r',t,ft2,'g'),title('K>0');

legend('k=1','k=4');grid on;
subplot(2,2,3:4),plot(t,ft3,'k',t,ft4,'b'),title('K<0');
legend('k=-1','k=-4');grid on;

仿真结果如图 5.2 所示。

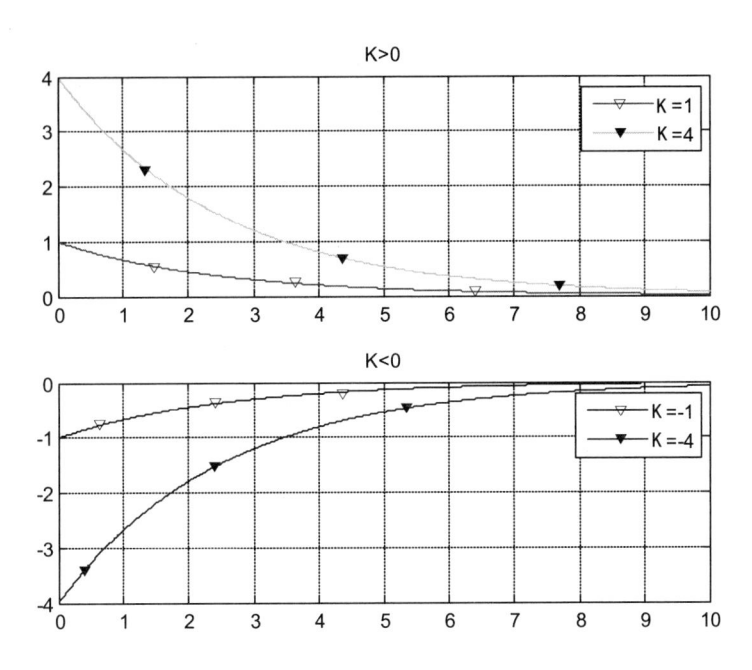

图 5.2　参数 K 对指数信号的影响

例 5.1.2　MATLAB 绘制正弦函数：$f(t) = A\sin(at+b)$。调用格式 ft=A*sin(a*t+b)。

（1）参数 a 对函数的影响。

仿真程序如下：

A=1;b=0;a1=1*pi;a2=2*pi;

t=0:0.01:4;

ft1=A*sin(a1*t+b);

ft2=A*sin(a2*t+b);

plot(t,ft1,'r',t,ft2,'k');legend('a=1','a=2');grid on;

仿真结果如图 5.3 所示。

（2）参数 b 对函数的影响。

仿真程序如下：

a=1*pi;A1=1;b1=0;b2=pi/2;t=0:0.01:4;

ft1=A*sin(a*t+b1);ft2=A*sin(a*t+b2);

plot(t,ft1,'r',t,ft2,'k');legend('b=0','b=pi/2');grid on;

仿真结果如图 5.4 所示。

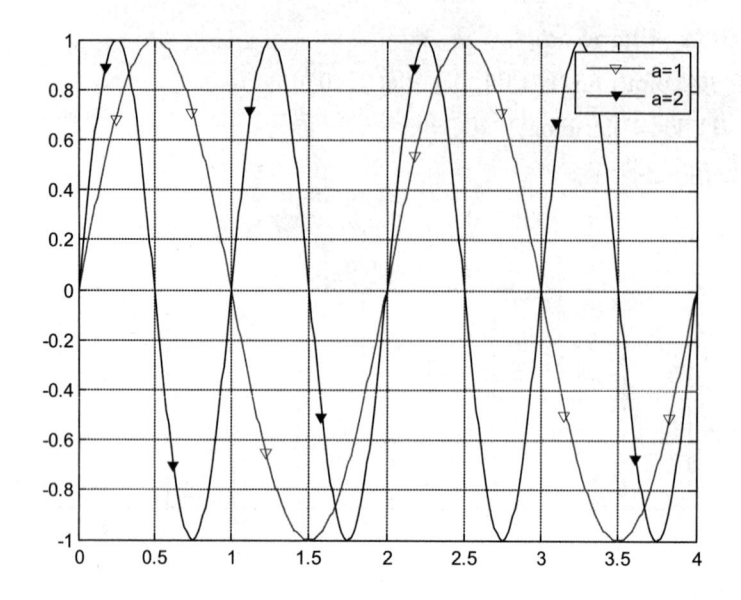

图 5.3　参数 a 对正弦信号的影响

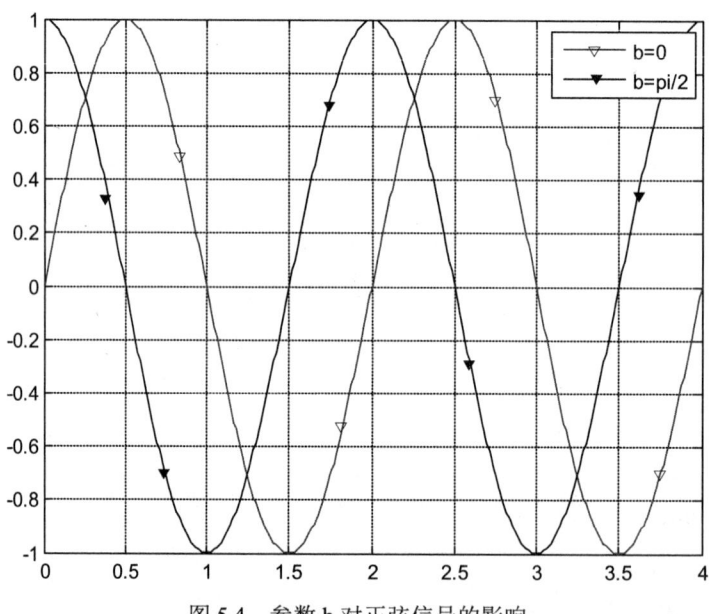

图 5.4　参数 b 对正弦信号的影响

（3）参数 A 对函数的影响。

仿真程序如下：

b=0;

a=1*pi;A1=1;A2=2;t=0:0.01:4;

ft1=A1*sin(a*t+b);ft2=A2*sin(a*t+b);

plot(t,ft1,'r',t,ft2,'k');

legend('A=1','a=2');grid on;

仿真结果如图 5.5 所示。

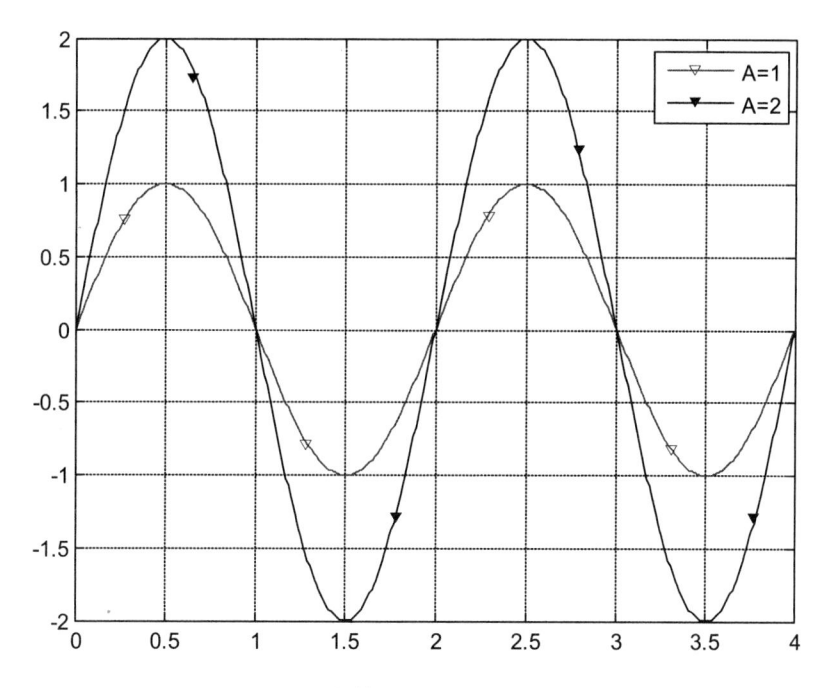

图 5.5 参数 A 对正弦信号的影响

例 5.1.3 MATLAB 绘制抽样信号：$Sa(t) = K\dfrac{\sin at}{at}$。

（1）a 对函数的影响。

仿真程序如下：

t=-3*pi:pi/100:3*pi;

k=1;a1=2/pi;a2=1/pi;

ft1=k*sinc(a1*t);ft2=k*sinc(a2*t);

plot(t,ft1,'r',t,ft2,'k');

legend('a=2/pi','a=1/pi');grid on;

仿真结果如图 5.6 所示。

（2）K 对函数的影响。

仿真程序如下：

t=-3*pi:pi/100:3*pi;a=1/pi;k1=1;k2=2;

ft1=k1*sinc(a*t);ft2=k2*sinc(a*t);

plot(t,ft1,'r',t,ft2,'k');legend('k=1','k=2');grid on;

仿真结果如图 5.7 所示。

例 5.1.4 MATLAB 绘制复指数信号：$f(t) = ke^{(a+jb)t}$。调用格式 ft=k*exp(a+j*b)*t。

仿真程序如下：

t=1:0.01:3;

a=-1;b=10;k=1;

f=k*exp((a+j*b)*t);
subplot(2,2,1),plot(t,real(f)),title('实部');
subplot(2,2,3),plot(t,imag(f)),title('虚部');
subplot(2,2,2),plot(t,abs(f)),title('模');
subplot(2,2,4),plot(t,angle(f)),title('相角');
仿真结果如图 5.8 所示。

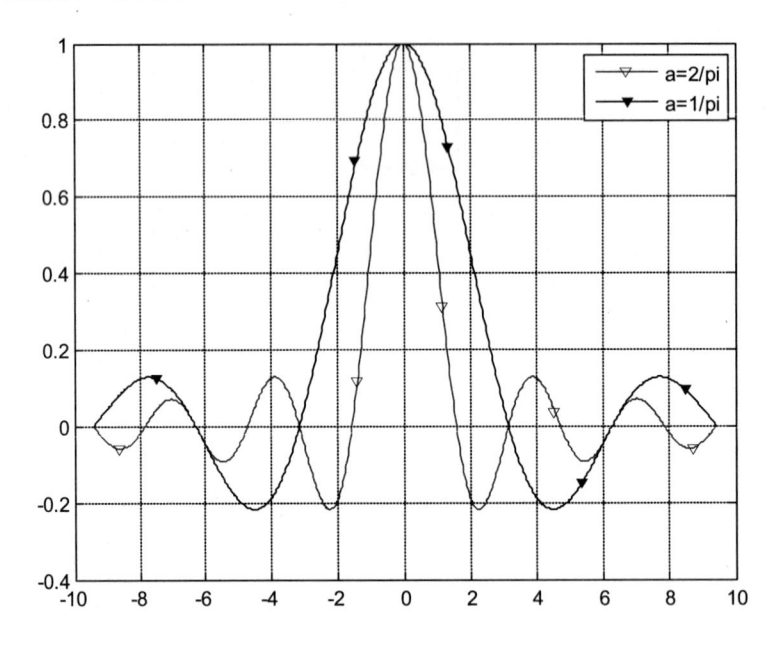

图 5.6 参数 a 对抽样信号的影响

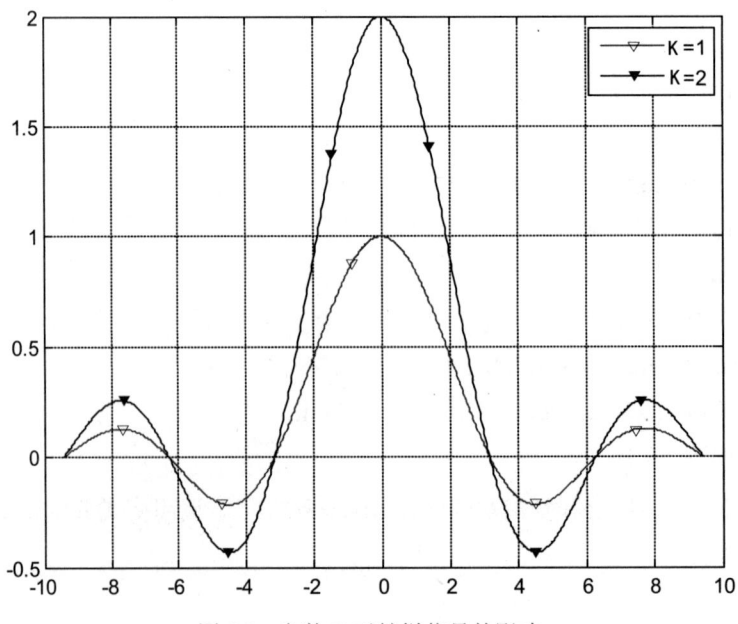

图 5.7 参数 K 对抽样信号的影响

第 5 章 信号与系统实验

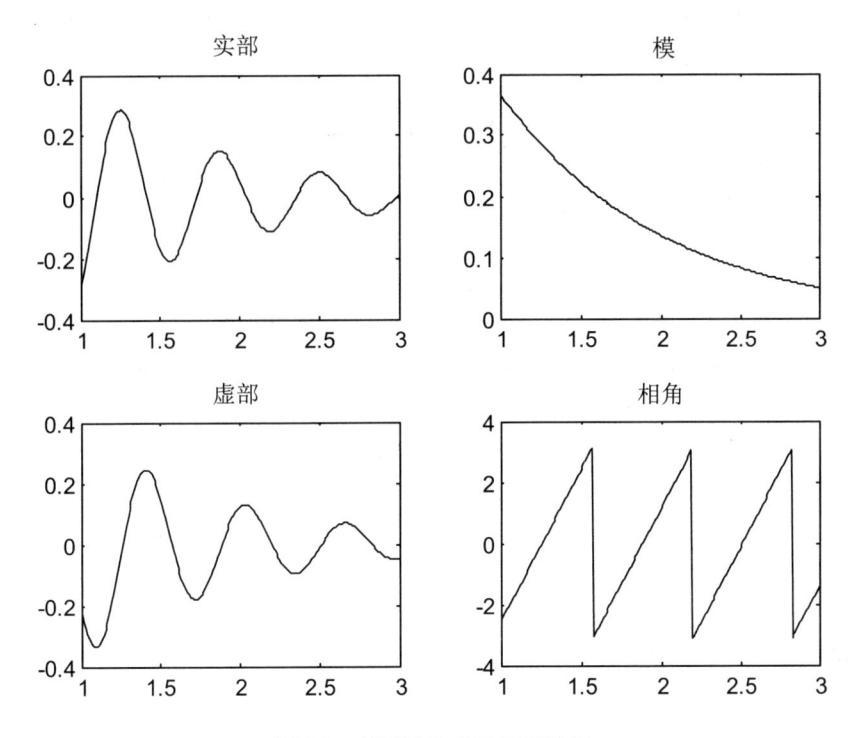

图 5.8 复指数信号的仿真结果

例 5.1.5 MATLAB 实现矩形脉冲及周期矩形脉冲信号。

（1） MATLAB 实现矩形脉冲的仿真。

在 MATLAB 中用 rectpuls 函数来表示，其调用形式为 y=rectpuls(t,width)，用以产生一个幅值为 1，宽度为 width，相对于 t=0 点左右对称的矩形波信号，该函数的横坐标范围由向量 t 决定，是以 t=0 为中心向左右各展开 width/2 的范围，width 的默认值为 1。宽度为 2，幅值为 1 的矩形脉冲仿真程序如下，仿真结果如图 5.9 所示。

```
width=2;
t=-2:0.001:2;
ft=rectpuls(t,width);
plot(t,ft);
grid on;
ylim([-0.5 1.5])
title('矩形脉冲');
```

（2） MATLAB 实现周期矩形脉冲信号的仿真。

周期性矩形波（方波）信号：在 MATLAB 中用 square 函数来表示，其调用形式为 y=square(t,DUTY)。其作用类似于 sin(t)，用以产生一个时长为 t、幅值为 ±1 的周期性方波信号，其中的 DUTY 参数表示占空比，即在信号的一个周期中正值所占的百分比。产生周期为 2，幅值为 1，占空比为 50 的周期矩形脉冲信号。仿真程序如下，仿真结果如图 5.10 所示。

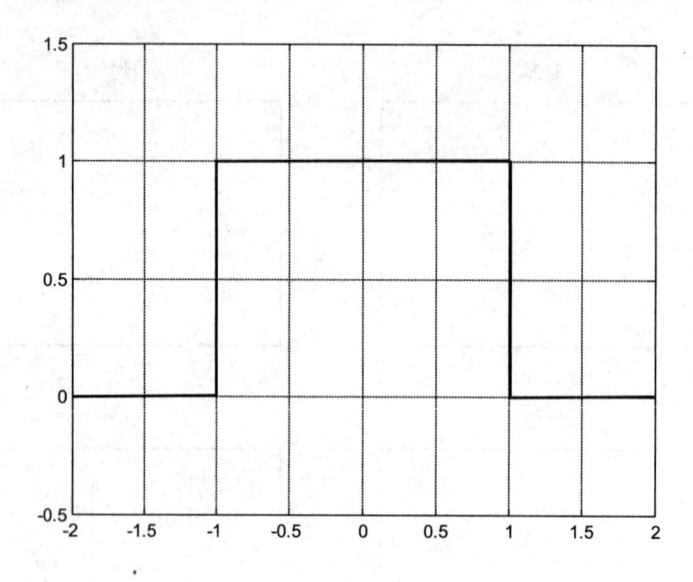

图 5.9 矩形脉冲信号的仿真结果

```
T=2;
w=2*pi/T;K=1;
t=0:0.01:5;
y=K*square(w*t,50);
plot(t,y);
grid
ylim([-1.5 1.5]);
```

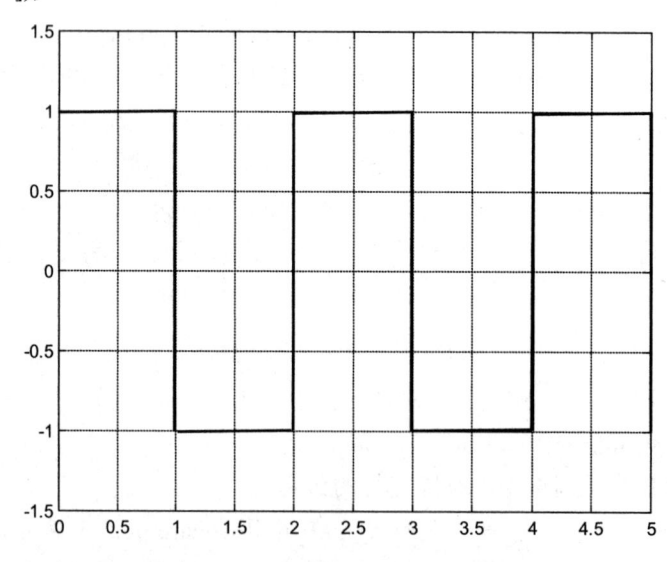

图 5.10 周期矩形脉冲信号的仿真结果

（3）分析参数对周期矩形波图像的影响。

①参数 K 对周期矩形波的影响。

仿真程序如下：

```
T=2;w=2*pi/T;K1=1;K2=2;K3=3;t=0:0.01:5;
y1=K1*square(w*t,50);
y2=K2*square(w*t,50);
y3=K3*square(w*t,50);
plot(t,y1,'r',t,y2,'k',t,y3,'b');
legend('k=1','k=2','k=3');grid on;ylim([-6 6]);
```
仿真结果如图 5.11 所示。

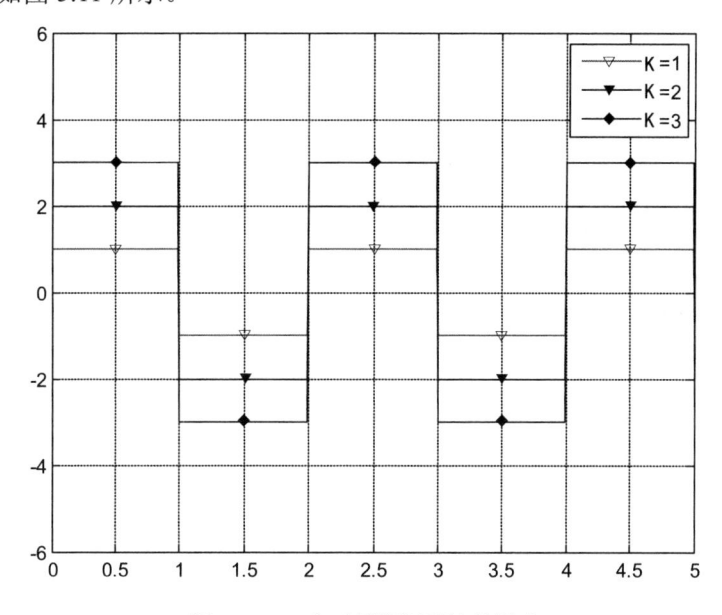

图 5.11 K 值对周期矩形波的影响

②参数 T 对周期矩形波的影响。

仿真程序如下：

```
K=2;
T1=1;T2=2;
w1=2*pi/T1;w2=2*pi/T2;
t=0:0.01:5;
y1=K*square(w1*t,50);
y2=K*square(w2*t,50);
subplot(2,2,1:2),plot(t,y1,'r'),title('T=1');
grid on;ylim([-4 4]);
subplot(2,2,3:4),plot(t,y2,'k'),title('T=2');
grid on;
ylim([-4 4]);
```
仿真结果如图 5.12 所示。

图 5.12 T 值对周期矩形波的影响

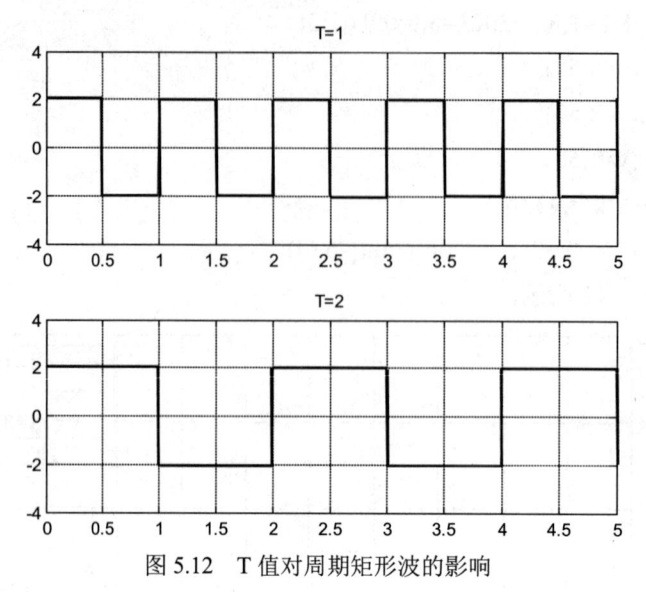

③参数 duty 对周期矩形波的影响。

仿真程序如下：

K=2;T=1;w=2*pi/T;duty1=30;duty2=50;
t=0:0.01:5;y1=K*square(w*t,duty1);y2=K*square(w*t,duty2);
subplot(2,2,1:2),plot(t,y1,'r'),title('duty=30');grid on;ylim([-4 4]);
subplot(2,2,3:4),plot(t,y2,'k'),title('duty=50');grid on;ylim([-4 4]);

仿真结果如图 5.13 所示。

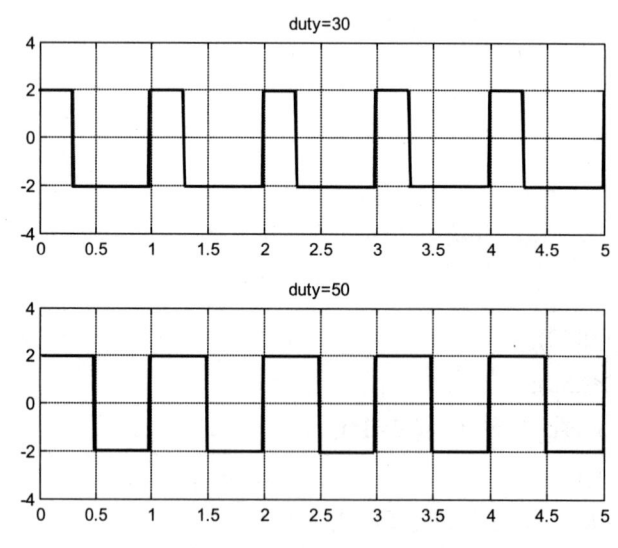

图 5.13 duty 值对周期矩形波的影响

例 5.1.6 MATLAB 实现三角脉冲及周期三角脉冲信号。

（1）MATLAB 实现三角脉冲的仿真。

MATLAB 用 tripuls 函数表示三角脉冲，调用格式为 ft=triplus(t,w,s)，产生幅度为 1 的三角波。其中 t 表示信号时间，为一个数组；w 表示三角波的宽度，且一 0 位中心左右各展开 w/2；s 表示三角波的斜率（-1<s<1）。则表示最大幅度为 1，宽度为 4，斜率为 0.5 的三角脉冲的仿真程序如下，仿真结果如图 5.14 所示。

```
t=-3:0.01:3;
ft=tripuls(t,4,0.5);
plot(t,ft);
grid on;
axis([-3,3,-0.5,1.5]);
```

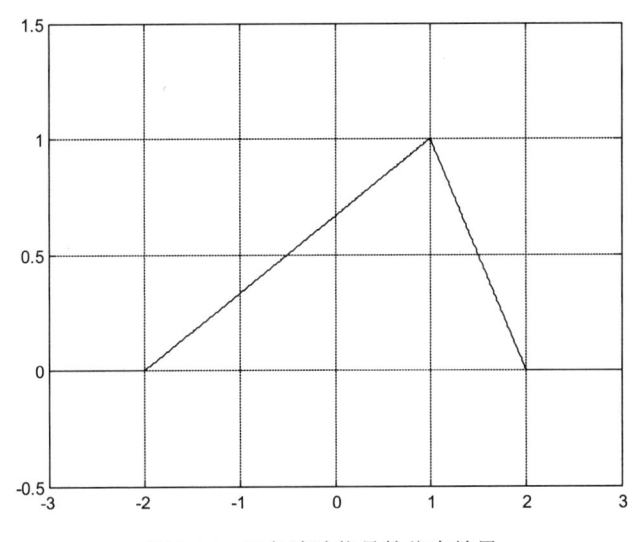

图 5.14　三角脉冲信号的仿真结果

（2）MATLAB 绘制周期三角脉冲信号。

sawtooth 函数用于生成周期三角波，其调用语法如下：f=sawtooth（w*t，width）：生成指定周期、峰值为 1 的周期三角波。width 是值为 0～1 的常数，用于指定在一个周期内三角波最大值出现的位置。当 width=0.5 时，该函数生成标准的对称三角波。周期为 2，幅值为 1，width=0.5 的周期三角波信号的仿真程序如下，仿真结果如图 5.15 所示。

```
T=2;w=2*pi/T;t=0:0.01:10;k=1;
y=k*sawtooth(t*w,0.5);plot(t,y);grid
```

（3）参数对周期三角波信号的影响。

①参数 K 对周期三角波的影响。

仿真程序如下：

```
T=2;w=2*pi/T;k1=1;k2=2;k3=3;t=0:0.01:10;
y1=k1*sawtooth(t*w,0.5);y2=k2*sawtooth(t*w,0.5);y3=k3*sawtooth(t*w,0.5);
plot(t,y1,'r',t,y2,'k',t,y3,'b');legend('k=1','k=2','k=3');grid on;ylim([-6 6]);
```

仿真结果如图 5.16 所示。

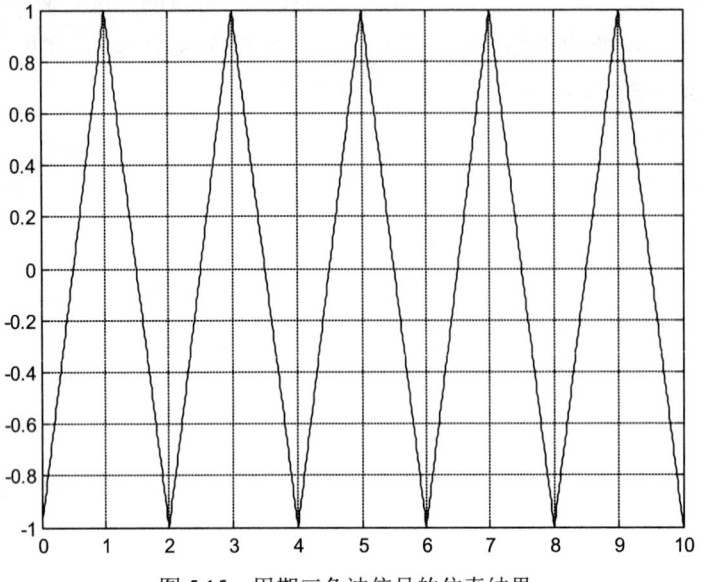

图 5.15 周期三角波信号的仿真结果

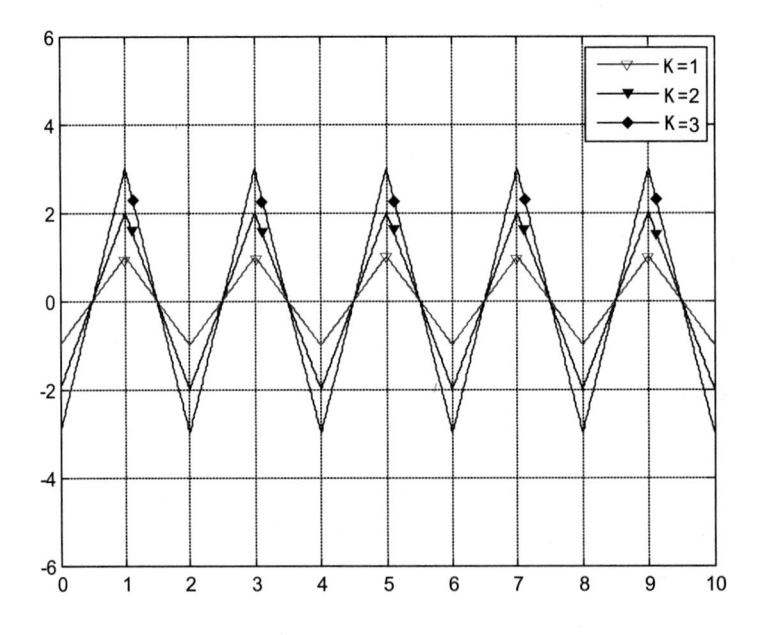

图 5.16 K 值对周期三角波的影响

②参数 T 对周期三角波的影响。

仿真程序如下：

K=2;

T1=1;T2=2;

w1=2*pi/T1;w2=2*pi/T2;

t=0:0.01:5;

y1=K*sawtooth(w1*t,0.5);

y2=K*sawtooth(w2*t,0.5);

subplot(2,2,1:2),plot(t,y1,'r'),title('T=1');

grid on;ylim([-4 4]);

subplot(2,2,3:4),plot(t,y2,'k'),title('T=2');

grid on;

ylim([-4 4]);

仿真结果如图 5.17 所示。

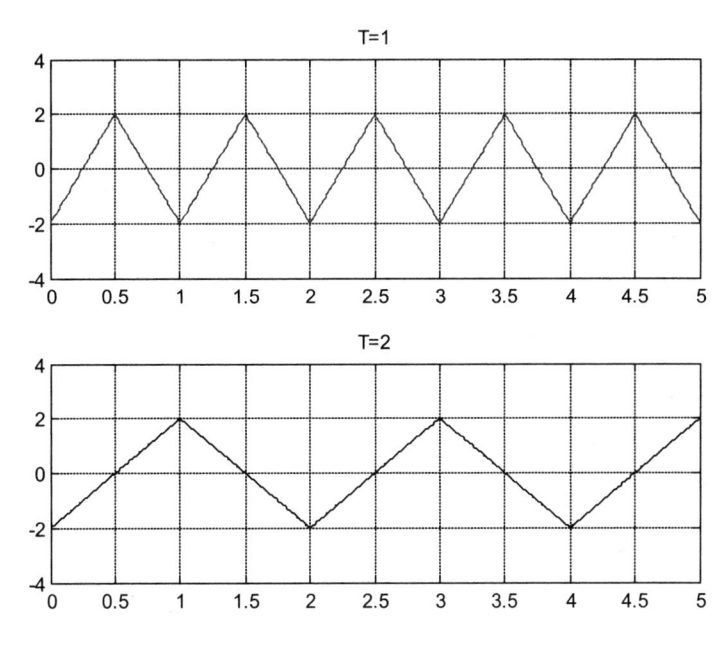

图 5.17 T 值对周期三角波的影响

③参数 width 对周期三角波的影响。

仿真程序如下：

K=2;T=1;w=2*pi/T;

width1=0.2;width2=0.5;

t=0:0.01:5;

y1=K*sawtooth(w*t,width1);

y2=K*sawtooth(w*t,width2);

subplot(2,2,1:2),plot(t,y1,'r'),title('width=0.2');

grid on;ylim([-4 4]);

subplot(2,2,3:4),plot(t,y2,'k'),title('width=0.5');

grid on;

ylim([-4 4]);

仿真结果如图 5.18 所示。

图 5.18 width 值对周期三角波的影响

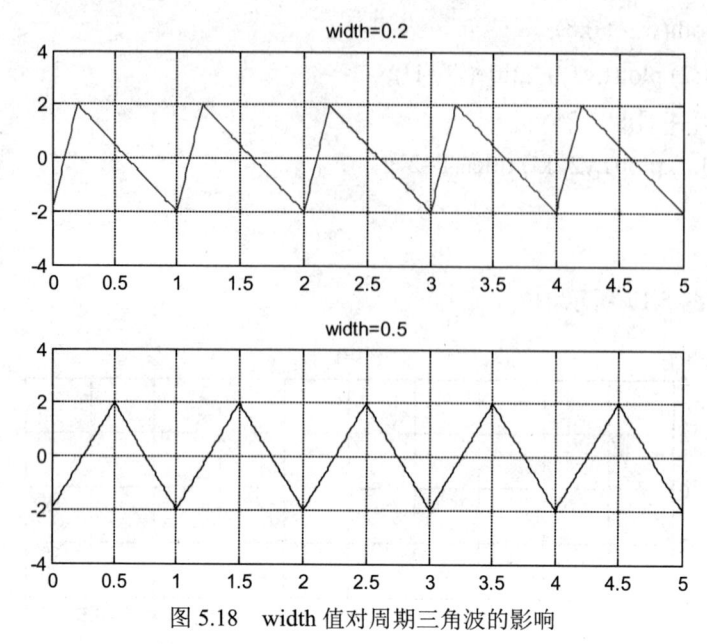

5.1.3 实验步骤

（1）预习有关信号的分类和描述；

（2）理解信号的函数表达式和相关参数的意义。

（3）仿真实现指数衰减信号、指数增长信号、复指数信号、抽样信号的波形；并调节各函数的参数，观察波形，理解信号各参数的具体含义。

（4）仿真实现周期方波，分别在高、中、低三个频段上不断调节频率以及幅度和占空比，观察波形的相应变化，理解信号各参数的具体含义。在此基础上分别保证两个参数不变，记录三组单参数变化波形以做对比。

（5）仿真实现正弦波与三角波，重复以上实验内容及步骤。

5.1.4 实验结果分析

（1）根据实验测量所得数据，绘制各个信号的波形图。

（2）根据实验结论分析各信号参量的含义。

5.1.5 问题讨论及开放性拓展

5.1.5.1 问题讨论

（1）简要说明占空比、频率与幅度的调节对方波信号的影响。

（2）试分析占空比的调节对三角波以及正弦波所产生的影响。

5.1.5.2 开放性拓展

（1）仿真实现高斯函数信号 $x(t) = Ke^{-t/\tau}$，并分析其参数影响。

（2）仿真实现正弦指数信号 $f(t) = \begin{cases} 0 & (t < 0) \\ Ke^{at}\sin(\omega t) & (t > 0) \end{cases}$，并分析其参数影响。

（3）根据周期三角波信号，仿真实现周期锯齿波信号，并分析参数影响。

5.2 常见信号基本运算的 MATLAB 实现

5.2.1 实验目的
（1）熟练掌握信号的位移、翻转、尺度变换。
（2）熟练掌握信号的积分和微分运算。
（3）熟练了解信号间加和乘运算。

5.2.2 实验原理
5.2.2.1 信号的位移

信号的位移遵循左加右减即：$g(t)=f(t+t_0)\begin{cases}左移 & t_0>0\\右移 & t_0<0\end{cases}$。

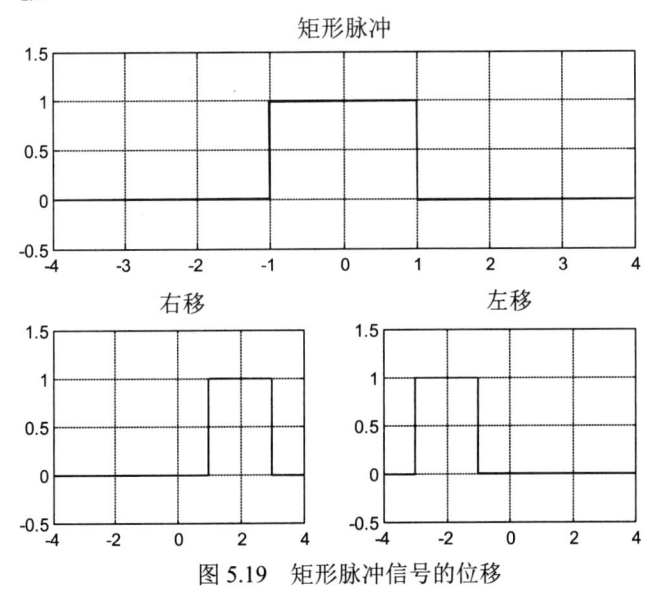

例 5.2.1 以矩形脉冲为例实现信号的位移：编程实现矩形脉冲的向左、向右位移两个单位。

解：程序如下，仿真结果如图 5.19 所示。

```
width=2;
t=-4:0.001:4;
y1=rectpuls(t,width);
y2=rectpuls(t-2,width);
y3=rectpuls(t+2,width);
subplot(2,2,1:2),plot(t,y1),title('矩形脉冲');ylim([-0.5 1.5]);grid on;
subplot(2,2,3),plot(t,y2),title('右移');ylim([-0.5 1.5]);grid on;
subplot(2,2,4),plot(t,y3),title('左移');grid on;
ylim([-0.5 1.5]);
```

图 5.19 矩形脉冲信号的位移

例 5.2.2 以三角脉冲为例实现信号的位移：编程实现三角脉冲的向左、向右位移两个单位。程序如下，仿真结果如图 5.20 所示。

t=-5:0.01:5;

y1=tripuls(t,4,0.5);

y2=tripuls(t-2,4,0.5);

y3=tripuls(t+2,4,0.5);

subplot(2,2,1:2),plot(t,y1),title(' 三角脉冲 ');grid on;

axis([-5,5,-0.5,1.5]);

subplot(2,2,3),plot(t,y2),title(' 右移 ');grid on;

axis([-5,5,-0.5,1.5]);

subplot(2,2,4),plot(t,y3),title(' 左移 ');grid on;

axis([-5,5,-0.5,1.5]);

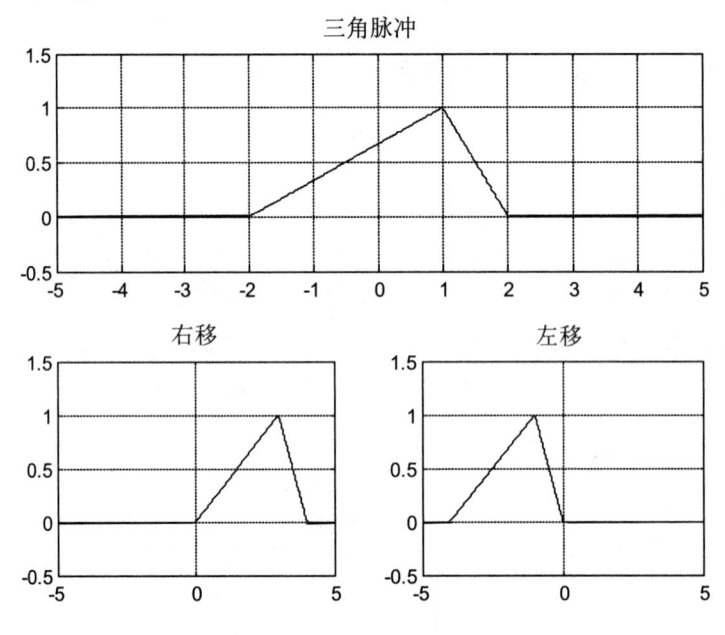

图 5.20 三角脉冲信号的位移

例 5.2.3 矩形波信号的位移。编程实现矩形波的向左，向右位移。程序如下，仿真结果如图 5.21、图 5.22、图 5.23 所示。

T=2;w=2*pi/T;K=1;t=0:0.01:5;

y1=K*square(w*t,50);

y2=K*square(w*(t-2),50);

y3=K*square(w*(t+2),50);

figure(1)

subplot(3,1,1),plot(t,y1),title(' 矩形波 ');ylim([-1.5 1.5]);grid on;

subplot(3,1,2),plot(t,y2),title(' 右移 2');ylim([-1.5 1.5]);grid on;

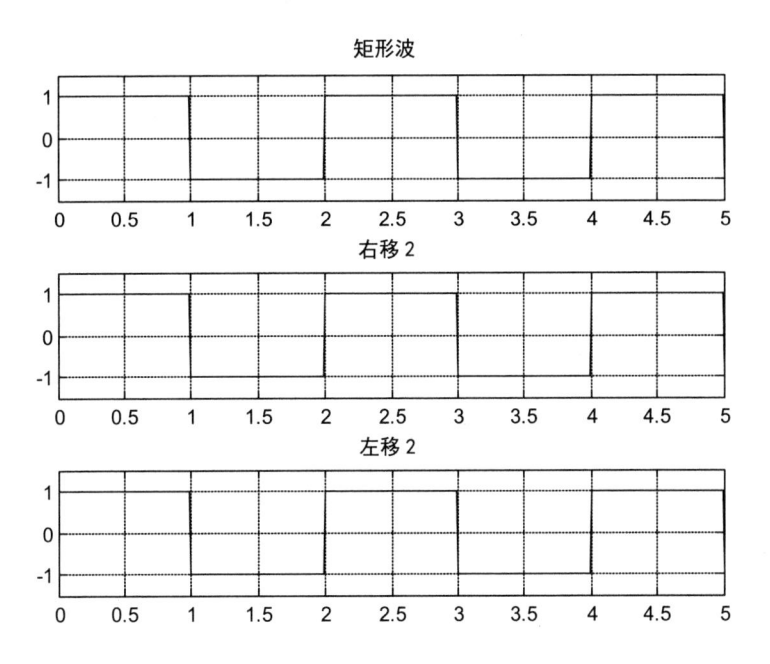

图 5.21 矩形波信号的位移 2

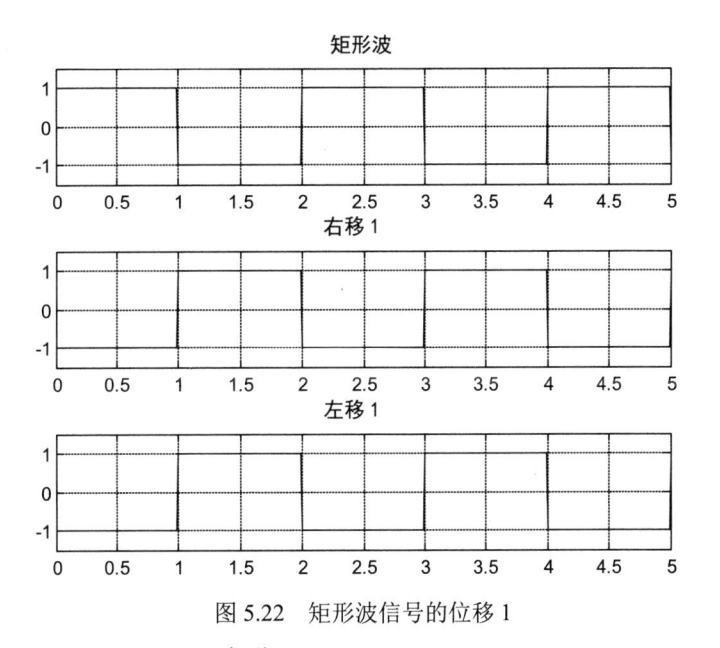

图 5.22 矩形波信号的位移 1

subplot(3,1,3),plot(t,y3),title(' 左移 2');grid on;

ylim([-1.5 1.5]);

figure(2)

y4=K*square(w*(t-1),50);

y5=K*square(w*(t+1),50);

subplot(3,1,1),

plot(t,y1),title(' 矩形波 ');ylim([-1.5 1.5]);grid on;

subplot(3,1,2),

plot(t,y4),title('右移 1');

ylim([-1.5 1.5]);grid on;

subplot(3,1,3),

plot(t,y5),title('左移 1');grid on;

ylim([-1.5 1.5]);

figure(3)

y6=K*square(w*(t-1.2),50);

y7=K*square(w*(t+1.2),50);

subplot(3,1,1),

plot(t,y1),title('矩形波');

ylim([-1.5 1.5]);grid on;

subplot(3,1,2),

plot(t,y6),title('右移 1.2');

ylim([-1.5 1.5]);grid on;

subplot(3,1,3),

plot(t,y7),title('左移 1.2');grid on;

ylim([-1.5 1.5]);

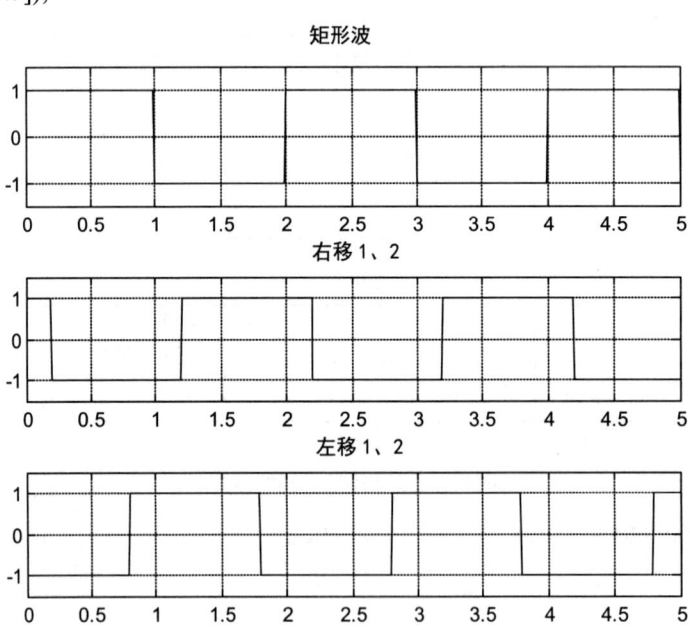

图 5.23 矩形波信号的位移 1.2

5.2.2.2 信号的翻转

信号的翻转即 $g(t)=f(-t)$。

例 5.2.4 矩形脉冲信号的翻转。

解：程序如下，仿真结果如图 5.24 所示。

width=2;t=-4:0.001:4;

y1=rectpuls(t,width);

y2=rectpuls(-1*t,width);

subplot(2,1,1),plot(t,y1),title(' 矩形脉冲 ');ylim([-0.5 1.5]);grid on;

subplot(2,1,2),plot(t,y2),title(' 矩形脉冲翻转 ');ylim([-0.5 1.5]);grid on;

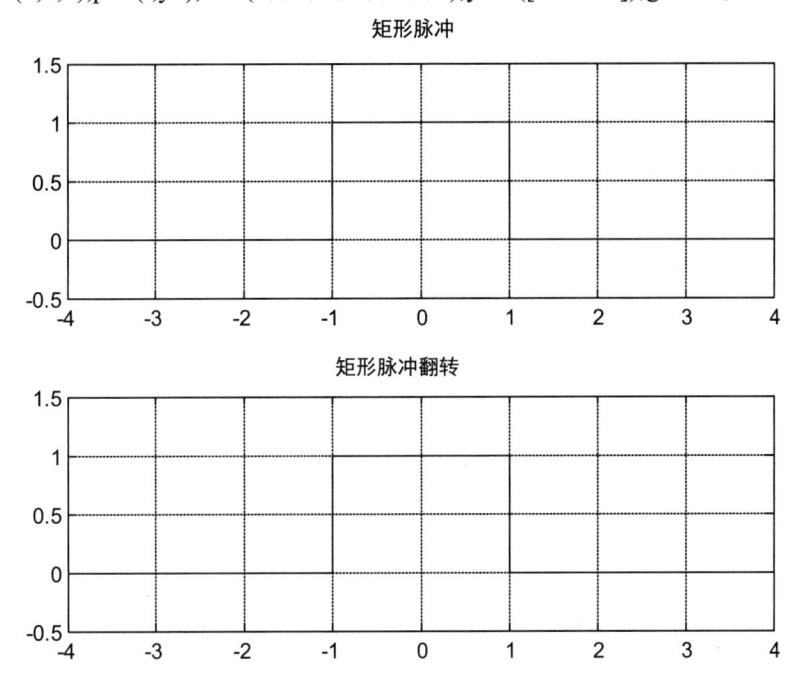

图 5.24　矩形脉冲的翻转

例 5.2.5　三角脉冲信号的翻转。

解：程序如下，仿真结果如图 5.25 所示。

t=-5:0.01:5;

y1=tripuls(t,4,0.5);

y2=tripuls(-1*t,4,0.5);

subplot(2,1,1),plot(t,y1),title(' 三角脉冲 ');grid on;

axis([-5,5,-0.5,1.5]);

subplot(2,1,2),plot(t,y2),title(' 三角脉冲的翻转 ');grid on;

axis([-5,5,-0.5,1.5]);

5.2.2.3　信号的尺度变换

信号的尺度变换即 $g(t)=f(at)\begin{cases}a<1，图像扩展\\a>1，图像压缩\end{cases}$。

例 5.2.6　矩形脉冲的尺度变换，编程实现矩形脉冲的扩展 2 倍和压缩 1/2。

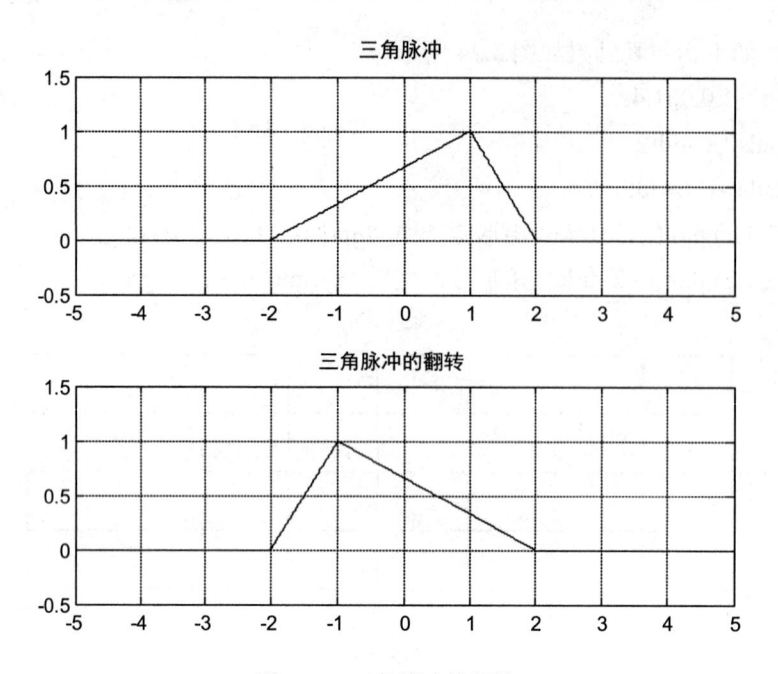

图 5.25 三角脉冲的翻转

解：程序如下，仿真结果如图 5.26 所示。

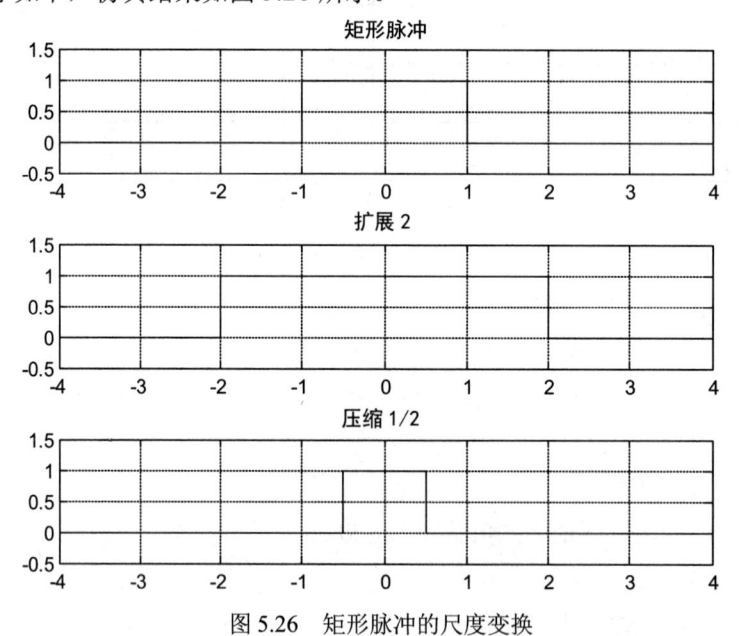

图 5.26 矩形脉冲的尺度变换

width=2;

t=-4:0.001:4;

y1=rectpuls(t,width);

y2=rectpuls(0.5*t,width);

y3=rectpuls(2*t,width);

subplot(3,1,1),

plot(t,y1),title(' 矩形脉冲 ');

ylim([-0.5 1.5]);grid on;

subplot(3,1,2),

plot(t,y2),title(' 扩展 2');

ylim([-0.5 1.5]);grid on;

subplot(3,1,3),

plot(t,y3),

title(' 压缩 1/2');grid on;

ylim([-0.5 1.5]);

例 5.2.7 三角脉冲的尺度变换，编程实现矩形脉冲的扩展 2 倍和压缩 1/2。

解：程序如下，仿真结果如图 5.27 所示。

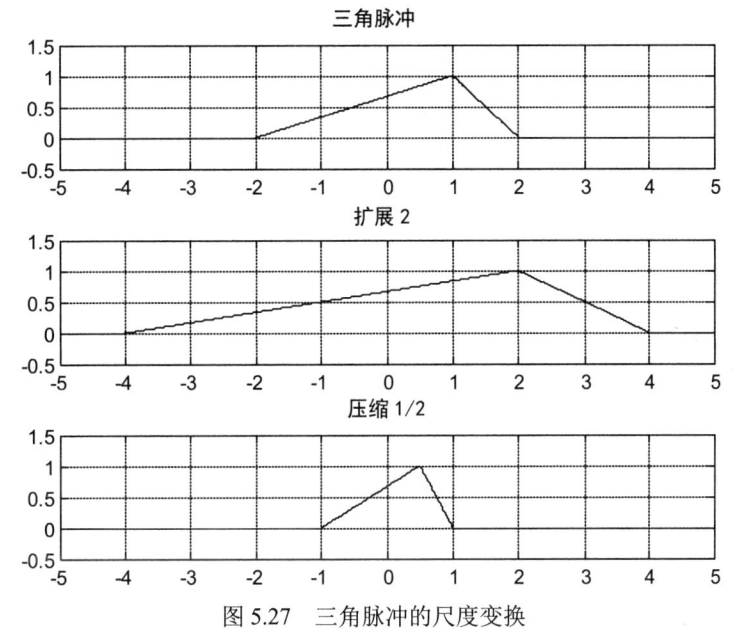

图 5.27 三角脉冲的尺度变换

t=-5:0.01:5;

y1=tripuls(t,4,0.5);

y2=tripuls(0.5*t,4,0.5);

y3=tripuls(2*t,4,0.5);

subplot(3,1,1),

plot(t,y1),title(' 三角脉冲 ');

axis([-5,5,-0.5,1.5]);grid on;

subplot(3,1,2),

plot(t,y2),title(' 扩展 2');

axis([-5,5,-0.5,1.5]);grid on;

subplot(3,1,3),

plot(t,y3),title(' 压缩 1/2');
axis([-5,5,-0.5,1.5]);grid on;

5.2.2.4 信号的微分和积分

（1）微分即 $g(t) = \mathrm{d}f(t)/\mathrm{d}t$，微分运算的调用格式为 diff(function,'variable',n)，式中 function 表示需要做运算的函数，variable 表示运算变量，n 表示求导阶数，默认值为一阶导数。积分即 $h(t) = \int f(t)\mathrm{d}t$，积分运算的调用格式为 int(function,'variable',a,b)，function 表示需要做运算的函数，variable 表示运算变量，a 表示积分下限，b 表示积分上限，默认值为求不定积分。

例 5.2.8　仿真实现三角函数的微分和积分。

解：程序如下：

```
clear
syms x y1 y2;
y1=sin(2*pi*x);
y2=diff(y1,'x',1)
y3=int(y1,'x')
```

仿真结果：

sanjiaoweijifen

y2=2*pi*cos(2*pi*x)

y3=-cos(2*pi*x)/(2*pi)

（2）用中值法对信号做微分操作。

中值法求微分的原理：$x'(t) = \mathrm{d}x(t)/\mathrm{d}t \Rightarrow x'(n) = \dfrac{x(n+1)-x(n-1)}{2\Delta t}$。

程序实现如下：

```
For k=1:1:N-1
y(k)=(x(k+1)-x(k-1))/2*dt;
End
x(0)=x(1);
X(N)=x(N-1);
```

例 5.2.9　仿真实现三角函数的微分。

解：程序如下，仿真结果如图 5.28 所示。

```
A=1;b=0;
a1=1*pi;dt=0.01;
t=0:0.01:4;N=4/dt;
y=A*sin(a1*t+b);
subplot(2, 1, 1);
plot(t, y);title(' 正弦函数 ');grid on;
```

% 给正弦波形信号做微分处理得到的是余弦波形

y1=y;

y1(1)=y(1);

for k=2:1:N-1

　　y1(k)=(y(k+1) - y(k-1))/(2*dt);

end

y1(N)=y(N);

subplot(2, 1, 2);

plot(t, y1);title(' 正弦函数的积分 ');grid on;

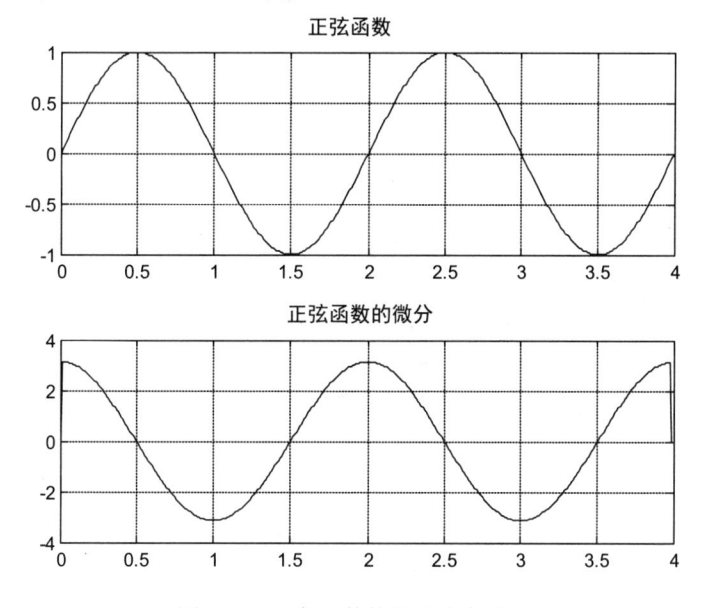

图 5.28　三角函数的微分仿真结果

（3）用梯形法实现信号的数字积分。

梯形法求信号积分的原理：$y(t) = \int_0^t x(t)\mathrm{d}t \Rightarrow y(n) \approx y(n-1) + \Delta t \times [x(n) + x(n-1)]/2$。

程序如下：

y(0)=0;

For k=1:1:N

　Y(k)=y(k-1)+dt*(x(k)+x(k-1))/2;

end

例 5.2.10　仿真实现三角函数的积分。

解：程序如下，仿真结果如图 5.29 所示。

A=1;b=0;

a1=1*pi;dt=0.01;

t=0:0.01:4;N=4/dt;

f=A*sin(a1*t+b);

```
subplot(2, 1, 1);
plot(t, f);title(' 正弦函数 ');grid on;
% 给三角波形信号做积分处理
y=f;
y(1)=0;
for k=2:1:N
    y(k)=y(k-1) + (dt*(f(k)+f(k-1)))/2;
end
subplot(2, 1, 2);
plot(t, y);title(' 正弦函数的积分 ');grid on;
```

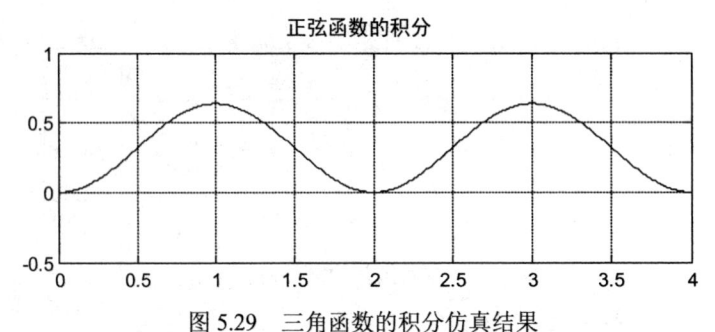

图 5.29　三角函数的积分仿真结果

例 5.2.11　仿真实现方波信号的微分和积分。

解：程序如下，仿真结果如图 5.30 所示。

```
t=0:0.001:50;
f=square(t);
subplot(3, 1, 1);
plot(t, f);
axis([-1,51, -2, 3]);title(' 方波信号 ');grid on;
% 给方波形信号做微分处理
y=f;
dt=0.001;
y(1)=f(1);
for k=2:1:(50.0/0.001)
```

```
    y(k)=(f(k+1) - f(k-1))/(2*dt);
end
y(50.0/0.001)=f(50.0/0.001);
subplot(3, 1, 2);
plot(t, y);title('方波信号的微分');grid on;
% 给方波形信号做积分处理
y1=f;
dt=0.001;
y1(1)=0;
for k=2:1:(50.0/0.001)
    y1(k)=y1(k-1) + (dt*(f(k)+f(k-1)))/2;
end
subplot(3, 1, 3);
plot(t, y1);title('方波信号的积分');grid on;
```

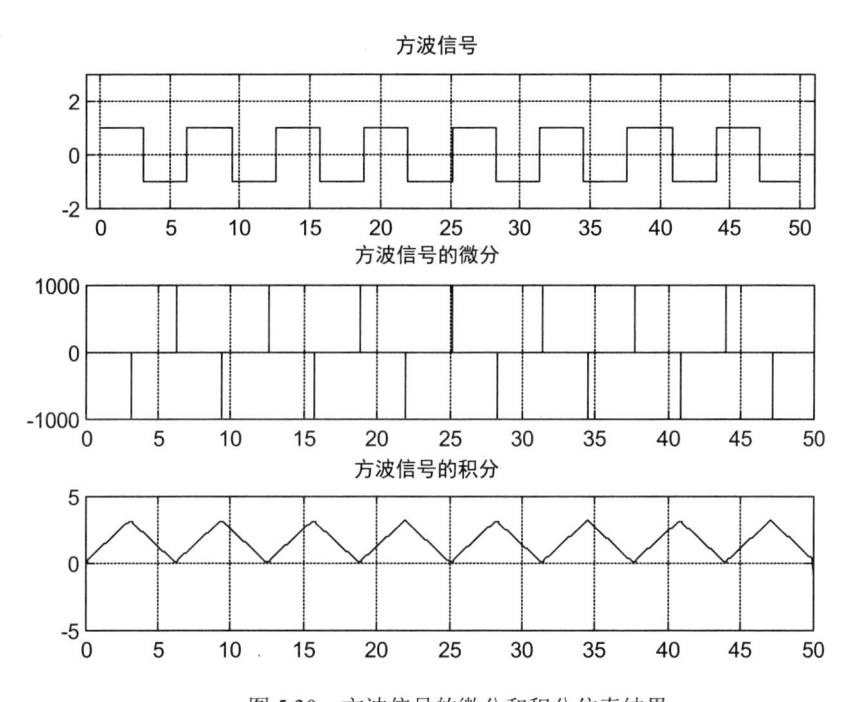

图 5.30 方波信号的微分和积分仿真结果

5.2.2.5 函数的加与乘

例 5.2.12 仿真实现正弦函数的加和乘。

解：程序如下，仿真结果如图 5.31 所示。

```
w=2*pi;
t=0:0.01:3;
f1=sin(w*t);
```

f2=sin(8*w*t);

subplot(2,1,1)

plot(t,f1+f2);title(' 信号求和 ');grid on;

subplot(2,1,2)

plot(t,f1.*f2);title(' 信号求积 ');grid on;

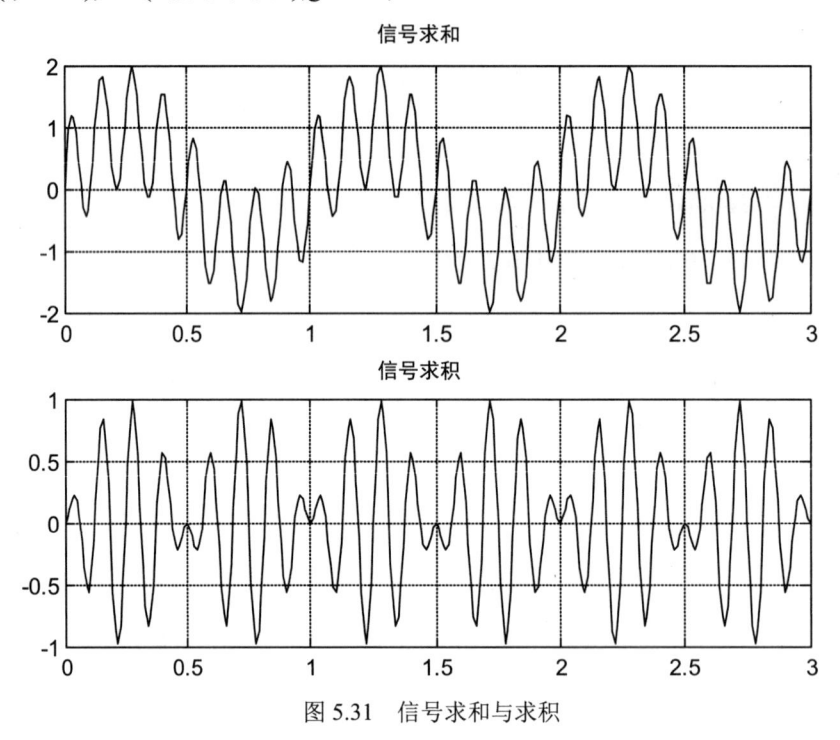

图 5.31　信号求和与求积

5.2.3　实验步骤

（1）预习有关信号的运算及物理意义。

（2）实现信号的运算及相关变换。

（3）仿真实现矩形脉冲、三角脉冲的平移、翻转、尺度变换；并观察波形，理解信号变换的物理意义。

（4）仿真实现矩形波和三角波，重复上述实验内容和步骤。

（5）掌握信号的积分和微分的原理：

①仿真实现三角函数的微分和积分；

②仿真实现周期方波，重复以上实验内容及步骤。

（6）在信号求和与求乘积的基础上，仿真实现两个三角函数的和与乘积。

5.2.4　实验结果分析

根据实验信号的波形图，进一步理解信号变换的原理。

5.2.5　问题讨论及开放性拓展

5.2.5.1　问题讨论

（1）简要说明周期对方波信号的位移的影响。

（2）试分析信号 $f(at+b)$，先平移后尺度变换和先尺度变换后平移的结果是否一样，举例说明。

5.2.5.2 开放性拓展

（1）仿真实现信号 $f(t)=(1+\cos\pi t)[u(t)-u(t-2)]$，并绘图。
（2）仿真实现周期锯齿波信号的平移和尺度变换。
（3）仿真实现周期锯齿波信号的微分和积分。

5.3 连续 LTI 系统的时域分析

5.3.1 实验目的

（1）使用 MATLAB 求解连续 LTI 系统的零状态响应；
（2）使用 MATLAB 求解连续系统的冲激响应和阶跃响应；
（3）使用 MATLAB 求解信号的卷积。

5.3.2 实验原理

5.3.2.1 连续时间系统零状态响应的计算

连续 LTI 系统的数学模型为 $\sum_{i=0}^{n}a_i y^i(t)=\sum_{j=0}^{m}b_j x^j(t)$，在方程中当系数 a、b 确定时，微分方程确定。MATLAB 中可用 sys 表示 LTI 系统的数学模型，表示为微分方程，其调用格式为 sys=tf(b,a)，式中 b 和 a 分别表示微分方程的右端和左端的系数向量。

例如：可用
a=[a3,a2,a1,a0];
b=[b3,b2,b1,b0];
sys=tf(b,a);

表示 LTI 系统 $a_3 y'''(t)+a_2 y''(t)+a_1 y'(t)+a_0 y(t)=b_3 x'''(t)+b_2 x''(t)+b_1 x'(t)+b_0 x(t)$，注意若微分方程两端出现缺项，则需要用 0 表示对应项的系数，不可以省略。

连续 LTI 系统的零状态响应表示初始状态为 0 时的微分方程的解。MATLAB 中提供了一个用于求解零初始条件微分方程的函数 lsim，其调用格式为 y=lsim(sys,f,t)，式中 t 表示计算系统响应的抽样点向量，f 是系统输入信号向量，sys 表示系统数学模型，这里即为前述的微分方程。

例 5.3.1 已知某连续 LTI 系统 $y''(t)+2y'(t)+4y(t)=x(t)$，$y'(0)=y(0)=0$，$x(t)=10\sin(3\pi t)$，求系统的解。

解：初始状态为 0 系统的解即为零状态响应，输入为三角函数，则此时的输出对应为稳态响应，应为与输入同频率的三角函数。

求解零状态响应的 MATLAB。

程序如下，仿真结果如图 5.32 所示。

```
ts=0;te=5;dt=0.01;
sys=tf([1],[1,2,4]);
t=ts:dt:te;
x=10*sin(3*pi*t);
y=lsim(sys,x,t);
plot(t,y);grid on;title(' 系统的零状态响应 ')
xlabel('time');
ylabel('y(t)');
```

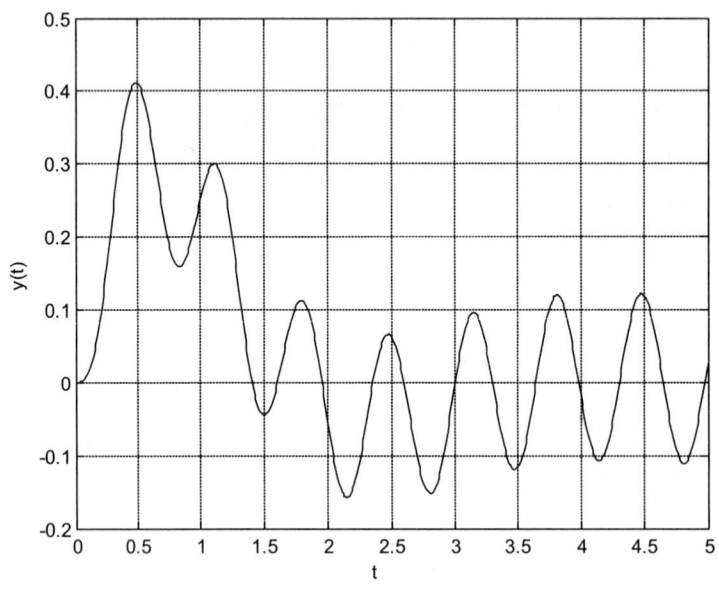

图 5.32　系统的零状态响应

5.3.2.2　连续时间系统的阶跃响应和冲激响应

LTI 连续系统的冲激响应是指输入为冲激函数的零状态响应，阶跃响应对应为输入为阶跃函数的零状态响应。在 MATLAB 中，对应连续 LTI 系统的冲激响应和阶跃响应，可用函数 impulse 和 step 来求解，其调用格式为 y1=impulse(sys,t) 和 y2=step(sys,t)，式中，t 表示计算系统响应的抽样点向量，sys 是系统的数学模型，这里指微分方程。

例 5.3.2　已知某连续 LTI 系统 $y''(t)+2y'(t)+4y(t)=x(t)$，求解系统的冲激响应和阶跃响应。

程序如下，仿真结果如图 5.33、图 5.34 所示。

```
ts=0;te=5;dt=0.01;
sys=tf([1],[1,2,4]);
t=ts:dt:te;
h=impulse(sys,t);
g=step(sys,t);
figure(1);
```

plot(t,h);grid on;title(' 系统的冲激响应 ')
xlabel('time');ylabel('h(t)')
figure(2);
plot(t,g);grid on;title(' 系统的阶跃响应 ')
xlabel('time');ylabel('g(t)')

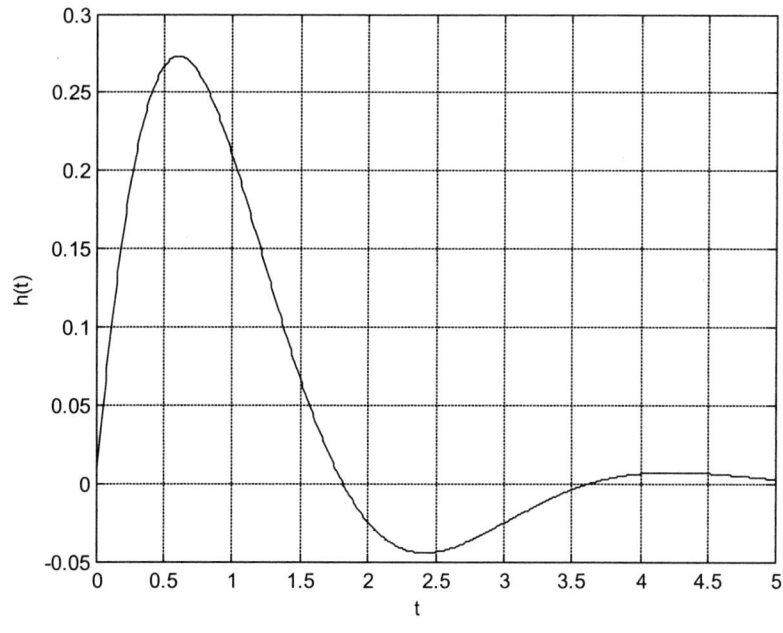

图 5.33 系统的冲激响应

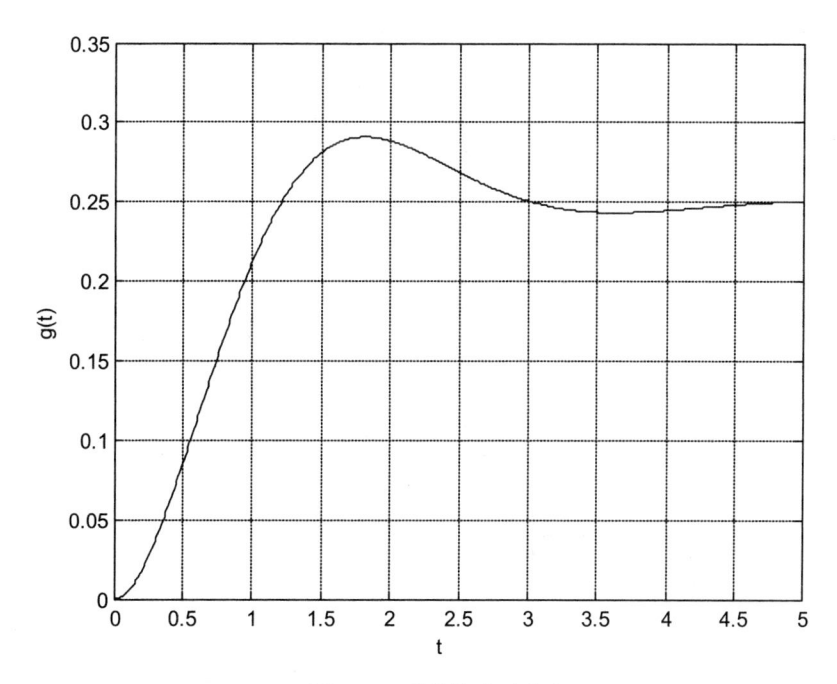

图 5.34 系统的阶跃响应

5.3.2.3 使用 MATLAB 求解连续信号的卷积

信号的卷积运算即 $f_1(t) \times f_2(t) = \int_{-\infty}^{+\infty} f_1(\tau) f_2(t-\tau) d\tau = \int_{-\infty}^{+\infty} f_1(t-\tau) f_2(\tau) d\tau$，卷积的 MALTAB 实现可分为两种方法：数值法和符号法。数值法实现卷积积分需要用函数 conv() 求解，y=conv(x,h) 是用来实现卷级的，对 x 序列和 h 序列进行卷积，输出的结果个数等于 x 的长度与 h 的长度之和减去 1，即将连续函数离散化，离散序列的卷积和即近似为连续函数的卷积。符号法可以利用后续傅里叶变换和拉式变换的卷积定理来求。这里我们考虑数值法来计算卷积。

例 5.3.3 利用 MATLAB 求解函数 $f_1(t) = u(t) - u(t-1)$ 和 $f_2(t) = e^{-t} u(t)$ 的卷积。程序如下，仿真结果如图 5.35 所示。

```
dt=0.01;t=-1:dt:1.5;
f1=heaviside(t)-heaviside(t-1);
f2=exp(-1*t).*heaviside(t);
ft=conv(f1,f2);n=length(ft);tt=(0:n-1)*dt-2;
subplot(311),plot(t,f1);axis([-1,1.5,-0.5,1.5]);
grid on;title('f1(t)');xlabel('t');ylabel('f1')
subplot(312),plot(t,f2);axis([-1,1.5,-0.5,1.5]);
grid on;title('f2(t)');xlabel('t');ylabel('f2')
subplot(313),plot(tt,ft);
grid on;title('f(t)=f1(t)*f2(t)');xlabel('t');ylabel('f')
```

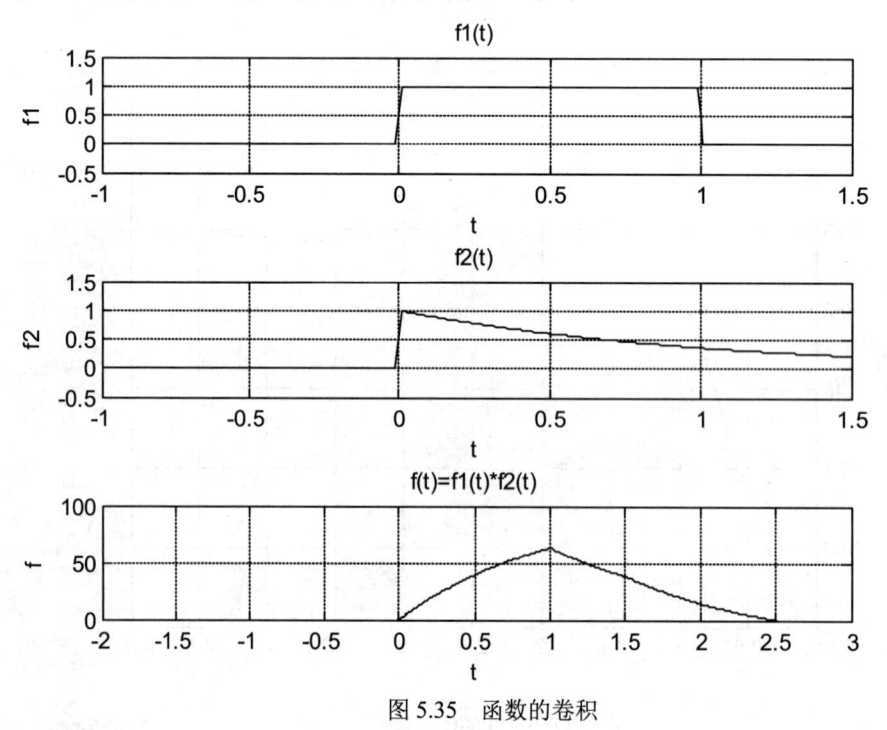

图 5.35 函数的卷积

5.3.3 实验步骤

（1）预习课本相关 LTI 系统的求解，熟悉冲激响应和阶跃响应的理论和求解，熟悉卷积的计算原理及计算方法。

（2）在 MATLAB 中仿真实现实验原理中的所有程序。

（3）仿真实现下面 2 个例子。

例 1　已知某连续 LTI 系统 $y''(t) + 3y'(t) + 2y(t) = x(t)$。

①当输入为单位阶跃函数时，求解系统的零状态响应。

②求解系统的冲激响应和阶跃响应。

例 2　已知 $f_1(t) = u(t) - u(t-1)$，利用 MATLAB 求解函数和 $f_1(t) * f_1(t)$ 的卷积。

5.3.4 实验结果分析

通过实验与理论推导分析下面问题：

（1）用解析法求解实验原理中的例题，将结果与仿真进行对比。

（2）实验步骤中例 1 的零状态与阶跃响应是否一致。

（3）实验步骤中例 2 的函数，观察卷积的结果。

5.3.5 问题讨论及开放性拓展

（1）观察冲激响应与阶跃响应之间的关系。

（2）据实验步骤中例 2 实验结果，修改函数后的卷积结果，得出两个相同矩形的卷积是一个三角形。

（3）用 MATLAB 求解函数 $f_1(t) = u(t) - u(t-1)$ 和 $f_2(t) = u(t) - u(t-2)$ 的卷积，观察实验结果。修改函数后继续观察，验证不同两个矩形的卷积是一个梯形。

5.4　周期信号的傅里叶级数分解与合成

5.4.1 实验目的

（1）熟悉傅里叶级数的相关理论。

（2）实现周期方波信号的傅里叶级数分解，即求周期方波信号的各次谐波。

（3）实现周期方波信号的傅里叶分解后的谐波合成。

（4）频谱分析。

5.4.2 实验原理

5.4.2.1 傅里叶级数原理

周期函数 $f(t)$，在满足狄氏条件时，可展成称为三角形式的傅里叶级数，其系数

$$f(t) = a_0 + \sum_{n=1}^{\infty} \left[a_n \cos(n\omega_1 t) + b_n \sin(n\omega_1 t) \right]$$

直流分量：$a_0 = \dfrac{1}{T} \displaystyle\int_{t_0}^{t_0+T} f(t) \mathrm{d}t$；

余弦分量的幅度：$a_n = \dfrac{2}{T}\int_{t_0}^{t_0+T} f(t)\cos(n\omega_1 t)\mathrm{d}t$；

正弦分量的幅度：$b_n = \dfrac{2}{T}\int_{t_0}^{t_0+T} f(t)\sin(n\omega_1 t)\mathrm{d}t$。

5.4.2.2 基于 MATLAB 实现周期信号的傅里叶级数求解

在傅里叶级数中，对 $a_n \cos(n\omega_1 t) + b_n \sin(n\omega_1 t)$，当 $n=1$ 时称为基波，$n=2$ 称为二次谐波，$n=3$ 称为 3 次谐波，……，依次类推，$n=n$ 称为 n 次谐波。这里需要用到 MATLAB 中的函数 F=int(f,v,a,b)，对 f 表达式的 v 变量在 (a,b) 区间求定积分。

例 5.4.1 基于 MATLAB 求周期方波信号的各次谐波。程序如下，仿真结果如图 5.36、图 5.37 所示。

```
syms x;
T=4;
t=0:0.001:16;
f=max(square(pi*0.5*t,50),0);% 创建方波最大值是 1，最小值是 0
A0=1/2;% 可根据函数直接算出
an=int(2*cos(2*pi*1*x/T)/T,x,0,T/2);% 傅里叶系数 an
bn=int(2*sin(2*pi*1*x/T)/T,x,0,T/2);% 傅里叶系数 bn
F1=an*cos(2*pi*1*t/T)+bn*sin(2*pi*1*t/T);% 求基波傅里叶级数展开
an=int(2*cos(2*pi*3*x/T)/T,x,0,T/2);% 傅里叶系数 an
bn=int(2*sin(2*pi*3*x/T)/T,x,0,T/2);% 傅里叶系数 bn
F3=an*cos(2*pi*3*t/T)+bn*sin(2*pi*3*t/T);% 求 3 次谐波傅里叶级数展开
an=int(2*cos(2*pi*5*x/T)/T,x,0,T/2);% 傅里叶系数 an
bn=int(2*sin(2*pi*5*x/T)/T,x,0,T/2);% 傅里叶系数 bn
F5=an*cos(2*pi*5*t/T)+bn*sin(2*pi*5*t/T);% 求 5 次谐波傅里叶级数展开
an=int(2*cos(2*pi*7*x/T)/T,x,0,T/2);% 傅里叶系数 an
bn=int(2*sin(2*pi*7*x/T)/T,x,0,T/2);% 傅里叶系数 bn
F7=an*cos(2*pi*7*t/T)+bn*sin(2*pi*7*t/T);% 求 7 次谐波傅里叶级数展开
an=int(2*cos(2*pi*9*x/T)/T,x,0,T/2);% 傅里叶系数 an
bn=int(2*sin(2*pi*9*x/T)/T,x,0,T/2);% 傅里叶系数 bn
F9=an*cos(2*pi*9*t/T)+bn*sin(2*pi*9*t/T);% 求 9 次谐波傅里叶级数展开
subplot(611);plot(t,f);grid on;title(' 周期方波 ');axis([0 4*pi -0.5 1.5]);
subplot(612),plot(t,F1);grid on;title(' 基波 ');
subplot(613),plot(t,F3);grid on;title('3 次谐波 ');
subplot(614),plot(t,F5);grid on;title('5 次谐波 ');
subplot(615),plot(t,F7);grid on;title('7 次谐波 ');
subplot(616),plot(t,F9);grid on;title('9 次谐波 ');
```

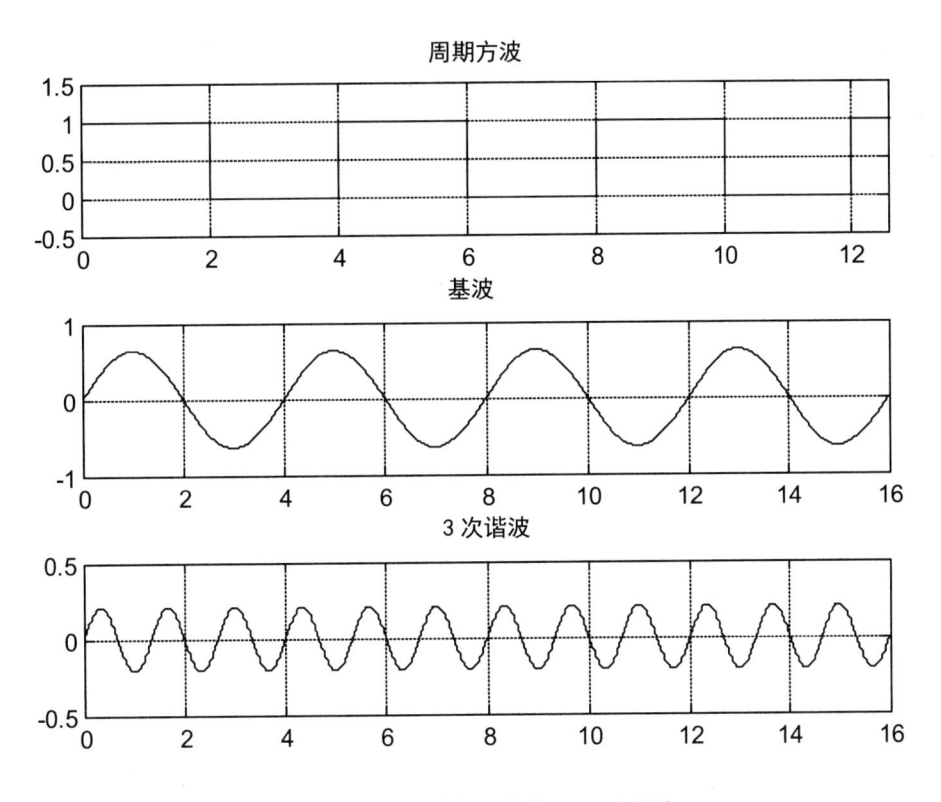

图 5.36　周期方波信号的第 1、3 次谐波

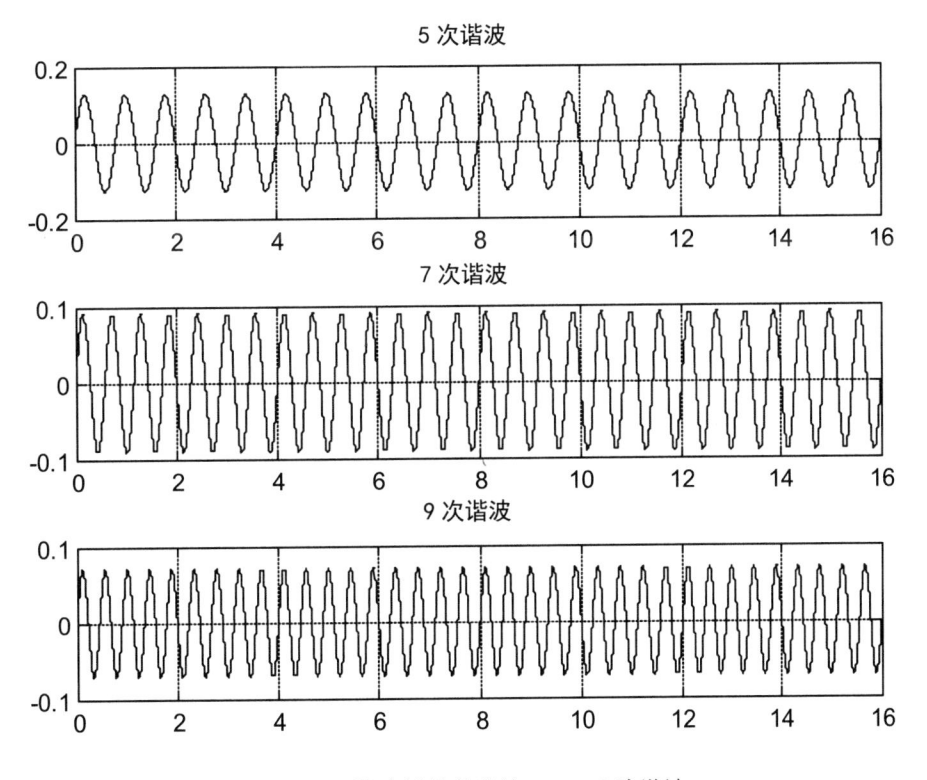

图 5.37　周期方波信号的第 5、7、9 次谐波

例5.4.2　基于MATLAB求周期三角波信号的各次谐波。程序如下，仿真结果如图5.38、图5.39所示。

syms x;T=2;w=2*pi/T;t=0:0.01:10;k=1;

y=k*sawtooth(t*w,0.5);y1=-2*x-1;y2=2*x-1;

A0=int(y1,x,-T/2,0)/T+int(y2,x,0,T/2)/T;% 可根据函数直接算出

an=int(y1*cos(2*pi*1*x/T)/T,x,-T/2,0)*2+int(y2*cos(2*pi*1*x/T)/T,x,0,T/2)*2;% 傅里叶系数 an

bn=int(y1*sin(2*pi*1*x/T)/T,x,-T/2,0)*2+int(y2*sin(2*pi*1*x/T)/T,x,0,T/2)*2;% 傅里叶系数 bn

F1=an*cos(2*pi*1*t/T)+bn*sin(2*pi*1*t/T);% 求基波傅里叶级数展开

an=int(y1*cos(2*pi*3*x/T)/T,x,-T/2,0)*2+int(y2*cos(2*pi*3*x/T)/T,x,0,T/2)*2;% 傅里叶系数 an

bn=int(y1*sin(2*pi*3*x/T)/T,x,-T/2,0)*2+int(y2*sin(2*pi*3*x/T)/T,x,0,T/2)*2;% 傅里叶系数 bn

F3=an*cos(2*pi*3*t/T)+bn*sin(2*pi*3*t/T);% 求 3 次谐波傅里叶级数展开

an=int(y1*cos(2*pi*5*x/T)/T,x,-T/2,0)*2+int(y2*cos(2*pi*5*x/T)/T,x,0,T/2)*2;% 傅里叶系数 an

bn=int(y1*sin(2*pi*5*x/T)/T,x,-T/2,0)*2+int(y2*sin(2*pi*5*x/T)/T,x,0,T/2)*2;% 傅里叶系数 bn

F5=an*cos(2*pi*5*t/T)+bn*sin(2*pi*5*t/T);% 求 5 次谐波傅里叶级数展开

an=int(y1*cos(2*pi*7*x/T)/T,x,-T/2,0)*2+int(y2*cos(2*pi*7*x/T)/T,x,0,T/2)*2;% 傅里叶系数 an

bn=int(y1*sin(2*pi*7*x/T)/T,x,-T/2,0)*2+int(y2*sin(2*pi*7*x/T)/T,x,0,T/2)*2;% 傅里叶系数 bn

F7=an*cos(2*pi*7*t/T)+bn*sin(2*pi*7*t/T);% 求 7 次谐波傅里叶级数展开

an=int(y1*cos(2*pi*9*x/T)/T,x,-T/2,0)*2+int(y2*cos(2*pi*9*x/T)/T,x,0,T/2)*2;% 傅里叶系数 an

bn=int(y1*sin(2*pi*9*x/T)/T,x,-T/2,0)*2+int(y2*sin(2*pi*9*x/T)/T,x,0,T/2)*2;% 傅里叶系数 bn

F9=an*cos(2*pi*9*t/T)+bn*sin(2*pi*9*t/T);% 求 9 次谐波傅里叶级数展开

figure(1)

subplot(311);plot(t,y);grid on;title('周期三角波');

axis([0 10 -1.5 1.5]);

subplot(312),plot(t,F1);grid on;title('基波');

subplot(313),plot(t,F3);grid on;title('3 次谐波');

figure(2)

subplot(311),plot(t,F5);grid on;title('5 次谐波');
subplot(312),plot(t,F7);grid on;title('7 次谐波');
subplot(313),plot(t,F9);grid on;title('9 次谐波');

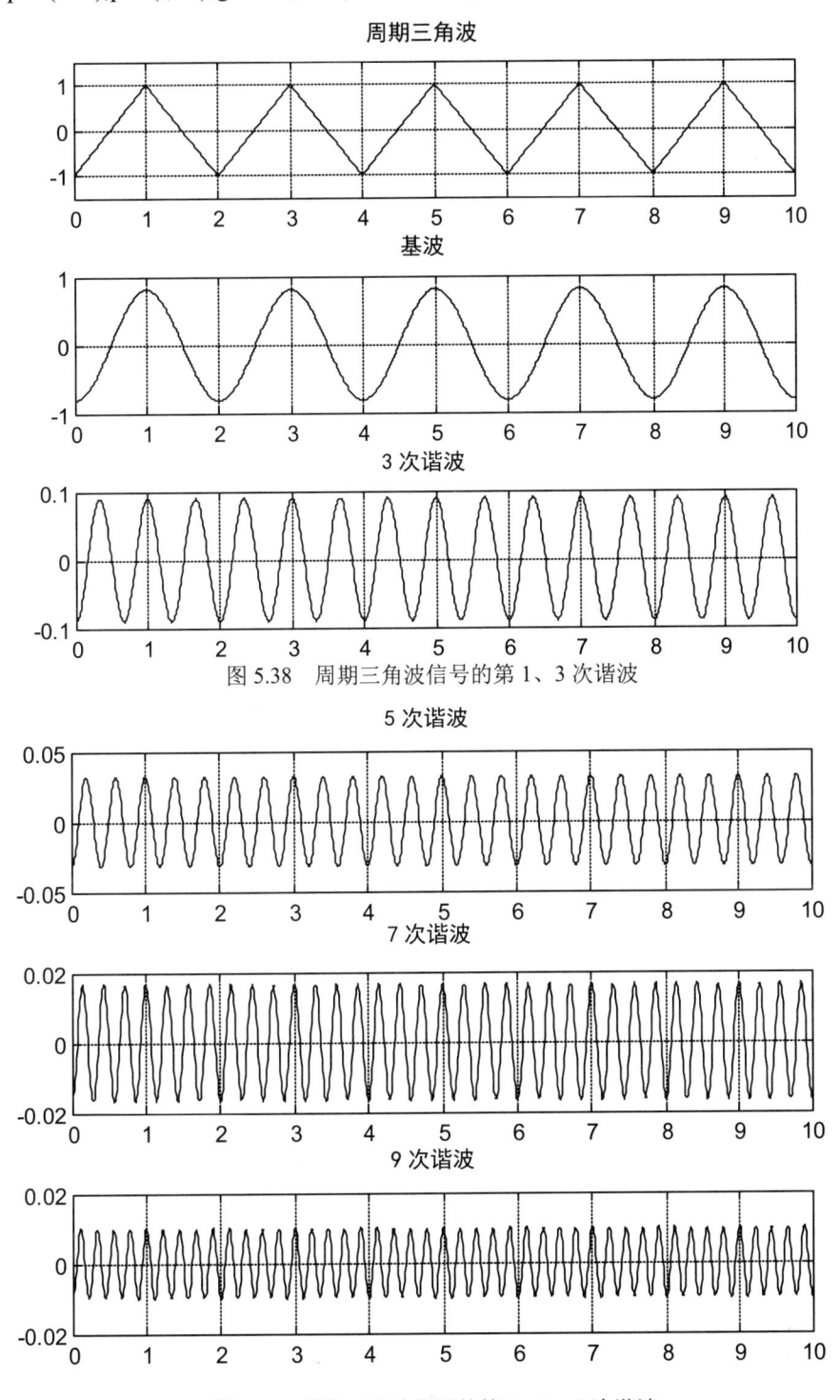

图 5.38 周期三角波信号的第 1、3 次谐波

图 5.39 周期三角波信号的第 5、7、9 次谐波

5.4.2.3 基于 MATLAB 实现周期方波信号的傅里叶分解后的谐波合成及频谱分析

例 5.4.3 基于 MATLAB 求周期方波信号的各次谐波的合成,程序如下。

```
syms x;T=4;
n=input('n=')
t=0:0.001:16;
f=max(square(pi*0.5*t,50),0);% 创建方波最大值是 1,最小值是 0
A0=1/2;% 可根据函数直接算出
F=0;
for i=1:n
    an=int(2*cos(2*pi*i*x/T)/T,x,0,T/2);% 傅里叶系数 an
    bn=int(2*sin(2*pi*i*x/T)/T,x,0,T/2);% 傅里叶系数 bn
    F=F+an*cos(2*pi*i*t/T)bn*sin(2*pi*i*t/T);% 求傅里叶级数展开
end
F=F+A0;
figure
plot(t,f,'r',t,F,'k');legend(' 周期方波 ',' 前 9 次谐波合成 ');
axis([0 4*pi -0.5 1.5]);
grid on;
```

(1) 将方波信号的傅里叶级数中的基波和 3 次谐波叠加并与周期方波信号做比较,n=3 时仿真结果如图 5.40 所示。

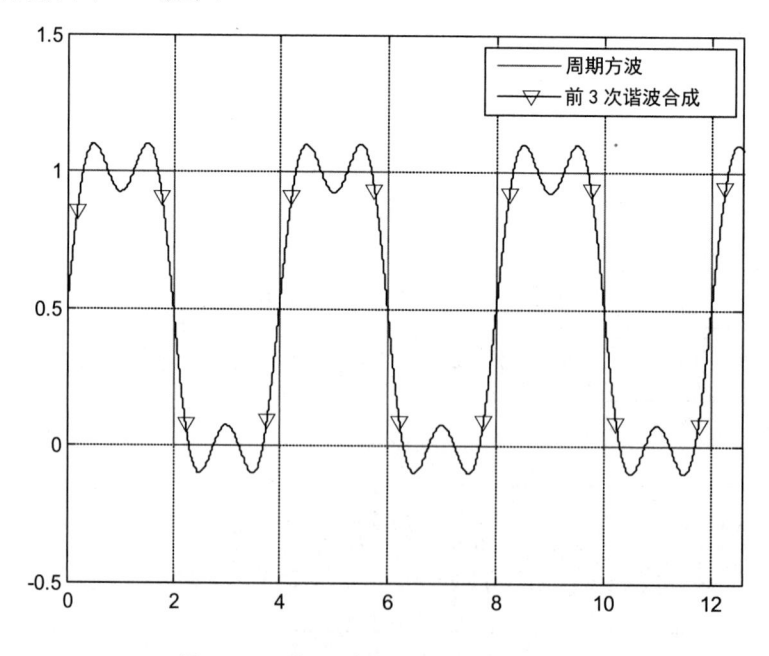

图 5.40 周期方波信号的前 3 次谐波合成

(2) 将方波信号的傅里叶级数中的基波、3 次谐波和 5 次谐波叠加并与周期方波信号做比较，n=5 时仿真结果如图 5.41 所示。

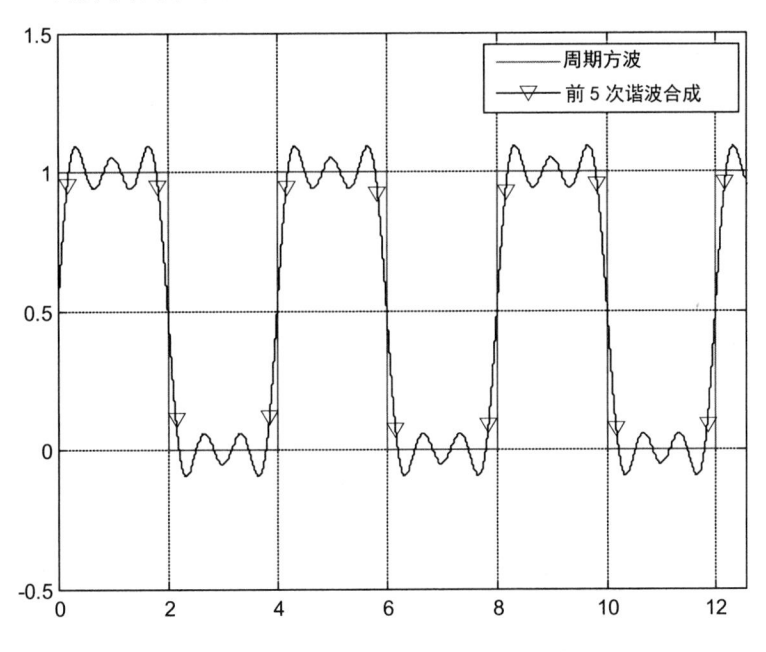

图 5.41 周期方波信号的前 5 次谐波合成

（3）将方波信号的傅里叶级数中的前 7 次谐波叠加并与周期方波信号做比较，n=7 时仿真结果如图 5.42 所示。

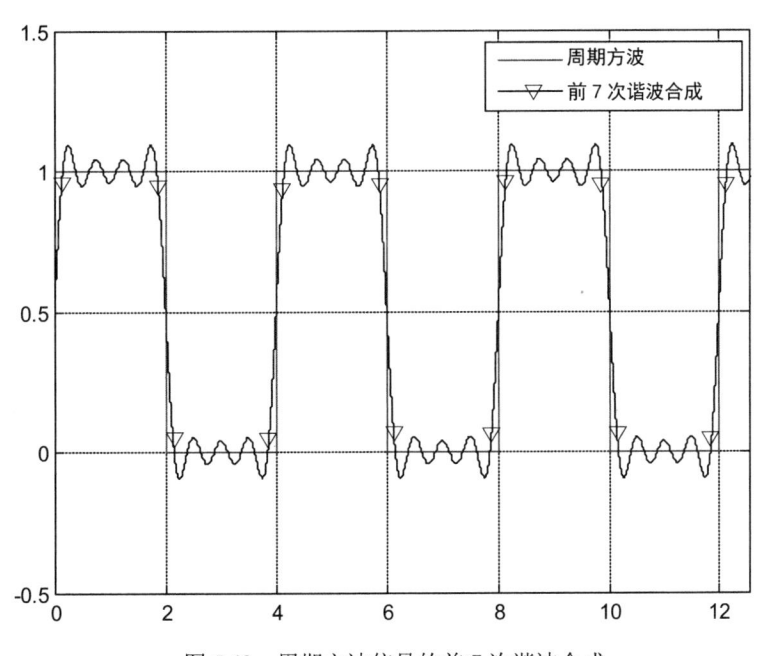

图 5.42 周期方波信号的前 7 次谐波合成

（4）将方波信号的傅里叶级数中的前 9 次谐波叠加并与周期方波信号做比较，n=9 时仿真结果如图 5.43 所示。

图 5.43 周期方波信号的前 9 次谐波合成

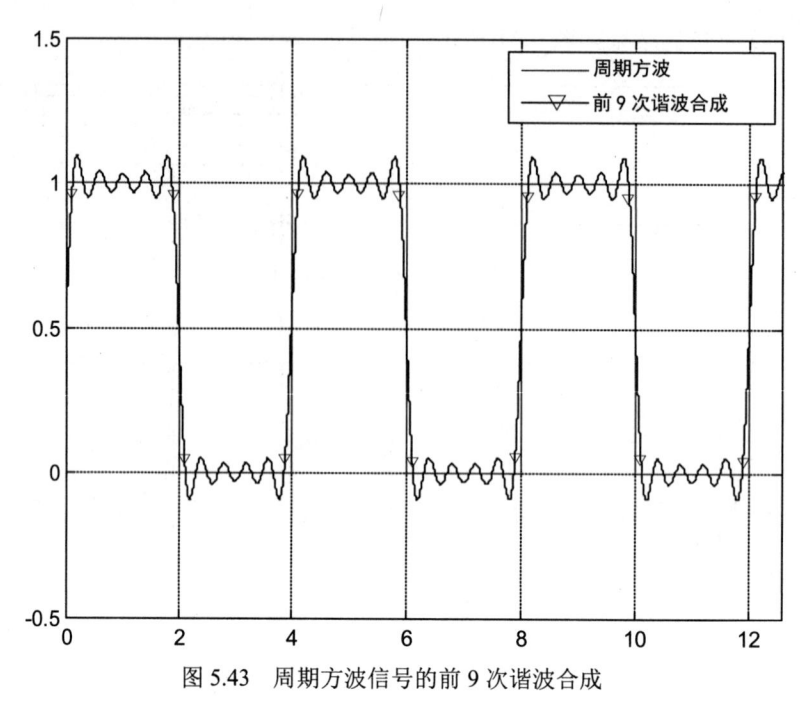

例 5.4.4 基于 MATLAB 求周期三角波信号的各次谐波的合成，程序如下。

```
syms x;
T=2;n=input('n=');
w=2*pi/T;
t=0:0.01:10;k=1;
y=k*sawtooth(t*w,0.5);
y1=-2*x-1;y2=2*x-1;
A0=int(y1,x,-T/2,0)/T+int(y2,x,0,T/2)/T% 可根据函数直接算出
F=0;
for i=1:n
    an=int(y1*cos(2*pi*i*x/T)/T,x,-T/2,0)*2+int(y2*cos(2*pi*i*x/T)/T,x,0,T/2)*2;% 傅里叶系数 an
    bn=int(y1*sin(2*pi*i*x/T)/T,x,-T/2,0)*2+int(y2*sin(2*pi*i*x/T)/T,x,0,T/2)*2;% 傅里叶系数 bn
    F=F+an*cos(2*pi*i*t/T)+bn*sin(2*pi*i*t/T);;% 求傅里叶级数展开
end
F=F+A0;
figure
plot(t,y,'r',t,F,'k');legend(' 周期方波 ',' 前 3 次谐波合成 ');
axis([0 10 -1.5 1.5]);
grid on;
```

（1）将三角波信号的傅里叶级数中的基波与周期三角波信号做比较，n=1 时仿真结果如图 5.44 所示。

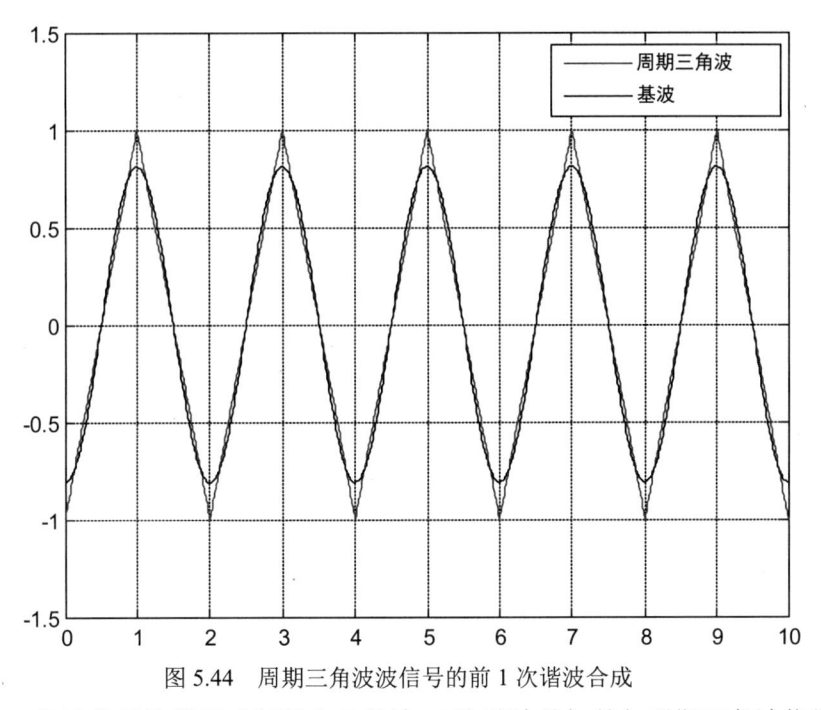

图 5.44　周期三角波波信号的前 1 次谐波合成

（2）将三角波信号的傅里叶级数中的基波、3 次谐波叠加并与周期三角波信号做比较，n=3 时仿真结果如图 5.45 所示。

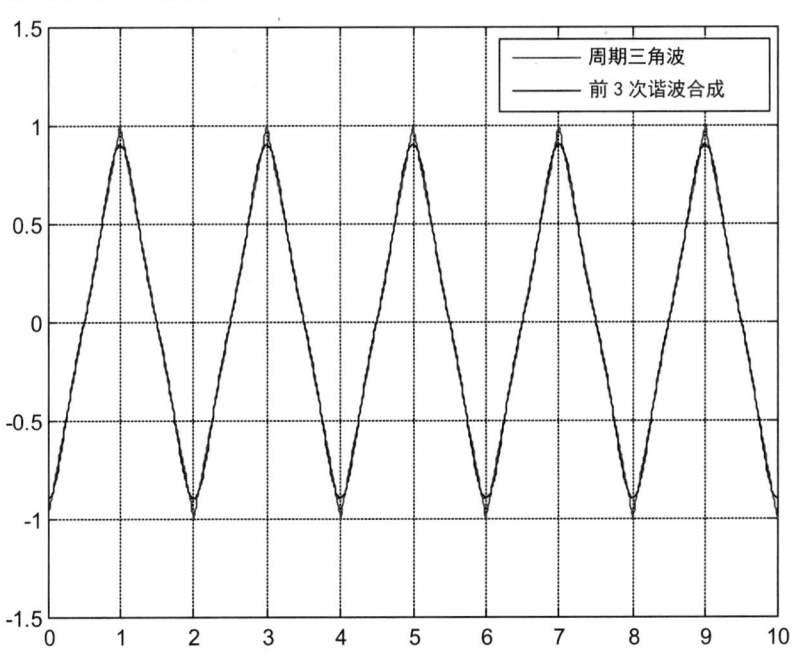

图 5.45　周期三角波波信号的前 3 次谐波合成

（3）将三角波信号的傅里叶级数中的基波、3 次谐波与 5 次谐波叠加并与周期三角波信号做比较，n=5 时仿真结果如图 5.46 所示。

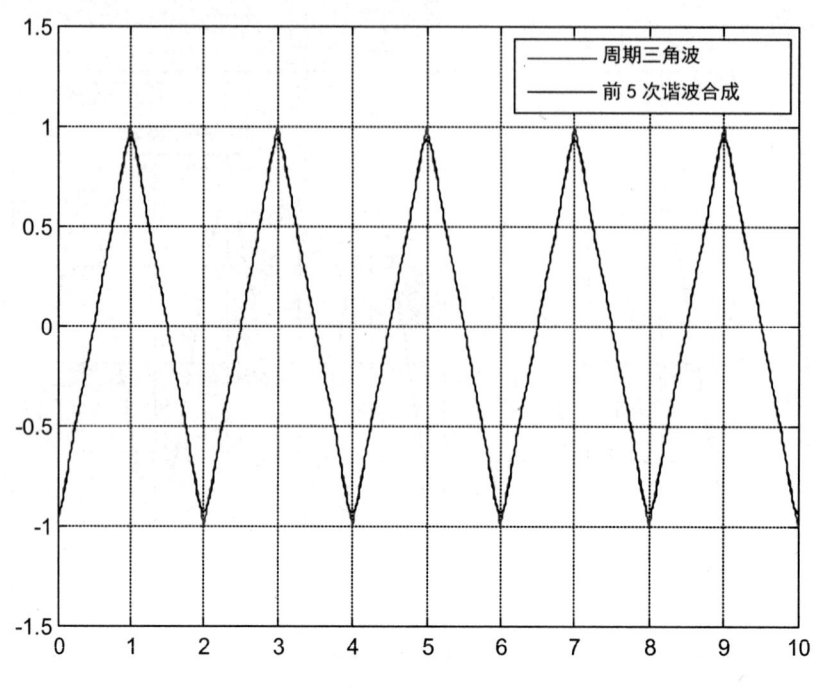

图 5.46　周期三角波波信号的前 5 次谐波合成（两线重合）

（4）将三角波信号的傅里叶级数中的前 7 次谐波叠加并与周期三角波信号做比较即 n=7 时仿真结果如图 5.47 所示。

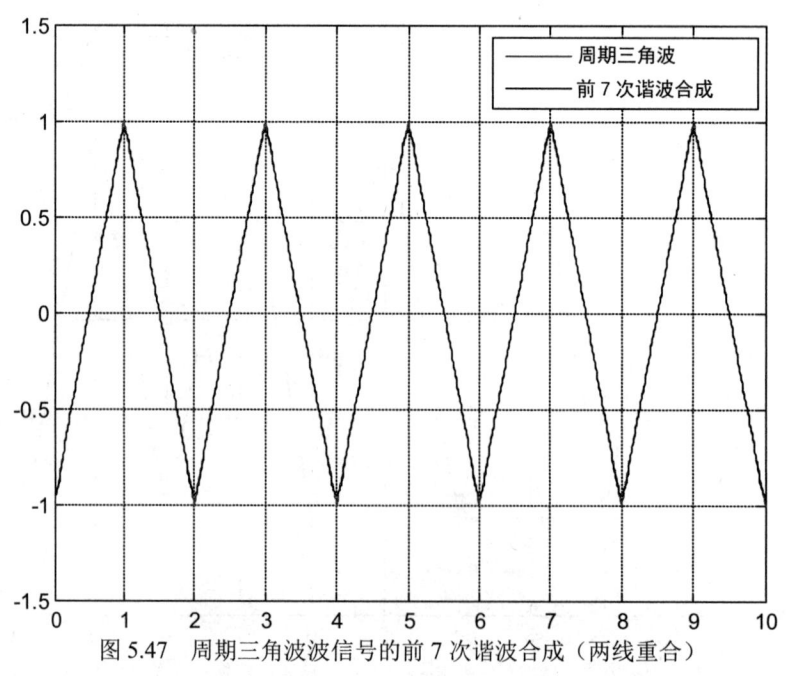

图 5.47　周期三角波波信号的前 7 次谐波合成（两线重合）

（5）将三角波信号的傅里叶级数中的前 9 次谐波叠加并与周期三角波信号做比较，n=9 时仿真结果如图 5.48 所示。

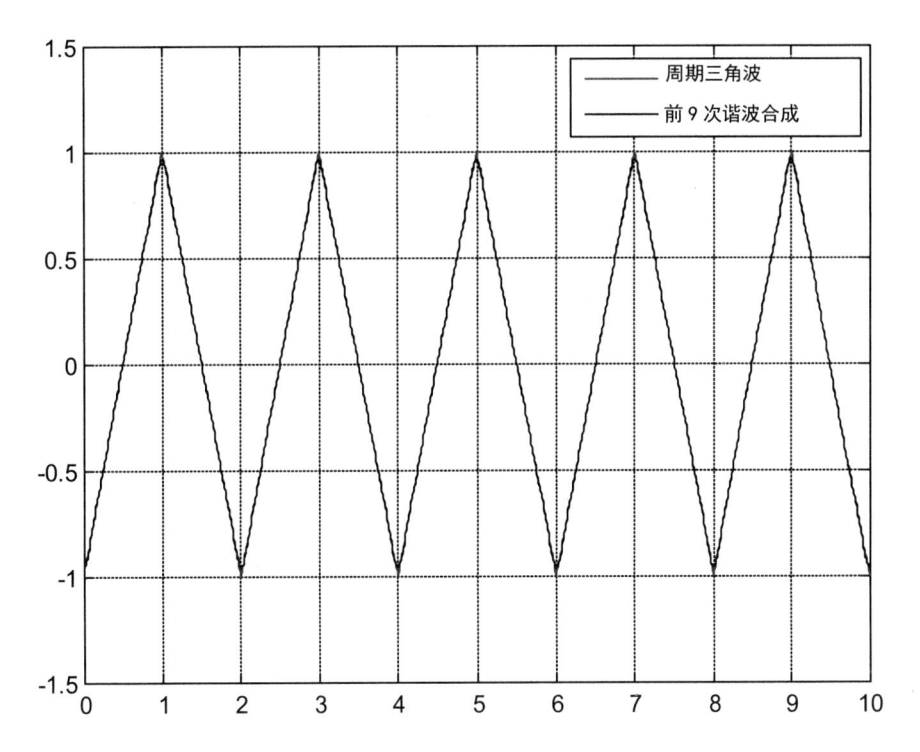

图5.48 周期三角波信号的前9次谐波合成(两线重合)

5.4.2.4 基于MATLAB的周期信号的频谱分析

傅里叶级数有三角形式，即 $f(t) = c_0 + \sum_{n=0}^{\infty} c_n \cos(n\omega_1 t + \phi_n)$

式中：$c_n = \sqrt{a_n^2 + b_n^2}$；$\varphi_n = \arctan\dfrac{-b_n}{a_n}$ 即为频谱和相谱。

例5.4.5 基于MATLAB求周期方波信号的频谱分析。

程序如下，仿真结果如图5.49所示。

```
syms x;
T=4;
t=0:0.001:10;
f=max(square(pi*0.5*t,50),0);n=0:1:10;
A0=1/2;% 可根据函数直接算出
an=int(2*cos(2*pi*n*x/T)/T,x,0,T/2);% 傅里叶系数 an
bn=int(2*sin(2*pi*n*x/T)/T,x,0,T/2);% 傅里叶系数 bn
anVal=eval(an);
bnVal=eval(bn);
An=sqrt(anVal.^2+bnVal.^2);An(1)=A0;
phi=atan(-bnVal./anVal);phi(1)=0;
```

subplot(2,1,1);stem(n,An,'b');

grid on; title(' 幅度谱 ');xlabel('n');ylabel('An');

subplot(2,1,2);stem(n,phi,'b');grid on;

title(' 相位谱 ');xlabel('n');ylabel('ψn');

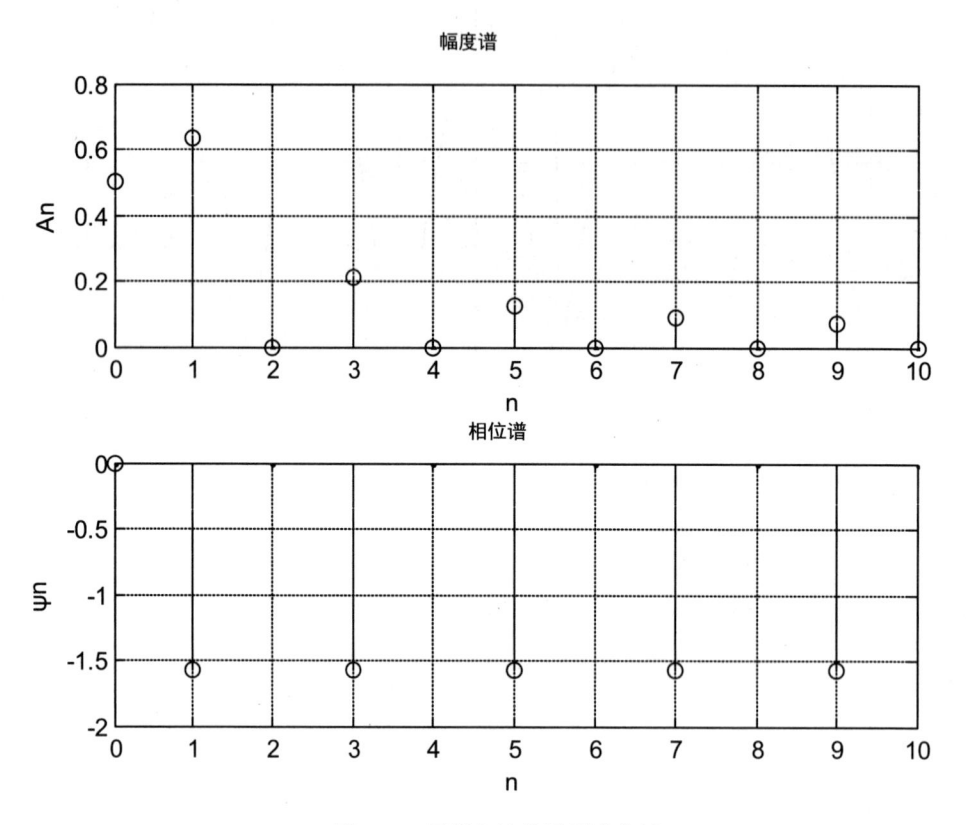

图 5.49　周期方波信号频谱分析

例 5.4.6　基于 MATLAB 求周期三角波信号的频谱分析。

程序如下，仿真结果如图 5.50 所示。

syms x;

T=2;

w=2*pi/T;

t=0:0.01:10;k=1;n=0:1:8;

y=k*sawtooth(t*w,0.5);

y1=-2*x-1;y2=2*x-1;

A0=int(y1,x,-T/2,0)/T+int(y2,x,0,T/2)/T% 可根据函数直接算出

an=int(y1*cos(2*pi*n*x/T)/T,x,-T/2,0)*2+int(y2*cos(2*pi*n*x/T)/T,x,0,T/2)*2;% 傅里叶系数 an

bn=int(y1*sin(2*pi*n*x/T)/T,x,-T/2,0)*2+int(y2*sin(2*pi*n*x/T)/T,x,0,T/2)*2;% 傅里叶系数 bn

第 5 章 信号与系统实验

anVal=eval(an);bnVal=eval(bn);
An=sqrt(anVal.^2+bnVal.^2)
An(1)=A0;phi=atan(-bnVal./anVal)
phi(1)=0;
subplot(2,1,1);stem(n,An,'b');grid on;
title('幅度谱');xlabel('n');ylabel('An');
subplot(2,1,2);stem(n,phi,'b');grid on;
title('相位谱');xlabel('n');ylabel('ψn');

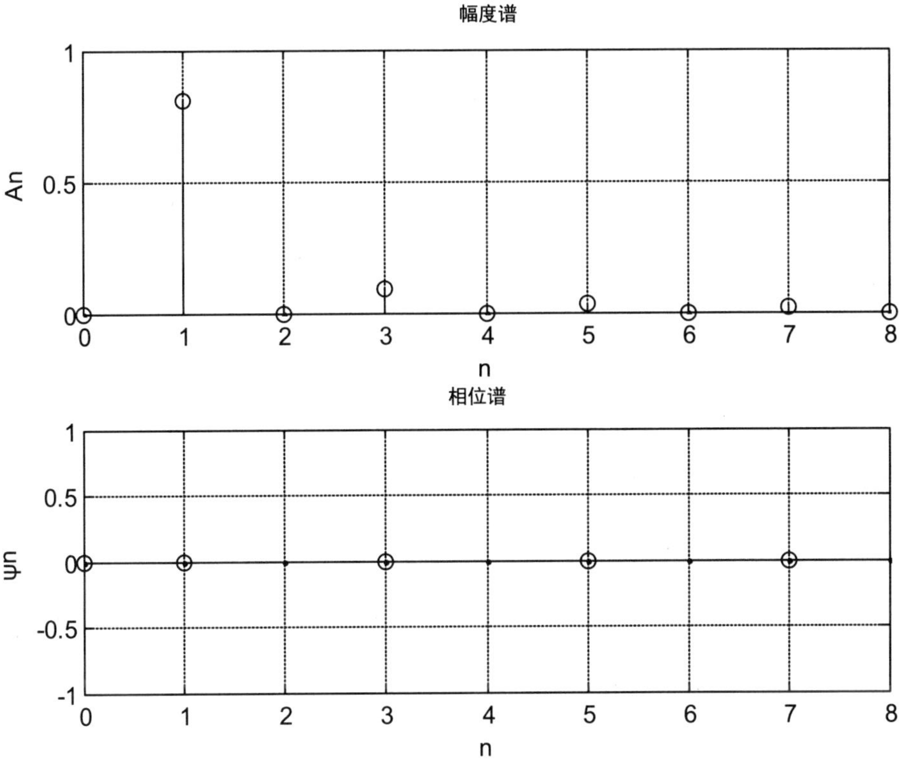

图 5.50 周期方波信号频谱分析

5.4.3 实验步骤

（1）认真阅读和理解教材中方波周期信号傅里叶级数的分解及合成原理。

（2）完成实验原理中关于周期方波信号的 MATLAB 傅里叶级数分解、谐波合成和频谱分析，并与理论进行对比。

（3）将（2）中的周期方波换成周期三角波，进行 MATLAB 傅里叶级数分析。

5.4.4 实验结果分析

根据傅里叶级数的理论，分析下面问题：

（1）理论推导，原方波信号的幅度与分解后各次谐波幅度之间存在怎样的关系，与实验结论比较。

（2）分析理论合成的波形与实验观测到的合成波形之间误差产生的原因。

5.4.5　问题讨论及开放性拓展

（1）什么样的周期性函数没有直流分量和余弦分量？

（2）将周期波形换成周期半波正弦进行 MATLAB 傅里叶级数分析。

5.5　Fourier 变换及性质

5.5.1　实验目的

（1）熟悉 Fourier 变换的定义及性质；

（2）根据 Fourier 的定义，使用 MATLAB 求解典型非周期信号的频域分析；

（3）使用 MATLAB 实现 Fourier 变换性质的仿真。

5.5.2　实验原理

5.5.2.1　求解典型非周期信号的傅氏变换

根据 Fourier 的定义，使用 MATLAB 求解典型非周期信号的傅氏变换。

Fourier 变换的定义即 $F(\omega) = \int_{-\infty}^{+\infty} f(t) \mathrm{e}^{-\mathrm{j}\omega t} \mathrm{d}t$，$f(t) = \dfrac{1}{2\pi} \int_{-\infty}^{+\infty} F(\omega) \mathrm{e}^{\mathrm{j}\omega t} \mathrm{d}\omega$。Fourier 正逆变换可以用 MATLAB 的 symbolic Math Toolbox 提供的 Fourier() 及 iFourier() 来进行求解。调用格式如下：

F=Fourier(f)：表示某个符号函数的 Fourier 变换，默认返回 w 的函数；

F=Fourier(f,v)：表示某个函数 f 的 Fourier 变换，返回变量 v 的函数；

f=iFourier(F)：表示 F 的 Fourier 逆变换，F 为 w 变量。默认返回关于 x 的函数；

f=iFourier(F,u)：表示 F 的 Fourier 逆变换，返回变量 u 的函数。

注意：在调用函数前，需要用 syms 命令对所有用到的变量进行说明，即说明这些变量均为符号变量。

（1）单边指数信号的频域分析。

$$f(t) = \mathrm{e}^{-\alpha t} u(t) \Leftrightarrow F(\omega) = \dfrac{1}{\alpha + \mathrm{j}\omega}$$

$$|F(\omega)| = \dfrac{1}{\sqrt{\alpha^2 + \omega^2}} \quad \varphi(\omega) = -\arctan(\dfrac{\omega}{\alpha})$$

例 5.5.1　求 $f(t) = \mathrm{e}^{-\alpha t} u(t)$ 的 Fourier 变换。

解：仿真程序如下：

```
syms t
f1=sym('exp(-2*t)*heaviside(t)');
f2=sym('exp(-4*t)*heaviside(t)');
Fw1=Fourier(f1)
Fw2=Fourier(f2)
phase1=atan(imag(Fw1)/real(Fw1));
```

phase2=atan(imag(Fw2)/real(Fw2));
figure(1)
subplot(321)
ezplot(f1,[-0.5,1]);grid on;title('exp(-2t)u(t)')
subplot(322)
ezplot(f2,[-0.5,1]);grid on;title('exp(-4t)u(t)')
subplot(323)
ezplot(abs(Fw1));grid on;title('幅度谱')

仿真结果：

Fw1=1/(w*i+2)

Fw2=1/(w*i+4)

单边指数信号的频谱图如图 5.51 所示。

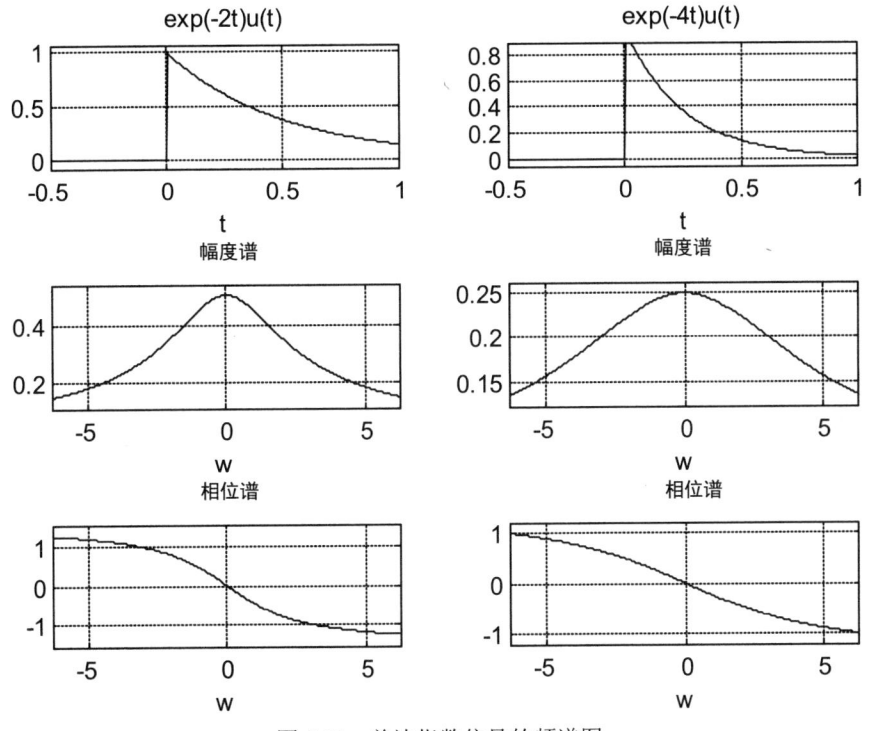

图 5.51　单边指数信号的频谱图

（2）双边指数信号的频域分析。

$$f(t) = e^{-\alpha|t|} \Leftrightarrow F(\omega) = \frac{2\alpha}{\alpha^2 + \omega^2}$$

$$|F(\omega)| = \frac{2\alpha}{\alpha^2 + \omega^2}, \quad \varphi(\omega) = 0$$

例 5.5.2　基于 MATLAB 求双边指数函数的傅里叶变换。

解：仿真程序如下：

```
syms t
f1=sym('exp(-2*abs(t))');
f2=sym('exp(-4*abs(t))');
Fw1=Fourier(f1)
Fw2=Fourier(f2)
phase1=atan(imag(Fw1)/real(Fw1));
phase2=atan(imag(Fw2)/real(Fw2));
figure(1)
subplot(321)
ezplot(f1,[-1,1]);grid on;title('exp(-2t)u(t)')
subplot(322)
ezplot(f2,[-1,1]);grid on;title('exp(-4t)u(t)')
subplot(323); ezplot(abs(Fw1));grid on;title('幅度谱')
subplot(324); ezplot(abs(Fw2));grid on;title('幅度谱')
subplot(325); ezplot(phase1);grid on;title('相位谱')
subplot(326); ezplot(phase2);grid on;title('相位谱')
```

仿真结果：

Fw1=4/(w^2+4)

Fw2=8/(w^2+16)

双边指数信号的频谱图如图 5.52 所示。

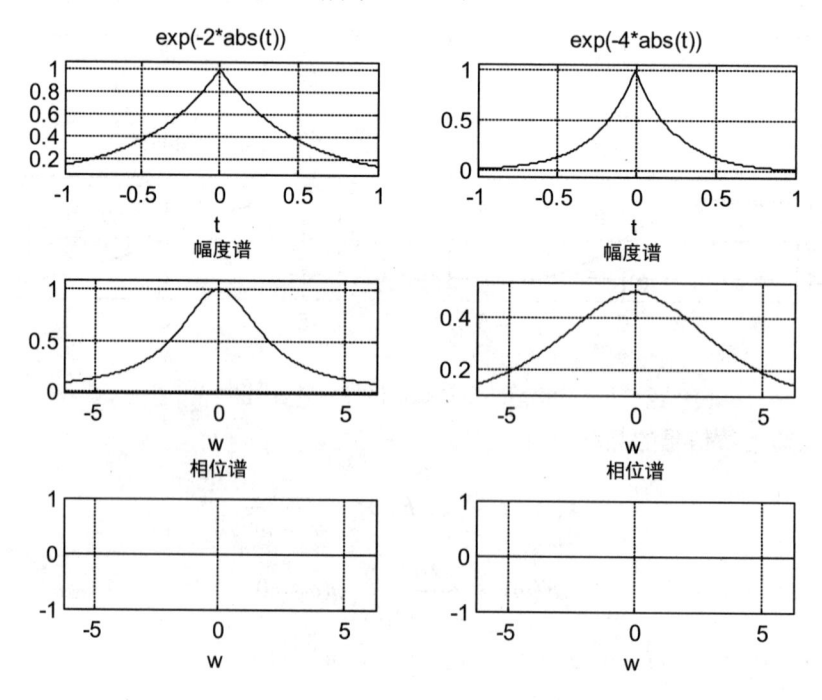

图 5.52 双边指数信号的频谱图

（3）单位阶跃信号的频域分析。

$$u(t) \Leftrightarrow \pi\delta(\omega) + \frac{1}{j\omega}$$

例 5.5.3　基于 MATLAB 求单位阶跃函数的傅里叶变换。

解：仿真程序如下：

```
t=-2:0.01:2
f=heaviside(t);syms x;f1=heaviside(x);
Fw1=Fourier(f1)
phase1=atan(imag(Fw1)/real(Fw1));
figure(1)
subplot(3,1,1)
plot(t,f);grid on;title('heaviside(t)');axis([-1,2,-1,1.5]);
subplot(3,1,2)
ezplot(abs(Fw1));grid on;title(' 幅度谱 ');axis([-1,1,-1,100]);
subplot(3,1,3)
ezplot(phase1);grid on;title(' 相位谱 ');
```

仿真结果：

Fw1=pi*dirac(w)-i/w

阶跃信号的频谱如图 5.53 所示。

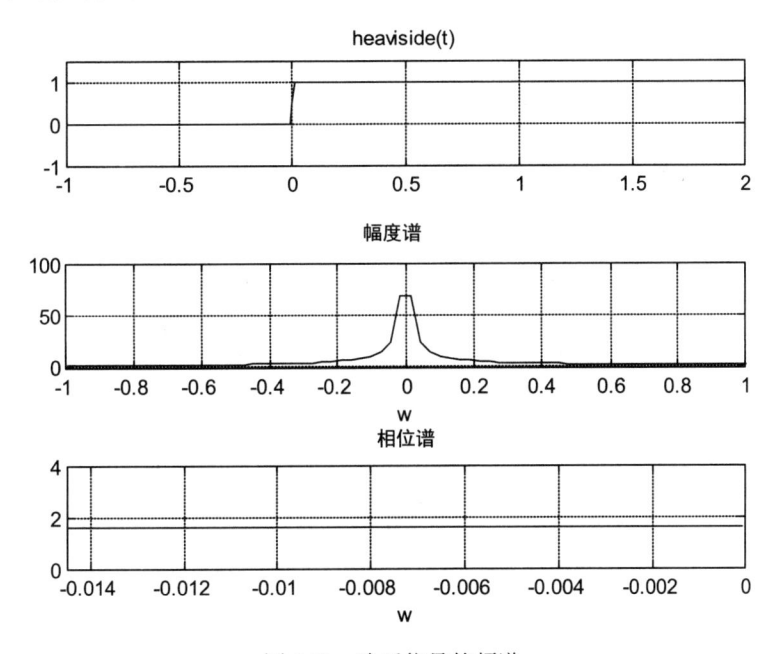

图 5.53　阶跃信号的频谱

（4）符号函数信号的频域分析。

$$\mathrm{sgn}(t) = \begin{cases} 1, t>0 \\ -1, t<0 \end{cases} \Leftrightarrow \frac{2}{jw}$$

例 5.5.4 基于 MATLAB 求符号函数的傅里叶变换。

解：仿真程序如下：

syms x

f1=sym('2*(heaviside(x)-0.5)');Fw1=Fourier(f1)

phase1=atan(imag(Fw1)/real(Fw1));

figure(1); subplot(3,1,1)

plot(t,f);gridon;title('2*(heaviside(t)-0.5)');

subplot(3,1,2)

ezplot(abs(Fw1));grid on;title(' 幅度谱 ');axis([-1,1,-1,200]);

subplot(3,1,3)

ezplot(phase1);grid on;title(' 相位谱 ');

仿真结果：

Fw1=-(2*i)/w

符号信号的频谱如图 5.54 所示。

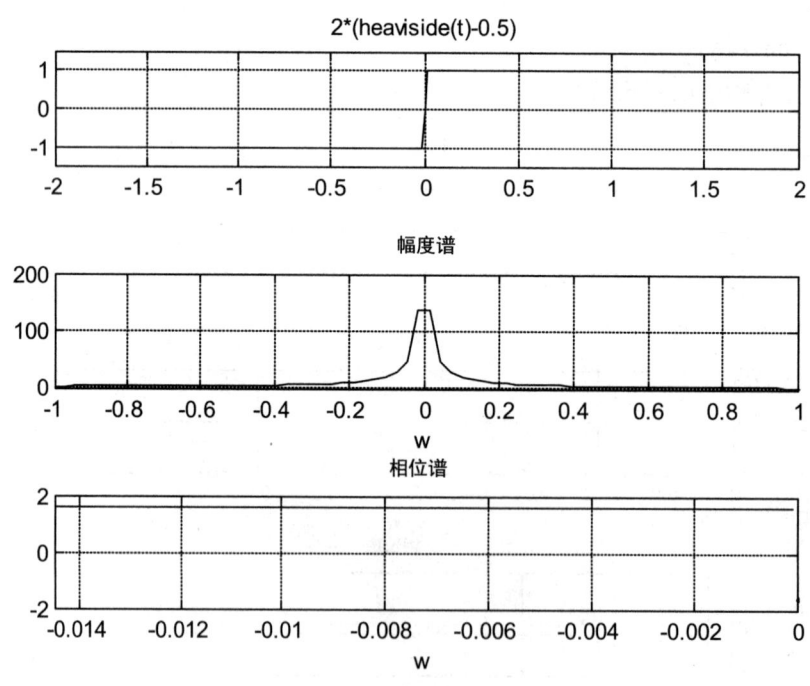

图 5.54 符号信号的频谱

（5）单位冲激信号的频域分析。

$$\delta(t) \Leftrightarrow 1$$

例 5.5.5 基于 MATLAB 求单位冲激函数的傅里叶变换。

解：仿真程序如下，冲激信号的频谱如图 5.55 所示。

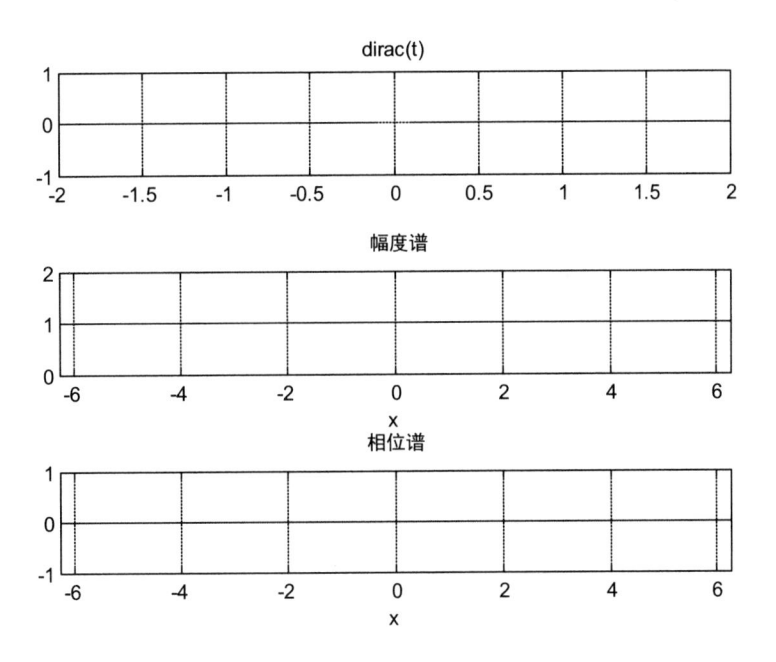

图 5.55　冲激信号的频谱

t=-2:0.1:2;

f=dirac(t)

syms x;

f1=sym('dirac(x)');

Fw1=Fourier(f1)

phase1=atan(imag(Fw1)/real(Fw1));

figure(1)

subplot(3,1,1)

plot(t,f);grid on;title('dirac(t)');

subplot(3,1,2)

ezplot(abs(Fw1));grid on;title(' 幅度谱 ');

subplot(3,1,3)

ezplot(phase1);grid on;title(' 相位谱 ');

仿真结果：

f=

Columns 1 through 12

0 0 0 0 0 0 0 0 0 0 0 0

Columns 13 through 24

0 0 0 0 0 0 0 0 Inf 0 0 0

Columns 25 through 36

0 0 0 0 0 0 0 0 0 0 0 0

Columns 37 through 41

0 0 0 0 0

Fw1=1

（6）门函数的频域分析。

$$G_\tau(t) \Leftrightarrow E\tau\delta_a(\frac{\omega\tau}{2})$$

例 5.5.6　基于 MATLAB 求门函数的傅里叶变换。

解：仿真程序如下，门函数的频谱如图 5.56 所示。

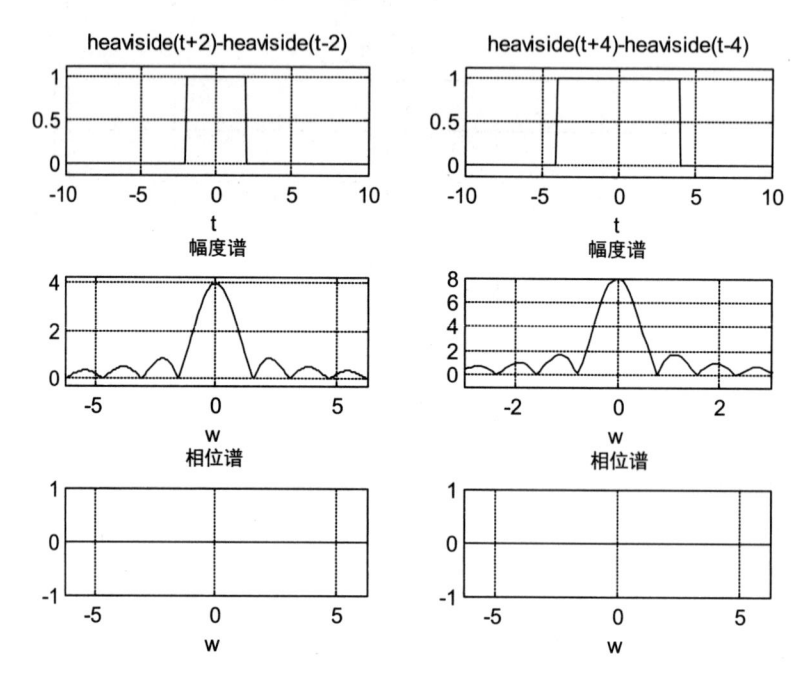

图 5.56　门函数的频谱

syms t

f1=sym('heaviside(t+2)-heaviside(t-2)');

f2=sym('heaviside(t+4)-heaviside(t-4)');

Fw1=Fourier(f1)

Fw2=Fourier(f2)

phase1=atan(imag(Fw1)/real(Fw1));

phase2=atan(imag(Fw2)/real(Fw2));

figure(1)

subplot(321)

ezplot(f1,[-10,10]);grid on;title('heaviside(t+2)-heaviside(t-2)')

subplot(322)

ezplot(f2,[-10,10]);grid on;title('heaviside(t+4)-heaviside(t-4)')

```
subplot(323)
ezplot(abs(Fw1));grid on;title('幅度谱')
subplot(324)
ezplot(abs(Fw2));grid on;title('幅度谱')
subplot(325)
ezplot(phase1);grid on;title('相位谱')
subplot(326)
ezplot(phase2);grid on;title('相位谱')
```

仿真结果：

Fw1=(cos(2*w)*i+sin(2*w))/w-(cos(2*w)*i-sin(2*w))/w

Fw2=(cos(4*w)*i+sin(4*w))/w-(cos(4*w)*i-sin(2*w))/w

（7）Sa 函数。

$f(t) = \sin t/t$ 的傅里叶变换即门函数。

例 5.5.7 基于 MATLAB 求 Sa 的傅里叶变换。

解：仿真程序如下：

```
syms t
f1=sym('sin(2*t)/(2*t)');
f2=sym('sin(4*t)/(4*t)');
Fw1=Fourier(f1)
Fw2=Fourier(f2)
phase1=atan(imag(Fw1)/real(Fw1));
phase2=atan(imag(Fw2)/real(Fw2));
figure(1)
subplot(321)
ezplot(f1,[-10,10]);grid on;title('sin(2*t)/(2*t)')
axis([-3,3,-1,1.5]);
subplot(322)
ezplot(f2,[-10,10]);grid on;title('sin(4*t)/(4*t)')
axis([-3,3,-1,1.5]);
subplot(323)
ezplot(abs(Fw1));grid on;title('幅度谱');axis([-3,3,-1,2]);
subplot(324)
ezplot(abs(Fw2));grid on;title('幅度谱');axis([-5,5,-1,2]);
subplot(325)
ezplot(phase1);grid on;title('相位谱')
```

subplot(326)

ezplot(phase2);grid on;title('相位谱')

仿真结果：

Fw1=(pi*haeviside(2-w))/2-(pi*haeviside(-w-2))/2

Fw2=(pi*haeviside(4-w))/4-(pi*haeviside(-w-4))/4

Sa 函数的频谱如图 5.57 所示。

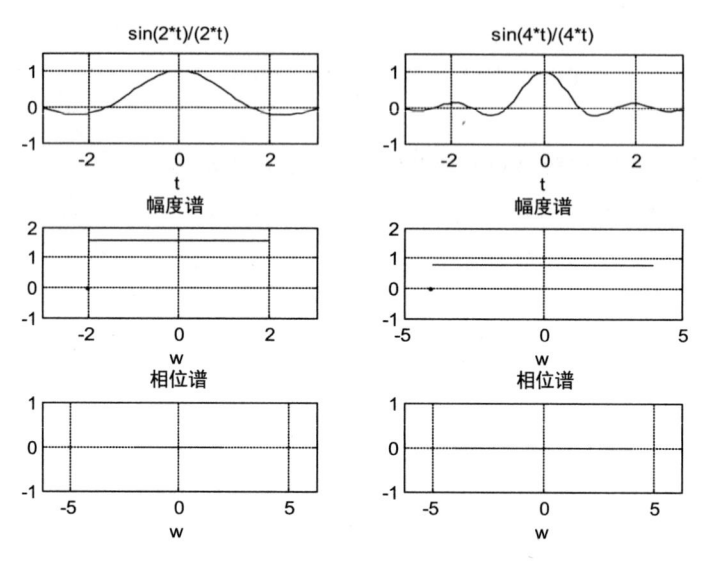

图 5.57 Sa 函数的频谱

5.5.2.2 基于 MATLAB 实现仿真傅里叶变换的性质

（1）时域位移性质。

$$F[f(t \pm t_0)] \Leftrightarrow F(\omega)\mathrm{e}^{\pm j\omega t_0}$$

例 5.5.8 基于 MATLAB 证明时域的位移性质，选择单边指数函数证明。

解：仿真程序如下，单边指数信号的时域位移频谱变化如图 5.58 所示。

syms t

f1=sym('exp(-2*t)*heaviside(t)');

f2=sym('exp(-2*(t-1))*heaviside(t-1)');

f3=sym('exp(-2*(t+1))*heaviside(t+1)');

Fw1=Fourier(f1)

Fw2=Fourier(f2)

Fw3=Fourier(f3)

phase1=atan(imag(Fw1)/real(Fw1));

phase2=atan(imag(Fw2)/real(Fw2));

phase3=atan(imag(Fw3)/real(Fw3));

figure(1)

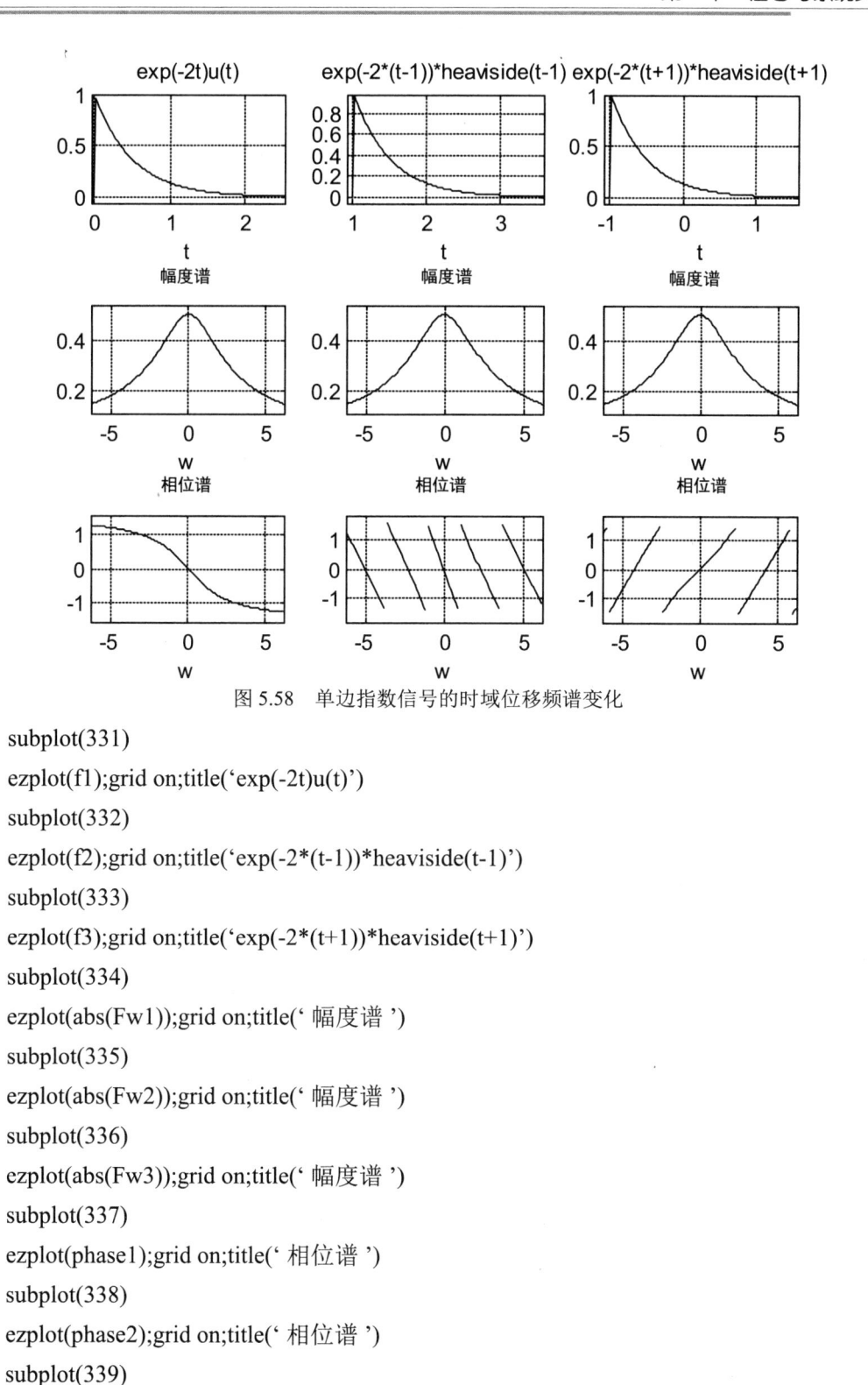

图 5.58 单边指数信号的时域位移频谱变化

```
subplot(331)
ezplot(f1);grid on;title('exp(-2t)u(t)')
subplot(332)
ezplot(f2);grid on;title('exp(-2*(t-1))*heaviside(t-1)')
subplot(333)
ezplot(f3);grid on;title('exp(-2*(t+1))*heaviside(t+1)')
subplot(334)
ezplot(abs(Fw1));grid on;title(' 幅度谱 ')
subplot(335)
ezplot(abs(Fw2));grid on;title(' 幅度谱 ')
subplot(336)
ezplot(abs(Fw3));grid on;title(' 幅度谱 ')
subplot(337)
ezplot(phase1);grid on;title(' 相位谱 ')
subplot(338)
ezplot(phase2);grid on;title(' 相位谱 ')
subplot(339)
ezplot(phase3);grid on;title(' 相位谱 ')
```

仿真结果：

Fw1=1/(w*i+2)

Fw2=exp(-w*i)/(w*i+2)

Fw3=exp(w*i)/(w*i+2)

（2）频域位移性质。

$$F[f(t)e^{\pm j\omega_0 t}] \Leftrightarrow F(\omega \mp \omega_0)$$

例 5.5.9　基于 MATLAB 证明频域的位移性质，选择单边指数函数证明。

解：仿真程序如下：

syms t

f1=sym('exp(-2*t)*heaviside(t)');

f2=sym('exp(-2*t)*heaviside(t)*exp(2*i*t)');

f3=sym('exp(-2*t)*heaviside(t)*exp(-2*i*t)');

Fw1=Fourier(f1)

Fw2=Fourier(f2)

Fw3=Fourier(f3)

phase1=atan(imag(Fw1)/real(Fw1));

phase2=atan(imag(Fw2)/real(Fw2));

phase3=atan(imag(Fw3)/real(Fw3));

figure(1)

subplot(331)

ezplot(f1);grid on;title('exp(-2t)u(t)')

subplot(332)

ezplot(f2);grid on;title('exp(2*i*t)*exp(-2*t)*heaviside(t)')

subplot(333)

ezplot(f3);grid on;title('exp(-2*i*t)*exp(-2*t)*heaviside(t)')

subplot(334)

ezplot(abs(Fw1));grid on;title('幅度谱')

subplot(335)；ezplot(abs(Fw2));grid on;title('幅度谱')

subplot(336)；ezplot(abs(Fw3));grid on;title('幅度谱')

subplot(337)；ezplot(phase1);grid on;title('相位谱')

subplot(338)；ezplot(phase2);grid on;title('相位谱')

subplot(339)；ezplot(phase3);grid on;title('相位谱')

仿真结果：

Fw1=1/(w*i+2)

Fw2=1/(w*i+2-2*i)

Fw3=1/(w*i+2+2*i)

单边指数信号的频域位移频谱变化如图 5.59 所示。

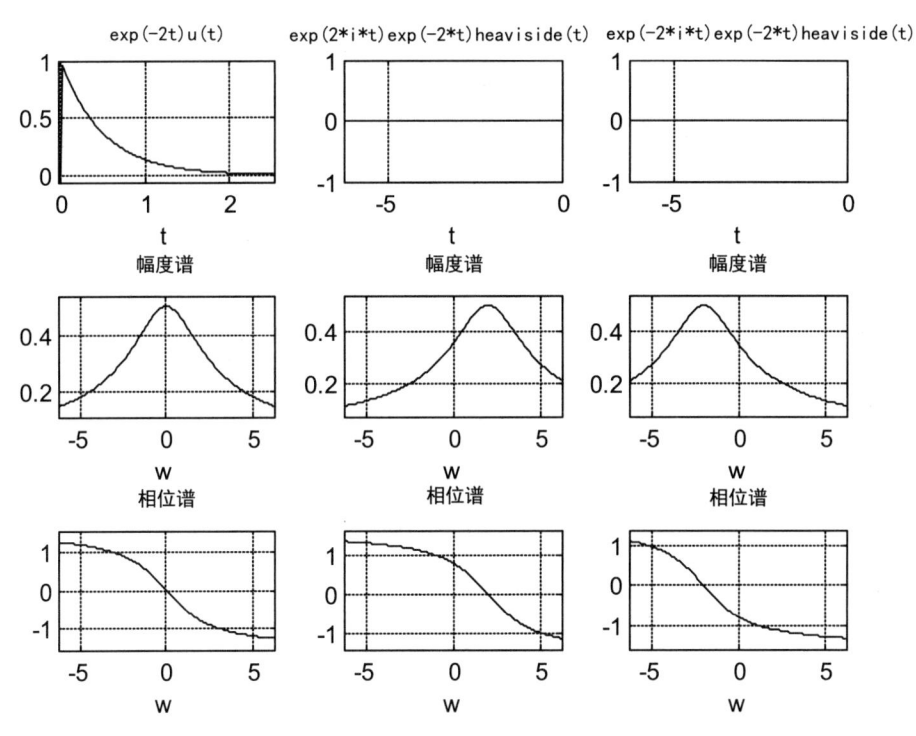

图 5.59 单边指数信号的频域位移频谱变化

(3) 尺度变换性质。

$$F[f(at)] \Leftrightarrow \frac{1}{|a|}F(\frac{\omega}{a})$$

例 5.5.10 基于 MATLAB 证明尺度变换性质，选择单边指数函数证明。

解：仿真程序如下，单边指数信号的尺度变换频谱变化如图 5.60 所示。

syms t

f1=sym('exp(-2*t)*heaviside(t)');

f2=sym('exp(-2*(1/2)*t)*heaviside(t*(1/2))');

f3=sym('exp(-2*2*t)*heaviside(t*2)');

Fw1=Fourier(f1)

Fw2=Fourier(f2)

Fw3=Fourier(f3)

phase1=atan(imag(Fw1)/real(Fw1));

phase2=atan(imag(Fw2)/real(Fw2));

phase3=atan(imag(Fw3)/real(Fw3));

figure(1)

subplot(331)

ezplot(f1);grid on;title('exp(-2t)u(t)')

subplot(332)

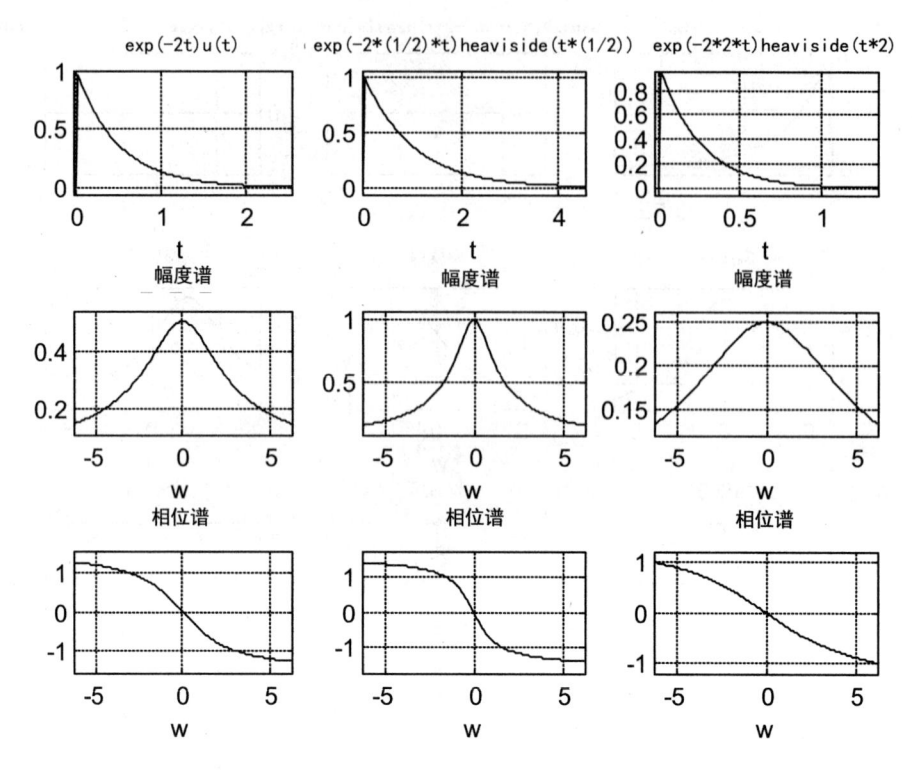

图 5.60 单边指数信号的尺度变换频谱变化

ezplot(f2);grid on;title('exp(-2*(1/2)*t)*heaviside(t*(1/2))')

subplot(333)

ezplot(f3);grid on;title('exp(-2*2*t)*heaviside(t*2)')

subplot(334)

ezplot(abs(Fw1));grid on;title('幅度谱')

subplot(335)

ezplot(abs(Fw2));grid on;title('幅度谱')

subplot(336)

ezplot(abs(Fw3));grid on;title('幅度谱')

subplot(337)

ezplot(phase1);grid on;title('相位谱')

subplot(338)

ezplot(phase2);grid on;title('相位谱')

subplot(339)

ezplot(phase3);grid on;title('相位谱')

仿真结果：

Fw1=1/(w*i+2)

Fw2=1/(w*i+2)

Fw3=1/(w*i+4)

（4）时域微分性质。

$$F[f'(t)] \Leftrightarrow j\omega F(\omega)$$

例 5.5.11　基于 MATLAB 证明时域的微分性质，选择单边指数函数证明。

解：仿真程序如下，单边指数信号的时域微分频谱变化如图 5.61 所示。

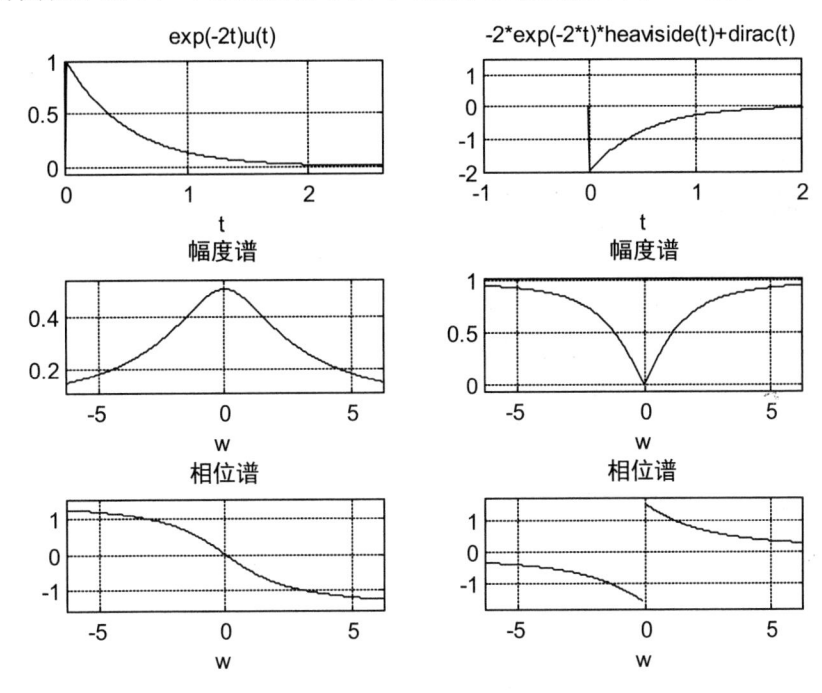

图 5.61　单边指数信号的时域微分频谱变化

syms t

f1=sym('exp(-2*t)*heaviside(t)');

f2=sym('-2*exp(-2*t)*heaviside(t)+dirac(t)');

Fw1=Fourier(f1)

Fw2=Fourier(f2)

phase1=atan(imag(Fw1)/real(Fw1));

phase2=atan(imag(Fw2)/real(Fw2));

figure(1)

subplot(321)

ezplot(f1);grid on;title('exp(-2t)u(t)')

subplot(322)

ezplot(f2);grid on;title('-2*exp(-2*t)*heaviside(t)+dirac(t)')

axis([-1,2,-2,1.5]);

subplot(323)

ezplot(abs(Fw1));grid on;title('幅度谱')

subplot(324)

ezplot(abs(Fw2));grid on;title(' 幅度谱 ')

subplot(325)

ezplot(phase1);grid on;title(' 相位谱 ')

subplot(326)

ezplot(phase2);grid on;title(' 相位谱 ')

仿真结果：

Fw1=1/(w*i+2)

Fw2=1-2/(w*i+2)

（5）频域微分性质。

$$F[-jtf(t)] \Leftrightarrow F'(\omega)$$

例 5.5.12　基于 MATLAB 证明频域的微分性质，选择单边指数函数证明。

解：仿真程序如下，单边指数信号的频域微分频谱变化如图 5.62 所示。

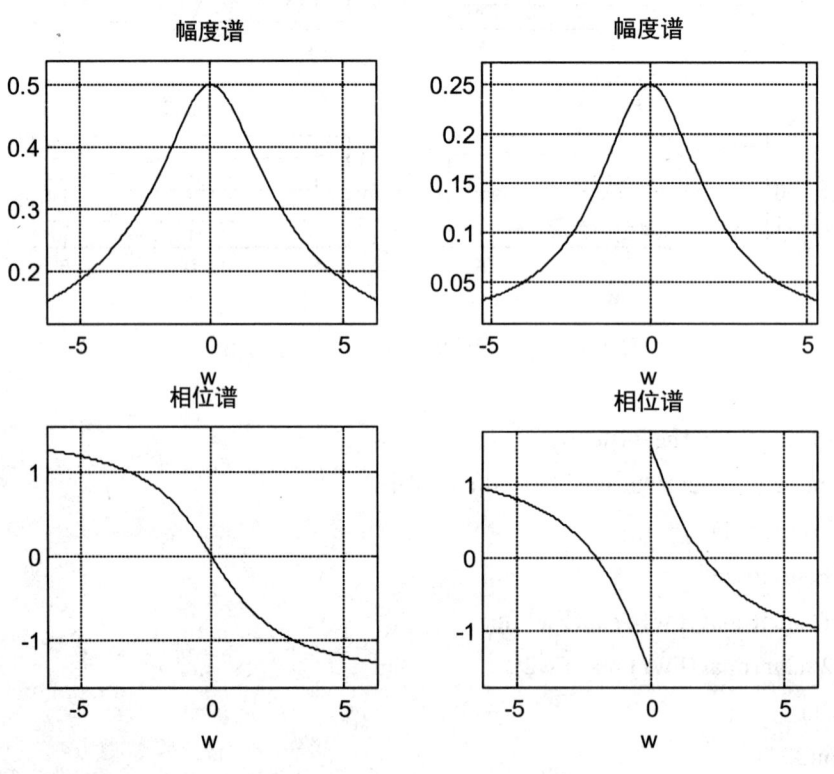

图 5.62　单边指数信号的频域微分频谱变化

syms t

f1=sym('exp(-2*t)*heaviside(t)');

f2=sym('-i*t*exp(-2*t)*heaviside(t)');

Fw1=Fourier(f1)

Fw2=Fourier(f2)

phase1=atan(imag(Fw1)/real(Fw1));
phase2=atan(imag(Fw2)/real(Fw2));
figure(1)
subplot(221)
ezplot(abs(Fw1));grid on;title('幅度谱')
subplot(222)
ezplot(abs(Fw2));grid on;title('幅度谱')
subplot(223)
ezplot(phase1);grid on;title('相位谱')
subplot(224);
ezplot(phase2);grid on;title('相位谱')
仿真结果：
Fw1=1/(w*i+2)
Fw2=-i/(w*i+2)^2

（6）对称性质。

$$F[F(t)] \Leftrightarrow 2\,f(-\omega)$$

例 5.5.13 基于 MATLAB 证明对称性质，选择门函数证明。

解：仿真程序如下，傅里叶变换的对称性图像如图 5.63 所示。

syms t
f1=sym('heaviside(t+1)-heaviside(t-1)');
f2=sym('1/pi*sin(t)/(t)');
Fw1=Fourier(f1)
Fw2=Fourier(f2)
phase1=atan(imag(Fw1)/real(Fw1));
phase2=atan(imag(Fw2)/real(Fw2));
figure(1)
subplot(221)
ezplot(f1);grid on;title('heaviside(t+1)-heaviside(t-1)')
axis([-2,2,-1,2])
subplot(222)
ezplot(f2);grid on;title('1/pi*sin(t)/(t)')
axis([-8,8,-0.5,0.5])
subplot(223)
ezplot(abs(Fw1));grid on;title('幅度谱')
subplot(224)
ezplot(abs(Fw2));grid on;title('幅度谱');axis([-2,2,-1,2]);

仿真结果：

Fw1=-(cos(w)*i-sin(w))/w+(cos(w)*i+sin(w))/w

Fw2=-(pi*heaviside(-w-1))-pi*heaviside(-w-1))/pi

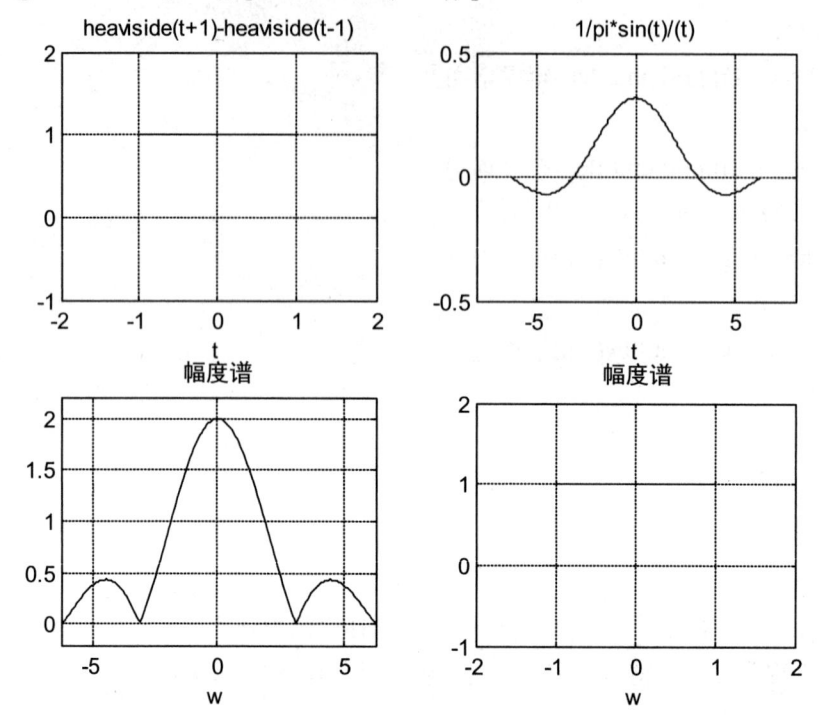

图 5.63　傅里叶变换的对称性图像

5.5.3　实验步骤

（1）预习课本关于傅里叶变换的理论，熟悉常见函数的傅里叶求解，熟悉傅里叶变换的性质。

（2）在 MATLAB 中仿真实现实验原理中的所有程序。

（3）仿真实现下面 3 个例子。

例 1　基于 MATLAB 求 $f(t)=\mathrm{e}^{-2t}(u(t)-u(t-2))$ 的傅里叶变换。

例 2　求 $F(\omega)=\dfrac{1}{1+\omega^2}$ 的傅里叶逆变换。

例 3　已知 $f(t)=\dfrac{1}{\pi}[u(t+0.5\pi)-u(t-0.5\pi)]$，观察信号 f(t) 与信号 f(2t) 和 f(1/2t) 的频谱变化。

5.5.4　实验结果分析

（1）理论推导常见信号的傅里叶变换，验证是否与 MATLAB 仿真一致？同时编程求解频谱函数相应的逆变换。

（2）理论推导傅里叶变换的性质，验证是否与 MATLAB 仿真一致？选择一个性质，换另外的函数编程实现性质的证明。

5.5.5 问题讨论及开放性拓展

（1）傅里叶变换存在的条件是什么？不满足条件时如何处理？

（2）试用 MATLAB 证明傅里叶变换的时域卷积定理。

5.6 频域分析及应用

5.6.1 实验目的

（1）使用 MATLAB 分析连续 LTI 系统的频率特性；

（2）使用 MATLAB 分析连续系统的输出响应；

（3）使用 MATLAB 实现调制。

5.6.2 实验原理

5.6.2.1 使用 MATLAB 实现连续 LTI 系统的频率特性的求解

设 LTI 系统的频率响应：$H(\mathrm{j}\omega) = \dfrac{A(\omega)}{B(\omega)} = \dfrac{a_n(\mathrm{j}\omega)^n + a_{n-1}(\mathrm{j}\omega)^{n-1} + \cdots + a_1\mathrm{j}\omega + a_0}{b_n(\mathrm{j}\omega)^n + b_{n-1}(\mathrm{j}\omega)^{n-1} + \cdots + b_1\mathrm{j}\omega + b_0}$

则系统的幅度响应为 $H(\mathrm{j}\omega)$ 的模值和辐角。在 MATLAB 中可以用信号处理工具箱的 freqs 函数来计算系统的频率响应，调用格式如：H=freqs(a,b,w)，其中 a 和 b 表示上式中分子和分母的多项式的系数向量，w 表示系统频率响应的范围，H 返回 w 所定义的频率点上系统频率响应的样值。

例 5.6.1　已知 $H(\mathrm{j}\omega) = \dfrac{1}{\mathrm{j}\omega + 2}$，求系统的幅度特性和相位特性。

解：程序如下，仿真如图 5.64 所示。

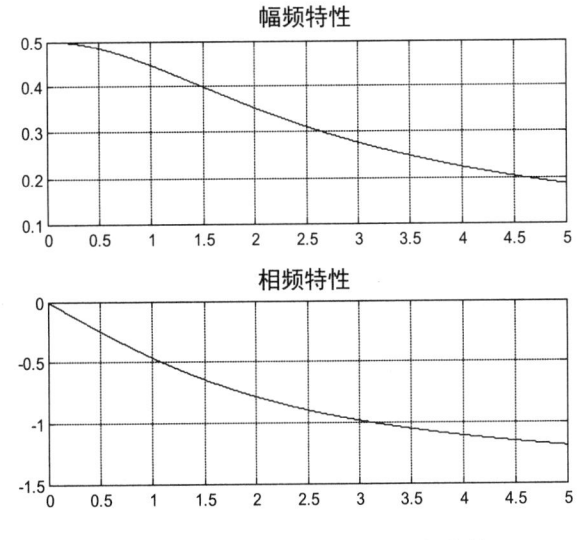

图 5.64　系统的幅频特性和相频特性

```
clear;
w=0:0.001:5;
```

a=[1];

b=[1,2];

H=freqs(a,b,w);

r=abs(H)

p=angle(H)

figure

subplot(211)

plot(w,r);grid on;title('幅频特性')

subplot(212)

plot(w,p);grid on;title('相频特性')

例 5.6.2　三界归一化的 butterworth 低通滤波器的频率响应为

$H(j\omega) = \dfrac{1}{(j\omega)^3 + 2(j\omega)^2 + 2(j\omega) + 1}$，画出该系统的幅度特性和相位特性。

解：程序如下，仿真如 5.65 所示。

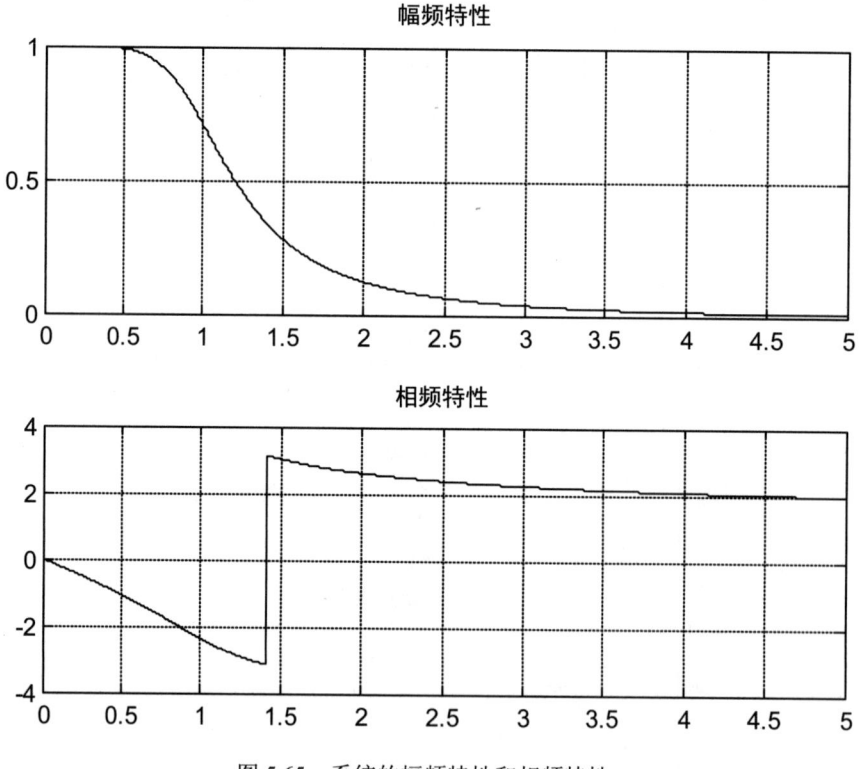

图 5.65　系统的幅频特性和相频特性

clear;

w=0:0.001:5;

a=[1];

b=[1,2,2,1];

H=freqs(a,b,w);

r=abs(H)

p=angle(H)

figure

subplot(211)

plot(w,r);grid on;title('幅频特性')

subplot(212)

plot(w,p);grid on;title('相频特性')

5.6.2.2 使用 MATLAB 求解连续系统

例 5.6.3 已知一 RC 电路如图 5.66 所示，系统的输入电压为 $e(t)$，输出为电阻两端的电压 $V_R(t)$，当 $R_C = 0.04$，$e(t) = \cos 2t$，求该系统的响应。

解：如图 5.67 所示：可知系统的数学模型为微分方程，系统频率响应为 $H(j\omega) = \dfrac{R}{R + 1/j\omega C}$，则计算系统的响应的程序如下。

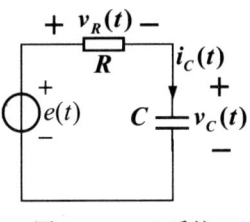

图 5.66　RC 系统

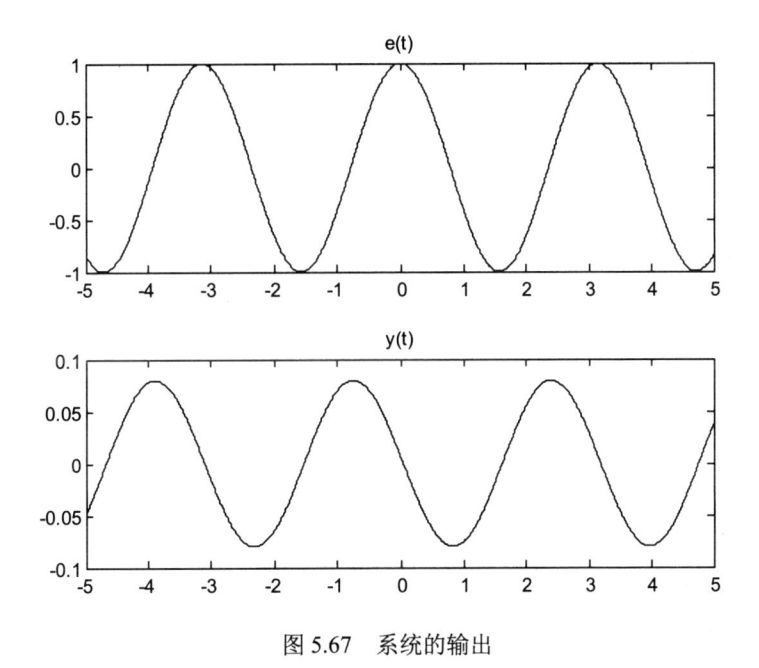

图 5.67　系统的输出

```
clear;
RC=0.04;
t=linspace(-5,5,1024);
w=2;e=cos(2*t);
H=1i*w/(1i*w+1/RC);
y=abs(H)*cos(w*t+angle(H));
```

subplot(211)

plot(t,e);title('e(t)')

subplot(212)

plot(t,y);title('y(t)')

例 5.6.4 在例 5.6.3 中如果输入 $e(t)$=cos2t+2cos5t，求此时的输出。

解：同上系统的频率响应，则 $e(t)$=cos2t+2cos5t 计算系统的响应的程序及仿真结果如图 5.68 所示。

clear;

RC=0.04;

t=linspace(-10,10,1024);

w1=2;w2=5;e=cos(2*t)+2*cos(5*t);

H1=1i*w1/(1i*w1+1/RC);

H2=1i*w2/(1i*w2+1/RC);

y=abs(H1)*cos(w1*t+angle(H1))+abs(H2)*2*cos(w2*t+angle(H2));

subplot(211)

plot(t,e);title('e(t)')

subplot(212)

plot(t,y);title('y(t)')

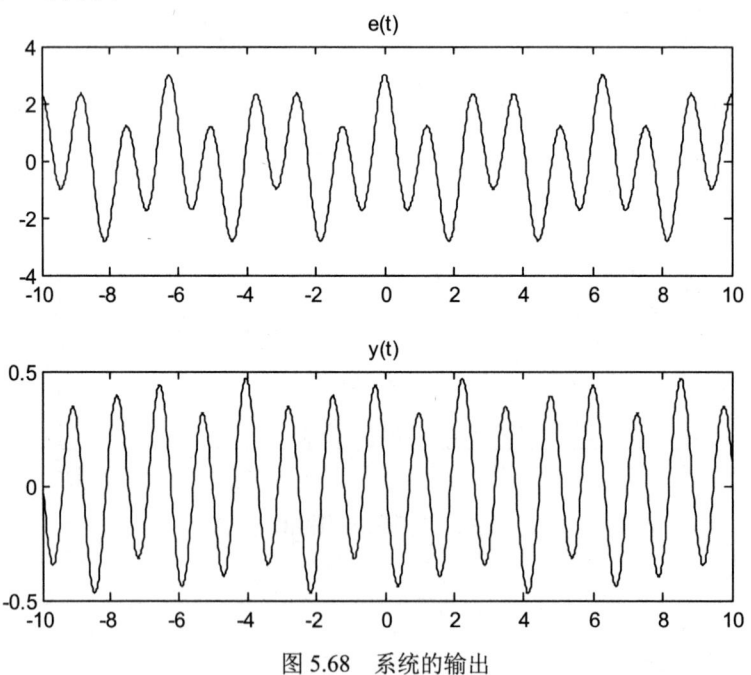

图 5.68 系统的输出

5.6.2.3 使用 MATLAB 实现信号的调制

设信号 $f(t)$ 的频谱为 $F(j\omega)$，现将 $f(t)$ 乘以载波信号 $\cos\omega_0 t$，可得高频已调信号 $y(t)$，即 $y(t)=f(t)*\cos(\omega_0 t)$，如图 5.69 所示。

第 5 章 信号与系统实验

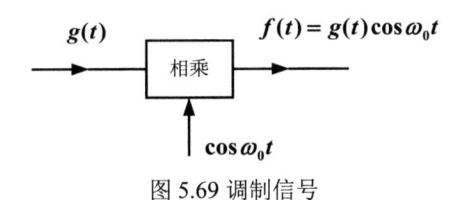

图 5.69 调制信号

频域分析如下：

$$f(t)=g(t)\cos(\omega_0 t) \xleftrightarrow{\text{卷积定理}} \frac{1}{2\pi}G(\omega)*[\pi\delta(\omega-\omega_0)+\pi\delta(\omega+\omega_0)]$$

理论频谱变化如图 5.70 所示。

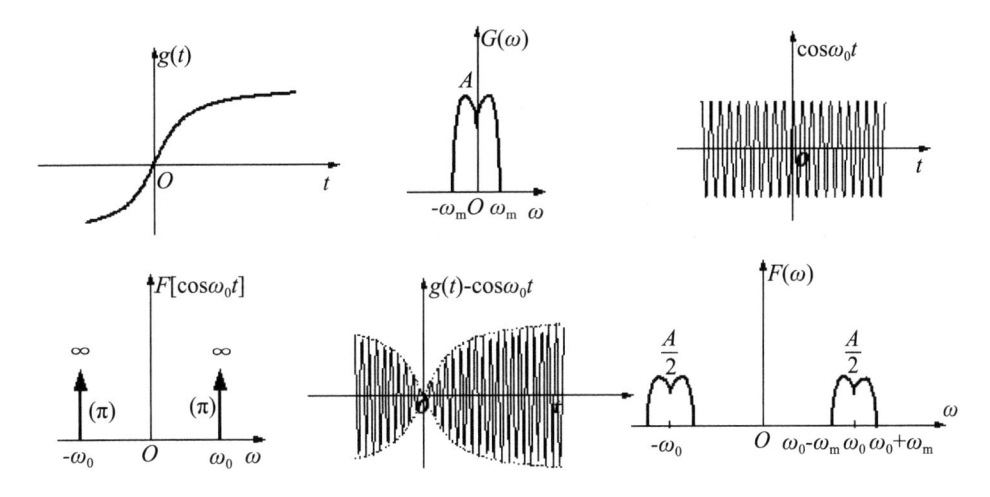

图 5.70 调制信号的频谱变化

例 5.6.5 设信号 $f(t)=u(t+2)-u(t-2)$，载波信号为 $\cos(2*t)$，使用 MATLAB 画出原信号和调制信号的时域波形和频谱图。

解，由原理可知，调制信号的频谱为将原信号频谱搬移至 -2 和 2 处。程序如下，仿真结果如图 5.71 所示。

```
syms t
f1=sym('heaviside(t+2)-heaviside(t-2)');
f2=sym('[heaviside(t+2)-heaviside(t-2)]*cos(2*t)');
Fw1=Fourier(f1)
Fw2=Fourier(f2)
phase1=atan(imag(Fw1)/real(Fw1));
phase2=atan(imag(Fw2)/real(Fw2));
figure(1)
subplot(321)
ezplot(f1,[-4,4]);grid on;title('heaviside(t+2)-heaviside(t-2)')
subplot(322)
```

ezplot(f2,[-4,4]);grid on;title('heaviside(t+4)-heaviside(t-4)')

subplot(312)

ezplot(abs(Fw1));grid on;title(' 幅度谱 ')

subplot(313)

ezplot(abs(Fw2));grid on;title(' 幅度谱 ');axis([-6,6,-1,3]);

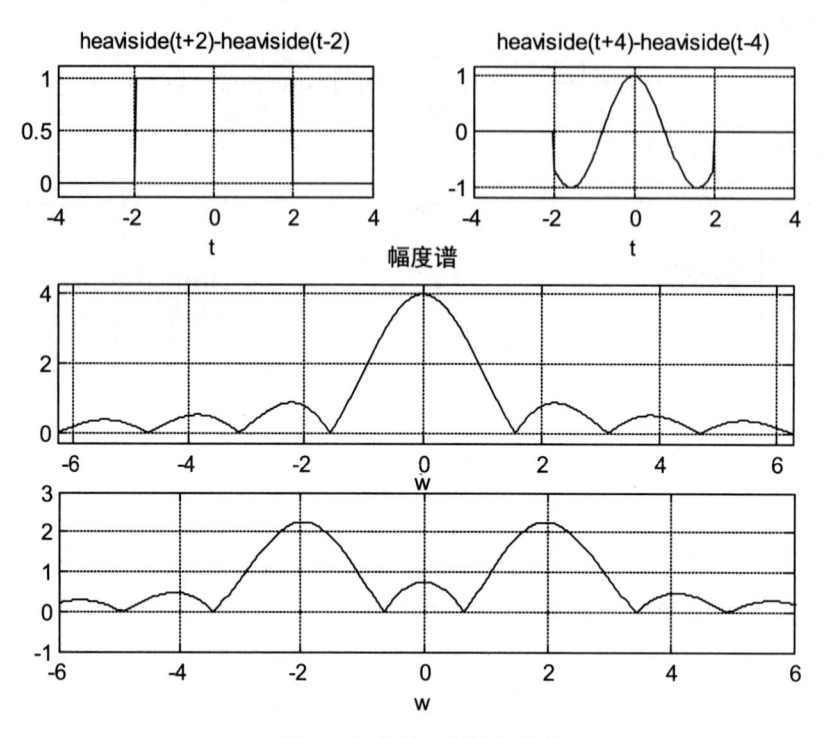

图 5.71 信号调制的频谱图

5.6.3 实验步骤

（1）预习课本频域分析的理论，熟悉频谱和相谱的求解，熟悉线性时不变系统的频域求解，熟悉信号调制的理论。

（2）在 MATLAB 中仿真实现实验原理中的所有程序，进一步理解频域分析。

（3）仿真实现下面 3 个例子。

例 1 已知系统的频率响应为 $H(j\omega)=\dfrac{1}{(j\omega)^2+1.414j\omega+1}$，求系统的幅度特性和相位特性。

例 2 已知某连续 LTI 系统 $y''(t)+3y'(t)+2y(t)=u(t)$，求系统的输出 $y(t)$。

例 3 求调制信号 $f(t)=AG_\tau(t)\cos(\omega_0 t)$，式中：$A=4$，$G_\tau(t)=u(t+\dfrac{\tau}{2})-u(t-\dfrac{\tau}{2})$，$\omega_0=12\pi$。

5.6.4 实验结果分析

（1）理论推导原理中的例子，与仿真结果进行比较。

（2）论推导实验步骤中的三个例子，与仿真结果进行比较分析。

5.6.5 问题讨论及开放性拓展
（1）原理的例 5.6.3 和例 5.6.4 中，若输出为电容两端的电压，则仿真实现相应的结论。
（2）在 MATLAB 中实现解调，即通过解调回复原来的输入信号。

5.7 抽样定理

5.7.1 实验目的
（1）熟悉信号的采样和恢复；
（2）用 MATLAB 实现连续信号的采样；
（3）用 MATLAB 实现连续信号的恢复。

5.7.2 实验原理
5.7.2.1 续时间信号的采样
离散时间信号可以从离散信号源获得，也可以从连续时间信号经抽样而获得。抽样信号 $f_S(t)$ 可以看成是连续信号 $f(t)$ 和一组开关函数 $s(t)$ 的乘积。即：

$$f_S(t) = f(t) \times s(t)$$

如图 5.72 所示，开关函数为 $s(t)$，T_S 为抽样周期，其倒数 $f_S = 1/T_S$ 称为抽样频率。

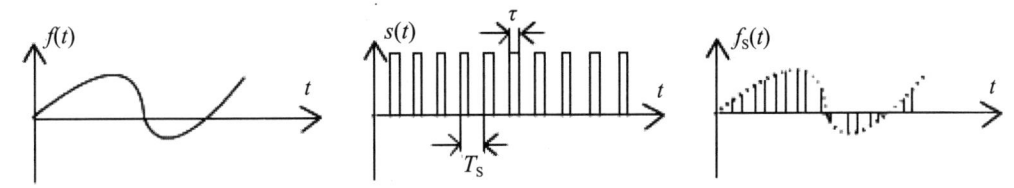

图 5.72 对连续时间信号进行的抽样

对抽样信号进行傅里叶分析可知，抽样信号的频谱包含了原连续信号以及无限多个经过平移的原信号频谱。平移后的频率等于抽样频率 f_S 及其各次谐波频率 f_S、$3f_S$、$4f_S$、$5f_S$。

当抽样信号是周期性窄脉冲时，平移后的频谱幅度按 $\sin x/x$ 规律衰减。抽样信号的频谱是原信号频谱周期性的延拓，它占有的频带要比原信号频谱宽得多。

例 5.7.1 以 $f(t) = \delta a(t) = \sin c(\dfrac{t}{\pi})$ 为例进行抽样，试画出抽样频率为 1 Hz、pi Hz 和 4 Hz 时的信号的时域和频域图像。

解，程序如下，仿真结果如图 5.73 所示。

clear all
clc
wm=1;
t = -15: 0.01 : 15;%% 设置原始信号
Ts1 =1; % 采样频率 1

```
t1 = -15 : Ts1 : 15;
Ts2 =1/pi; % 采样频率 2
t2 = -15 : Ts2 :15;
Tsg3 = 1/4; % 采样频率 4
t3 = -15 : Ts3 :15;
N = 100;
k = -N : N;
W = k * 100/ N;
ft = sinc(t/pi);
ft1 = sinc(t1/pi);ft2 = sinc(t2/pi);ft3 = sinc(t3/pi);
Fw= ft * exp(-1i * t' * W) * 0.1 ; % 数值法求傅里叶变换
Fabs = abs(Fw);
Fw1=ft1 * exp(-1i * t1' * W) * Ts1; % 傅里叶变换
Fabs1 = abs(Fw1);
Fw2=ft2 * exp(-1i * t2' * W) * Ts2; % 傅里叶变换
Fabs2 = abs(Fw2);
Fw3=ft3 * exp(-1i * t3' * W) * Ts3; % 傅里叶变换
Fabs3 = abs(Fw3);
figure;
subplot(4, 2, 1);
plot(t,ft); title(' 原信号时域 ');
subplot(4, 2, 2);
 plot(W, Fabs); title(' 原信号频域 ');
subplot(4, 2, 3);
 stem(t1,ft1); title('1Hz 采样时域 ');
subplot(4, 2, 4);
 plot(W, Fabs1); title('1Hz 采样频域 ');
subplot(4, 2, 5);
 stem(t2,ft2); title('piHz 采样时域 ');
subplot(4, 2, 6);
 plot(W, Fabs2); title('piHz 采样频域 ');
subplot(4, 2, 7);
 stem(t3,ft3); title('4Hz 采样时域 ');
subplot(4, 2, 8);
 plot(W, Fabs3); title('4Hz 采样频域 ');
```

图 5.73 sinc 函数的抽样

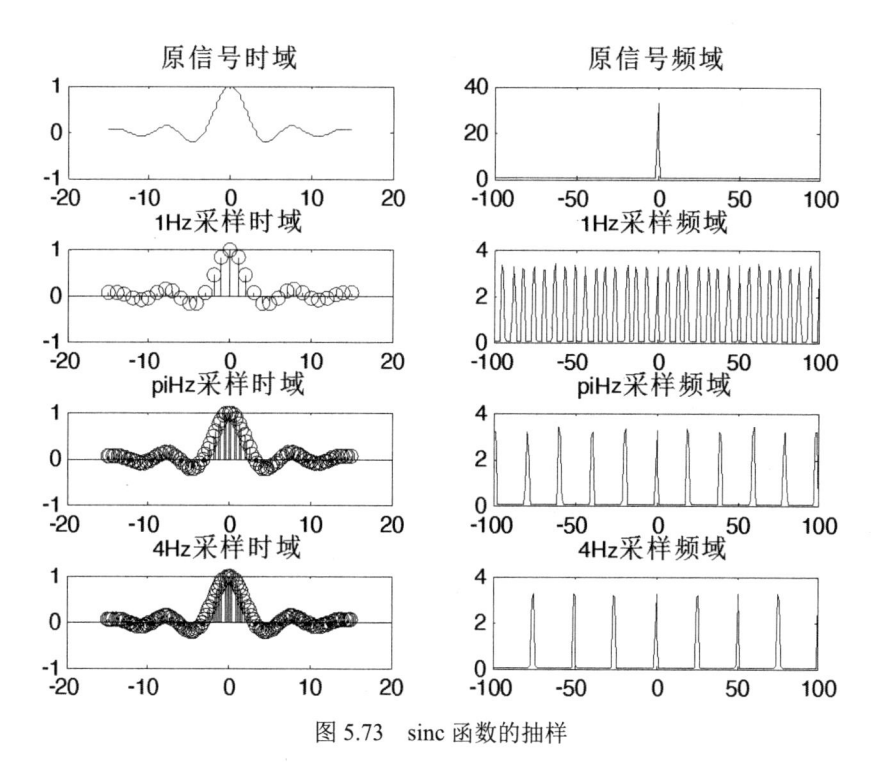

例 5.7.2 以 $f(t) = \sin(2\pi \cdot 30t)$ 为例进行抽样，试画出抽样频率为 45 Hz、60 Hz 和 90 Hz 时的信号的时域和频域图像。

解，程序如下，仿真结果如图 5.74 所示。

```
clear all
clc
wm=2*pi*30;
t = -0.1: 0.001 : 0.1;%% 设置原始信号
Tsg1 =1/45; % 采样频率 45
t1 = -0.1 : Ts1 : 0.1;
Tsampling2 =1/60; % 采样频率 60
t2 = -0.1 : Ts2 :0.1;
Ts3 = 1/90; % 采样频率 90
t3 = -0.1 : Ts3 :0.1;
N = 1000;
k = -N : N;
W = k * 1000/ N;
ft = sin(2*pi*30*t);
ft1 = sinc(2*pi*t1*30);ft2 = sinc(2*pi*t2*30);ft3 = sinc(2*pi*t3*30);
Fw= ft * exp(-1i * t' * W) * 0.1 ; % 数值法求傅里叶变换
Fabs = abs(Fw);
```

```
Fw1=ft1 * exp(-1i * t1' * W) * Ts1; % 傅里叶变换
Fabs1 = abs(Fw1);
Fw2=ft2 * exp(-1i * t2' * W) * Ts2; % 傅里叶变换
Fabs2 = abs(Fw2);
Fw3=ft3 * exp(-1i * t3' * W) * Ts3; % 傅里叶变换
Fabs3 = abs(Fw3);
figure;
subplot(4, 2, 1); plot(t,ft); title(' 原信号时域 ');
subplot(4, 2, 2); plot(W, Fabs); title(' 原信号频域 ');
subplot(4, 2, 3); stem(t1,ft1); title('45Hz 采样时域 ');
subplot(4, 2, 4); plot(W, Fabs1); title('45Hz 采样频域 ');
subplot(4, 2, 5); stem(t2,ft2); title('60Hz 采样时域 ');
subplot(4, 2, 6); plot(W, Fabs2); title('60Hz 采样频域 ');
subplot(4, 2, 7); stem(t3,ft3); title('90Hz 采样时域 ');
subplot(4, 2, 8); plot(W, Fabs3); title('90Hz 采样频域 ');
```

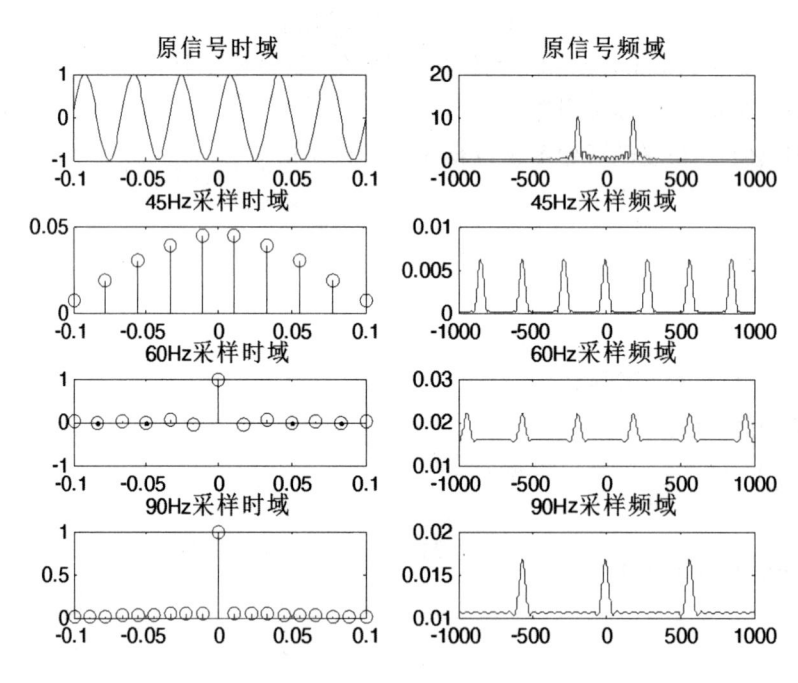

图 5.74 sin 函数的抽样

5.7.2.2 连续时间信号的恢复

（1）连续时间信号的恢复。

正如测到了足够的实验数据以后，可以在坐标纸上把一系列数据点连接起来，得到一条光滑的曲线一样，抽样信号在一定条件下也可以恢复得到原信号。只要用一截止频率等于原信号频谱中最高频率 f_{max} 的低通滤波器，滤除高频分量，经滤波后得到的信号包含了原信号频谱的全部内容，故在低通滤波器的输出可以得到恢复后的原信号。

$$f_s(t) = f(t)\sum_{-\infty}^{+\infty}\delta(t-nT_s) = \sum_{-\infty}^{+\infty} f(nT_s)\delta(t-nT_s)$$

$$h(t) = T_s \frac{\omega_c}{\pi} \delta a(\omega_c t)$$

故可得：

$$f(t) = f_s(t)*h(t) = \sum_{-\infty}^{+\infty} f(nT_s)\delta(t-nT_s) * T_s \frac{\omega_c}{\pi}\delta a(\omega_c t)$$

$$= T_s \frac{\omega_c}{\pi} \sum_{-\infty}^{+\infty} f(nT_s)\delta a[\omega_c(t-nT_s)]$$

$$= T_s \frac{\omega_c}{\pi} \sum_{-\infty}^{+\infty} f(nT_s)\sin c[\frac{\omega_c}{\pi}(t-nT_s)]$$

上式表明，连续信号可以展开成抽样函数的无穷级数，可根据上式从抽样信号中恢复出原信号。

（2）奈奎斯特抽样定理。

信号得以恢复的条件是 $f_s > 2B$，其中 f_s 为抽样频率，B 为原信号占有的频带宽度。而 $f_{min} = 2B$ 为最低的抽样频率，又称为"奈奎斯特抽样率"。当 $f_s < 2B$ 时，抽样信号的频谱会发生混叠，从发生混叠后的频谱中，我们无法用低通滤波器获得原信号频谱的全部内容。在实际使用中，仅包含有限频谱的信号是极少的，因此即使 $f_s = 2B$，恢复后的信号失真还是难免的。图 5.75 画出了当抽样频率 $f_s > 2B$（不混叠时）及 $f_s < 2B$（混叠时）两种情况下冲激抽样信号的频谱图。

实验中选用 $f_s < 2B$、$f_s = 2B$、$f_s > 2B$ 三种情况抽样频率对连续信号进行抽样，以验证抽样定理——要使信号采样后能不失真地还原，抽样频率 f_s 必须大于信号频率中最高频率的两倍即 $f_s > 2f_{max}$。

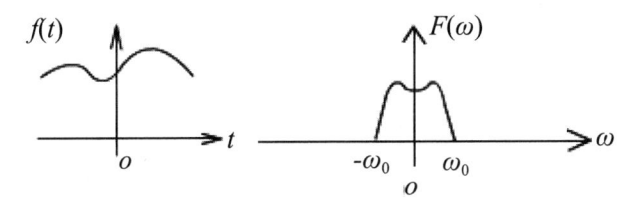

(a) 连续信号的频谱

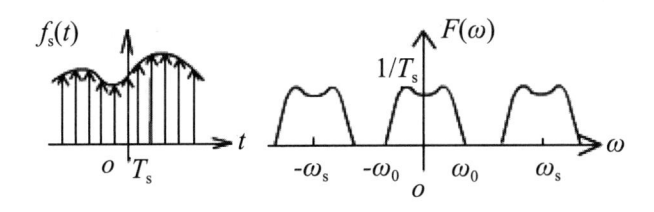

(b) 高抽样频率时的抽样信号及频谱（不混叠）

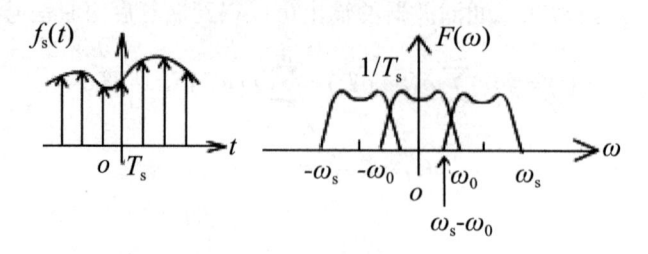

(c) 低抽样频率时的抽样信号及频谱（混叠）

图 5.75　冲激抽样信号的频谱图

例 5.7.3　以 $f(t) = \delta a(t) = \operatorname{sinc}(\dfrac{t}{\pi})$ 为例进行抽样，试画出抽样频率为 1 Hz、pi Hz 和 4 Hz 时的信号的恢复及误差图像。

解，程序如下，仿真结果如图 5.76 所示。

```
clear all
clc
wm=1;wc=wm;
t = -15: 0.01 : 15;%% 设置原始信号
n = -100: 100;
Ts1 =1; t1 = -15 : Ts1 :15; nTs1 = n * Ts1; % 采样频率 1;
Ts2 =1/pi; t2 = -15 :Ts2 :15;nTs2 = n * Ts2;% 采样频率 pi
Ts3 = 1/4; t3 = -15 : Ts3 :15;nTs3 = n * Ts3;% 采样频率 4
ft = sinc(t/pi);%f = sinc(nTs/pi);
ft1 = sinc(nTs1/pi);ft2 = sinc(nTs2/pi);ft3 = sinc(nTs3/pi);
f1 = ft1 *Ts1*wc/pi*sinc((wc/pi) * (ones(length(nTs1), 1) * t - nTs1' * ones(1, length(t))));
error1=abs(f1-ft);
f2 = ft2 *Ts2*wc/pi* sinc((wc/pi) * (ones(length(nTs2), 1) * t - nTs2' * ones(1, length(t))));
error2=abs(f2-ft);
f3 = ft3 *Ts3*wc/pi*sinc((wc/pi) * (ones(length(nTs3), 1) * t - nTs3' * ones(1, length(t))));
error3=abs(f3-ft);
subplot(4, 2, 1:2); plot(t,ft); title(' 原信号时域 ');
subplot(4, 2, 3); plot(t, f1); title('1Hz 信号恢复 ');
subplot(4, 2, 4); plot(t, error1); title('1Hz 信号恢复与原信号误差 ');
subplot(4, 2, 5); plot(t,f2); title('piHz 信号恢复 ');
subplot(4, 2, 6); plot(t, error2); title('piHz 信号恢复与原信号误差 ');
subplot(4, 2, 7); plot(t, f3); title('4Hz 信号恢复 ');
subplot(4, 2, 8); plot(t, error3); title('4Hz 信号恢复与原信号误差 ');
```

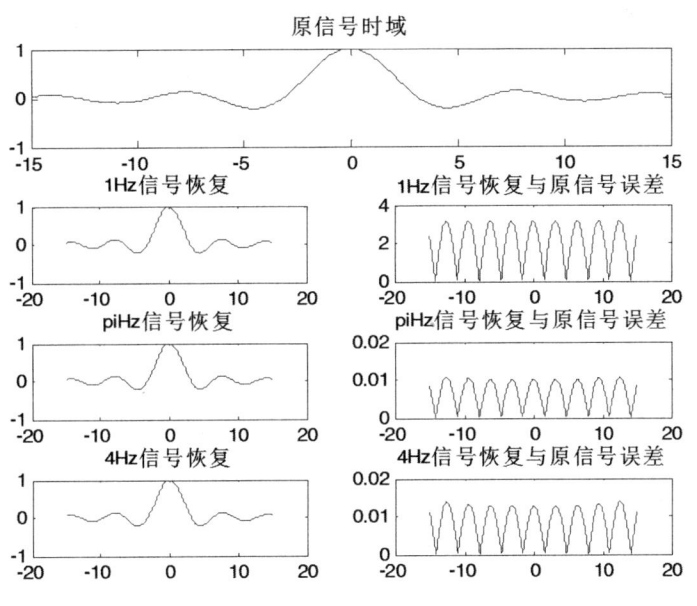

图 5.76 sinc 信号的恢复

例 5.7.4 以 $ff(t)=\sin(2\pi\times30t)$ 为例进行抽样，试画出抽样频率为 45 Hz、61 Hz 和 90 Hz 时的信号的恢复及误差图像。

解，程序如下，仿真结果如图 5.77 所示。

```
clear all
clc
wm=2*pi*30;wc=wm;
t = -0.1: 0.001 : 0.1;%% 设置原始信号
n = -100: 100;
Ts1 =1/45; t1 = -0.1: Ts1 :0.1; nTs1 = n * Ts1; % 采样频率 45;
Ts2 =1/61; t2 = -0.1 :Ts2 :0.1;nTs2 = n * Ts2;% 采样频率 61;
Ts3 =1/90; t3 = -0.1 : Ts3 :0.1; nTs3 = n * Ts3;% 采样频率 90;
ft = sin(2*pi*30*t);%f = sinc(nTs/pi);
ft1 = sin(2*pi*30*nTs1);ft2 = sin(2*pi*30*nTs2);ft3 = sin(2*pi*30*nTs3);
f1 = ft1 *Ts1*wc/pi*sinc((wc/pi) * (ones(length(nTs1), 1) * t - nTs1' * ones(1, length(t))));
error1=abs(f1-ft);
f2 = ft2 *Ts2*wc/pi* sinc((wc/pi) * (ones(length(nTs2), 1) * t - nTs2' * ones(1, length(t))));
error2=abs(f2-ft);
f3 = ft3 *Ts3*wc/pi*sinc((wc/pi) * (ones(length(nTs3), 1) * t - nTs3' * ones(1, length(t))));
error3=abs(f3-ft);
subplot(4, 2, 1:2); plot(t,ft); title('原信号时域');
subplot(4, 2, 3); plot(t, f1); title('45Hz 信号恢复');
```

subplot(4, 2, 4); plot(t, error1); title('45Hz 信号恢复与原信号误差');
subplot(4, 2, 5); plot(t,f2); title('61Hz 信号恢复');
subplot(4, 2, 6); plot(t, error2); title('61Hz 信号恢复与原信号误差');
subplot(4, 2, 7); plot(t, f3); title('90Hz 信号恢复');
subplot(4, 2, 8); plot(t, error3); title('90Hz 信号恢复与原信号误差');

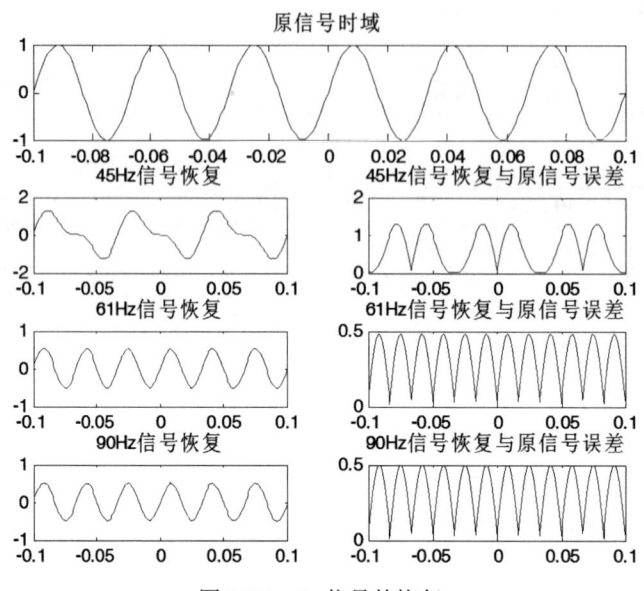

图 5.77　sin 信号的恢复

5.7.3　实验步骤

（1）预习课本相关抽样定理的理论，熟悉采样的原理、信号恢复的原理。

（2）在 MATLAB 中仿真实现实验原理中的所有程序。

（3）仿真实现下面的例子。

例　已知某信号 $f(t) = \sin(2\pi \times 30t) + \cos(2\pi \times 45t)$

① MATLAB 实现该信号的抽样。计算该信号的 ω_m，并根据奈奎斯特抽样定理计算理想抽样频率，并选择实际抽样频率大于、等于、小于理想抽样频率时的抽样。

②在①的抽样频率下进行抽样的恢复，并进行误差对比。

5.7.4　实验结果分析

（1）理论计算例 5.7.2 和例 5.7.4 的奈奎斯特抽样速率，解释例 5.7.2 和例 5.7.4 的仿真结果。

（2）理论计算例 5.7.1 和例 5.7.3 的奈奎斯特抽样速率，解释例 5.7.1 和例 5.7.3 的仿真结果。

5.7.5　问题讨论及开放性拓展

（1）仿真说明两个和信号的奈奎斯特抽样速率取两个信号中的最大频率。

（2）仿真说明两个信号卷积的奈奎斯特抽样速率取两个信号频率的和。

5.8 Laplce 变换

5.8.1 实验目的
（1）使用 MATLAB 求部分分式；
（2）使用 MATLAB 求解拉式正逆变换；
（3）使用 MATLAB 证明拉式变换的性质。

5.8.2 实验原理
5.8.2.1 部分分式展开

信号的 Laplace 为多项式/多项式的形式，在求解逆变换时需要将其进行部分分式展开，在 MATLAB 中调用函数 residue() 可以将复杂的有理式进行部分分式分解。函数的具体用法如下：[r,p,k]=residue(a,b)，其中 a 表示有理式中分子多项式的系数向量，b 表示有理式中分母多项式的系数向量。函数返回有理式的部分分式展开，其中 r 表示部分分式的系数，p 表示有理式的极点，即为部分分式的分母，k 表示有理式中整式部分的系数，若有理式为真分式，则该项为 0。

例 5.8.1 已知函数 $F(s) = \dfrac{4s+5}{s^2+5s+6}$，对函数利用 MATLAB 进行部分分式展开。

解：仿真程序和结果如下：
a=[1,5];
b=[1,5,6];
[r,p,k]=residue(a,b)
r = -2.0000 3.0000
p =-3.0000 -2.0000
k = []

则部分分式结果为 $F(s) = -\dfrac{2}{s+3} + \dfrac{3}{s+2}$。

例 5.8.2 利用 MATLAB 对函数 $F(s) = \dfrac{s-2}{s^4+3s^3+3s^2+s}$ 进行部分分式展开。

解：仿真程序和结果如下：
clear
a=[1,-2];
b=[1,3,3,1];
[r,p,k]=residue(a,b)
r =2.0000 2.0000 3.0000 -2.0000
p =-1.0000 -1.0000 -1.0000 0
k =[]

则部分分式结果为 $F(s) = \dfrac{2}{s+1} + \dfrac{2}{(s+1)^2} + \dfrac{3}{(s+1)^3} + \dfrac{-2}{s}$

例 5.8.3 利用 MATLAB 对函数 $F(s) = \dfrac{2s^3 + 3s^2 + 5}{(s+1)(s^2+s+2)}$ 进行部分分式展开。

解：仿真程序和结果如下：

clear

a=[1,-2];

b=[1,3,3，1];

[r,p,k]=residue(a,b)

r = 0.0000 - 0.3780i   0.0000 + 0.3780i   2.0000 + 0.0000i

p = -0.5000 + 1.3229i   -0.5000 - 1.3229i   -1.0000 + 0.0000i

k =[]

则部分分式结果为 $F(s) = \dfrac{-0.378i}{s + 0.5 - 1.3229i} + \dfrac{0.378i}{s - 0.5 + 1.3229i} + \dfrac{2}{(s+1)}$

5.8.2.2 拉式变换

Laplace 的正逆变换公式如下：

$$F(s) = \int_0^{+\infty} f(t)\mathrm{e}^{-st}\mathrm{d}t, \quad f(t) = \dfrac{1}{2\pi \mathrm{j}} \int_{\sigma-\mathrm{j}\infty}^{\sigma+\mathrm{j}\infty} F(s)\mathrm{e}^{st}\mathrm{d}s$$

在 MATLAB 信号处理工具箱中提供了函数 laplace() 和 ilaplace() 求解信号的 Laplace 变换和 Laplace 逆变换。

例 5.8.4 求阶跃函数的 Laplace。

解：仿真程序如下：

clear

syms t

f=sym('heaviside(t)')

F=laplace(f)

仿真结果：

f=heaviside(t)

F=1/s

例 5.8.5 求指数函数的 Laplace。

解：仿真程序如下：

clear

syms t

f=sym('exp(-2*t)')

F=laplace(f)

仿真结果：

f=exp(-2*t)

F=1/(s+2)

例 5.8.6 求冲激函数的 Laplace。

解：仿真程序如下：

syms t

f=sym('dirac(t)')

F=laplace(f)

仿真结果：

f=dirac(t)

F=1

例 5.8.7 求三角函数的 Laplace。

解：仿真程序如下：

syms t

f1=sym('sin(t)')

f2=sym('cos(t)')

F1=laplace(f1)

F2=laplace(f2)

仿真结果：

f1=sin(t)

f2=cos(t)

F1=1/(s^2+1)

F2=s/(s^2+1)

例 5.8.8 求 t^n 阶跃函数的 Laplace。

解：仿真程序如下：

syms t

f1=sym('t'); F1=laplace(f1)

f2=sym('t*t');F2=laplace(f2)

f3=sym('t*t*t');F2=laplace(f3)

仿真结果：

F1=1/s^2

F2=2/s^3

F3=6/s^4

5.8.2.3 拉式变换的性质

（1）原函数的微分性质。

$$L[f'(t)] = sF(s) - f(0)$$

例 5.8.9 证明原函数的微分性质，以指数函数为例。

解：仿真程序如下：

syms t

f=sym('exp(-2*t)');

y=diff(f,'t');

F=laplace(y)

仿真结果：

F=-2/(s+2)

由仿真结果可知 $L[(\mathrm{e}^{-2t})'] = s \times \dfrac{1}{s+2} - 1 = \dfrac{-2}{s+2}$，即原函数的微分性质证得。

（2）原函数的积分性质。

$$L[\int_{-\infty}^{t} f(\tau)\mathrm{d}\tau] = \dfrac{F(s)}{s} - \dfrac{f^{(-1)}(0)}{s}f(0)$$

例 5.8.10　证明原函数的积分性质，以指数函数为例。

解：仿真程序如下：

f=sym('exp(-2*t)');

y=diff(f,'t');

F=laplace(y)

仿真结果：

F=-1/(2*(s+2))

由仿真结果可知 $L[\int_{-\infty}^{t} \mathrm{e}^{-2\tau}\mathrm{d}\tau] = \dfrac{\dfrac{1}{s+2}}{s}$，$-\dfrac{1}{2s} = \dfrac{-1}{2(s+2)}$，即原函数的积分性质证得。

（3）时域平移性质。

$$L[f(t-t_0)u(t-t_0)] = \mathrm{e}^{-st_0}F(s)$$

例 5.8.11　证明时域平移性质，以指数函数为例。

解：仿真程序如下：

f=sym('exp(-2*t)')

g=sym('exp(-2*(t-3))*heaviside(t-3)')

F=laplace(f)

G=laplace(g)

仿真结果：

f=exp(-2*t)

g=heaviside(t-3)*exp(6-2*t)

F=1/(s+2)

G=exp(-3*s)/(s+2)

由仿真结果可验证定理。

（4）S 域的平移性质。

$$L[f(t)e^{-\alpha t}] = F(s+\alpha)$$

例 5.8.12　证明频域平移性质，以指数函数为例。

解：仿真程序如下：

f=sym('exp(-2*t)')

g=sym('exp(-2*t)*exp(-3*t)')

F=laplace(f)

G=laplace(g)

仿真结果：

f=exp(-2*t)

g=exp(-5*t)

F=1/(s+2)

G=1/(s+5)

由仿真结果可验证定理。

（5）尺度变换性质。

$$L[f(at)] = \frac{1}{a}F(\frac{s}{a})$$

例 5.8.13　证明尺度变换性质，以指数函数为例。

解：仿真程序如下：

f=sym('exp(-2*t)')

g=sym('exp(3*(-2)*t)')

F=laplace(f)

G=laplace(g)

仿真结果：

f=exp(-2*t)

g=exp(-6*t)

F=1/(s+2)

G=1/(s+6)

由仿真结果可知 $L[f(3t)] = \frac{1}{3} \times \frac{1}{\frac{s}{3}+2} = \frac{1}{s+6}$，则验证定理。

（6）初值定理和终值定理。

初值定理：$\lim\limits_{t \to 0_+} f(t) = f(0_+) = \lim\limits_{s \to \infty} sF(s)$

终值定理 $\lim\limits_{t \to \infty} f(t) = \lim\limits_{s \to 0} sF(s)$

例 5.8.14 证明初值和终值定理，以指数函数为例。

解：仿真程序如下：

f=sym('exp(-2*t)');

f1=limit(f,t,0)% 初值

f2=limit(f,t)% 终值

F=laplace(f);

F1=limit(s*F,s)

F2=limit(s*F,s,0)

仿真结果：

f1=1

f2=0

F1=1

F2=0

由仿真结果可验证定理。

5.8.3 实验步骤

（1）预习课本相关 Laplace 的相关理论，熟悉 Laplace 变换的正逆变换求解，熟悉 Laplace 变换的性质。

（2）在 MATLAB 中仿真实现实验原理中的所有程序。

（3）仿真实现下面 3 个例子。

例 1 已知函数 $F(s) = \dfrac{s^2 + 3}{(s^2 + 2s + 5)(s + 2)}$，对函数利用 MATLAB 进行部分分式展开。

例 2 已知 $f_1(t) = (1 + 2t)\mathrm{e}^{-t}$，$f_2(t) = \mathrm{e}^{-(t+2)}\cos(3t)$，利用 MATLAB 求解其 Laplace。

例 3 以 $f(t) = \sin(t)$ 为例，证明 Laplace 的尺度变换性质。

5.8.4 实验结果分析

（1）理论推导实验原理中的例题，并与实际仿真结果进行比较。

（2）理论计算实验步骤中的例题，与仿真结果进行比较。

5.8.5 问题讨论及开放型拓展

试证明 Laplace 变换的卷积定理。

5.9 连续 LTI 系统的 S 域分析

5.9.1 实验目的

（1）使用 MATLAB 分析 $H(s)$；

（2）使用 MATLAB 求解连续 LTI 系统的响应。

5.9.2 实验原理

5.9.2.1 MATLAB 对 LTI 系统进行分析

连续 LTI 系统的数学模型为微分方程，经过 Laplace 变换后可得系统函数

$$H(s)=\frac{Y(s)}{X(s)}=\frac{\sum_{k=0}^{M}a_k s^k}{\sum_{k=0}^{N}b_k s^k}$$

在 MATLAB 中表示系统函数，即为确定系统函数分子分母的系数向量。

（1）$H(s)$ 的零极点分布。

在 MATLAB 中可以绘制系统函数的零极点分布，根据零极点分布情况可以分析系统函数的收敛域和稳定性。

零极点分布可以用两种方法求解：

第一种方法根据零极点为分子分母的根，可以用 root() 函数来进行求解。

第二种方法根据 MATLAB 信号处理工具箱提供的函数 pzmap(sys),sys=tf(a,b) 来绘制零极点分布。

这里选择第二种方法。

（2）求系统的冲激响应。

在 LTI 系统中，已知系统函数 $H(s)$，可求系统的单位冲激响应，用函数 impulse()，调用格式为 H=impulse(a,b,t)

（3）求系统的频率响应。

在 LTI 系统中，已知系统函数 $H(s)$，可求系统的频率响应函数，用函数 freqs()，调用格式为 H=freqs(a,b,w)，可画出系统的幅频特性和相频特性。

例 5.9.1　已知系统函数 $H(s)=\dfrac{1}{s^3+2s^2+2s+1}$，画出其零极点分布，求冲激响应和频率响应。

解：仿真程序如下，仿真结果如图 5.78 至图 5.80 所示。

```
clear
a=[1];b=[1,2,2,1];sys=tf(a,b); figure(1)
pzmap(sys);t=0:0.01:10;
h=impulse(a,b,t);
figure(2)
plot(t,h);title(' 冲激响应 ');
[H,w]=freqs(a,b);
figure(3)
subplot(211);plot(w,abs(H));title(' 幅频特性曲线 ');
subplot(212);plot(w,angle(H));title(' 相频特性曲线 ');
```

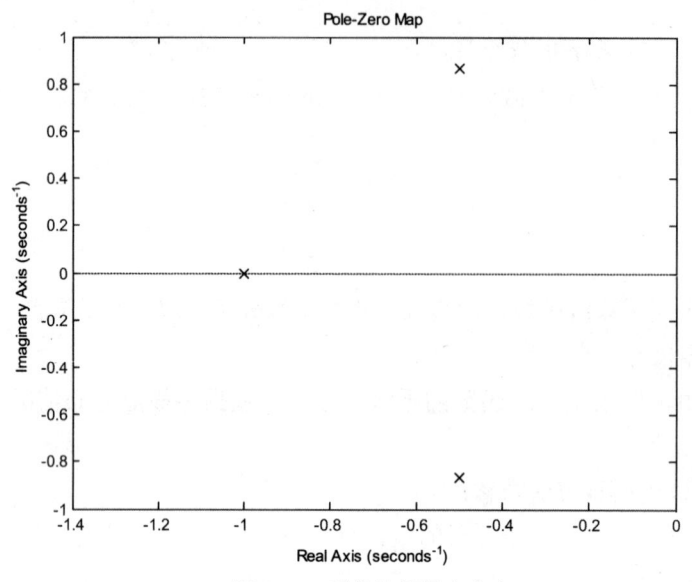

图 5.78　系统的零极点分布

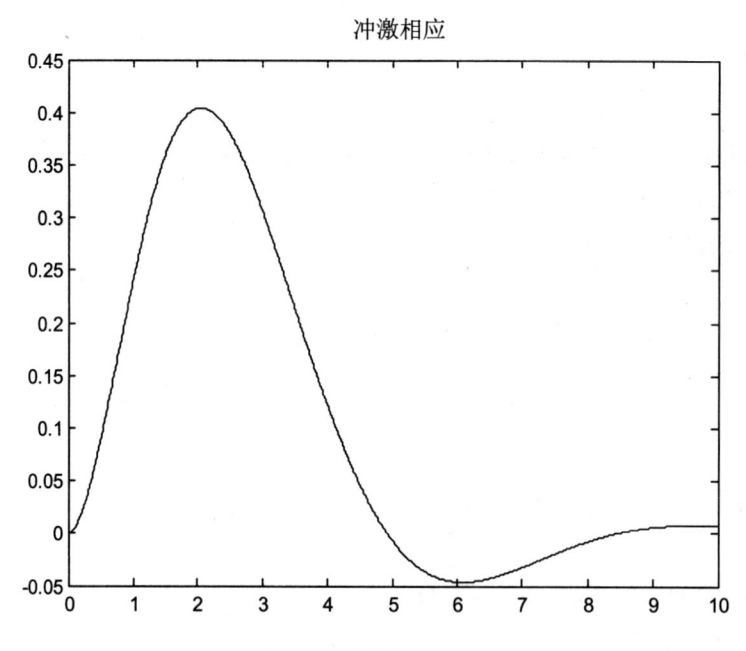

图 5.79　系统的冲激响应

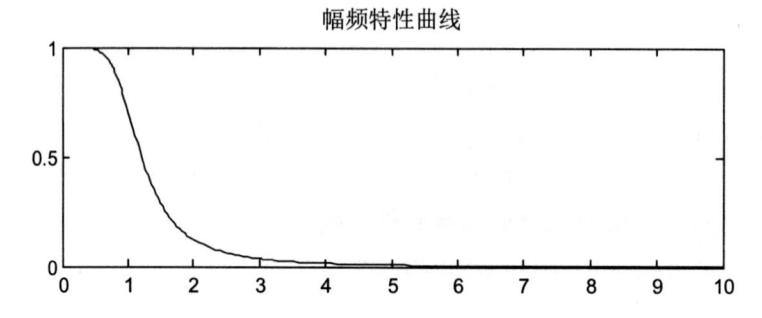

图 5.80 系统的幅频和相频特性

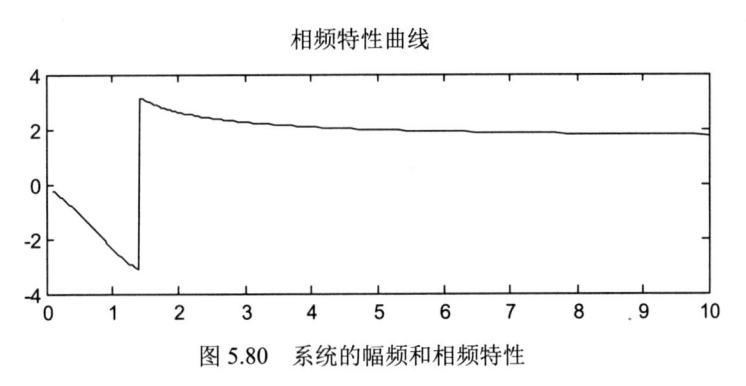

例 5.9.2 已知系统 $3y'''(t)+5y''(t)+4y'(t)-6y(t)=x''(t)+x'(t)+2x(t)$，求冲激响应和频率响应，并判定系统的稳定性。

解：系统函数 $H(s)=\dfrac{s^2+s+2}{3s^3+5s^2+4s-6}$，仿真程序如下，仿真结果如图 5.81 至图 5.83 所示。

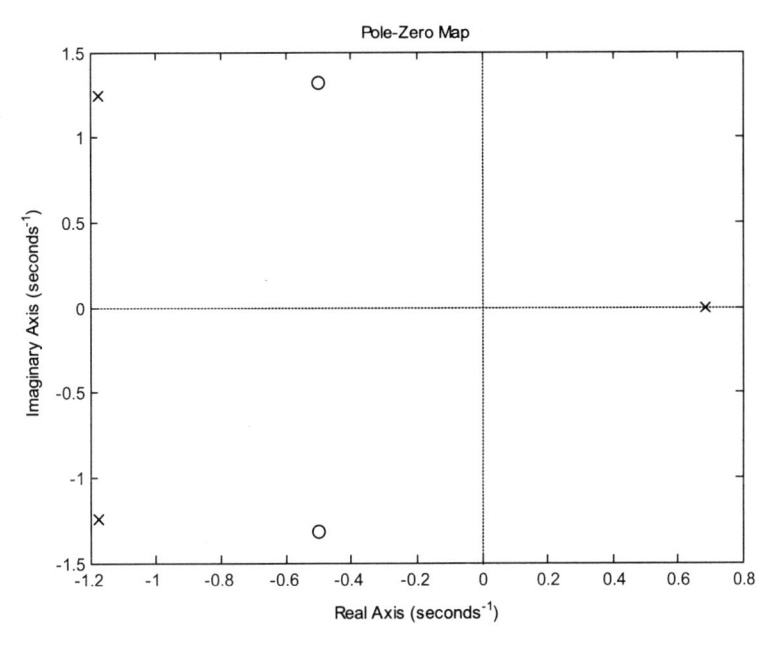

图 5.81 系统的零极点分布

a=[1,1,2];
b=[3,5,4,-6];
sys=tf(a,b)
figure(1)
pzmap(sys);
t=0:0.01:10;
h=impulse(a,b,t);
figure(2)

plot(t,h);title(' 冲激响应 ');
[H,w]=freqs(a,b);
figure(3)
subplot(211);plot(w,abs(H));title(' 幅频特性曲线 ');
subplot(212);plot(w,angle(H));title(' 相频特性曲线 ');

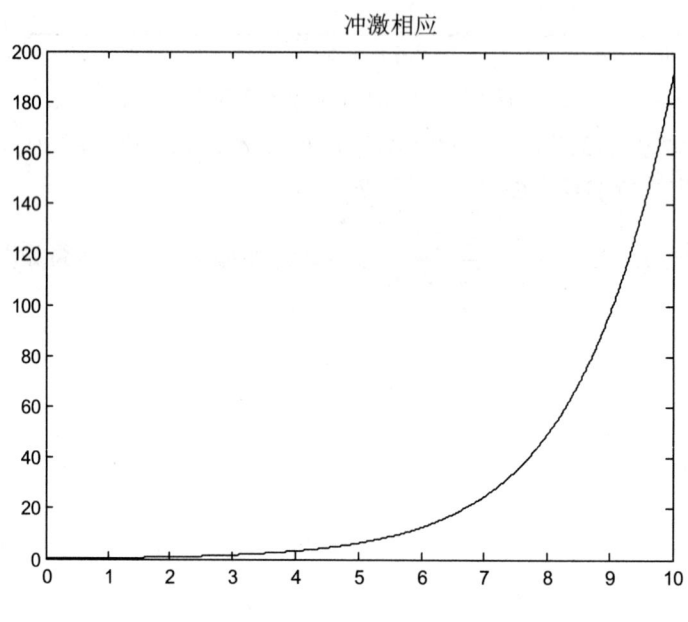

图 5.82　系统的冲激响应

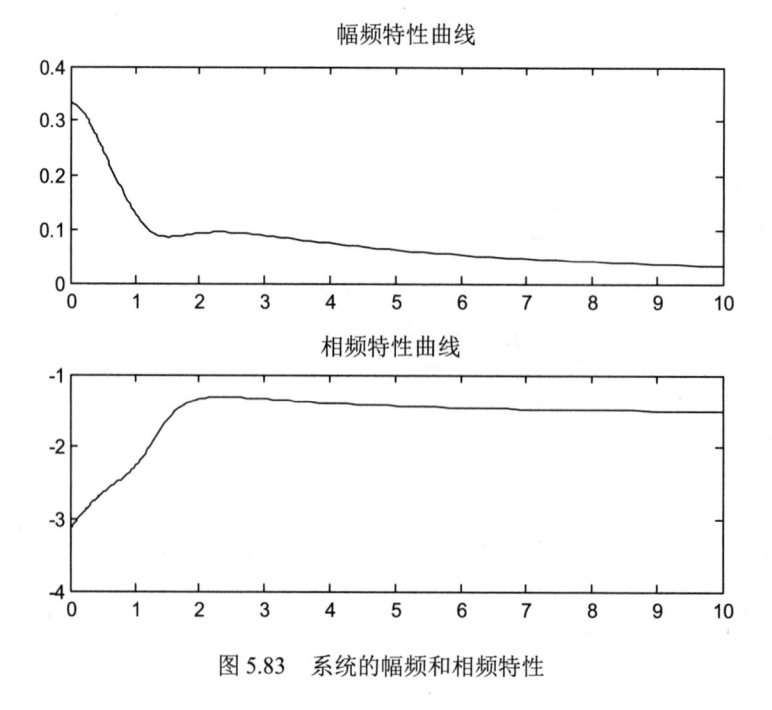

图 5.83　系统的幅频和相频特性

5.9.2.2 利用 MATLAB 求系统的响应

系统的响应的求解方法有两种：

（1）S 域求解。

根据 $H(s) = \dfrac{Y(s)}{X(s)}$ 得 $Y(s)$ $H(s)X(s)$，取拉式逆变换则求出 $y(t)$。

（2）时域求解。

根据 $H(s) = \dfrac{Y(s)}{X(s)}$ 得 $h(t)$，则响应 $y(t) = h(t) * h(t)$。

在 MATLAB 中 分析系统响应如前述介绍的冲激响应 y=impulse(a,b,t)，可以用函数 step() 和函数 lsim() 来求解阶跃响应和任意其他的响应。调用格式为：

阶跃响应：y=step(a,b,t)

对任意输入的响应：y=lsim((a,b,U,t)，T 为等间隔的时间向量，指明要计算响应的时间。

例 5.9.3 在例 5.9.1 中，求系统的阶跃响应和输入为 sin(t) 时的输出响应。

解：仿真程序如下，仿真结果如图 5.84 所示。

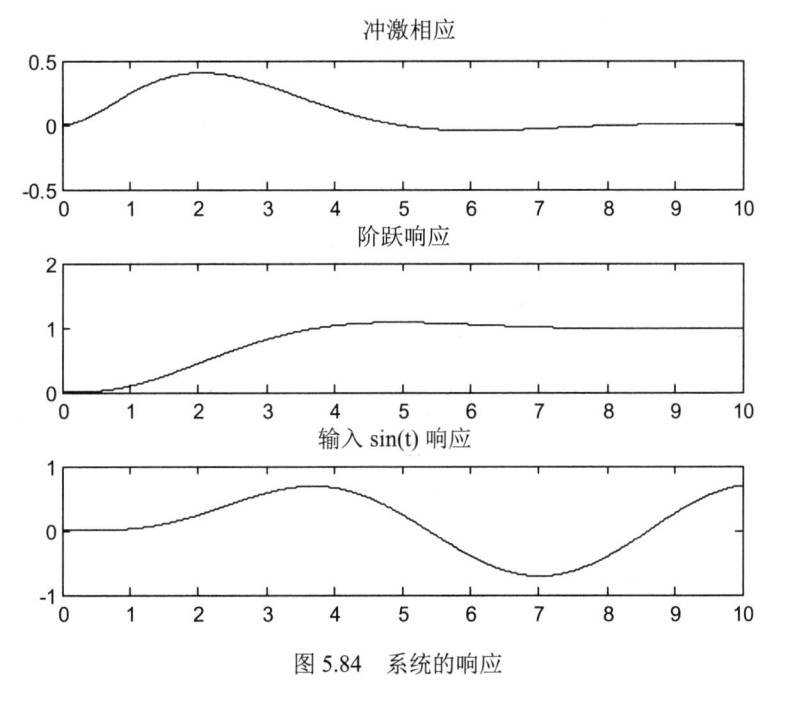

图 5.84 系统的响应

```
clear
a=[1];
b=[1,2,2,1];
t=0:0.01:10;
h=impulse(a,b,t);
y1=step(a,b,t);
e=sin(t);
```

y2=lsim(a,b,e,t);

subplot(311),plot(t,h);title(' 冲激响应 ');

subplot(312),plot(t,y1);title(' 阶跃响应 ');

subplot(313),plot(t,y2);title(' 输入 sin(t) 响应 ');

例 5.9.4 在例 5.9.1 中，求系统的阶跃响应和输入为 $e^{(-2t)}$ 时的输出响应。

解：仿真程序如下，仿真结果如图 5.85 所示。

clear

a=[1,1,2];

b=[3,5,4,-6];

t=0:0.001:2;

h=impulse(a,b,t);

y1=step(a,b,t);

e=exp(-2*t);

y2=lsim(a,b,e,t);

subplot(311),plot(t,h);title(' 冲激响应 ');

subplot(312),plot(t,y1);title(' 阶跃响应 ');

subplot(313),plot(t,y2);title(' 输入 exp(-2*t) 响应 ');

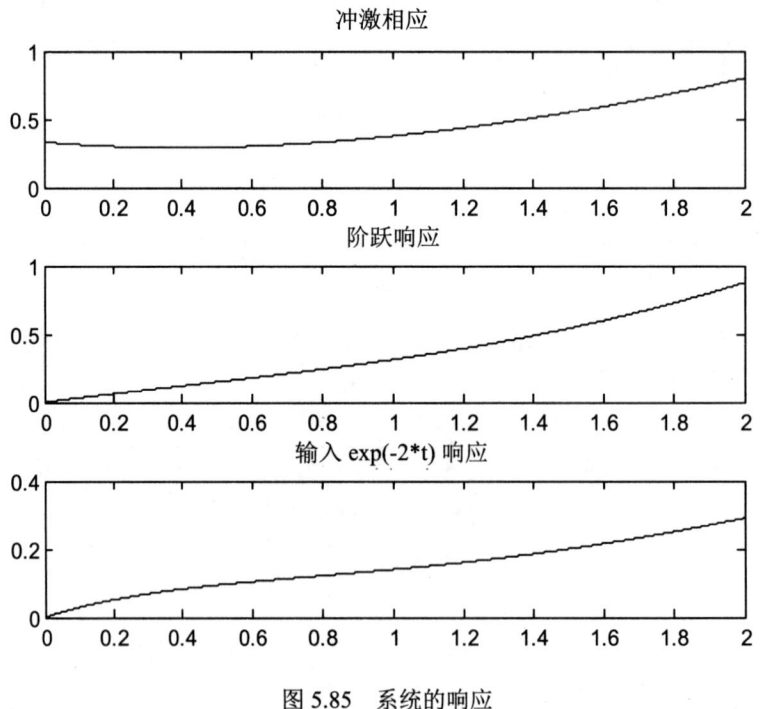

图 5.85 系统的响应

5.9.3 实验步骤

（1）预习课本相关 LTI 系统的 S 域求解，熟悉冲激响应和阶跃响应的理论和求解。

（2）在 MATLAB 中仿真实现实验原理中的所有程序。

（3）仿真实现下面的例子。

例　已知某连续 LTI 系统 $y''(t)+3y'(t)+2y(t)=x(t)$，

（1）求解系统的冲激响应和阶跃响应；

（2）当输入为 2sin(3t) 时，求解系统的零状态响应；

（3）分析系统的稳定性。

5.9.4　实验结果分析

（1）理论求解实验原理中的例子，与仿真结果进行比较。

（2）理论求解实验步骤中的例子，与仿真结果进行比较。

5.9.5　问题讨论及开放性拓展

（1）已知一 RC 电路如图 5.86 所示，系统的输入电压为 $e(t)$，输出为电阻两端的电压 $V_R(t)$，当 R_C=0.04，$e(t)=\cos 2t$，例用 MATLAB S 域求解该系统的响应。

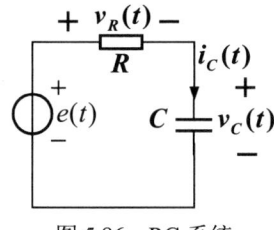

图 5.86　RC 系统

（2）Laplce 和 Fourier 有什么样的关系？

第 6 章 数字信号处理实验

数字信号处理是电子信息技术专业及相近专业的专业基础知识。数字信号处理以离散时间信号与系统作为对象,研究对信号进行各种处理和利用的技术,是信号处理与实际应用结果的桥梁,信号处理的根本目的即为完成对数字信号的一些数学运算和转换,其处理的形式包括卷积、FFT、滤波等,是语音信号处理和图像信号处理的基础性内容。数字信号处理的理论性和工程性都较强的学科,教学中应注重数字信号处理的理论与工程应用的紧密结合,使学生深入理解信号处理的内涵和实质。

实验教学是数字信号处理教学中必不可少的内容,对理论内容的学习有辅助和提高的作用,因此在实验教学中基于 MATLAB 的信号与系统实验软件教学,把建模仿真结合起来,通过该部分的学习,使得学生牢固掌握确定性离散时间信号的谱分析的原理及快速实现方法,借助于数字滤波器的设计及实现,学生可掌握数字滤波系统的分析以及设计方法。

该实验课程依据数字信号处理的基本内容,将课程的各部分内容组织形成 6 个实验进行仿真教学,包括了教学大纲上的主要知识点。

6.1 离散时间信号及其运算

6.1.1 实验目的
(1) 使用 MATLAB 实现常见的离散时间序列;
(2) 使用 MATLAB 离散时间序列的运算。

6.1.2 实验原理及内容
6.1.2.1 常见离散信号的 MATLAB 实现
离散信号是在离散时间点有定义的信号,一般用序列 x(n) 表示,其自变量是整数。

在 MATLAB 中绘制离散时间信号,一般用 stem 函数。其余 plot 的用法基本一样,与连续信号一样,MATLAB 只能表示一定时间范围内有限长度的序列。常见的序列如下:

(1) 单位样值序列。

$$\delta(n) = \begin{cases} 1, n = 0 \\ 0, n \neq 0 \end{cases}$$

例 6.1.1 利用 MATLAB 绘出单位样值序列的波形图。
程序如下,仿真结果如图 6.1 所示。
k=-5:5;

f=(k==0);% 当参数为 0 是冲激为 1，否则为 0
stem(k,f,'filled')
axis([-5,5,0,1.5]);
title(' 单位冲激序列 ');

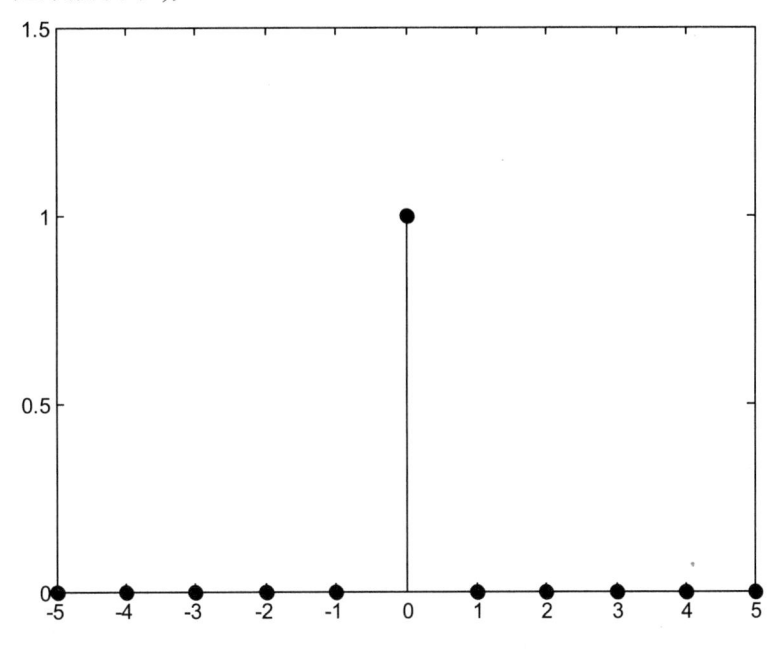

图 6.1　单位冲激序列

（2）单位阶跃序列。

$$u(n)=\begin{cases}1,n\geqslant 0\\ 0,n<0\end{cases}$$

例 6.1.2　利用 MATLAB 绘出单位阶跃序列的波形图。

程序如下，仿真结果如图 6.2 所示。

k=-5:5;
f=k>=0;% 当参数非负时为 1，否则为 0
stem(k,f,'filled')
axis([-5,5,0,1.5]);
title(' 单位阶跃序列 ');

（3）矩形序列。

$$R_N(n)=\begin{cases}1,N-1\geqslant n\geqslant 0\\ 0,n<0\end{cases}$$

例 6.1.3　利用 MATLAB 绘出矩形 $R_4(n)$ 序列的波形图。

解：程序如下，仿真结果如图 6.3 所示。

k=-5:5;

f=k>=0;% 当参数非负时为 1，否则为 0
g=k-5>=0;
x=f-g
stem(k,x,'filled')
axis([-5,5,0,1.5]);
title('R4(n) 序列 ');

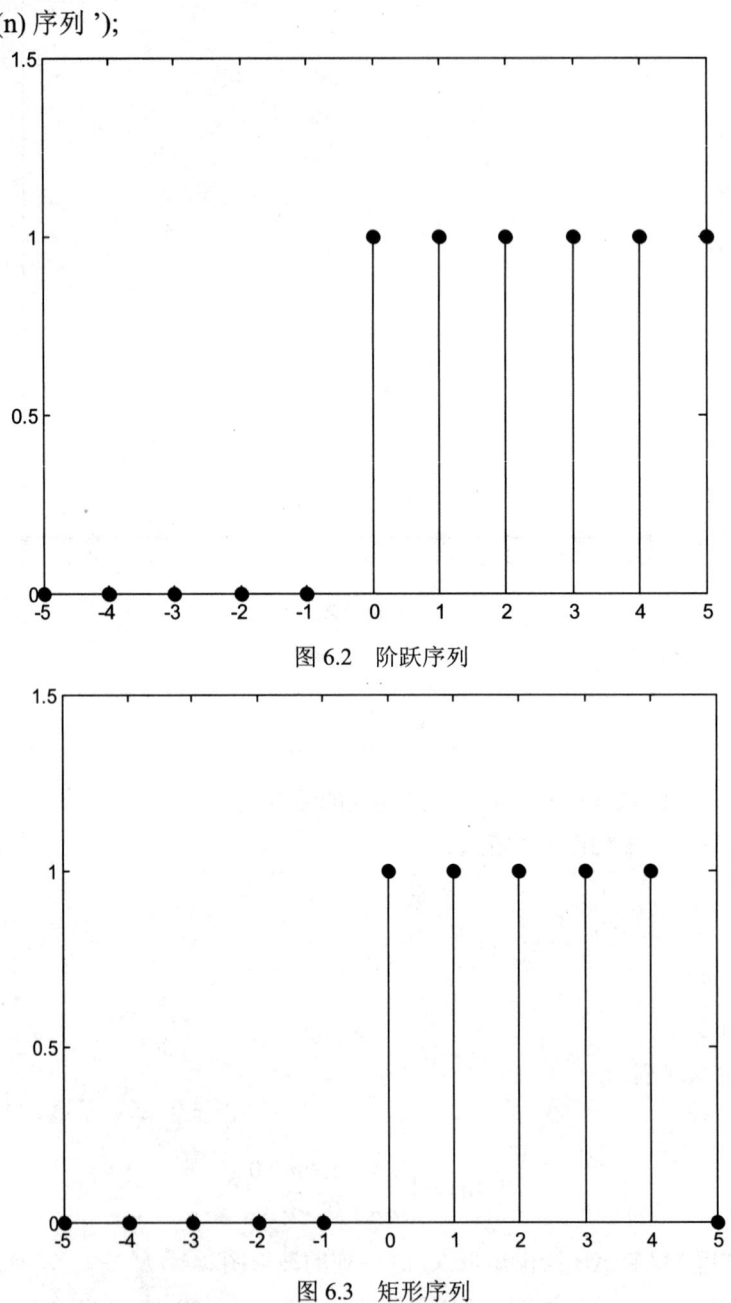

图 6.2 阶跃序列

图 6.3 矩形序列

（4）单边指数序列。

$$x(n) = \alpha^n u(n)$$

例 6.1.4 利用 MATLAB 绘出下面序列的波形图 $x_1(n)=(\frac{1}{2})^n u(n)$，$x_2(n)=(-\frac{1}{2})^n u(n)$，$x_1(n)=2^n u(n)$，$x_2(n)=(-2)^n u(n)$。

解：程序如下，仿真结果如图 6.4 所示。

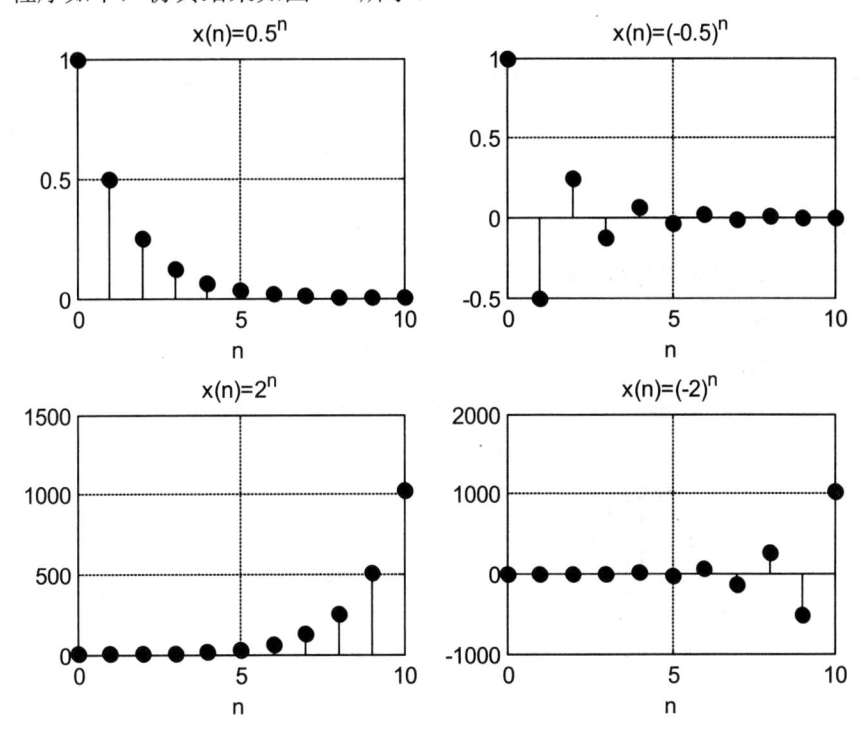

图 6.4 指数序列

```
n=0:10;
a1=0.5;a2=-0.5;a3=2;a4=-2;
x1=a1.^n;x2=a2.^n;x3=a3.^n;x4=a4.^n;
subplot(221)
stem(n,x1,'fill'),grid on
xlabel('n'),title('x(n)=0.5^{n}')
subplot(222)
stem(n,x2,'fill'),grid on
xlabel('n'),title('x(n)=(-0.5)^{n}')
subplot(223)
stem(n,x3,'fill'),grid on
xlabel('n'),title('x(n)=2^{n}')
subplot(224)
stem(n,x4,'fill'),grid on
xlabel('n'),title('x(n)=(-2)^{n}')
```

（5）正弦序列。

$$x(n) = \sin(n\omega_0 + \varphi)$$

式中：ω 是正弦序列的数字域频率；ψ 为初相。与连续的正弦信号不同，正弦序列的自变量 n 必须为整数。可以证明，只有当 n 为有理数时，正弦序列具有周期性。

例 6.1.5 利用 MATLAB 绘出下面序列的波形图 $x(n) = \sin\left(\dfrac{\pi}{12}n\right)$。

解：程序如下，仿真结果如图 6.5 所示。

k=0:40;

x=sin(pi/12*k);

stem(k,x,'fill'),xlabel('k'),grid on

title(' 正弦序列 ')

axis([0,40,-1.5,1.5]);

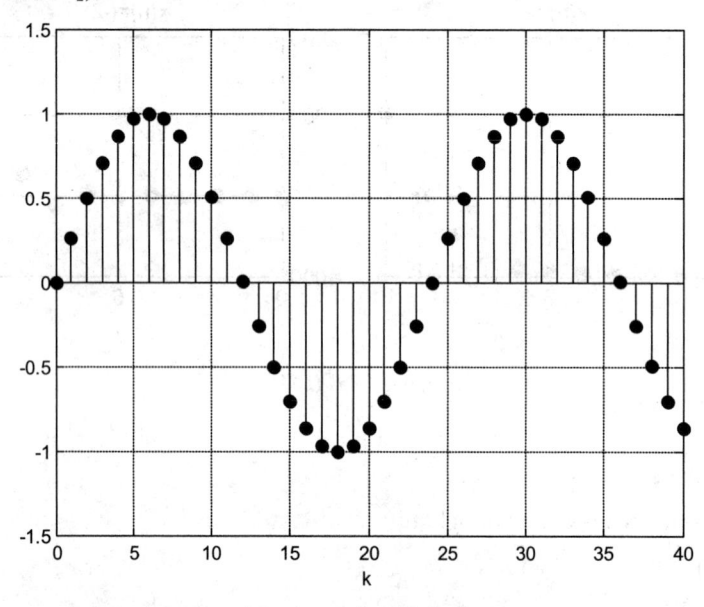

图 6.5 三角函数序列

（6）复指数序列。

$$x(n) = e^{(\alpha + i\omega_0)n} = e^{\alpha n}e^{j\omega_0 n} = e^{\alpha n}[\cos(\omega_0 n) + j\sin(\omega_0 n)]$$

由此可将复指数序列的实部和虚部波形分开研究。

例 6.1.6 利用 MATLAB 绘出 $x(n) = e^{(-0.1+0.5j)n}$ 序列的波形图。

解：程序如下，仿真结果如图 6.6 所示。

n=[0:1:20];

a=-0.1+0.5j;

x=exp(a*n);

subplot(2,2,1);

stem(n,real(x));title('实部');xlabel('n')

subplot(2,2,2);

stem(n,imag(x)); title('虚部'); xlabel('n')

subplot(2,2,3);

stem(n,abs(x));title('振幅');xlabel('n')

subplot(2,2,4);

stem(n,(180/pi)*angle(x)); title('相位'); xlabel('n')

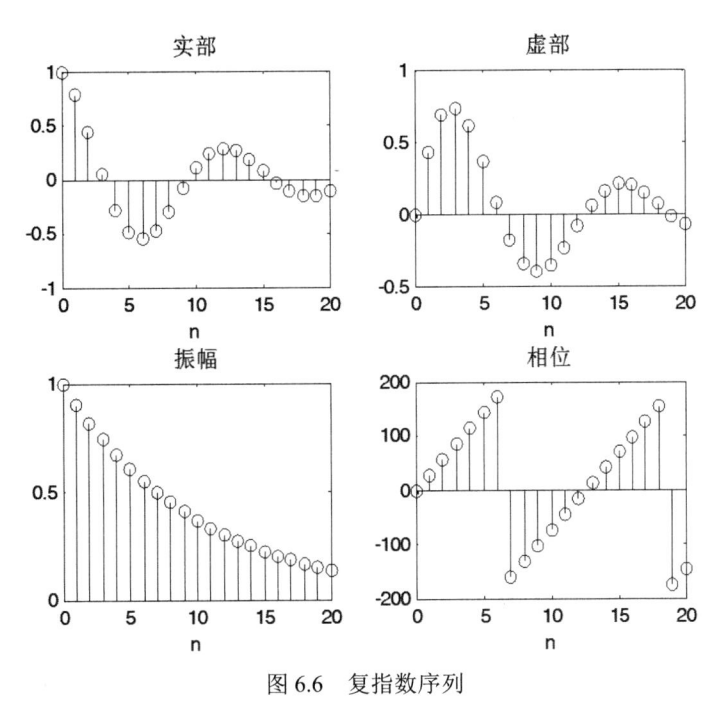

图 6.6 复指数序列

6.1.2.2 离散信号运算的 MATLAB 实现

可对离散序列进行基本运算，包括加、减、乘、除、移位、反折、尺度变换。两个序列进行加减乘除四则运算时表示对应离散样值点进行操作，因此可以通过点乘和点除进行；序列的移位、反折和尺度变换的实现和连续时间的处理一样。

例 6.1.7 实现序列 $f_1 = 2^{-3t}$ 和 $f_2 = \sin(3k\pi)$ 的加和乘运算。

解：程序如下，仿真结果如图 6.7 所示。

clear all

k=0:0.1:2;

f1=2.^(-3*k);

f2=sin(3*pi*k);

f3=f1+f2;

f4=f1.*f2;

subplot(2,2,1);stem(k,f1);title('f1(k)');grid on;
subplot(2,2,2);stem(k,f2);title('f2(k)');grid on;
subplot(2,2,3);stem(k,f3);title('f1+f2'); grid on;
subplot(2,2,4);stem(k,f4);title('f1*f2'); grid on;

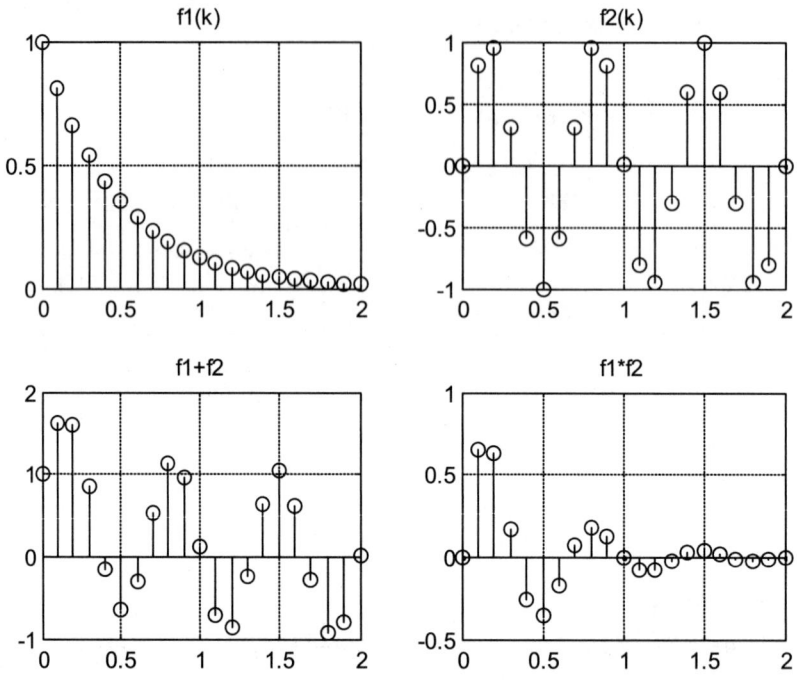

图 6.7 序列的和和乘积

6.1.3 实验步骤

（1）预习课本相关离散信号定义。

（2）在 MATLAB 中仿真实现实验原理中的所有程序。

（3）仿真实现下面 2 个例子。

例 1 在给出的区间上产生并画出下面序列：

$$x(n) = n[u(n) - u(n-10)] + 10e^{-0.3(n-10)}[u(n-10) - u(n-20)], \quad 0 \leqslant n \leqslant 20$$

新建一个 m 文件 stepseq.m。

function [x,n]=stepseq(n0,n1,n2)

n=[n1:n2];

x=[(n-n0)>=0];

利用上述函数完成实验内容 1，新建一个 m 文件 lin1.m。

n=[0:20];

x1=n.*(stepseq(0,0,20)-stepseq(10,0,20));

x2=10*exp(-0.3*(n-10)).*(stepseq(10,0,20)-stepseq(20,0,20));

x=x1+x2;

subplot(2,1,1);stem(n,x);
xlabel('n');ylabel('x(n)');axis([0,20,-1,11]);

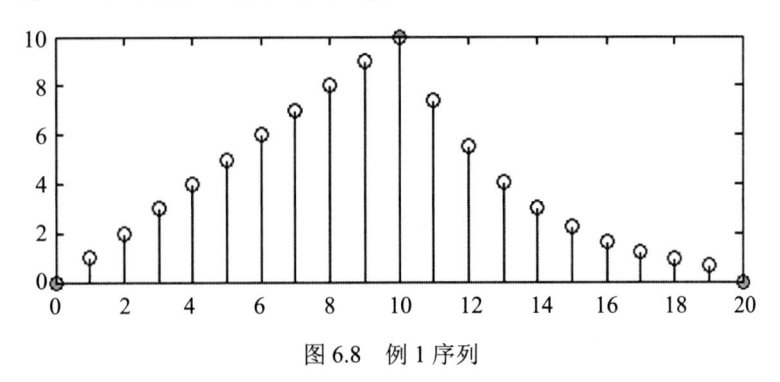

图 6.8　例 1 序列

例 2　设 $x(n) = \{1, -2, 4, 6, -5, 8, 10\}$，产生并画出下列序列的样本。

$$x_1(n) = 5x(5+n) + 4x(n+4) + 3x(n)$$

新建两个函数文件 sigshift.m 和 sigadd.m，具体函数段如下：

sigshift.m 程序 ——
function [y,n]=sigshift(x,m,n0);
n=m-n0;
y=x;

sigadd.m 程序 ——
function [y,n]=sigadd(x1,n1,x2,n2);
m=[min(n1),min(n2)];
p=[max(n1),max(n2)];
n=min(m):1:max(p);
y1=zeros(1,length(n));
y2=y1;
y1(find(n>=min(n1)&(n<=max(n1))==1))=x1;
y2(find(n>=min(n2)&(n<=max(n2))==1))=x2;
y=y1+y2;

运用上述两个函数完成实验内容
n=-4:2;x=[1,-2,4,6,-5,8,10];
[x21,n21]=sigshift(5*x,n,-5);
[x22,n22]=sigshift(4*x,n,-4);
[x23,n23]=sigadd(x21,n21,x22,n22);
[x2,n2]=sigadd(x23,n23,3*x,n);
subplot(2,1,1);stem(n2,x2);
xlabel('n');ylabel('x_1(n)');

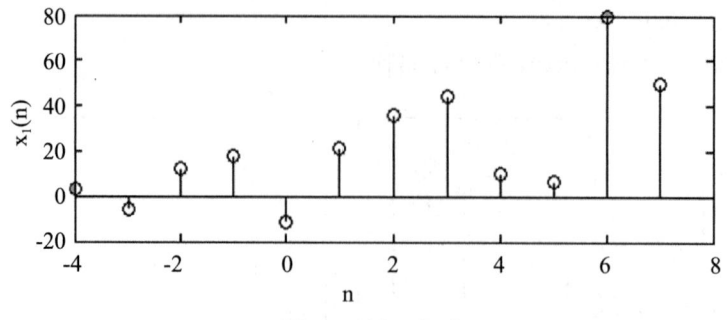

图 6.9 例 2 序列

6.1.4 问题讨论及开放性拓展

设 $x(n) = \{1,-2,4,6,-5,8,10\}$,产生并画出下列序列的样本。

$$x_2(n) = 2e^{0.5n}x(n) + \cos(0.1\pi)x(n+2), \quad -10 \leqslant n \leqslant 10$$

(1) 构造函数 sigmult。

function [y,n]=sigmult(x1,n1,x2,n2)

n=min(min(n1),min(n2)):max(max(n1),max(n2));   % duration of y(n)

y1=zeros(1,length(n));y2=y1;   % initialization

y1(find((n>=min(n1))&(n<=max(n1))==1))=x1;   % x1 with duration of y

y2(find((n>=min(n2))&(n<=max(n2))==1))=x2;   % x2 with duration of y

y=y1.*y2;   % sequence multiplication

(2) 生成文件。

n=-4:2;x=[1,-2,4,6,-5,8,10];n4=-10:10;

x41=2*exp(0.5*n4);x412=cos(0.1*pi*n4);

[x42,n42]=sigmult(x41,n4,x,n);

[x43,n43]=sigshift(x,n,-2);

[x44,n44]=sigmult(x412,n4,x43,n43);

[x4,n4]=sigadd(x42,n42,x44,n44);

subplot(2,1,2);stem(n4,x4);

xlabel('n');ylabel('x_2(n)');

(3) 生成图形如图 6.10 所示。

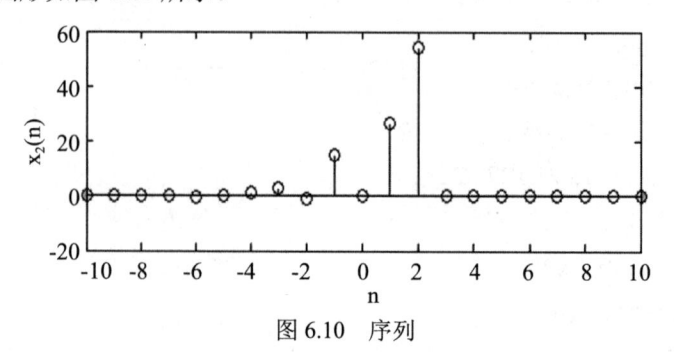

图 6.10 序列

6.2 离散 LTI 系统的时域分析

6.2.1 实验目的
（1）使用 MATLAB 求解离散 LTI 系统的零状态响应；
（2）使用 MATLAB 求解离散系统的单位脉冲响应和阶跃响应；
（3）使用 MATLAB 求解序列的卷积。

6.2.2 实验原理及内容
6.2.2.1 离散时间系统零状态响应的计算
MATLAB 利用函数 filter() 求解某个输出下的离散系统的零状态响应，调用格式为 filter(a,b,x)，其中 a，b 分别表示系统中输入和输出的系数向量，x 表示输入向量。

例 6.2.1 某离散 LTI 系统的差分方程为：

$$y(k) - y(k-1) + 0.6(k-2) = x(k) + x(k-1)$$，输入为 $x(k) = (\frac{1}{2})^k u(k)$，求系统的零状态响应。

解：程序如下，仿真结果如图 6.11 所示。

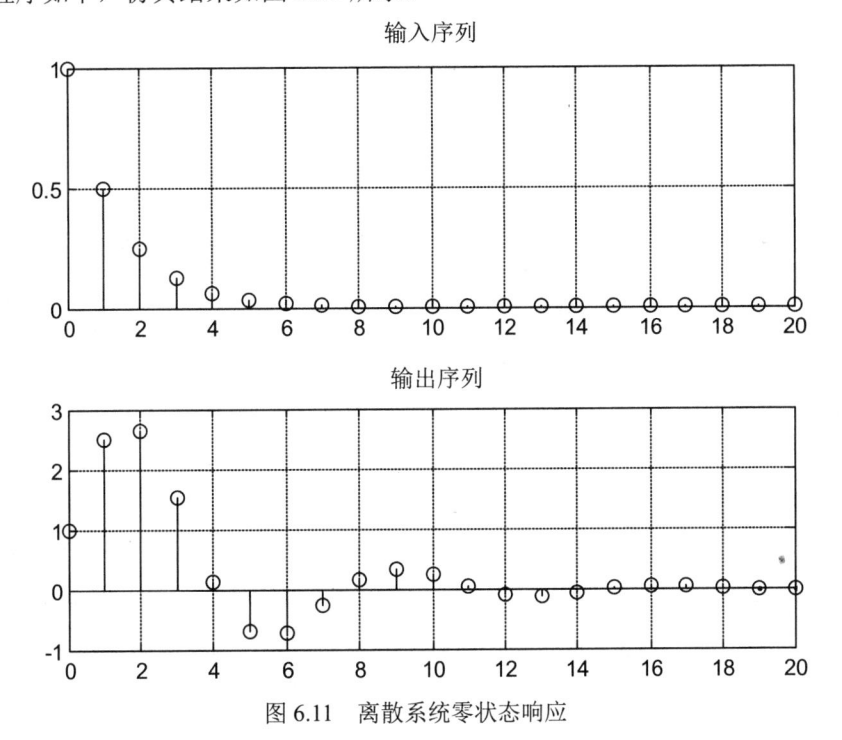

图 6.11 离散系统零状态响应

```
clear
a=[1,1];
b=[1,-1,0.6];
k=0:20;
```

```
x=(1/2).^k;
y=filter(a,b,x);
subplot(211);stem(k,x);
title('输入序列');grid on;
subplot(212);stem(k,y);
title('输出序列');grid on;
```

6.2.2.2 离散时间系统的单位脉冲响应和阶跃响应

（1）在 MATLAB 中用函数 impz() 求解离散系统的单位脉冲响应，调用格式为

Impz(a,b)——式中 a、b 表示离散系统输入输出的系数向量；

Impz(a,b,n)——式中 a、b 同上，n 表示时间范围为 0~n；

Impz(a,b,n1,n2)——式中 a、b 同上，n1, n2 表示时间范围为 n1～n2。

（2）在 MATLAB 中用函数 stepz() 求解离散系统的单位阶跃响应，调用格式为

Impz(a,b)——式中 a，b 表示离散系统输入输出的系数向量。

例 6.2.2　某离散 LTI 系统的差分方程为：

$y(k) - y(k-1) + 0.6(k-2) = x(k) + x(k-1)$，求系统的单位脉冲响应和阶跃响应。

解：程序如下，仿真结果如图 6.12 所示。

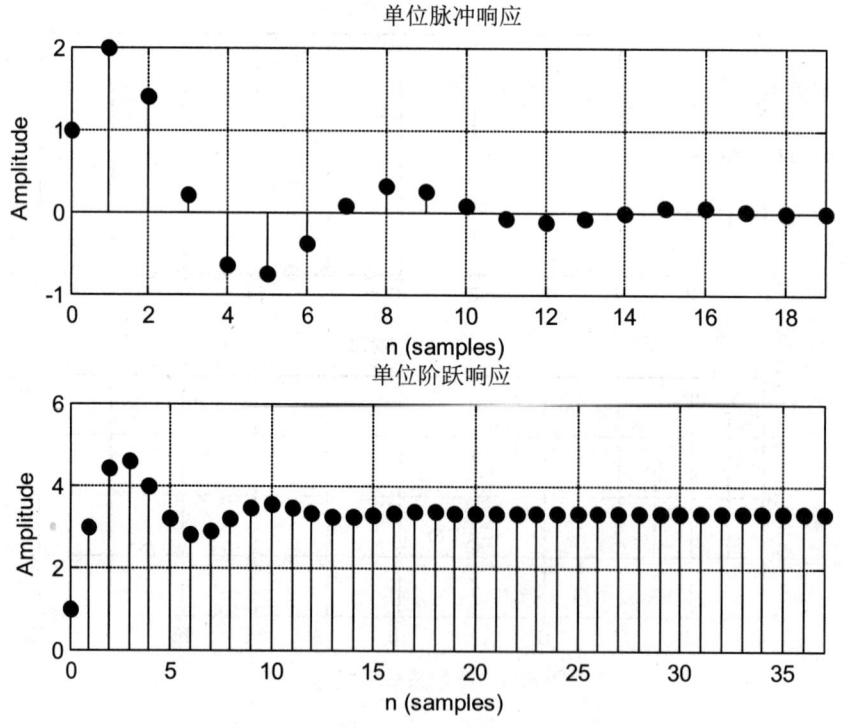

图 6.12　离散系统单位脉冲响应和阶跃响应

```
clear
a=[1,1];
b=[1,-1,0.6];
```

subplot(211);impz(a,b,20);

title('单位脉冲响应');grid on;

subplot(212);stepz(a,b);

title('单位阶跃响应');grid on;

6.2.2.3 序列的卷积

在 MATLAB 中，可以用函数 conv( ) 求出两个离散时间信号的卷积和，其调用格式为：y=conv(x,h)，其中 x，h 表示两个离散序列。

例 6.2.3　求序列 x=[1,2,3] 和 h=[2,4,6] 的卷积和。

解：程序如下，仿真结果如图 6.13。

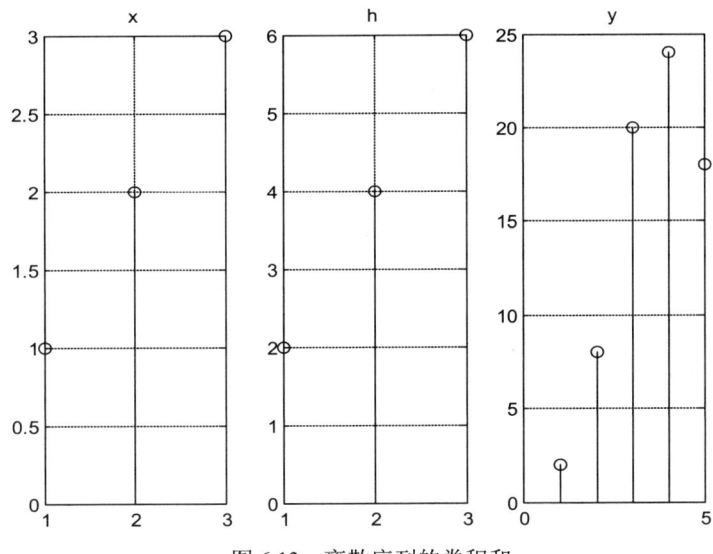

图 6.13　离散序列的卷积和

x=[1,2,3];

h=[2,4,6];

y=conv(x,h)

subplot(131);stem(x);title('x');grid;

subplot(132);stem(h);title('h');grid;

subplot(133);stem(y);title('y');grid;

注意在上述求解方法中只能看出卷积的结果，但是看不出对应的时间序号，可根据序列卷积的长度关系编程实现显示序号的卷积。

Function(f,k)=conv1(x,h,xn,hn)

F-conv(x,h);

F0=xn(1)+hn(1);% 计算卷积结果非零样值的起点

Fk=length(xn)+length(hn)-2;% 计算卷积结果序列的长度

Fn=f0:f0+fk% 计算卷积的序号向量。

调用上述函数即可。

6.2.3 实验步骤

（1）预习课本相关离散 LTI 系统的求解，熟悉冲激响应和阶跃响应的理论和求解，熟悉卷积的计算原理及计算方法。

（2）在 MATLAB 中仿真实现实验原理中的所有程序。

（3）仿真实现下面 2 个例子。

例 1　已知某连续 LTI 系统 $y(k)+3y(k-1)+2y(k-2)=x(k)$，

①当输入为单位阶跃函数时，求解系统的零状态响应；

②求解系统的冲激响应和阶跃响应。

例 2　已知 $f_1(k)=u(k)-u(k-1)$，利用 MATLAB 求解函数和 $f_1(k)*f_1(k)$ 的卷积。

6.2.4 问题讨论及开放性拓展

已知 $f_1(k)=u(k)-u(k-1)$，利用 MATLAB 求解函数和 $f_1(k)*f_1(k)$ 的卷积，要求给出卷积和的序号向量。

6.3　Z 变换和 Z 域分析

6.3.1 实验目的

（1）使用 MATLAB 求部分分式。

（2）使用 MATLAB 求解 Z 正逆变换。

（3）使用 MATLAB 分析 $H(z)$。

6.3.2 实验原理及内容

6.3.2.1 部分分式展开

离散信号的 Z 变换为多项式/多项式的形式，在求解逆变换时需要将其进行部分分式展开，在 MATLAB 中调用函数 residuez() 可以将复杂的有理式进行部分分式分解。函数的具体用法如下：[r,p,k]=residuez(a,b)，式中 a 表示有理式中分子多项式的系数向量，b 表示有理式中分母多项式的系数向量。函数返回有理式的部分分式展开，其中 r 表示部分分式的系数即留数，p 表示有理式的极点，即为部分分式的分母，k 表示有理式中整式部分的系数，若有理式为真分式，则该项为 0。

例 6.3.1　已知函数 $H(z)=\dfrac{5+4z^{-1}}{6+5z^{-1}+z^{-2}}$，对函数利用 MATLAB 进行部分分式展开。

解：仿真程序和结果如下：

a=[5,4,0];

b=[6,5,1];

[r,p,k]=residuez(a,b)

r = -1.5000　2.3333

p = -0.5000　　-0.3333

k = 0

则部分分式结果为 $H(z) = -\dfrac{1.5}{1+0.5z^{-1}} + \dfrac{2.333}{1+0.3z^{-1}}$。

例 6.3.2 利用 MATLAB 对函数 $H(z) = \dfrac{1.5 + 0.98z^{-1} - 2.608z^{-2} + 1.2z^{-3} - 0.144z^{-4}}{1 - 1.4z^{-1} + 0.6z^{-2} - 0.072z^{-3} + z^{-4}}$ 进行部分分式展开。

解：仿真程序如下：

clear
a=[1.5,0.98,-2.608,1.2,-0.144];
b=[1,-1.4,0.6,-0.072];
[r,p,k]=residuez(a,b)

则仿真结果如下：

r = 0.7000   0.5000   0.3000
p = 0.6000   0.6000   0.2000
k = 0   2

6.3.2.2 Z 变换

在 MATLAB 信号处理工具箱中提供了函数 ztrans() 和 iztrans() 求解信号的 Z 变换和 z 逆变换。

例 6.3.3 求阶跃函数的 Z 变换。

解：仿真程序如下：

clear
syms z
f=1;
F=ztrans(f,z)

仿真结果：

F=z/(z-1)

例 6.3.4 求指数函数的 Z 变换

解：仿真程序如下：

clear
syms k z
f=sym('exp(-2*k)')
F=ztrans(f)

仿真结果：

F=z/(z-exp(-2))

6.3.2.3 MATLAB 对 LTI 系统进行分析

离散 LTI 系统的数学模型为差分方程，经过 Z 变换后可得系统函数

$$H(z) = \frac{Y(z)}{X(z)} = \frac{\sum_{k=0}^{M} a_k z^{-k}}{\sum_{k=0}^{N} b_k z^{-k}}$$

在 MATLAB 中表示系统函数,即为确定系统函数分子分母的系数向量。

(1) $H(z)$ 的零极点分布。

在 MATLAB 中可以绘制系统函数的零极点分布,根据零极点分布情况可以分析系统函数的收敛域和稳定性。

零极点分布可以用 MALTAB 信号处理工具箱提供的函数 zplan(a,b) 来绘制零极点分布。

(2) 求系统的冲激响应。

在 LTI 系统中,已知系统函数 $H(z)$,可求系统的单位冲激响应,用函数 impulse(),调用格式为 H=impulse(a,b,k)

(3) 求系统的频率响应。

在 LTI 系统中,已知系统函数 $H(z)$,可求系统的频率响应函数,用函数 freqs(),调用格式为 H=freqs(a,b,w),可画出系统的幅频特性和相频特性。

例 6.3.5 已知系统函数 $H(z) = \dfrac{1}{1 + 2z^{-1} + 2z^{-2} + z^{-3}}$,画出其零极点分布,求冲激响应和频率响应。

解:仿真程序如下,仿真结果如图 6.14 至图 6.16 所示。

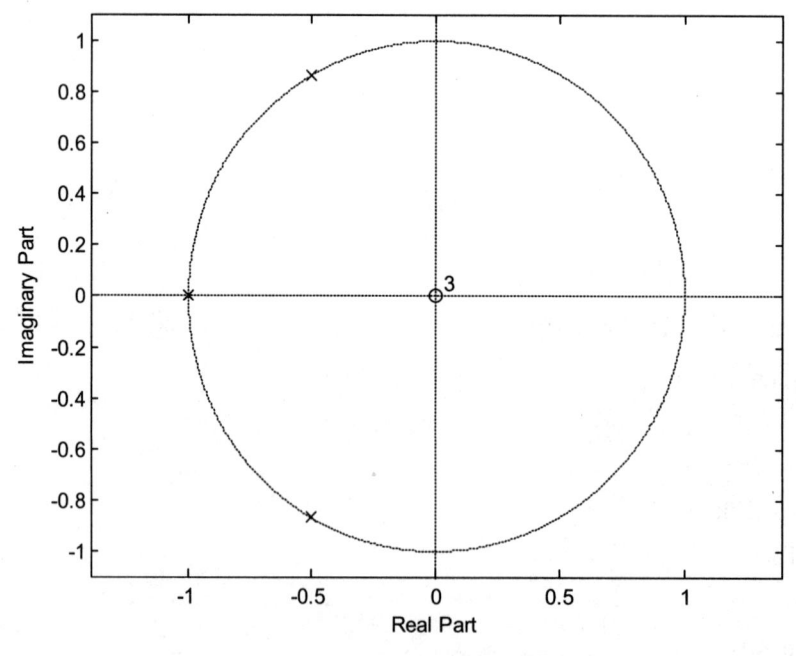

图 6.14 系统的零极点分布

图 6.15 系统的冲激响应

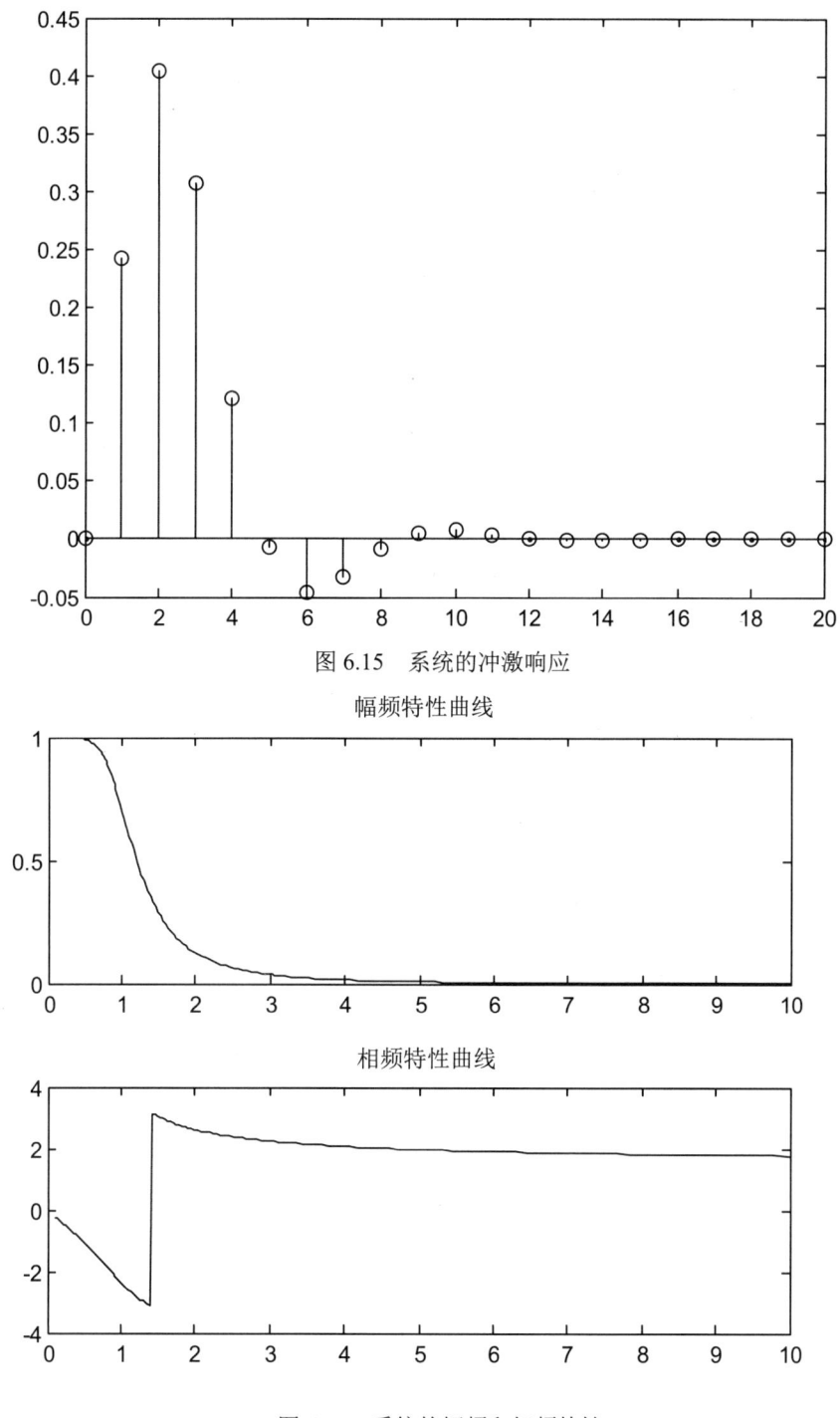

图 6.16 系统的幅频和相频特性

```
clear
a=[1];
b=[1,2,2,1];
```

```
figure(1)
zplane(a,b);
k=0:1:20;
h=impulse(a,b,k);
figure(2)
stem(k,h);title('冲激响应');
[H,w]=freqs(a,b);
figure(3)
subplot(211);plot(w,abs(H));title('幅频特性曲线');
subplot(212);plot(w,angle(H));title('相频特性曲线');
```

例 6.3.6 已知系统 $3+5y(k)+4y(k-1)-6y(k-2)=x(k)+x(k-1)+2x(k-2)$，求冲激响应和频率响应，并判定系统的稳定性。

解：系统函数 $H(z)=\dfrac{1+z^{-1}+2z^{-2}}{3+5z^{-1}+4z^{-2}-6z^{-3}}$，仿真程序如下，仿真结果如图 6.17 至图 6.19 所示。

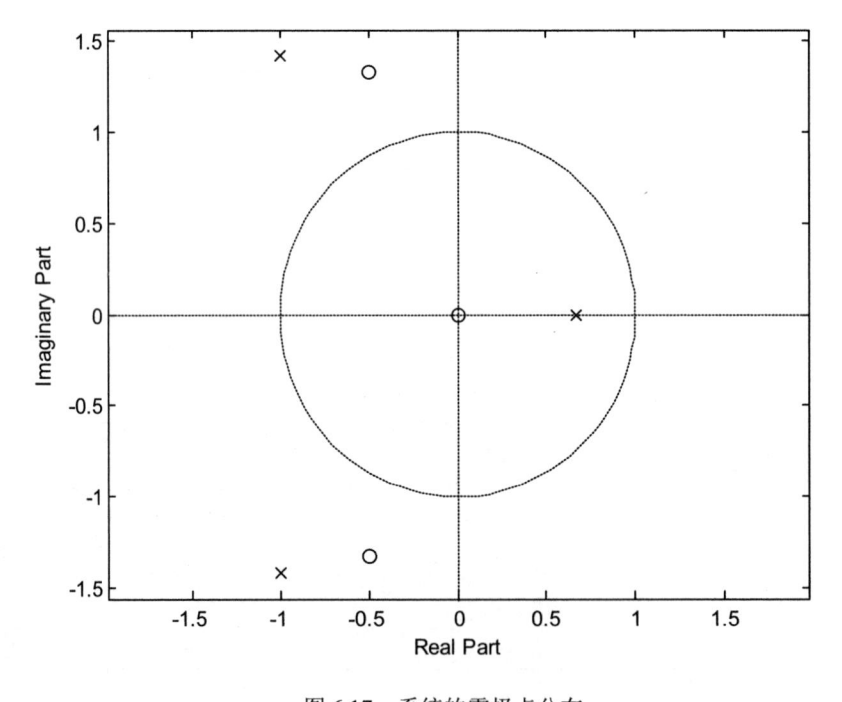

图 6.17 系统的零极点分布

```
clear
a=[1,1,2];
b=[3,4,5,-6];
figure(1)
zplane(a,b);
```

k=0:1:20;

h=impulse(a,b,k);

figure(2)

stem(k,h);title('冲激响应');

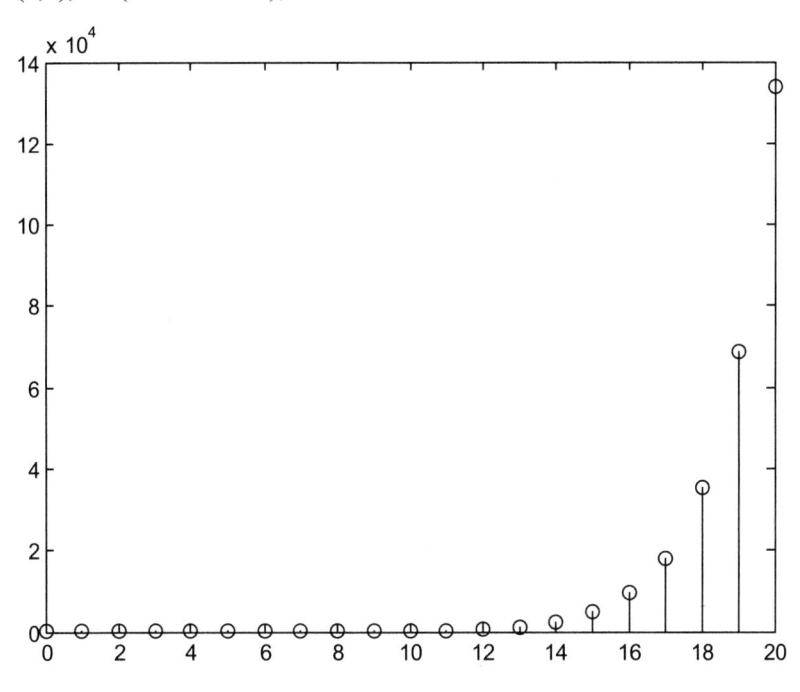

图 6.18　系统的冲激响应

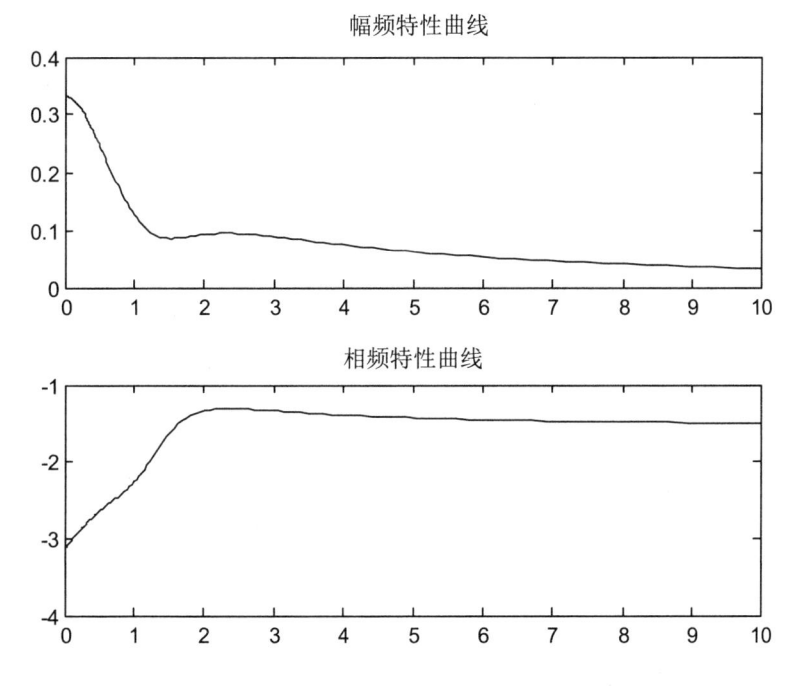

图 6.19　系统的幅频和相频特性

6.3.3 实验步骤

（1）预习课本相关Z变换的相关理论，熟悉Z变换的正逆变换求解在MATLAB中仿真。

（2）实现实验原理中的所有程序。

（3）仿真实现下面2个例子。

例1 已知函数 $F(z) = \dfrac{1+3z^{-1}}{1+2z^{-1}+5z^{-2}}$，对函数利用MATLAB进行部分分式展开。

例2 已知 $f(z) = (1+2z)\mathrm{e}^{-z}$，利用MATLAB求解其Z变换。

6.3.4 实验结果分析

（1）理论推导实验原理中的例题，并与实际仿真结果进行比较。

（2）理论计算实验步骤中的例题，与仿真结果进行比较。

6.3.5 问题讨论及开放性拓展

（1）已知某连续LTI系统 $1+3y(k)+2y(k-1)=x(k)$，

①求解系统的冲激响应和阶跃响应；

②画出系统的零极点分布；

③分析系统的稳定性。

（2）Laplce 和 Z 变换有什么样的关系？

6.4 离散傅里叶变换和快速傅里叶变换

6.4.1 实验目的

（1）能够熟练掌握快速离散傅立叶变换的原理及应用FFT进行频谱分析的基本方法；

（2）了解用FFT进行频谱分析可能出现的分析误差及其原因；

（3）掌握FFT在线性卷积应用的方法。

6.4.2 实验原理及内容

6.4.2.1 用DFT对非周期序列进行谱分析

单位圆上的Z变换就是序列的傅里叶变换，即

$$X(\mathrm{e}^{\mathrm{j}\omega}) = X(z)\big|_{z=\mathrm{e}^{\mathrm{j}\omega}}$$

$X(\mathrm{e}^{\mathrm{j}\omega})$是$\omega$的连续周期函数。对序列$x(n)$进行$N$点DFT得到$X(k)$，则$X(k)$是在区间 [0, 2π] 上对 $X(\mathrm{e}^{\mathrm{j}\omega})$ 的 N 点等间隔采样，频谱分辨率就是采样间隔$2\pi/N$。因此序列的傅里叶变换可利用DFT（即FFT）来计算。

用FFT对序列进行谱分析的误差主要来自于用FFT做频谱分析时得到的是离散谱，而非周期序列的频谱是连续谱，只有当N较大时，离散谱的包络才能逼近连续谱，因此N要适当选择大一些。

例6.4.1 对以下序列进行谱分析：

$$x_1(n) = R_4(n)$$

$$x_2(n) = \begin{cases} n+1 & 0 \leq n \leq 3 \\ 8-n & 4 \leq n \leq 7 \\ 0 & 其他 \end{cases}$$

$$x_3(n) = \begin{cases} 4-n & 0 \leq n \leq 3 \\ n-3 & 4 \leq n \leq 7 \\ 0 & 其他 \end{cases}$$

选择 FFT 的变换区间 N 为 8 和 16 两种情况进行频谱分析。分别绘制其幅频特性曲线，并进行对比、分析和讨论。

解：仿真程序如下，仿真结果如图 6.20 所示。

```
% 用 FFT 对信号做频谱分析
clear all;
close all;
% 实验（1）
x1n=[ones(1,4)];    % 产生序列向量 R4(n)
M=8;xa=1:(M/2);xb=(M/2):-1:1;
x2n=[xa,xb]; % 产生长度为 8 的三角波序列 x2(n)、x3(n)
x3n=[xb,xa];
X1k8=fft(x1n,8);    % 计算 x1n 的 8 点 DFT
X1k16=fft(x1n,16);  % 计算 x1n 的 16 点 DFT
X2k8=fft(x2n,8);    % 计算 x2n 的 8 点 DFT
X2k16=fft(x2n,16);  % 计算 x2n 的 16 点 DFT
X3k8=fft(x3n,8);    % 计算 x3n 的 8 点 DFT
X3k16=fft(x3n,16);  % 计算 x3n 的 16 点 DFT
% 幅频特性曲线
N=8;wk=2/N*(0:N-1);
subplot(3,2,1);stem(wk,abs(X1k8),'.'); % 绘制 8 点 DFT 的幅频特性图
title('(1a) 8 点 DFT[x_1(n)]');xlabel('ω/π');ylabel(' 幅度 ');
subplot(3,2,3);stem(wk,abs(X2k8),'.');
title('(2a) 8 点 DFT[x_2(n)]');xlabel('ω/π');ylabel(' 幅度 ');
subplot(3,2,5);stem(wk,abs(X3k8),'.');
title('(3a) 8 点 DFT[x_3(n)]');xlabel('ω/π');ylabel(' 幅度 ');
N=16;wk=2/N*(0:N-1);
subplot(3,2,2);stem(wk,abs(X1k16),'.'); % 绘制 16 点 DFT 的幅频特性图
title('(1b) 16 点 DFT[x_1(n)]');xlabel('ω/π');ylabel(' 幅度 ');
subplot(3,2,4);stem(wk,abs(X2k16),'.');
```

title('(2b) 16 点 DFT[x_2(n)]');xlabel('ω/π');ylabel(' 幅度 ');
subplot(3,2,6);stem(wk,abs(X3k16),'.');
title('(3b) 16 点 DFT[x_3(n)]');xlabel('ω/π');ylabel(' 幅度 ');

（a）8 点 DFT[x₁(n)]　　　　　　　（b）16 点 DFT[x₁(n)]

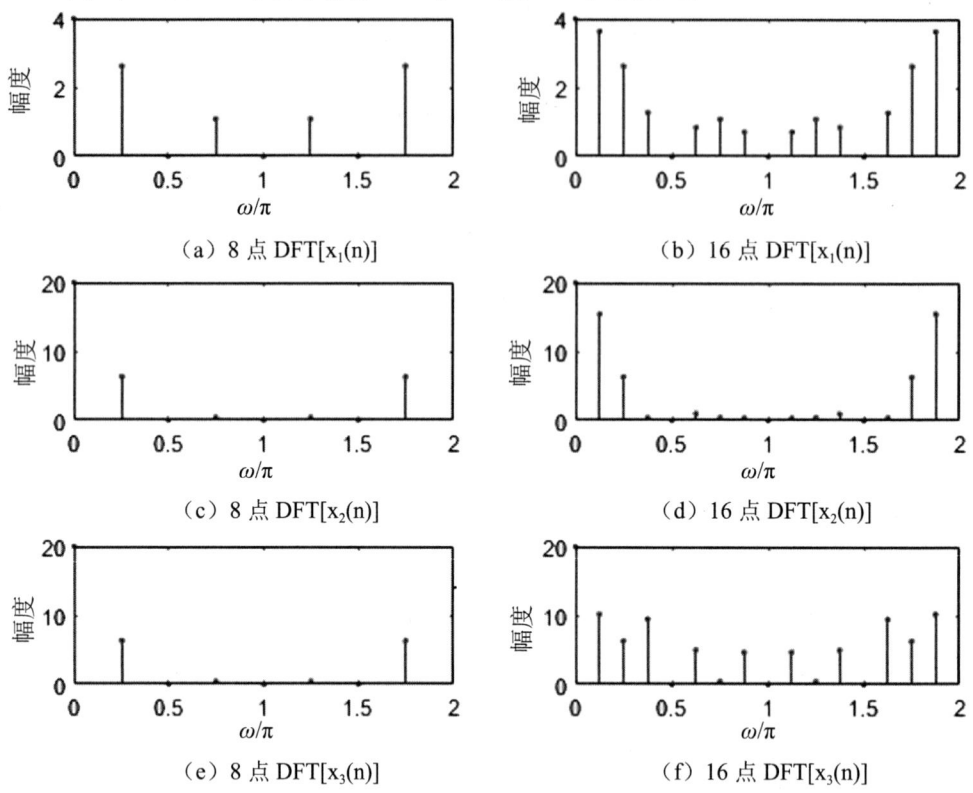

（c）8 点 DFT[x₂(n)]　　　　　　　（d）16 点 DFT[x₂(n)]

（e）8 点 DFT[x₃(n)]　　　　　　　（f）16 点 DFT[x₃(n)]

图 6.20　FFT 对序列频谱分析

6.4.2.2　用 DFT 对周期序列进行谱分析

已知周期为 N 的离散序列 $x(n)$，它的离散傅里叶级数 DFS 分别由下式给出：

DFS：$a_k = \dfrac{1}{N}\sum_{n=0}^{N-1} x(n)\mathrm{e}^{-\mathrm{j}\frac{2\pi}{N}kn}$，$n=0,1,2,\cdots,N\text{-}1$

IDFS：$x(n) = \sum_{k=0}^{N-1} a_k \mathrm{e}^{\mathrm{j}\frac{2\pi}{N}kn}$，$n=0,1,2,\cdots,N\text{-}1$

对于长度为 N 的有限长序列 $x(n)$ 的 DFT 对表达式分别由下式给出：

DFT：$X(k) = \sum_{n=0}^{N-1} x(n)\mathrm{e}^{-\mathrm{j}\frac{2\pi}{N}kn}$，$n=0,1,2,\cdots,N\text{-}1$

IDFT：$x(n) = \dfrac{1}{N}\sum_{k=0}^{N-1} X(k)\mathrm{e}^{\mathrm{j}\frac{2\pi}{N}kn}$，$n=0,1,2,\cdots,N\text{-}1$

FFT 为离散傅里叶变换 DFT 的快速算法，对于周期为 N 的离散序列 $x(n)$ 的频谱分析便可由下式给出：

DFS：$a_k = \dfrac{1}{N} * \mathit{fft}(x(n))$

IDFS： $x(n) = N*ifft(a_k)$

周期信号的频谱是离散谱，只有用整数倍周期的长度作 FFT，得到的离散谱才能代表周期信号的频谱。

例 6.4.2 对以下周期序列进行谱分析：

$$x_4(n) = \cos(\frac{\pi}{4}n)$$

$$x_5(n) = \cos(\frac{\pi}{4}n) + \cos(\frac{\pi}{8}n)$$

选择 FFT 的变换区间 N 为 8 和 16 两种情况进行频谱分析。分别打印其幅频特性曲线，并进行对比、分析和讨论。

解：仿真程序如下，仿真结果如图 6.21 所示。

（a）8 点 DFT[x_4(n)]   （b）16 点 DFT[x_5(n)]

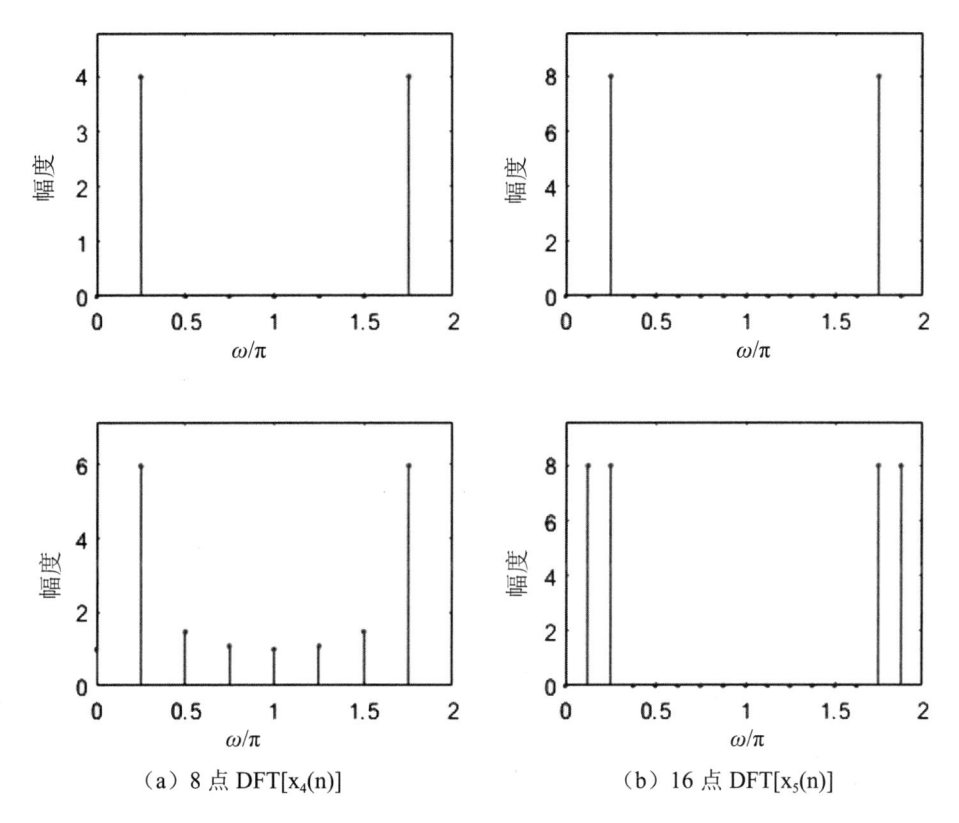

图 6.21 FFT 周期序列频谱分析

N=16;w2k=2/N*(0:N-1);

subplot(2,2,2);stem(w2k,abs(X4k16),'.'); % 绘制 16 点 DFT 的幅频特性图

title('(4b) 16 点 DFT[x_5(n)]');xlabel('ω/π');ylabel(' 幅度 ');

axis([0,2,0,1.2*max(abs(X4k16))]);

subplot(2,2,4);stem(w2k,abs(X5k16),'.'); % 绘制 16 点 DFT 的幅频特性图

title('(5b)16 点 DFT[x_5(n)]');xlabel('ω/π');ylabel(' 幅度 ');

```
axis([0,2,0,1.2*max(abs(X5k16))]);
N=8;n=0:N-1;  %FFT 的变换区间 N=8
x4n=cos(pi*n/4);
x5n=cos(pi*n/4)+cos(pi*n/8);
X4k8=fft(x4n);      % 计算 x4n 的 8 点 DFT
X5k8=fft(x5n);      % 计算 x5n 的 8 点 DFT
N=16;n=0:N-1;    %FFT 的变换区间 N=16
x4n=cos(pi*n/4);
x5n=cos(pi*n/4)+cos(pi*n/8);
X4k16=fft(x4n);     % 计算 x4n 的 16 点 DFT
X5k16=fft(x5n);     % 计算 x5n 的 16 点 DFT
N=8;w1k=2/N*(0:N-1);
subplot(2,2,1);stem(w1k,abs(X4k8),'.'); % 绘制 8 点 DFT 的幅频特性图
title('(4a) 8 点 DFT[x_4(n)]');xlabel('ω/π');ylabel(' 幅度 ');
axis([0,2,0,1.2*max(abs(X4k8))]);
subplot(2,2,3);stem(w1k,abs(X5k8),'.'); % 绘制 8 点 DFT 的幅频特性图
title('(5a)8 点 DFT[x_4(n)]');xlabel('ω/π');ylabel(' 幅度 ');
axis([0,2,0,1.2*max(abs(X5k8))]);
```

6.4.2.3　用 DFT 对模拟周期信号进行谱分析

对模拟信号进行谱分析时，首先要按照采样定理将其变成时域离散信号。对于模拟周期信号，也应该选取整数倍周期的长度，经采样后形成周期序列，按照周期序列的谱分析进行。如果不知道信号的周期，可以尽量选择信号的观察时间长一些。

例 6.4.3　对模拟周期信号进行谱分析：

$$x_6(t) = \cos(8\pi t) + \cos(16\pi t) + \cos(20\pi t)$$

选择采样频率 F_s=64 Hz，对变换区间 N 分别取 16、32、64 三种情况进行谱分析。分别打印其幅频特性曲线，并进行对比、分析和讨论。

解：仿真程序如下，仿真结果如图 6.22 所示。

```
Fs=64;T=1/Fs;
N=16;n=0:N-1; %FFT 的变换区间 N=16
x6nT=cos(8*pi*n*T)+cos(16*pi*n*T)+cos(20*pi*n*T);   % 对 x6(t)16 点采样
X6k16=fft(x6nT);     % 计算 x6nT 的 16 点 DFT
Tp=N*T;F=1/Tp;   % 频率分辨率 F
k=0:N-1;fk=2*k/N;    % 产生 16 点 DFT 对应的采样点频率（以零频率为中心）
subplot(3,1,1);stem(fk,abs(X6k16),'.'); % 绘制 16 点 DFT 的幅频特性图
title('(6a) 16 点 DFT[x_6(nT)]|');xlabel('\omega/\pi');ylabel(' 幅度 ');
N=32;n=0:N-1;    %FFT 的变换区间 N=32
```

x6nT=cos(8*pi*n*T)+cos(16*pi*n*T)+cos(20*pi*n*T); % 对 x6(t)32 点采样
X6k32=fft(x6nT);   % 计算 x6nT 的 32 点 DFT
Tp=N*T;F=1/Tp;   % 频率分辨率 F
k=0:N-1;fk=2*k/N;   % 产生 32 点 DFT 对应的采样点频率（以零频率为中心）
subplot(3,1,2);stem(fk,abs(X6k32),'.');% 绘制 32 点 DFT 的幅频特性图
title('(6b) 32 点 DFT[x_6(nT)]|');xlabel('\omega/\pi');ylabel(' 幅度 ');
N=64;n=0:N-1;   %FFT 的变换区间 N=64
x6nT=cos(8*pi*n*T)+cos(16*pi*n*T)+cos(20*pi*n*T); % 对 x6(t)64 点采样
X6k64=fft(x6nT);   % 计算 x6nT 的 64 点 DFT
Tp=N*T;F=1/Tp;   % 频率分辨率 F
k=0:N-1;fk=2*k/N;   % 产生 64 点 DFT 对应的采样点频率（以零频率为中心）
subplot(3,1,3);stem(fk,abs(X6k64),'.'); % 绘制 64 点 DFT 的幅频特性图
title('(6c) 64 点 DFT[x_6(nT)]|');xlabel('\omega/\pi');ylabel(' 幅度 ');

（a）16 点 DFT[x_6(nT)]

（b）32 点 DFT[x_6(nT)]

（c）64 点 DFT[x_6(nT)]

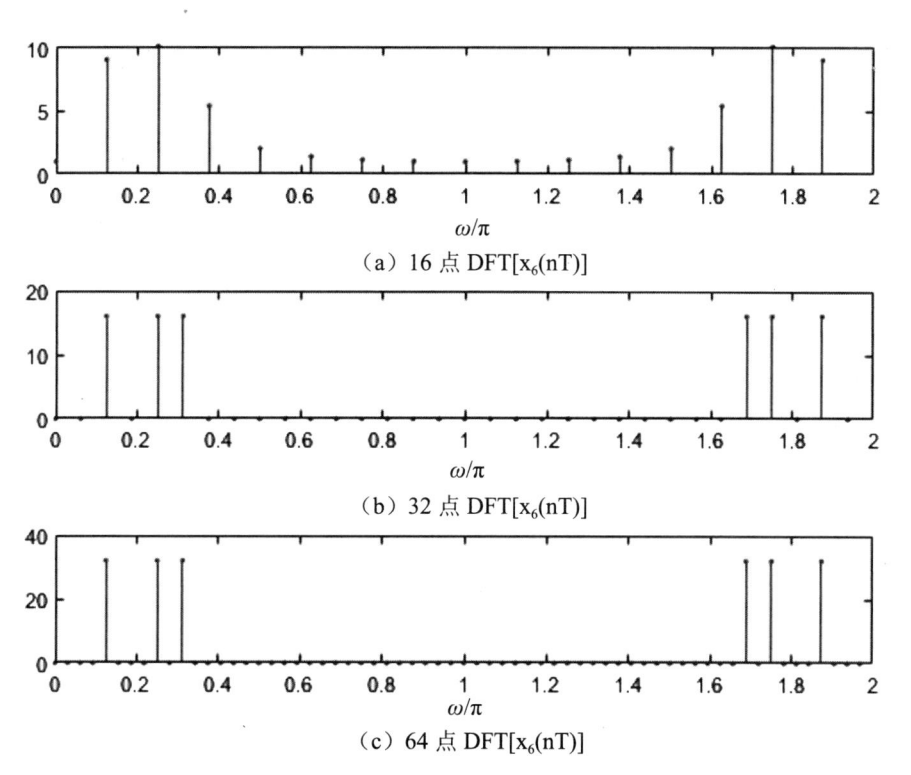

图 6.22 FFT 模拟周期序列频谱分析

6.4.2.4 用 FFT 实现序列的卷积

例 6.4.4 利用 FFT 实现序列 $x(n)=0.8^n R_{12}(n)$ 和 $x(n)=R_6(n)$ 的线性卷积。

解：仿真程序如下，仿真结果如图 6.23 所示。

n=[0:1:11];

m=[0:1:5];

```
N1=length(n);
N2=length(m);
xn=0.8.^n;
hn=ones(1,N2);
N=N1+N2-1;
XK=fft(xn,N);
HK=fft(hn,N);
YK=XK.*HK;
yn=ifft(YK,N);
if all(imag(xn)==0)&(all(imag(hn)==0))
    yn=real(yn);
end
x=0:N-1;stem(x,yn,'.')
```

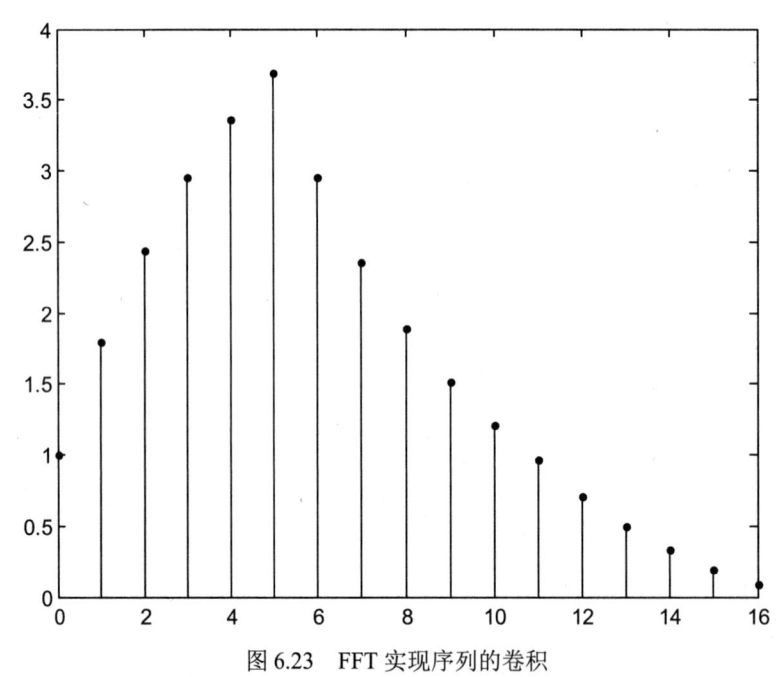

图 6.23　FFT 实现序列的卷积

例 6.4.5　设 $x_1(n)$ 和 $x_2(n)$ 是如下给出的两个 4 点序列：

$$x_1(n) = \{1, 2, 2, 1\}, \quad x_2(n) = \{1, -1, -1, 1\}$$

（1）求它们的线性卷积 $x_3(n)$；

（2）计算循环卷积 $x_4(n)$ 使它等于 $x_3(n)$。

解：仿真程序如下，仿真结果如图 6.24 所示。

```
x1=[1,2,2,1]; x2=[1,-1,-1,1];
x3 = conv(x1,x2)              % 线性卷积
x4 = circonvt(x1,x2,7)        % 循环卷积，长度为 7
```

```matlab
%circonvt.m
% 在时域中实现圆周卷积
function y=circonvt(x1,x2,N)
% 在 x1 和 x2：（时域）之间的 N 点圆周卷积
%y= 包含圆周卷积的输出序列
%x1= 长度 N1<=N 的输入序列
%x2= 长度 N2<=N 的输入序列
%N= 循环缓冲器的大小
% 方法 y(n)=sum(x1(m)*x2((n-m) mod N))
% 检查 x1 的长度：
if length(x1)>N
    error( 'N 必须 >=x1 的长度 ')
end
% 检查 x2 的长度：
if length(x2)>N
    error( 'N 必须 >=x2 的长度 ')
end
l=length(x1)+length(x2)-1;
f=conv(x1,x2);
x1=[x1,zeros(1,N-length(x1))];
x2=[x2,zeros(1,N-length(x2))];
i=0:length(x1)-1;
subplot(2,2,1);
stem(i,x1,'.');grid on;
xlabel('n');ylabel('x1(n)');
title(' 补 0 后 x1 序列 ');
subplot(2,2,2);
i=0:length(x2)-1;
stem(i,x2,'.');grid on;
xlabel('n');ylabel('x2(n)');
title(' 补 0 后 x2 序列 ');
m=[0:1:N-1];
x2=x2(mod(-m,N)+1);
H=zeros(N,N);
for n=1:1:N
    H(n,:)=cirshftt(x2,n-1,N);
```

```
end
y=x1*H';
subplot(2,2,3);
i=0:N-1;
stem(i,y,'.');grid on;
xlabel('n');ylabel('y(n)');
title(' 圆周卷积结果 ');
i=0:l-1;
subplot(2,2,4);
stem(i,f,'.');grid on;
xlabel('n');ylabel('f(n)');
title(' 线性卷积序列 ');
%cirshftt.m
function y=cirshftt(x,m,N)
% 长度为 N 的 x 序列 :( 时域 ) 作 m 个样本的循环移位
%[y]=cirshftt(x,m,N)
%y= 包含循环移位的输出序列
%x= 长度 <=N 的输入序列
%m= 移位样本数
%N= 循环缓冲器长度
% 方法 : y(n)=x((n-m) mod N)
% 检查 x 的长度
if length(x)>N
    error( 'N 必须 >=x 的长度 ')
end
x=[x zeros(1,N-length(x))];
n=[0:1:N-1];
n=mod(n-m,N);
y=x(n+1);
%mod.m
function m=mod(n,N)
% 计算 m=(n mod N) 下标
m=rem(n,N);
m=m+N;
m=rem(m,N);
```

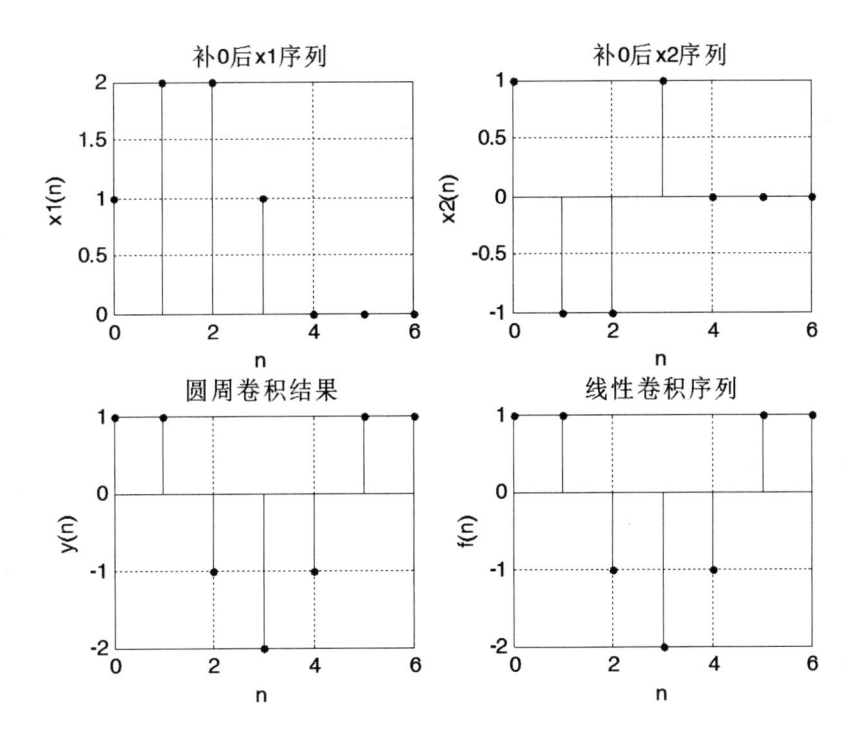

图 6.24 FFT 实现序列的卷积

例 6.4.6 设 $x_1(n)$ 和 $x_2(n)$ 是如下给出的两个序列：

$x_1(n) = n+1$（$0 \leqslant n \leqslant 9$），$x_2(n) = \{1, 0, -1\}$，求序列的 7 点圆周卷积。

解：仿真程序如下，仿真结果如图 6.25 所示。

n = 0:9; x = n+1; h = [1,0,-1];N = 6;

y = ovrlpsav(x,h,N)

function [y] = ovrlpsav(x,h,N)

Lenx = length(x); M = length(h);

M1 = M-1; L = N-M1;

h = [h zeros(1,N-M)];

%

x = [zeros(1,M1),x,zeros(1,N-1)];

K = floor((Lenx+M1-1)/(L));

Y = zeros(K+1,N);

for k=0:K

  xk = x(k*L+1:k*L+N);

  Y(k+1,:) = circonvt(xk,h,N);

end

Y = Y(:,M:N)';

y = (Y(:))';

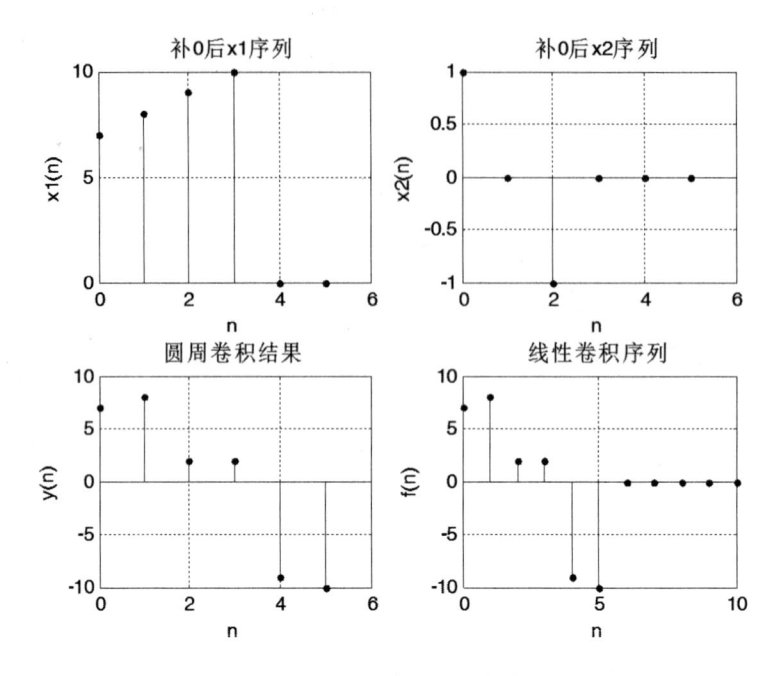

图 6.25 FFT 实现序列的卷积

6.4.3 实验步骤

（1）预习课本相关 LTI 系统的求解，熟悉冲激响应和阶跃响应的理论和求解，熟悉卷积的计算原理及计算方法。

（2）在 MATLAB 中仿真实现实验原理中的所有程序。

6.4.4 问题讨论及开放性拓展

（1）对于周期序列，如果周期不知道，如何用 FFT 进行谱分析？

（2）如何选择 FFT 的变换区间（包括非周期信号和周期信号）？

（3）当 $N=8$ 时，$x_2(n)$ 和 $x_3(n)$ 的幅频特性会相同吗？为什么？$N=16$ 呢？

解：（1）如果 $x(n)$ 的周期预先不知道，可截取 M 点进行 DFT，即

$$x_M = x(n)R_M(n), \quad X_M = \text{DFT}[x_M(n)], \quad 0 \leqslant k \leqslant M-1$$

再将截取长度扩大 1 倍，截取

$$x_{2M} = R_{2M}(n), \quad X_{2M} = \text{DFT}[x_{2M}(n)], \quad 0 \leqslant k \leqslant 2M-1$$

比较 $x_M(k)$ 和 $X_{2M}(k)$，如果两者的主谱差别满足分析误差要求，则以 $x_M(k)$ 或 $X_{2M}(k)$ 近似表示 $x(n)$ 的频谱，否则，继续将截取长度加倍，直至前后两次分析所得主谱频率差别满足误差要求。设最后截取长度为 iM，则 $X_{iM}(k_0)$ 表示 $\omega = [2\pi(iM)]k_0$ 点的谱线强度。

（2）频谱分辨率直接 D 和 FFT 的变换区间 N 有关，因为 FFT 能够实现的频率分辨率是 $2\pi/N$，因此要求 $2\pi/N \leqslant D$，可以根据此式选择 FFT 的变换区间 N。

（3）当 $N=8$ 时，$x_2(n)$ 和 $x_3(n)$ 的幅频特性会相同；当 $N=16$ 时，$x_2(n)$ 和 $x_3(n)$ 的幅频

特性会不相同。

6.5 FIR 数字滤波器设计及软件实现

6.5.1 实验目的
（1）掌握用窗函数法设计 FIR 数字滤波器的原理和方法。
（2）学会调用 MATLAB 函数设计与实现 FIR 滤波器。

6.5.2 实验原理和内容
6.5.2.1 窗函数设计法
窗函数设计的基本原理是用有限长单位脉冲响应序列 $h(n)$ 逼近 $h_d(n)$。由于 $h_d(n)$ 往往是无限长序列，而且是非因果的，所以用窗函数将 $h_d(n)$ 截断，并进行加权处理。窗函数设计法的基本原理是用有限长单位脉冲响应序列 $h(n)$ 逼近 $h_d(n)$。由于 $h_d(n)$ 往往是无限长序列，而且是非因果的，所以用窗函数将 $h_d(n)$ 截断，并进行加权处理。各种类型的窗函数可达到的阻带最小衰减和过渡带宽度见表 6.1。

表 6.1 各类型窗函数性能

窗函数名	过渡带宽 近似值	过渡带宽 准确值	最小阻带衰减 /dB
矩形窗	$4\pi/M$	$1.8\pi/M$	21
Bartlett	$8\pi/M$	$6.1\pi/M$	25
Hanning	$8\pi/M$	$6.2\pi/M$	44
Hamrning	$8\pi/M$	$6.6\pi/M$	53
Blackman	$12\pi/M$	$11\pi/M$	74

窗函数法简单且实用，但是该方法只适用设计频率响应比较规范的滤波器，并且设计的滤波器的阶数高，实现起来运算量较大。

6.5.2.2 频率采样法
频率采样法从频域出发，对待设计滤波器的频率响应进行采样，并将得到的 $H(k)$ 进行离散傅里叶反变换求出单位脉冲响应 $h(n)$。其基本实现步骤如下：

（1）根据阻带最小衰减 α_s 选择过渡带采样点的个数 m。

（2）确定过渡带宽 B_t，并按照式 $N \geqslant \dfrac{2\pi(m+1)}{B_t}$ 估计滤波器的长度 N。

（3）构造一个待设计滤波器的频率响应函数的频率采样：$H(k) = H_g(k)\mathrm{e}^{\mathrm{j}\theta(k)}$，并加入过渡带采样值。

（4）对 $H(k)$ 进行 N 点 IDFT 得到 FIR 滤波器的单位脉冲响应 $h(n)$。

（5）检验设计结果。如果阻带最小衰减未达到指标要求，则改变过渡带采样值，直到满足指标要求为止。

例 6.5.1 分别用 Hamming 窗函数以及频率采样法设计数字 FIR 低通滤波器，其技术指标如下：$\omega_p = 0.2\pi$，$R_p = 0.25$ dB，$\omega_s = 0.3\pi$，$A_s = 50$ dB，求脉冲响应并求滤波器的频率响应。

解：

（1）用 Hamming 窗设计滤波器的主程序如下，仿真结果如图 6.26 所示。

wp = 0.2*pi; ws = 0.3*pi;

tr_width = ws - wp

M = ceil(6.6*pi/tr_width) + 1

n=[0:1:M-1];

wc = (ws+wp)/2;   % Ideal LPF cutoff frequency

hd = ideal_lp(wc,M);

w_ham = (hamming(M))';

h = hd .* w_ham;

[db,mag,pha,grd,w] = freqz_m(h,[1]);

delta_w = 2*pi/1000;

Rp = -(min(db(1:1:wp/delta_w+1)))   % Actual Passband Ripple

As = -round(max(db(ws/delta_w+1:1:501))) % Min Stopband attenuation

% plots

subplot(1,1,1)

subplot(2,2,1); stem(n,hd); title('Ideal Impulse Response')

axis([0 M-1 -0.1 0.3]); xlabel('n'); ylabel('hd(n)');

subplot(2,2,2); stem(n,w_ham);title('Hamming Window')

axis([0 M-1 0 1.1]); xlabel('n');ylabel('w(n)')

subplot(2,2,3); stem(n,h);title('Actual Impulse Response')

axis([0 M-1 -0.1 0.3]); xlabel('n'); ylabel('h(n)')

subplot(2,2,4); plot(w/pi,db);title('Magnitude Response in dB');grid

axis([0 1 -100 10]); xlabel('frequency in pi units'); ylabel('Decibels')

子函数：

function hd = ideal_lp(wc,M);

alpha = (M-1)/2;

n = [0:1:(M-1)];

m = n - alpha + eps;

hd = sin(wc*m)./(pi*m);

function [db,mag,pha,grd,w] = freqz_m(b,a);

[H,w] = freqz(b,a,1000,'whole');

　　H = (H(1:1:501))'; w = (w(1:1:501))';

　　mag = abs(H);

db = 20*log10((mag+eps)/max(mag));

pha = angle(H);

grd = grpdelay(b,a,w);

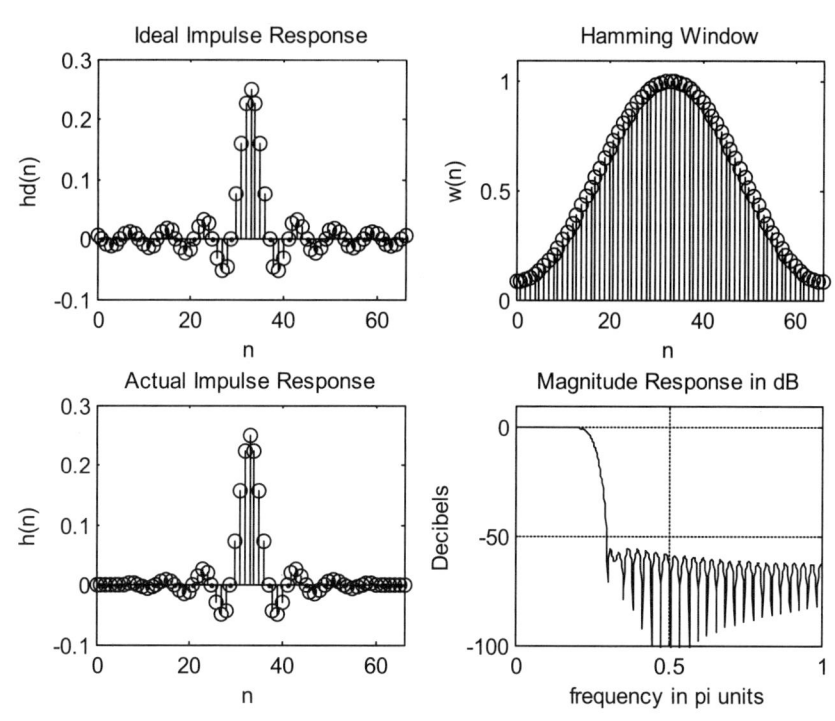

图 6.26 hanmming 窗设计滤波器

（2）用频率采样法设计滤波器的主程序如下，仿真结果如图 6.27 所示。

M = 20; alpha = (M-1)/2; l = 0:M-1; wl = (2*pi/M)*l;

Hrs = [1,1,1,zeros(1,15),1,1];   % Ideal Amp Res sampled

Hdr = [1,1,0,0]; wdl = [0,0.25,0.25,1];   % Ideal Amp Res for plotting

k1 = 0:floor((M-1)/2); k2 = floor((M-1)/2)+1:M-1;

angH = [-alpha*(2*pi)/M*k1, alpha*(2*pi)/M*(M-k2)];

H = Hrs.*exp(j*angH);

h = real(ifft(H,M));

[db,mag,pha,grd,w] = freqz_m(h,1);

[Hr,ww,a,L] = Hr_Type2(h);

subplot(1,1,1)

subplot(2,2,1);plot(wl(1:11)/pi,Hrs(1:11),'o',wdl,Hdr);

axis([0,1,-0.1,1.1]); title('Frequency Samples: M=20')

xlabel('frequency in pi units'); ylabel('Hr(k)')

subplot(2,2,2); stem(l,h); axis([-1,M,-0.1,0.3])

title('Impulse Response');xlabel('n');ylabel('h(n)');

```
subplot(2,2,3); plot(ww/pi,Hr,wl(1:11)/pi,Hrs(1:11),'o');
axis([0,1,-0.2,1.2]); title('Amplitude Response')
xlabel('frequency in pi units'); ylabel('Hr(w)')
subplot(2,2,4);plot(w/pi,db); axis([0,1,-60,10]); grid
title('Magnitude Response'); xlabel('frequency in pi units');
ylabel('Decibels');
```

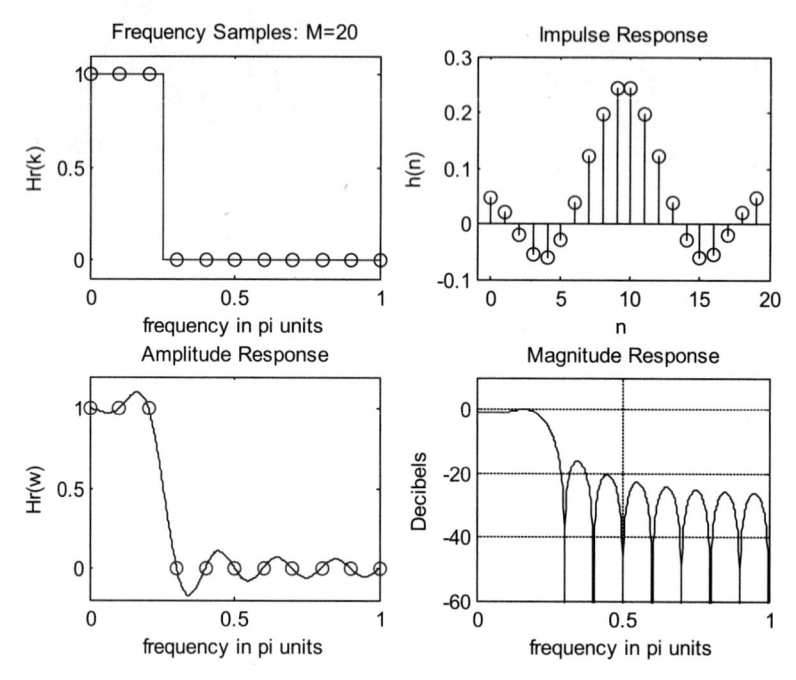

图 6.27 频率采样法设计滤波器

子程序如下：

```
function [db,mag,pha,grd,w] = freqz_m(b,a);
[H,w] = freqz(b,a,1000,'whole');
    H = (H(1:1:501))'; w = (w(1:1:501))';
  mag = abs(H);
  db = 20*log10((mag+eps)/max(mag));
  pha = angle(H);
  grd = grpdelay(b,a,w);
function [Hr,w,b,L] = Hr_Type2(h);
M = length(h);
L = M/2;
b = 2*h(L:-1:1);
n = [1:1:L]; n = n-0.5;
w = [0:1:500]'*pi/500;
```

Hr = cos(w*n)*b';

例 6.5.2 用 Blackman 窗函数以及频率采样法设计下面数字带通滤波器：

下阻带边缘：ω_{1s} = 0.2π，A_s = 60 dB

下通带边缘：ω_{1p} = 0.35π，A_s = 1 dB

上通带边缘：ω_{2p} = 0.65π，A_s = 1 dB

上阻带边缘：ω_{2s} = 0.8π，A_s = 60 dB

解：

（1）用 Blackman 窗频率采样法设计滤波器的主程序如下，仿真结果如图 6.28 所示。

主程序如下，子程序如例 6.5.1：

ws1 = 0.2*pi; wp1 = 0.35*pi;

wp2 = 0.65*pi; ws2 = 0.8*pi;

As = 60;

tr_width = min((wp1-ws1),(ws2-wp2))

M = ceil(11*pi/tr_width) + 1

n=[0:1:M-1];

wc1 = (ws1+wp1)/2; wc2 = (wp2+ws2)/2;

hd = ideal_lp(wc2,M) - ideal_lp(wc1,M);

w_bla = (blackman(M))';

h = hd .* w_bla;

[db,mag,pha,grd,w] = freqz_m(h,[1]);

delta_w = 2*pi/1000;

Rp = -min(db(wp1/delta_w+1:1:wp2/delta_w))   % Actua; Passband Ripple

As = -round(max(db(ws2/delta_w+1:1:501)))   % Min Stopband Attenuation

% Plots

subplot(1,1,1);

subplot(2,2,1); stem(n,hd); title('Ideal Impulse Response')

axis([0 M-1 -0.4 0.5]); xlabel('n'); ylabel('hd(n)');

subplot(2,2,2); stem(n,w_bla);title('Blackman Window')

axis([0 M-1 0 1.1]); xlabel('n'); ylabel('w(n)');

subplot(2,2,3); stem(n,h);title('Actual Impulse Response')

axis([0 M-1 -0.4 0.5]); xlabel('n'); ylabel('h(n)')

subplot(2,2,4);plot(w/pi,db);axis([0 1 -150 10]);

title('Magnitude Response in dB');grid;

xlabel('frequency in pi units'); ylabel('Decibels')

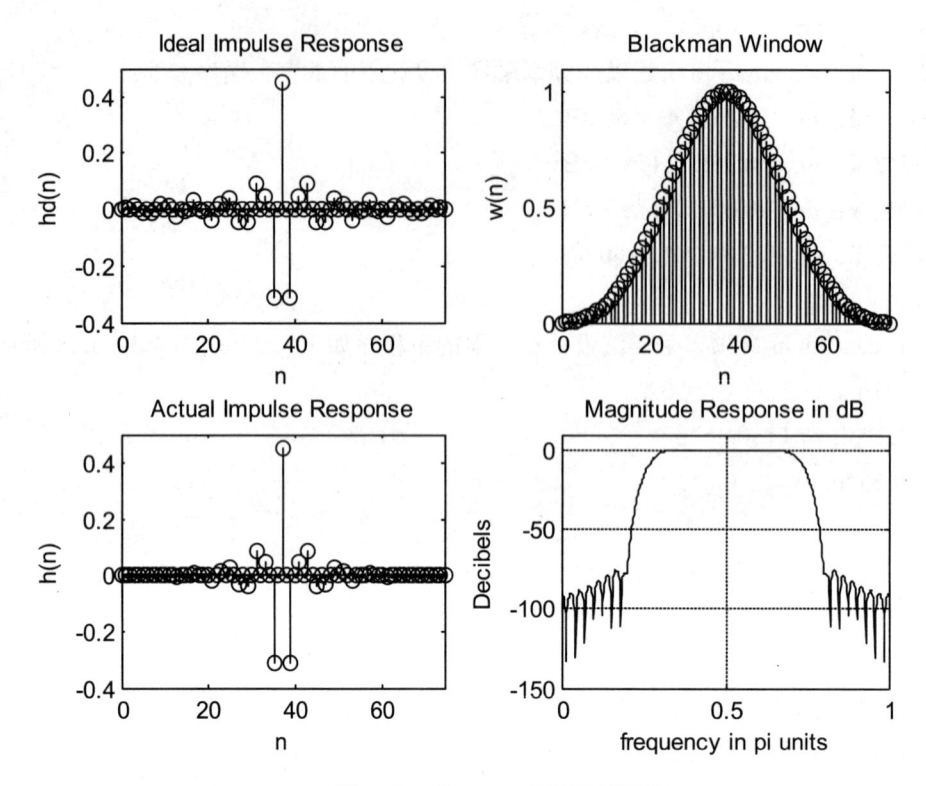

图 6.28　Blackman 窗设计滤波器

（2）用频率采样法设计滤波器的主程序如下，仿真结果如图 6.29 所示。
主程序如下，子程序如例 6.5.1：

M = 40; alpha = (M-1)/2; l = 0:M-1; wl = (2*pi/M)*l;

T1 = 0.109021; T2 = 0.59417456;

Hrs = [zeros(1,5),T1,T2,ones(1,7),T2,T1,zeros(1,9),T1,T2,ones(1,7),T2,T1,zeros(1,4)];

Hdr = [0,0,1,1,0,0]; wdl = [0,0.2,0.35,0.65,0.8,1];

k1 = 0:floor((M-1)/2); k2 = floor((M-1)/2)+1:M-1;

angH = [-alpha*(2*pi)/M*k1, alpha*(2*pi)/M*(M-k2)];

H = Hrs.*exp(j*angH);

h = real(ifft(H,M));

[db,mag,pha,grd,w] = freqz_m(h,1);

[Hr,ww,a,L] = Hr_Type2(h);

subplot(1,1,1)

subplot(2,2,1);plot(wl(1:21)/pi,Hrs(1:21),'o',wdl,Hdr);

axis([0,1,-0.1,1.1]); title('Bandpass: M=40,T1=0.5941, T2=0.109')

xlabel('frequency in pi units'); ylabel('Hr(k)')

set(gca,'XTickMode','manual','XTick',[0,0.2,0.35,0.65,0.8,1])

set(gca,'YTickMode','manual','YTick',[0,0.109,0.59,1]); grid

```
subplot(2,2,2); stem(l,h); axis([-1,M,-0.4,0.4])
title('Impulse Response'); xlabel('n'); ylabel('h(n)');
subplot(2,2,3); plot(ww/pi,Hr,wl(1:21)/pi,Hrs(1:21),'o');
axis([0,1,-0.1,1.1]); title('Amplitude Response')
xlabel('frequency in pi units'); ylabel('Hr(w)')
set(gca,'XTickMode','manual','XTick',[0,0.2,0.35,0.65,0.8,1])
set(gca,'YTickMode','manual','YTick',[0,0.109,0.59,1]); grid
subplot(2,2,4);plot(w/pi,db); axis([0,1,-100,10]); grid
title('Magnitude Response'); xlabel('frequency in pi units');
ylabel('Decibels');
set(gca,'XTickMode','Manual','XTick',[0,0.2,0.35,0.65,0.8,1]);
set(gca,'YTickMode','Manual','YTick',[-60;0]);
set(gca,'YTickLabelMode','manual','YTickLabels',['60';' 0'])
```

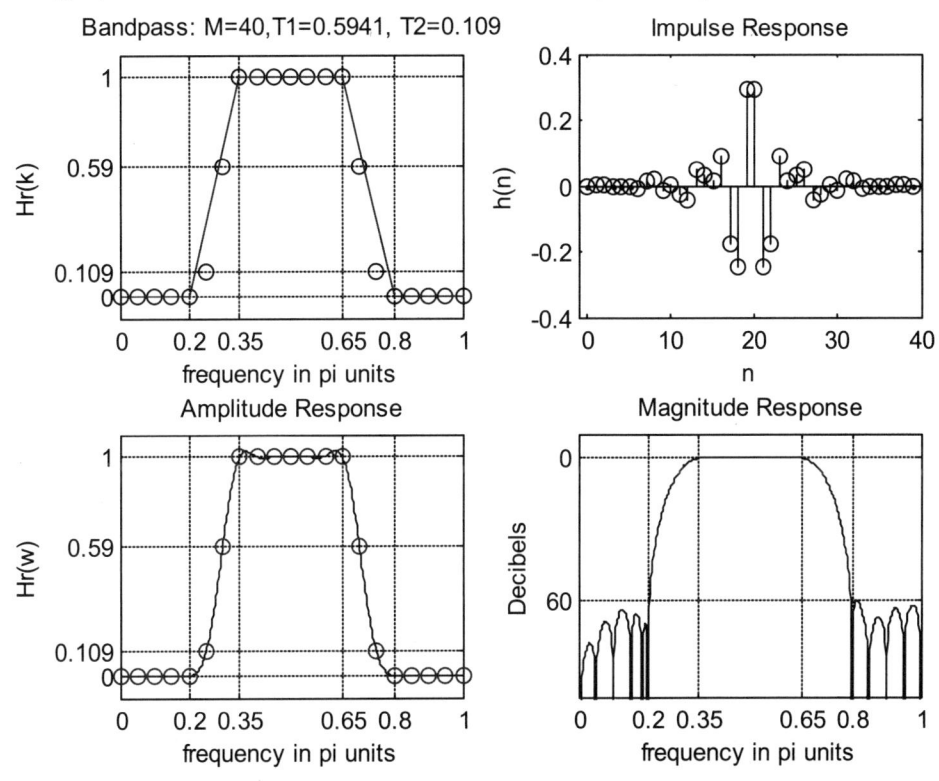

图 6.29 频率采样法设计滤波器

例 6.5.3 设计滤波器从高频噪声中提取 xt 中的单频调幅信号，要求信号幅频失真小于 0.1 dB，将噪声频谱衰减 60 dB。先观察 xt 的频谱，确定滤波器指标参数。

解：具体步骤如下：

（1）调用信号产生函数 xtg 产生具有加性噪声的信号 xt，并自动显示 xt 及其频谱，如图 6.30 所示，采样频率 $F_s = 1\ 000$ Hz，采样周期 $T = 1/F_s$。

(a) 信号加噪声波形

(b) 信号加噪声的频谱

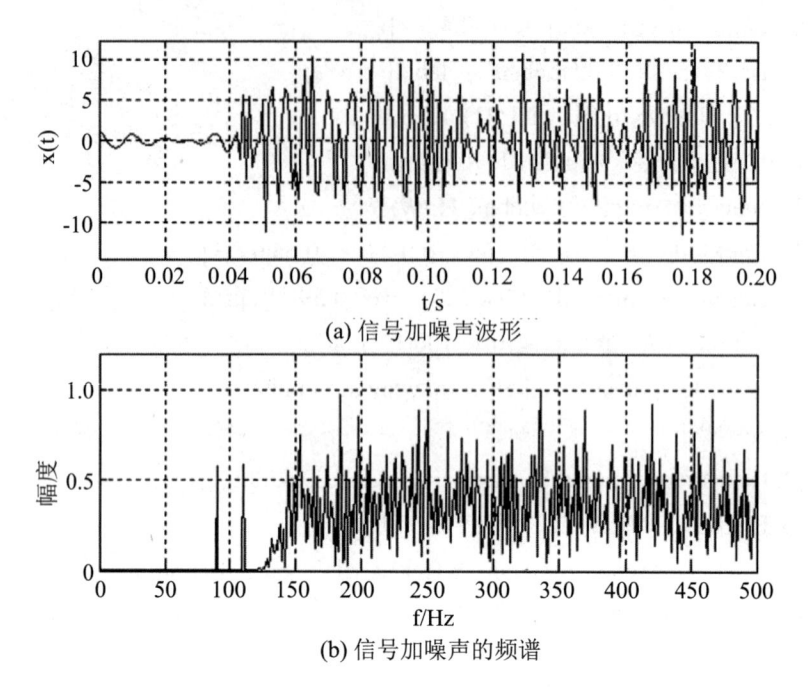

图 6.30 具有加性噪声的信号 x(t) 及其频谱如图

信号产生函数 xtg 程序清单：

function xt=xtg

%xt=xtg 产生一个长度为 N，有加性高频噪声的单频调幅信号 xt,N=1000,

% 采样频率 Fs=1000 Hz

% 载波频率 fc=Fs/10=100 Hz，调制正弦波频率 f0=fc/10=10 Hz.

N=1000;Fs=1000;T=1/Fs;Tp=N*T;

t=0:T:(N-1)*T;

fc=Fs/10;f0=fc/10;

mt=cos(2*pi*f0*t);

ct=cos(2*pi*fc*t);

xt=mt.*ct;

nt=2*rand(1,N)-1;

%===== 设计高通滤波器 hn，用于滤波噪声 nt 中的低频成分，生成高通噪声 =====

fp=120;fs=150;Rp=0.2;As=60;

fb=[fp,fs];m=[0,1];

dev=[10^(-As/20),(10^(Rp/20)-1)/(10^(Rp/20)+1)];

[n,fo,mo,W]=remezord(fb,m,dev,Fs);

hn=remez(n,fo,mo,W);

yt=filter(hn,1,10*nt);

%===== 以下为绘图部分 =====

```
xt=xt+yt;
fst=fft(xt,N);k=0:N-1;f=k/Tp;
subplot(2,1,1);
plot(t,xt);grid;xlabel('t/s');ylabel('x(t)');
axis([0,Tp/5,min(xt),max(xt)]);title('(a) 信号加噪声波形');
subplot(2,1,2);
plot(f,abs(fst)/max(abs(fst)));grid;title('(b) 信号加噪声的频谱');
axis([0,Fs/2,0,1.2]);xlabel('f/Hz');ylabel('幅度');
```

（2）请设计低通滤波器，从高频噪声中提取 xt 中的单频调幅信号，要求信号幅频失真小于 0.1 dB，将噪声频谱衰减 60 dB。先观察 xt 的频谱，确定滤波器指标参数。

根据图 6.30(b) 和实验要求，可选择滤波器指标参数：通带截止频率 F_p = 120 Hz，阻带截至频率 F_s = 150 Hz，换算成数字频率，通带截止频率 $\omega_p = 2\pi F_p T = 0.24\pi$，通带最大衰为 0.1 dB，阻带截至频率 $\omega = 2\pi$，$T = 0.3\pi$，阻带最小衰为 60 dB。

（3）根据滤波器指标选择合适的窗函数，计算窗函数的长度 N，调用 MATLAB 函数 fir1 设计一个 FIR 低通滤波器。并编写程序，调用 MATLAB 快速卷积函数 fftfilt 实现对 xt 的滤波。绘图显示滤波器的频响特性曲线、滤波器输出信号的幅频特性图和时域波形图。

根据（2）所以选取 Blackman 窗函数。与信号产生函数 xtg 相同，采样频率 F_s= 1000 Hz。
滤波器的设计如下：

```
% FIR 数字滤波器设计及软件实现
clear all;close all;
%====== 调用 xtg 产生信号 xt, xt 长度 N=1000, 并显示 xt 及其频谱 ======
N=1000;xt=xtg;
fp=120; fs=150;Rp=0.2;As=60;Fs=1000;      % 输入给定指标
% (1) 用窗函数法设计滤波器
wc=(fp+fs)/Fs;    % 理想低通滤波器截止频率(关于 pi 归一化)
B=2*pi*(fs-fp)/Fs; % 过渡带宽度指标
Nb=ceil(11*pi/B);   %blackman 窗的长度 N
hn=fir1(Nb-1,wc,blackman(Nb));
Hw=abs(fft(hn,1024));       % 求设计的滤波器频率特性
ywt=fftfilt(hn,xt,N);  % 调用函数 fftfilt 对 xt 滤波
% 以下为用窗函数法设计法的绘图部分（滤波器损耗函数，滤波器输出信号波形）
f=[0:1023]*Fs/1024;
figure(2)
subplot(2,1,1)
plot(f,20*log10(Hw/max(Hw)));grid;title('(a) 低通滤波器幅频特性')
axis([0,Fs/2,-120,20]);
```

xlabel('f/Hz');ylabel(' 幅度 ')

t=[0:N-1]/Fs;Tp=N/Fs;

subplot(2,1,2)

plot(t,ywt);grid;

axis([0,Tp/2,-1,1]);xlabel('t/s');ylabel('y_w(t)');

title('(b) 滤除噪声后的信号波形 ')

用窗函数法设计滤波器，滤波器长度 Nb=184。滤波器损耗函数和滤波器输出 yw(nT) 分别如图 6.31（a）和（b）所示。

(a) 低通滤波器幅频特性

(b) 滤除噪声后的信号波形

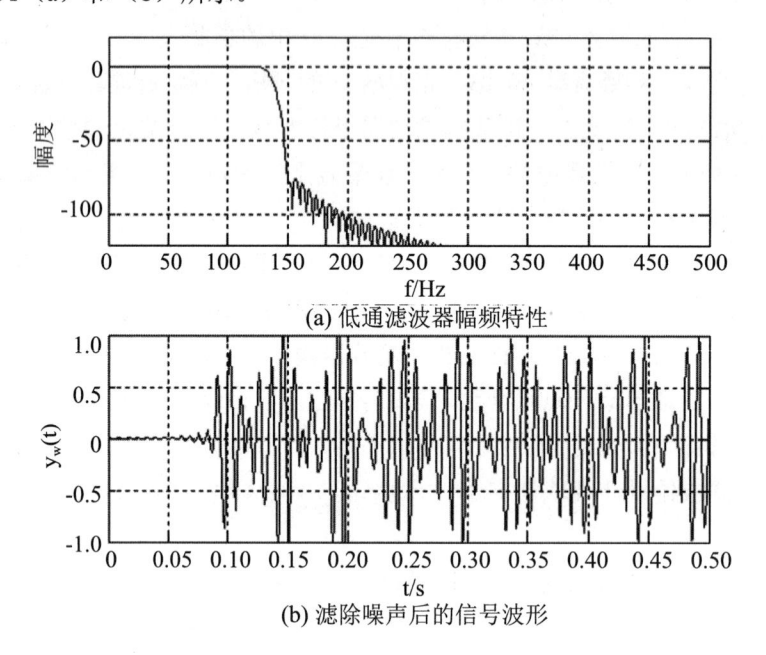

图 6.31　窗函数设计滤波器

总结：实验设计的原理框图如图 6.32 所示。

6.5.3　实验步骤

（1）复习用窗函数法以及频率采样法设计 FIR 数字滤波器一节内容，阅读实验原理，掌握设计步骤。

（2）实现实验原理中的所有程序仿真。

6.5.4　问题讨论及开放性拓展

（1）如果给定通带截止频率和阻带截止频率以及阻带最小衰减，如何用窗函数法设计线性相位低通滤波器？请写出设计步骤。

解：用窗函数法设计线性相位低通滤波器的设计步骤：

①根据对阻带衰减及过渡带的指标要求，选择窗函数的类型，并估计窗口的长度 N；

②构造希望逼近的频率响应函数；

③计算 $h_d(n)$；

④加窗得到设计结果 $h(n)=h_d(n)w(n)$。

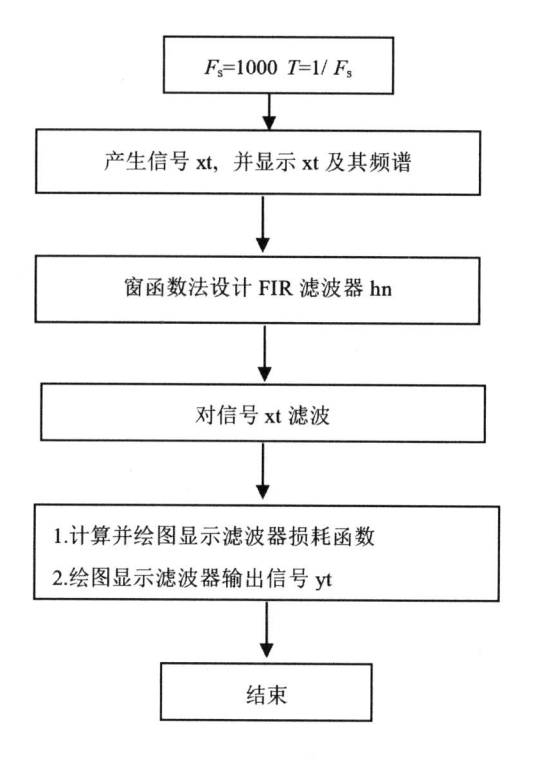

```
                    ┌─────────────────────┐
                    │ F_s=1000  T=1/F_s   │
                    └──────────┬──────────┘
                               ↓
                    ┌─────────────────────┐
                    │ 产生信号 xt，并显示 xt 及其频谱 │
                    └──────────┬──────────┘
                               ↓
                    ┌─────────────────────┐
                    │ 窗函数法设计 FIR 滤波器 hn │
                    └──────────┬──────────┘
                               ↓
                    ┌─────────────────────┐
                    │    对信号 xt 滤波     │
                    └──────────┬──────────┘
                               ↓
                    ┌─────────────────────────────┐
                    │ 1.计算并绘图显示滤波器损耗函数 │
                    │ 2.绘图显示滤波器输出信号 yt  │
                    └──────────┬──────────┘
                               ↓
                          ┌────────┐
                          │  结束  │
                          └────────┘
```

图 6.32　实验程序框图

（2）如果要求用窗函数法设计带通滤波器，且给定通带上、下截止频率为 ω_{pl} 和 ω_{pu}，阻带上、下截止频率为 ω_{sl} 和 ω_{su}，试求理想带通滤波器的截止频率 ω_{cl} 和 ω_{cu}。

解：希望逼近的理想带通滤波器的截止频率 ω_{cl} 和 ω_{cu} 分别为：

$$\omega_{cl} = (\omega_{sl} + \omega_{pl})/2, \quad \omega_{cu} = (\omega_{su} + \omega_{pu})/2$$

6.6　IIR 数字滤波器设计与软件实现

6.6.1　实验目的

（1）熟悉用双线性变换法设计 IIR 数字滤波器的原理与方法。

（2）掌握数字 Butterworth、Chebyshev 和 Elliptic 滤波器的设计方法。

6.6.2　实验原理和内容

设计 IIR 数字滤波器一般采用间接法，双线性变换法设计数字滤波器，基本设计过程如下，基本框图如图 6.33 所示。

（1）先将给定的数字滤波器的指标转换成过渡模拟滤波器的指标；

（2）根据模拟滤波器技术指标设计为响应的模拟低通滤波器；

（3）根据双线性不变法把模拟滤波器系统函数转换成数字滤波器的系统函数。

例 6.6.1　用双线性变换法设计一个 Butterworth 数字滤波器。设计要求为 $\omega_p = 0.2\pi$，$R_p = 1$ dB，$\omega_s = 0.3\pi$，$A_s = 15$ dB。

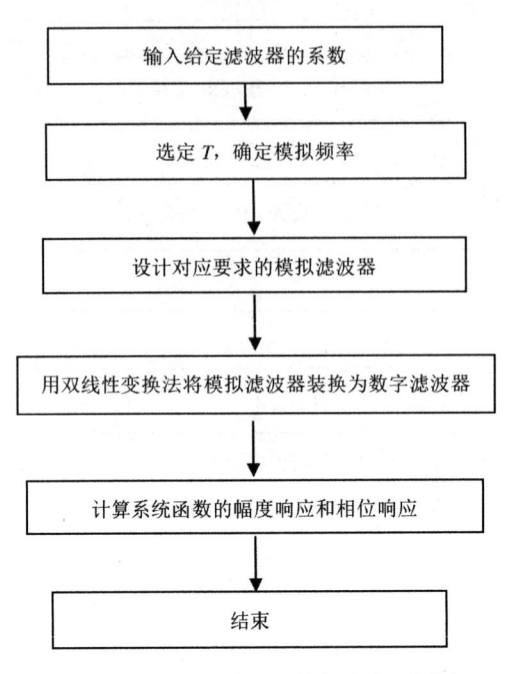

```
                 ┌─────────────────────────┐
                 │   输入给定滤波器的系数   │
                 └────────────┬────────────┘
                              ↓
                 ┌─────────────────────────┐
                 │   选定 T，确定模拟频率  │
                 └────────────┬────────────┘
                              ↓
                 ┌─────────────────────────┐
                 │  设计对应要求的模拟滤波器│
                 └────────────┬────────────┘
                              ↓
                 ┌─────────────────────────────────┐
                 │用双线性变换法将模拟滤波器装换为数字滤波器│
                 └────────────┬────────────────────┘
                              ↓
                 ┌─────────────────────────────────┐
                 │ 计算系统函数的幅度响应和相位响应│
                 └────────────┬────────────────────┘
                              ↓
                 ┌─────────────────────────┐
                 │          结束           │
                 └─────────────────────────┘
```

图 6.33　双线性法设计数字滤波器框图

解：满足本实验要求的数字滤波器系统函数为

$$H(z)=\frac{0.00057969(1+z^{-1})^6}{(1-0.9459z^{-1}+0.2342z^{-2})(1-1.0541z^{-1}+0.3753z^{-2})+(1-1.3143z^{-1}+0.7149z^{-2})}$$

程序如下，仿真如图 6.34 所示。

```
%         主程序：BiLinear Transformation:
%                Butterworth Lowpass Filter Design
%
% Digital Filter Specifications:
wp = 0.2*pi;              % digital Passband freq in Hz
ws = 0.3*pi;              % digital Stopband freq in Hz
Rp = 1;                   % Passband ripple in dB
As = 15;                  % Stopband attenuation in dB
% Analog Prototype Specifications: Inverse mapping for frequencies
T = 1; Fs = 1/T;          % Set T=1
OmegaP = (2/T)*tan(wp/2); % Prewarp Prototype Passband freq
OmegaS = (2/T)*tan(ws/2); % Prewarp Prototype Stopband freq
ep = sqrt(10^(Rp/10)-1);  % Passband Ripple parameter
Ripple = sqrt(1/(1+ep*ep)); % Passband Ripple
```

```
Attn = 1/(10^(As/20));          % Stopband Attenuation
% Analog Butterworth Prototype Filter Calculation:
[cs,ds] = afd_butt(OmegaP,OmegaS,Rp,As);
%%*** Butterworth Filter Order =  6
% Bilinear transformation:
[b,a] = bilinear(cs,ds,T);
[C,B,A] = dir2cas(b,a)
figure(1); subplot(1,1,1)
[db,mag,pha,grd,w] = freqz_m(b,a);
subplot(2,2,1); plot(w/pi,mag); title('Magnitude Response')
xlabel('frequency in pi units'); ylabel('|H|'); axis([0,1,0,1.1])
set(gca,'XTickMode','manual','XTick',[0,0.2,0.3,1]);
set(gca,'YTickmode','manual','YTick',[0,Attn,Ripple,1]); grid
subplot(2,2,3); plot(w/pi,db); title('Magnitude in dB');
xlabel('frequency in pi units'); ylabel('decibels'); axis([0,1,-40,5]);
set(gca,'XTickMode','manual','XTick',[0,0.2,0.3,1]);
set(gca,'YTickmode','manual','YTick',[-50,-15,-1,0]); grid
set(gca,'YTickLabelMode','manual','YTickLabels',['50';'15';' 1';' 0'])
subplot(2,2,2); plot(w/pi,pha/pi); title('Phase Response')
xlabel('frequency in pi units'); ylabel('pi units'); axis([0,1,-1,1]);
set(gca,'XTickMode','manual','XTick',[0,0.2,0.3,1]);
set(gca,'YTickmode','manual','YTick',[-1,0,1]); grid
subplot(2,2,4); plot(w/pi,grd); title('Group Delay')
xlabel('frequency in pi units'); ylabel('Samples'); axis([0,1,0,10])
set(gca,'XTickMode','manual','XTick',[0,0.2,0.3,1]);
set(gca,'YTickmode','manual','YTick',[0:2:10]); grid
```

子程序 1：

```
function [b,a] = afd_butt(Wp,Ws,Rp,As);
if Wp <= 0
    error('Passband edge must be larger than 0')
end
if Ws <= Wp
    error('Stopband edge must be larger than Passband edge')
end
if (Rp <= 0 | (As < 0))
    error('PB ripple and /or SB attenuation must be larger than 0')
```

end

N = ceil((log10((10^(Rp/10)-1)/(10^(As/10)-1)))/(2*log10(Wp/Ws)));

fprintf('\n*** Butterworth Filter Order = %2.0f \n',N)

OmegaC = Wp/((10^(Rp/10)-1)^(1/(2*N)));

[b,a] = u_buttap(N,OmegaC);

子程序 2：

function [b0,B,A] = dir2cas(b,a);

b0 = b(1); b = b/b0;

a0 = a(1); a = a/a0;

b0 = b0/a0;

%

M = length(b); N = length(a);

if N > M

b = [b zeros(1,N-M)];

elseif M > N

a = [a zeros(1,M-N)]; N = M;

else

NM = 0;

end

K = floor(N/2); B = zeros(K,3); A = zeros(K,3);

if K*2 == N;

b = [b 0];

a = [a 0];

end

broots = cplxpair(roots(b));

aroots = cplxpair(roots(a));

for i=1:2:2*K

Brow = broots(i:1:i+1,:);

Brow = real(poly(Brow));

B(fix((i+1)/2),:) = Brow;

Arow = aroots(i:1:i+1,:);

Arow = real(poly(Arow));

A(fix((i+1)/2),:) = Arow;

end

子程序 3：

function [db,mag,pha,grd,w] = freqz_m(b,a);

```
[H,w] = freqz(b,a,1000,'whole');
  H = (H(1:1:501))'; w = (w(1:1:501))';
 mag = abs(H);
 db = 20*log10((mag+eps)/max(mag));
 pha = angle(H);
 grd = grpdelay(b,a,w);
```

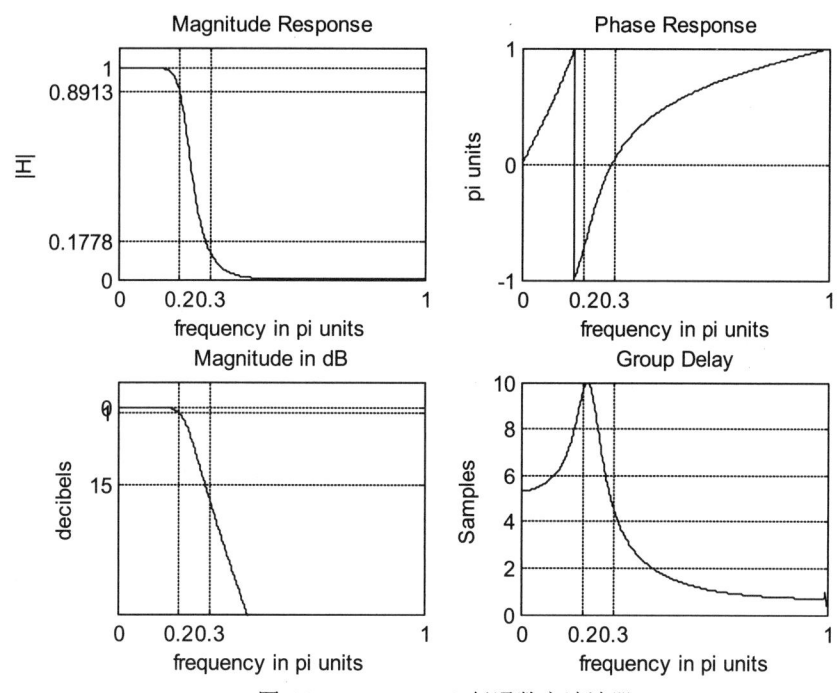

图 6.34 Butterworth 低通数字滤波器

例 6.6.2 用双线性变换法设计一个 Chebyshev Ⅰ 型数字滤波器。设计要求同上。

解：满足本实验要求的数字滤波器系统函数为

$$H(z) = \frac{0.0018(1+z^{-1})^4}{(1-1.4996z^{-1}+0.8482z^{-2})(1-1.5548z^{-1}+0.6493z^{-2})}$$

程序如下，仿真如图 6.35 所示。

```
%   主程序：    BiLinear Transformation:
%              Chebyshev-1 Lowpass Filter Design
%
% Digital Filter Specifications:
wp = 0.2*pi;              % digital Passband freq in Hz
ws = 0.3*pi;              % digital Stopband freq in Hz
Rp = 1;                   % Passband ripple in dB
As = 15;                  % Stopband attenuation in dB
% Analog Prototype Specifications: Inverse mapping for frequencies
```

```
T = 1; Fs = 1/T;                % Set T=1
OmegaP = (2/T)*tan(wp/2);       % Prewarp Prototype Passband freq
OmegaS = (2/T)*tan(ws/2);       % Prewarp Prototype Stopband freq
ep = sqrt(10^(Rp/10)-1);        % Passband Ripple parameter
Ripple = sqrt(1/(1+ep*ep));     % Passband Ripple
Attn = 1/(10^(As/20));          % Stopband Attenuation
% Analog Chebyshev Prototype Filter Calculation:
[cs,ds] = afd_chb1(OmegaP,OmegaS,Rp,As);
%%*** Chebyshev-1 Filter Order =  4
% Bilinear transformation:
[b,a] = bilinear(cs,ds,T);
[C,B,A] = dir2cas(b,a)
% Plotting
figure(1); subplot(1,1,1)
[db,mag,pha,grd,w] = freqz_m(b,a);
subplot(2,2,1); plot(w/pi,mag); title('Magnitude Response')
xlabel('frequency in pi units'); ylabel('|H|'); axis([0,1,0,1.1])
set(gca,'XTickMode','manual','XTick',[0,0.2,0.3,1]);
set(gca,'YTickmode','manual','YTick',[0,Attn,Ripple,1]); grid
subplot(2,2,3); plot(w/pi,db); title('Magnitude in dB');
xlabel('frequency in pi units'); ylabel('decibels'); axis([0,1,-40,5]);
set(gca,'XTickMode','manual','XTick',[0,0.2,0.3,1]);
set(gca,'YTickmode','manual','YTick',[-50,-15,-1,0]); grid
set(gca,'YTickLabelMode','manual','YTickLabels',['50';'15';' 1';' 0'])
subplot(2,2,2); plot(w/pi,pha/pi); title('Phase Response')
xlabel('frequency in pi units'); ylabel('pi units'); axis([0,1,-1,1]);
set(gca,'XTickMode','manual','XTick',[0,0.2,0.3,1]);
set(gca,'YTickmode','manual','YTick',[-1,0,1]); grid
subplot(2,2,4); plot(w/pi,grd); title('Group Delay')
xlabel('frequency in pi units'); ylabel('Samples'); axis([0,1,0,15])
set(gca,'XTickMode','manual','XTick',[0,0.2,0.3,1]);
set(gca,'YTickmode','manual','YTick',[0:5:15]); grid
```

子程序 1：

```
function [b,a] = afd_chb1(Wp,Ws,Rp,As);
if Wp <= 0
    error('Passband edge must be larger than 0')
```

end
if Ws <= Wp

　　error('Stopband edge must be larger than Passband edge')

end

if (Rp <= 0 | (As < 0))

　　error('PB ripple and /or SB attenuation must be larger than 0')

end

ep = sqrt(10^(Rp/10)-1);

A = 10^(As/20);

OmegaC = Wp;

OmegaR = Ws/Wp;

g = sqrt(A*A-1)/ep;

N = ceil(log10(g+sqrt(g*g-1))/log10(OmegaR+sqrt(OmegaR*OmegaR-1)));

fprintf('\n*** Chebyshev-1 Filter Order = %2.0f \n',N)

[b,a] = u_chb1ap(N,Rp,OmegaC);

其余子程序见例 6.6.1。

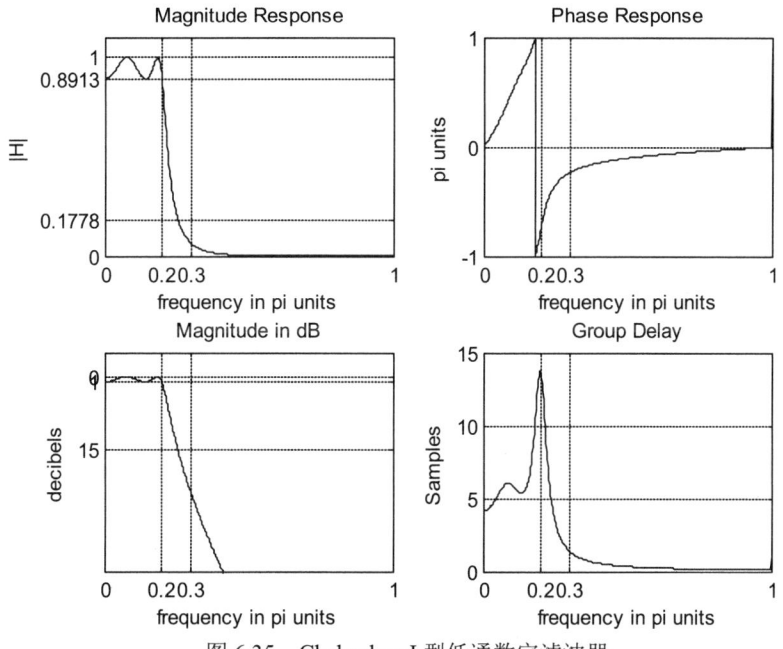

图 6.35　Chebyshev I 型低通数字滤波器

例 6.6.3　用双线性变换法设计一个 Elliptic 低通数字滤波器。设计要求同上。

解：满足本实验要求的数字滤波器系统函数为

$$H(z) = \frac{0.1214(1-1.4211z^{-1}+z^{-2})(1+z^{-1})}{(1-1.4928z^{-1}+0.8612z^{-2})(1-0.6183z^{-1})}$$

程序如下，仿真如图 6.36 所示。

```
%         主程序：BiLinear Transformation:
%              Elliptic Lowpass Filter Design
% Digital Filter Specifications:
wp = 0.2*pi;                % digital Passband freq in Hz
ws = 0.3*pi;                % digital Stopband freq in Hz
Rp = 1;                     % Passband ripple in dB
As = 15;                    % Stopband attenuation in dB
T = 1; Fs = 1/T;            % Set T=1
OmegaP = (2/T)*tan(wp/2);   % Prewarp Prototype Passband freq
OmegaS = (2/T)*tan(ws/2);   % Prewarp Prototype Stopband freq
ep = sqrt(10^(Rp/10)-1);    % Passband Ripple parameter
Ripple = sqrt(1/(1+ep*ep)); % Passband Ripple
Attn = 1/(10^(As/20));      % Stopband Attenuation
[cs,ds] = afd_elip(OmegaP,OmegaS,Rp,As);
[b,a] = bilinear(cs,ds,T);
[C,B,A] = dir2cas(b,a)
figure(1); subplot(1,1,1)
[db,mag,pha,grd,w] = freqz_m(b,a);
subplot(2,2,1); plot(w/pi,mag); title('Magnitude Response')
xlabel('frequency in pi units'); ylabel('|H|'); axis([0,1,0,1.1])
set(gca,'XTickMode','manual','XTick',[0,0.2,0.3,1]);
set(gca,'YTickmode','manual','YTick',[0,Attn,Ripple,1]); grid
subplot(2,2,3); plot(w/pi,db); title('Magnitude in dB');
xlabel('frequency in pi units'); ylabel('decibels'); axis([0,1,-40,5]);
set(gca,'XTickMode','manual','XTick',[0,0.2,0.3,1]);
set(gca,'YTickmode','manual','YTick',[-50,-15,-1,0]); grid
set(gca,'YTickLabelMode','manual','YTickLabels',['50';'15';' 1';' 0'])
subplot(2,2,2); plot(w/pi,pha/pi); title('Phase Response')
xlabel('frequency in pi units'); ylabel('pi units'); axis([0,1,-1,1]);
set(gca,'XTickMode','manual','XTick',[0,0.2,0.3,1]);
set(gca,'YTickmode','manual','YTick',[-1,0,1]); grid
subplot(2,2,4); plot(w/pi,grd); title('Group Delay')
xlabel('frequency in pi units'); ylabel('Samples'); axis([0,1,0,15])
set(gca,'XTickMode','manual','XTick',[0,0.2,0.3,1]);
set(gca,'YTickmode','manual','YTick',[0:5:15]); grid
```
子程序1：

```
function [b,a]=afd_elip(Wp,Ws,Rp,As)
if Wp<=0
   error('Passband edge must be larger than 0')
end
if Ws<=Wp
   error('Stopband edge must be larger than Passband edge')
end
if (Rp<=0)|(As<0)
   error('PB ripple and /or SB attenuation must be larger than 0')
end
ep=sqrt(10^(Rp/10)-1);
A=10^(As/20);
OmegaC=Wp;
k=Wp/Ws;
k1=ep/sqrt(A*A-1);
capk=ellipke([k.^2 1-k.^2]);          % Version 4.0 code
capk1=ellipke([(k1.^2) 1-(k1.^2)]);    % Version 4.0 code
N=ceil(capk(1)*capk1(2)/(capk(2)*capk1(1)));
fprintf('\n*** Elliptic Filter Order = %2.0f \n',N)
[b,a]=u_elipap(N,Rp,As,OmegaC);
```
其余子程序见例 6.1.1。

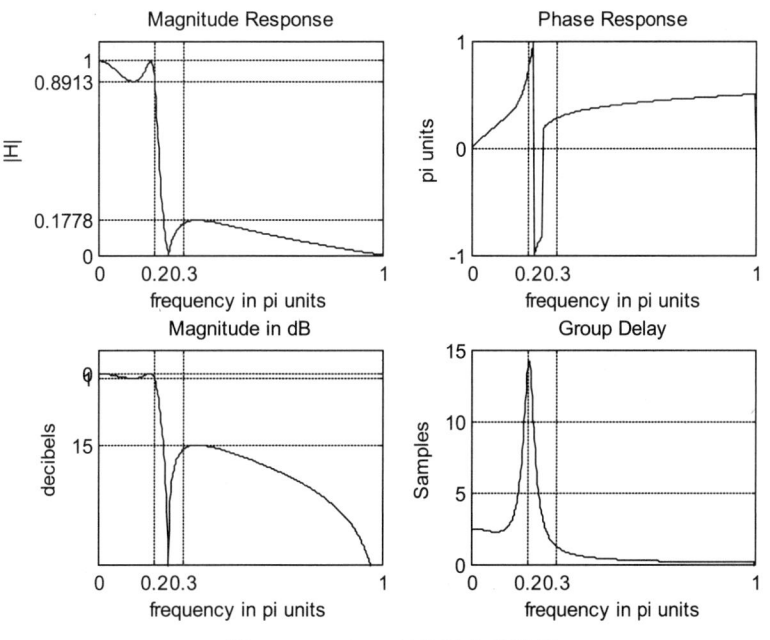

图 6.36 Elliptic 低通数字滤波器

6.6.3 实验步骤

（1）复习有关 Butterworth、Chebyshev、Elliptic 模拟滤波器设计和用双线性变换法设计 IIR 数字滤波器的内容，用双线性变换法设计数字滤波器系统函数。

（2）实现实验原理中的所有程序仿真。

6.6.4 问题讨论及开放性拓展

（1）用双线性变换法设计数字滤波器过程中，变换公式 $s = \dfrac{2}{T} \cdot \dfrac{1-s^{-1}}{1+s^{-1}}$ 中 T 的取值对设计结果有无影响？为什么？

（2）双线性变换法的这种映射优点是什么？

第三篇　通信系统篇

第 7 章　通信系统实践理论

7.1　概述

随着现代科学技术的飞速发展，人类社会已经全面进入了信息化时代，信息化已融入各行业，改变着人们的生活。信息化离不开高度发展的通信技术的支持。通信技术的发展以及通信系统的优化和维护，离不开优秀的通信专业人才。通信人才不仅需要掌握通信系统基础知识，包括通信系统的基本结构、通信的基本概念、随机信号的分析、信道模型理论、模拟调制系统、数字调制系统、信号的抽样量化编码方法、现代调制技术，以及同步技术等，还需要具备具备通信系统设计、分析的能力。通过本章的学习，不仅可以加深对通信原理的基本理论知识及基本概念的理解，提高理论联系实际的能力，更重要的是能够培养学生的实践动手能力，建立完整的通信系统的概念，并具有分析、解决通信工程中实际问题的能力。

7.2　Simulink 仿真环境

7.2.1　Simulink 简介

Simulink 是 MATLAB 中的一种可视化仿真工具，是一种基于 MATLAB 的设计环境，能够实现动态系统建模、仿真和分析，被广泛应用于线性系统、非线性系统、数字控制、数字信号处理及通信系统的建模和仿真中。Simulink 可以用连续采样时间、离散采样时间或混合的采样时间。Simulink 提供了交互式图像化环境和可定制的模块库，满足多种设计和仿真要求。用户只需要单击和拖动鼠标操作就能完成建模，并能快速看到系统的仿真结果。

Simulink 具有以下特点：

（1）基于矩阵的数值计算；

（2）丰富的可扩充的预定义模块；

（3）交互式的图像编辑器和直观的模块图；

（4）以设计功能的层次性来分割模型，实现对复杂设计的管理；

（5）通过 Model Explorer 导航、创建、配置、搜索模型中的任意信号、参数、属性，生成模型代码；

（6）提供丰富的 API 接口，用于与其他仿真程序的连接或者与手写代码的集成；

（7）使用 Embedded MATLAB 模块在 Simulink 和嵌入式系统中调用；

（8）使用定步长或者变步长运行仿真，根据仿真模式来决定以解释性的方式运行或者以编译 C 代码的形式运行模型；

（9）用图形化的调试器和剖析器来检查仿真结果，诊断设计的性能和异常行为；

（10）可访问 MATLAB 从而对结果进行分析与可视化，定制建模环境，定义信号参数和测试数据；

（11）提供模型分析和诊断工具来保证模型的一致性。

7.2.2 Simulink 基本操作

Simulink 的仿真环境由 Simulink 库浏览器（Simulink Library Browser）和模型窗口组成。Simulink 库浏览器为用户提供了进行 Simulink 建模和仿真的标准库模块和专业工具箱。模型窗口是用户创建模型的主要工作场所。

在 MATLAB 的命令窗口输入 Simulink 命令，或者单击工具栏中的 Simulink 图标（如图 7.1 框内所示），打开 Simulink 的起始页，如图 7.2 所示。单击 Blank Model，创建一个空白的编辑窗口，如图 7.3 所示。在编辑窗口工具栏中，点击 Library Browser，打开库浏览器，如图 7.4 所示，获取需要的模型组件。

图 7.1 MATLAB 工具栏中 Simulink 图标

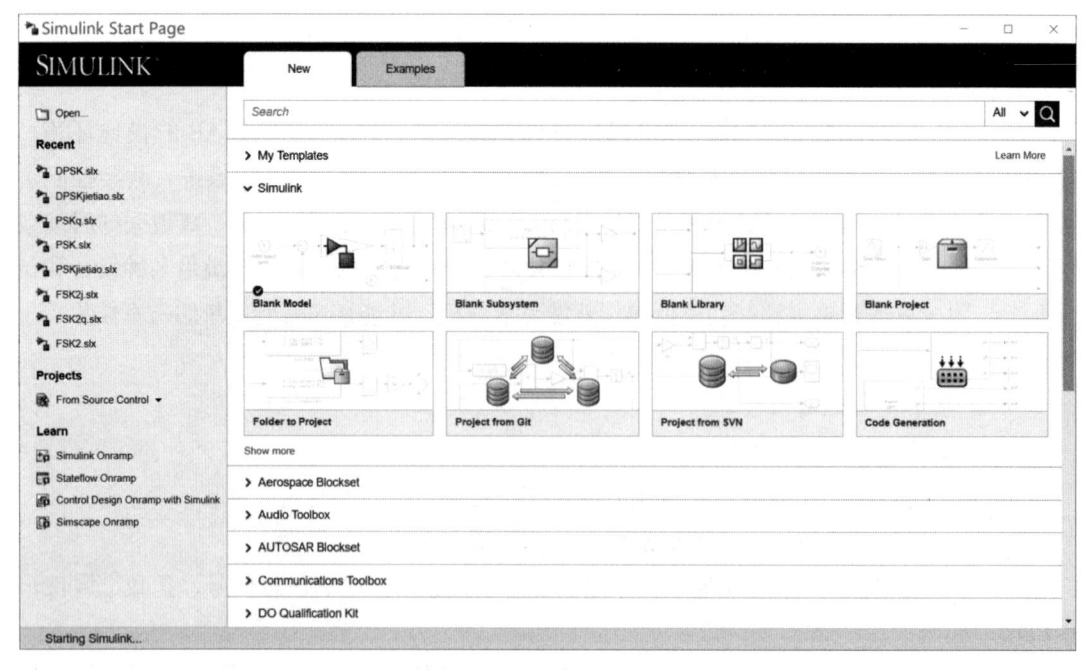

图 7.2 Simulink 起始页

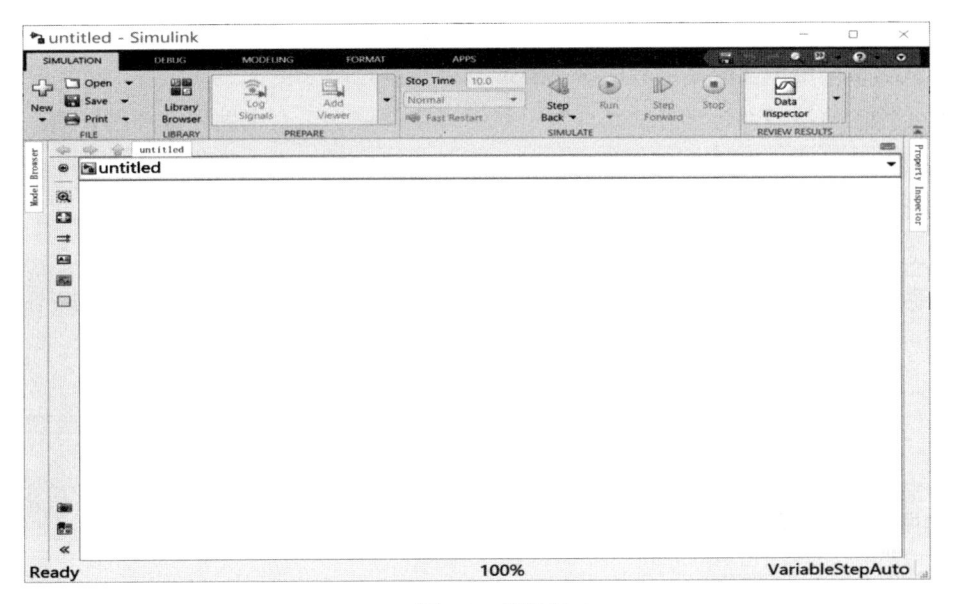

图 7.3　编辑窗口

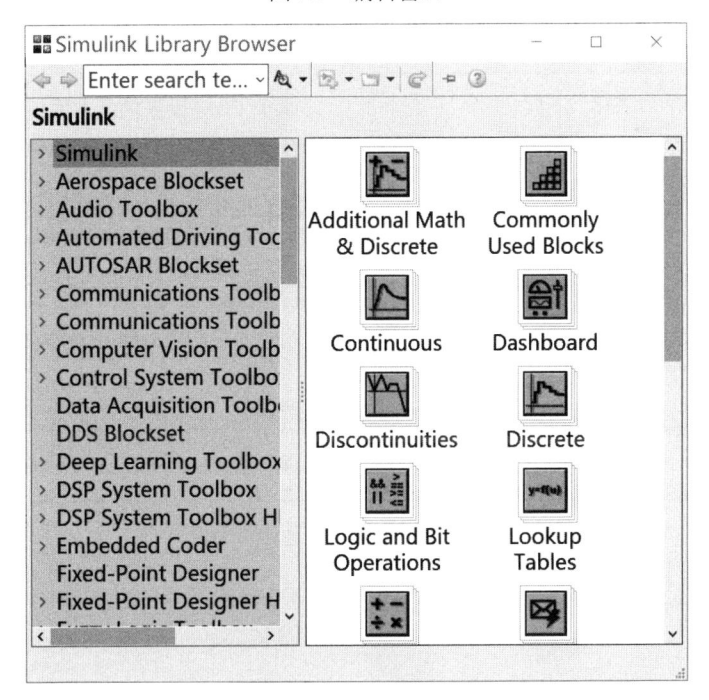

图 7.4　库浏览器

窗口左半部分显示所有 Simulink 库的名称，第一个库是 Simulink 库，是公共库模块；其他的库为专业库，服务于不同专业领域用户。

7.3　通信系统实验简介

通信原理是通信工程专业及相近电子信息类专业的专业基础课程，以通信系统及传输信号作为研究对象，详细分析了通信系统各模块的实现原理及性能，包括信道模型、信道噪声模型、模拟信号以及数字信号的调制解调及抗噪声性能分析。

实验作为通信原理课程重要的组成部分，对理论课的学习有辅助和提高的作用。通信原理仿真实验基于 Simulink 实现，通过实验，使得学生牢固掌握通信系统各模块的实现原理，提高学生实践能力和解决问题的能力。

通信原理实验课程依据通信原理的基本内容，将课程的各部分内容组织形成 9 个实验进行仿真教学，包括了教学大纲上的主要知识点。具体的内容如表 7.1 所示，实验具有内容见第 8 章。

表 7.1　通信原理实验项目表

序号	实验项目	实验内容与要求
1	AM 调制通信系统实验	掌握 AM 调制的工作原理；掌握调制系数 m 及调制特性的测量方法，了解 $m<1$、$m>1$ 和 $m=1$ 及时调幅波的波形特点
2	DSB 调制解调通信系统实验	掌握 DSB 调制原理及相干解调原理
3	FM 频率调制实验	掌握 FM 调制解调的基本原理
4	FDM 频分复用通信系统实验	掌握 FDM 系统的基本原理
5	数字基带信号	了解单极性码、双极性码、归零码、不归零码等基带信号波形特点；掌握 AMI 码、HDB3 码的编译码规则
6	2ASK 数字调制通信系统实验	掌握 2ASK 数字调制原理；掌握用键控法和模拟调制法产生 2ASK 信号的方法；掌握 2ASK 信号的解调方法
7	2FSK 数字调制通信系统实验	掌握 2FSK 数字调制原理；掌握产生 2FSK 信号的方法；掌握 2FSK 信号的解调方法
8	2FSK 数字调制通信系统实验	掌握 2PSK 数字调制原理；掌握产生 2PSK 信号的方法；掌握 2PSK 信号的解调方法
9	2DPSK 数字调制解调实验	掌握 2DPSK 调制原理；掌握 2DPSK 解调原理

第 8 章　通信原理实验

8.1　模拟调制解调系统实验

8.1.1　AM 调制通信系统实验

8.1.1.1　实验目的

（1）掌握 AM 调制原理；

（2）掌握调制系数 $m<1$、$m=1$ 及 $m>1$ 时调幅波的波形特点。

8.1.1.2　实验原理

幅度调制是由调制信号去控制高频载波的幅度，使之随调制信号作线性变换的过程。其中最常见的就是常规双边带调制，简称调幅（AM）。假设调制信号 $m(t)$ 的平均值为 0，将其叠加一个直流偏量 A_0 后与载波相乘，即可形成调幅信号。其原理框图如图 8.1 所示。

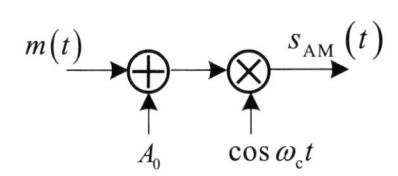

图 8.1　AM 调制原理框图

AM 信号的时域表达式为

$$s_{\text{AM}}(t) = [A_0 + m(t)]\cos\omega_c t$$
$$= A_0 \cos\omega_c t + m(t)\cos\omega_c t$$

式中：A_0 为外加的直流分量；$m(t)$ 可以是确知信号，也可以是随机信号；$\cos\omega_c t$ 为载波。

若 $m(t)$ 为确知信号，则 AM 信号的频谱为

$$S_{\text{AM}}(\omega) = \pi A_0[\delta(\omega+\omega_c) + \delta(\omega-\omega_c)] + \frac{1}{2}[M(\omega+\omega_c) + M(\omega-\omega_c)]$$

其典型的波形及频谱图如图 8.2 所示。若 $m(t)$ 为随机信号，则已调信号的频谱表示必须用功率谱描述。

由波形可以看出，当满足条件 $|m(t)|_{\max} \leqslant A_0$ 时，AM 波的包络和调制信号 $m(t)$ 的形状完全一样，因此，用包络检波法很容易恢复原始信号；如果上述条件不满足，就会出现"过调幅"现象，这时不能再使用包络检波进行解调，而只能采用更为复杂的相干解调法。

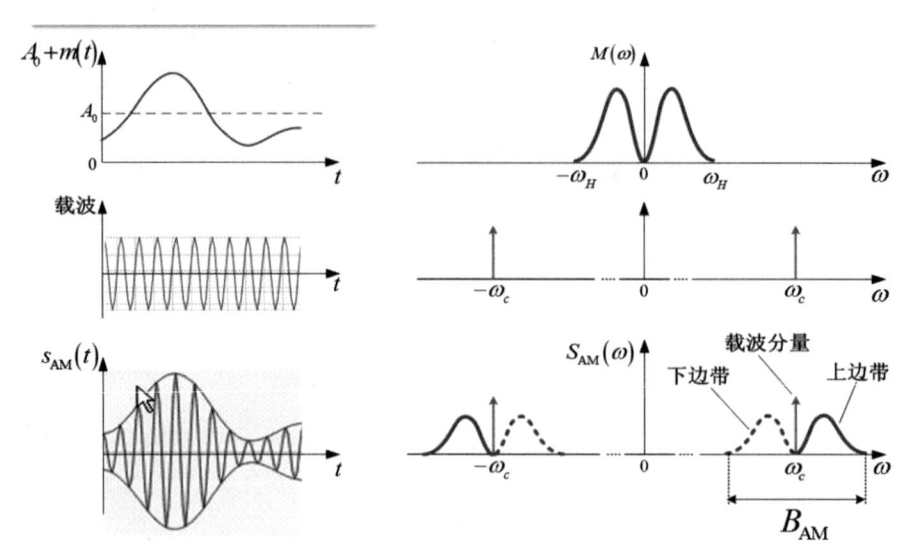

图 8.2　AM 信号的波形及频谱

定义调幅系数：$m = \dfrac{|m(t)|_{\max}}{A_0}$，用来反映基带信号改变载波幅度的程度。

8.1.1.3　实验步骤

（1）根据 AM 调制原理，使用 simulink 搭建 AM 调制器，如图 8.3 所示。

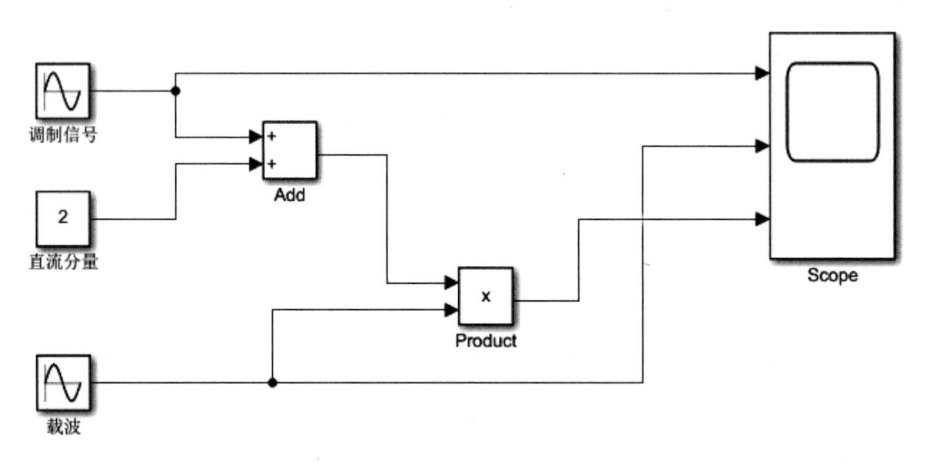

图 8.3　AM 调制的 Simulink 仿真原理图

（2）调整调制信号的幅值，使其满足，观察正常调幅时的波形，具体参数设置如表 8.1 所示。

表 8.1　AM 正常调幅的 Simulink 仿真参数

模块名称	参数名称	参数取值
调制信号（Sine Wave）	Frequency	2
	Amplitude	1
直流分量（Constant）	Constant Value	2
载波（Sine Wave）	Frequency	100

(3) 调整调制信号的幅值，使其满足，观察正常调幅时的波形，具体参数设置如表8.2所示。

表8.2 AM满调幅的Simulink仿真参数

模块名称	参数名称	参数取值
调制信号（Sine Wave）	Frequency	2
	Amplitude	2
直流分量（Constant）	Constant Value	2
载波（Sine Wave）	Frequency	100

(4) 调整调制信号的幅值，使其满足，观察正常调幅时的波形，具体参数设置如表8.3所示。

表8.3 AM过调幅的Simulink仿真参数

模块名称	参数名称	参数取值
调制信号（Sine Wave）	Frequency	2
	Amplitude	4
直流分量（Constant）	Constant Value	2
载波（Sine Wave）	Frequency	100

(5) 观察并记录 $m<1$、$m=1$ 及 $m>1$ 时的调幅波形。

8.1.1.4 实验结果分析

(1) 正常调幅。

正常调幅时的 AM 调制波形如图 8.4 所示，第一条波形为调制信号，第二条波形为载波信号，第三条波形为 AM 信号，可以看到 AM 信号波形的包络能够反映调制信号的波形，故可以采用包络检波的方法进行解调。

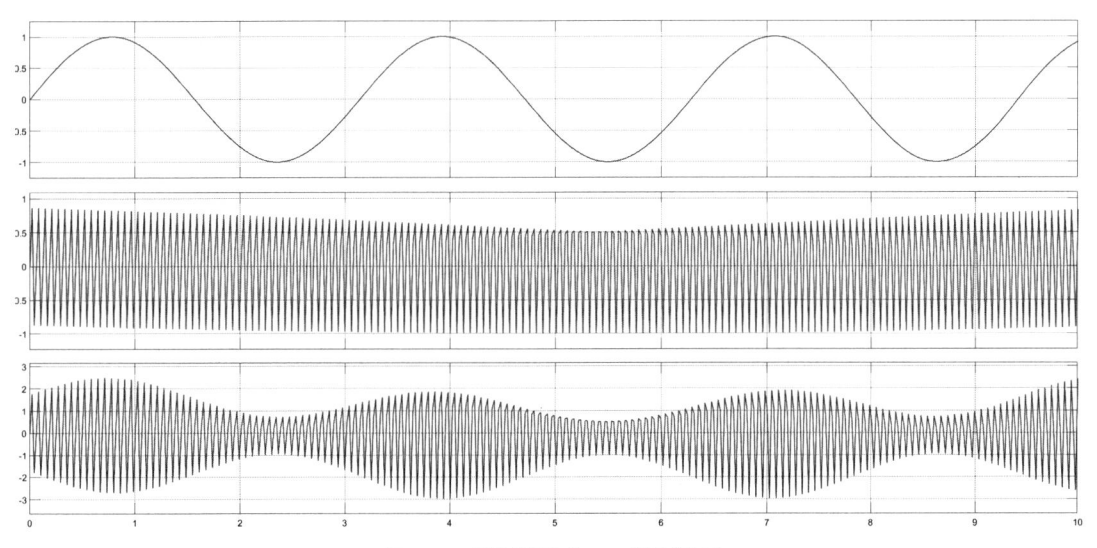

图 8.4 正常调幅时 AM 调制波形

(2) 满调幅。

满调幅时的 AM 调制波形如图 8.5 所示，第一条波形为调制信号，第二条波形为载波信号，第三条波形为 AM 信号，可以发现 AM 信号波形的包络谷值与坐标轴很轴相切，包络走势仍然能够反映调制信号的波形，故仍旧可以采用包络检波的方法进行解调。

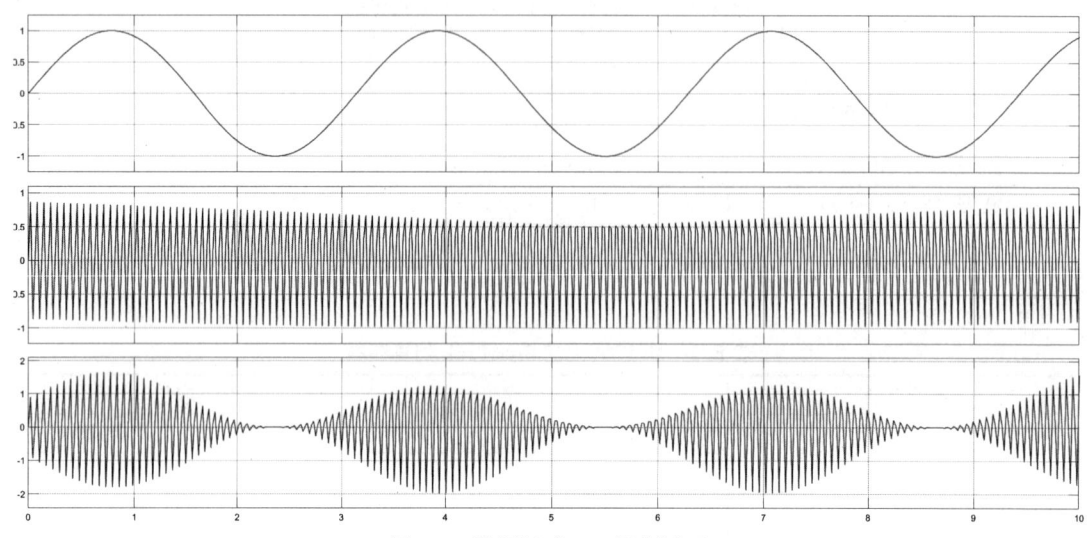

图 8.5　满调幅时 AM 调制波形

(3) 过调幅。

过调幅时的 AM 调制波形如图 8.6 所示，第一条波形为调制信号，第二条波形为载波信号，第三条波形为 AM 信号，可以发现 AM 信号波形在过零点时出现了载波反相点，包络走势不再能够反映调制信号的波形，故不能采用包络检波的方法进行解调，而只能采用更为复杂的相干解调法了。

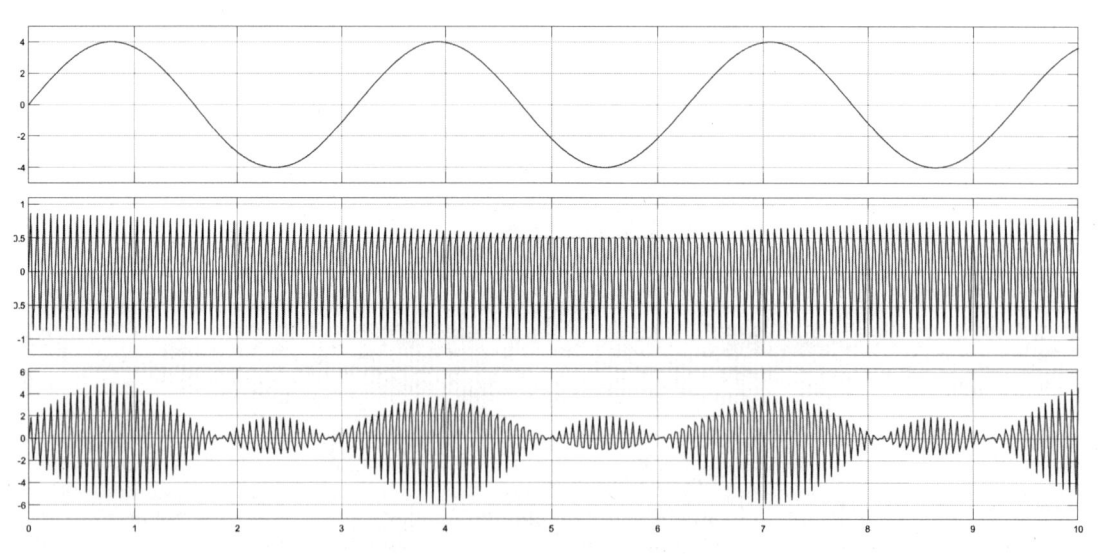

图 8.6　过调幅时 AM 调制波形

8.1.1.5　问题讨论及开放性拓展

(1) 整理各实验步骤所得的数据和波形，并绘制。

(2) 继续调整直流分量与调制信号幅值，观察波形。

8.1.2 DSB 调制解调通信系统实验

8.1.2.1 实验目的

（1）掌握 DSB 调制原理；

（2）掌握相干解调原理。

8.1.2.2 实验原理

（1）DSB 调制原理。

在 AM 信号中，载波分量不携带信息，信息完全由边带传送。如果在 AM 调制模型中去掉直流分量 A_0，就可以得到一种高调制效率的调制方式，即抑制载波双边带调制信号，简称双边带信号（DSB）。其时域表达式为

$$s_{\text{DSB}}(t) = m(t)\cos\omega_c t$$

其中，假设 $m(t)$ 的均值为 0。DSB 的频谱与 AM 相似，因为去除了直流分量，因此频谱中不再有载波分量了。

$$S_{\text{DSB}}(\omega) = \frac{1}{2}[M(\omega+\omega_c) + M(\omega-\omega_c)]$$

其典型波形和频谱图如图 8.7 所示。

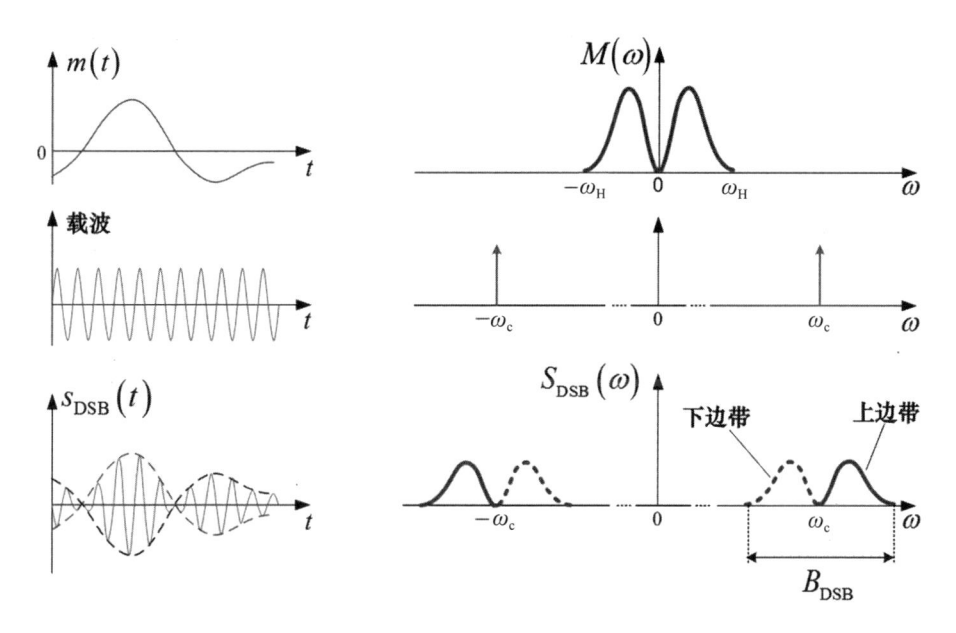

图 8.7 DSB 信号的波形和频谱

（2）DSB 相干解调原理。

解调与调制的实质相同，都是实现频谱搬移。调制是将低频信号搬移到高频段，解调时调制的逆过程，即将信号从载频位置搬移回原始基带处，可以用通过与载波再次相乘实现，相干解调的一般模型如图 8.8 所示。

相干解调时，为了能够无失真的回复原始基带信号，接收端必须提供一个与已调载波严格同步，即同频同相的本地载波，称为相干载波。

图 8.8　相干解调器的一般原理

$$S_p(t) = S_m(t) \times \cos\omega_c t$$
$$= m(t)\cos\omega_c t \times \cos\omega_c t$$
$$= m(t)\cos^2\omega_c t$$
$$= m(t)[\frac{1}{2}(\cos 2\omega_c t + 1)]$$
$$= \frac{1}{2}m(t)\cos 2\omega_c t + \frac{1}{2}m(t)$$

经低通滤波器滤除高频分量

$$S_d = \frac{1}{2}m(t)$$

8.1.2.3　实验步骤

（1）DSB 调制。

根据 DSB 调制原理，搭建 DSB 调制器，将调制信号 $m(t)$ 直接与载波 $\cos\omega_c t$ 相乘即可，Simulink 仿真如图 8.9 所示。

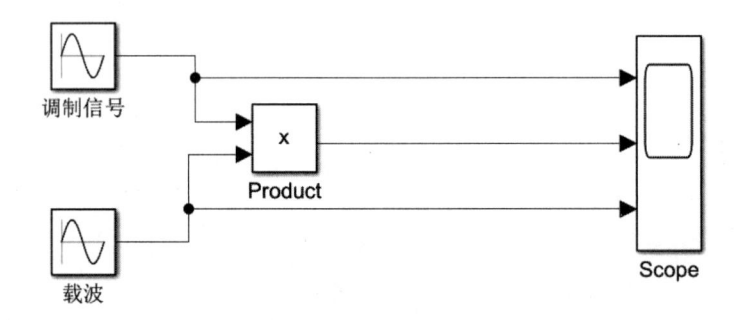

图 8.9　DSB 调制器

表 8.4　DSB 调制解调的 Simulink 仿真参数

模块名称	参数名称	参数取值
调制信号（Sine Wave）	Frequency	3
	Amplitude	1
载波（Sine Wave）	Frequency	100

（2）DSB 相干解调。

根据相干解调原理，将调制产生的 DSB 信号在与恢复载波相乘，经低通滤波器之后即可得到恢复后的调制信号，仿真如图 8.10 所示。

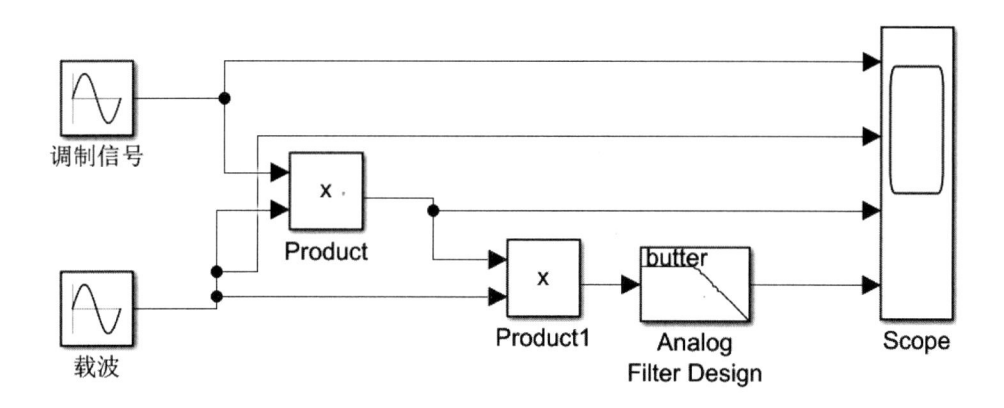

图 8.10　DSB 相干解调

8.1.2.4　实验结果分析

DSB 调制解调的仿真结果如图 8.11 所示，从上到下依次是调制信号、载波信号、DSB 信号和解调后的信号。

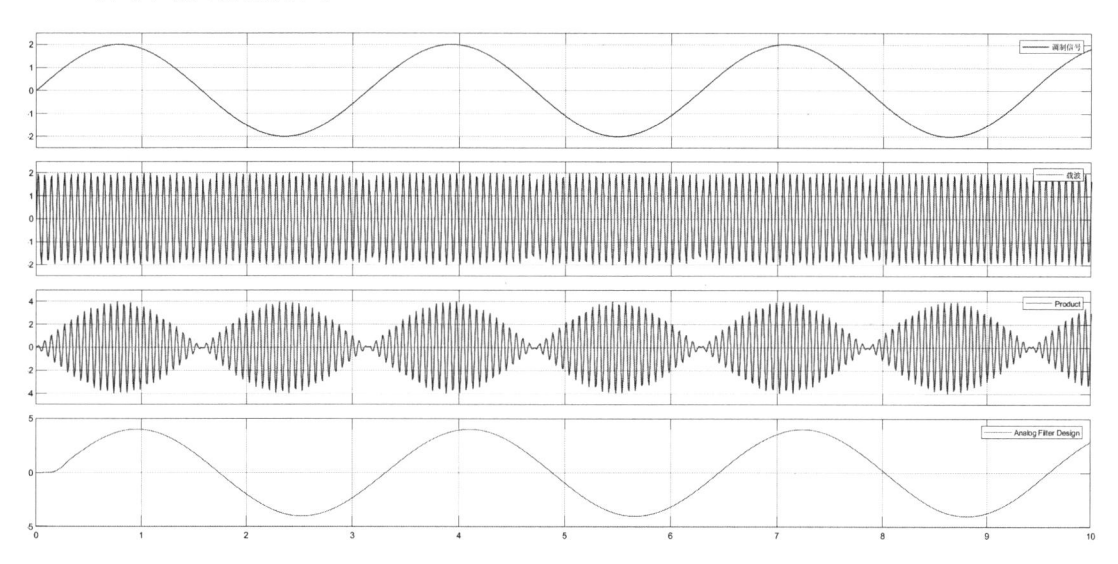

图 8.11　DSB 调制解调波形图

仔细观察可以发现，DSB 信号包络不再反映调制信号的走势，不能使用包络检波器进行解调了。DSB 信号在过零点处载波反相，经相干解调后

8.1.2.5　问题讨论及开放性拓展

（1）DSB 信号相干解调时，滤波之前的信号波形是怎样的呢？

（2）DSB 调制有好优缺点？如何改进？

8.1.3　FM 频率调制实验

8.1.3.1　实验目的

（1）掌握 FM 调制解调的基本原理；

（2）了解各模块在系统中的作用。

8.1.3.2 实验原理

FM 即调频信号，是将调制信号的信息搭载到载波的频率上，使载波的频率随调制信号变换。调制过程中，载波的幅度保持不变，调频信号表达式为

$$S_{FM}(t) = A\cos[\omega_c t + K_f \int m(\tau)\mathrm{d}\tau]$$

式中：K_f 是调频灵敏度，$m(\tau)$ 是瞬时频率偏移，瞬时频偏随 $m(t)$ 成比例变化。

调频信号的产生可以采用直接法和间接法。

（1）直接法，用调制信号电压控制压控振荡器频率，产生频率随信号电压变化的调频信号，如图 8.12 所示。

图 8.12 直接调频原理图

（2）间接法，先对调制信号进行积分，再进行相位调制，得到窄带调频信号，然后经过倍频器，得到宽带调频信号，如图 8.13 所示。

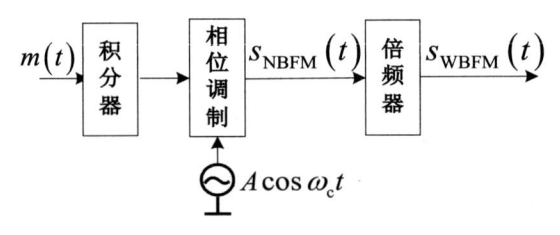

图 8.13 间接调频原理图

8.1.3.3 实验步骤

（1）根据 FM 调制原理，将原始正弦波信号作为调制信号，经过调频模块 FM Modulator Passband，可得到 FM 信号，具体仿真如图 8.14 所示。

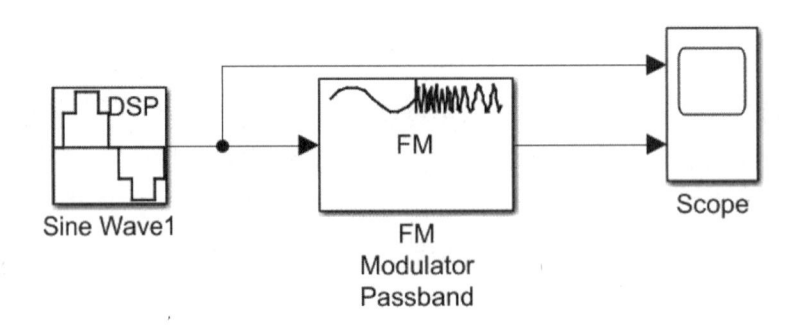

图 8.14 FM 调制的 Simulink 仿真框图

FM 调制仿真实现时，各模块参数如表 8.5 所示。

第8章 通信原理实验

表 8.5 FM 调制的 Simulink 仿真参数

模块名称	参数名称	参数取值
调制信号（Sine Wave）	Frequency	1
	Amplitude	1
	Phase	0
FM Modulator Passband	Carrier Frequency	10
	Initial Phase	0
	Frequency deviation	5

（2）调整 FM Modulator Passband 模块的参数，重复 FM 调制实验。

8.1.3.4 实验结果分析

仿真实验结果如图 8.15 所示，从上到下依次是调制信号和 FM 调频信号。

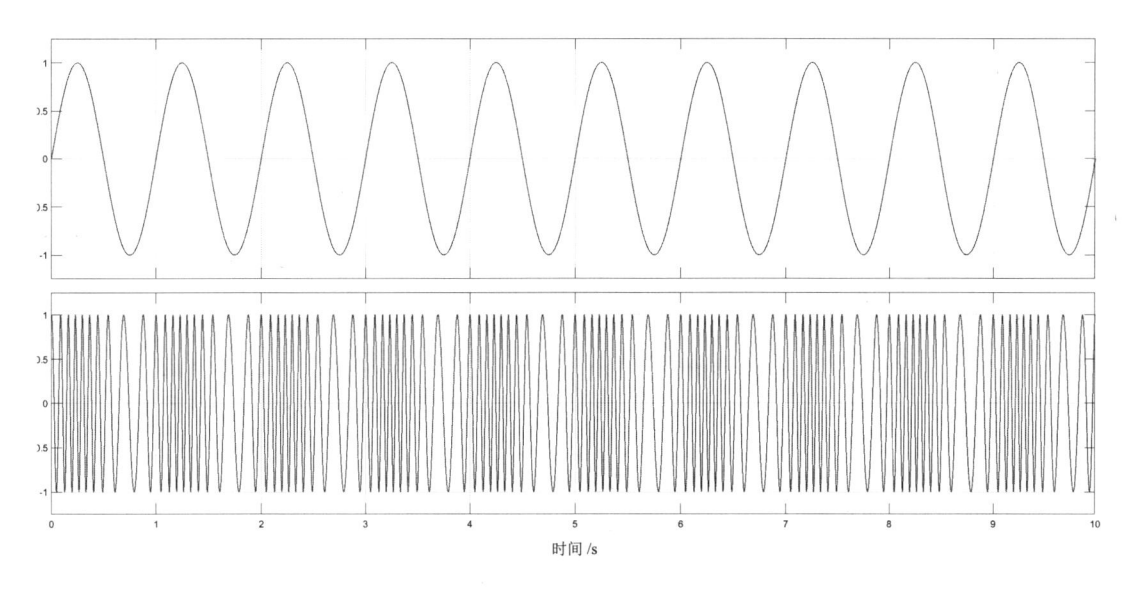

图 8.15 FM 调制的 Simulink 仿真结果图

由于 FM 信号的瞬时频率偏移与原始调制信号 $m(t)$ 成比例变换。

8.1.3.5 问题讨论及开放性拓展

（1）调整 FM Modulator Password 的参数 Carrier Frequency，分析该参数对 FM 调频有何影响？

（2）调整 FM Modulator Password 的参数 Frequency deviation，分析该参数对 FM 调频有何影响？

8.1.4 FDM 频分复用通信系统实验

8.1.4.1 实验目的

（1）掌握 FDM 系统的基本原理；

（2）了解各模块在系统中的作用。

8.1.4.2 实验原理

将两路话音信号在两个不同的频率区里进行传送，即频分复用（FDM）。图 8.16 所示的是一个频分复用的电话系统组成方框图。由图 8.16 可见，复用的信号共有 n 路，每路信号首先通过低通滤波器（LPF），以便限制路信号的最高角频率 ω_m。为简单起见，这里假定各路的 ω_m 都相等，例如，若各路都是话音信号，则每路信号的最高频率均为 3.4 K。然后，各路信号通过各自的调制器，它们的电路可以是相同的，但所用的载波频率则不同。调制的方式可以任意选择，可以是 SSB、DSB 等。在选择载频时，应考虑边带的频谱宽度。同时，为了防止邻路信号间的相互干扰，还应留有一定的防护频带，即

$$f_c(i+1) = f_c(i) + f_m + f_g, \quad i = 1, 2, 3, \cdots, n$$

式中：$f_c(i)$ 与 $f_c(i+1)$ 分别为第 i 路与第 $(i+1)$ 路的载频的频率；f_m 为每一路的最高频率；f_g 为邻路间隔防护频带。

显然，若 f_g 越大，则在邻路信号干扰指标相同的情况下，对边带滤波器的技术指标要求允许放宽些。但这时占用总的频带要加宽，这对提高信道复用率不利。因此，实际中我们宁愿提高边带滤波器技术指标，以使 f_g 尽量缩小。目前，按 CCITT 标准，防护频带间隔应为 900 Hz，这样，可以使邻路干扰电平低于 -40 dB。

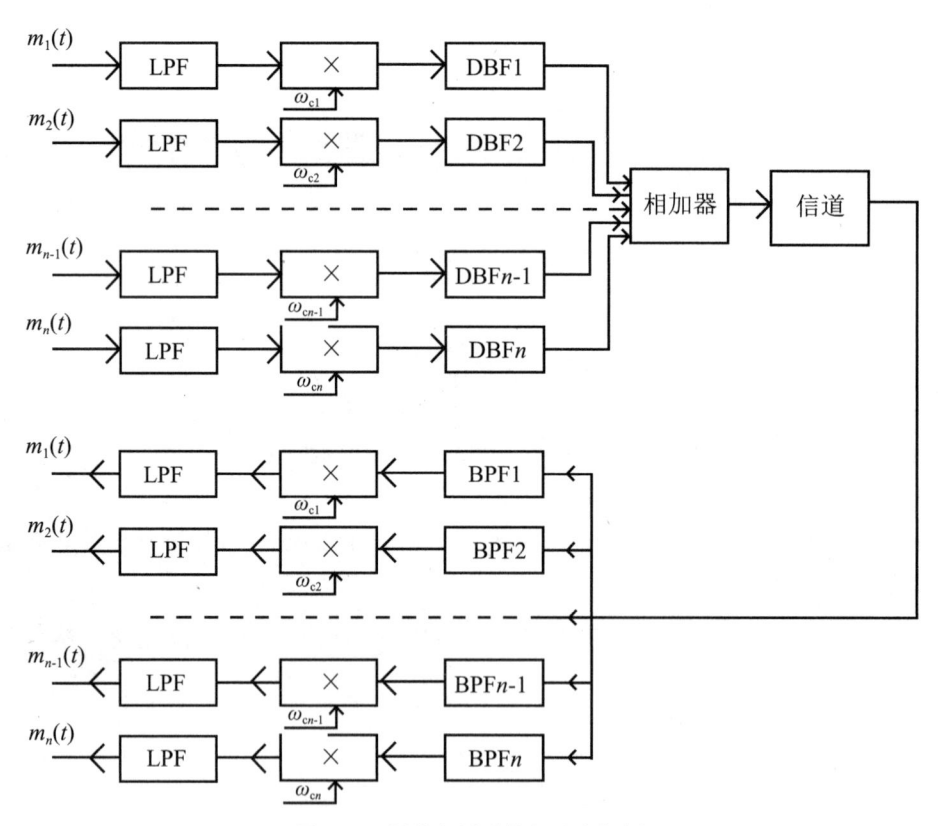

图 8.16 频分复用系统组成方框图

经过调制后的各路信号，在频率位置上就被分开了。因此通过相加器将它们合并成适

第 8 章　通信原理实验

合信道内传输的复用信号。

合并后的复用信号原则上可以在信道中传输，但为了更好地利用信道的传输特性，也可以再进行一次调制。

在频分复用的接收端，可以利用相应的带通滤波器（BPF）来区分开各路信号的频谱。然后，通过各自的相干解调器便可恢复各路的调制信号。

频分复用系统的最大优点是信道复用率高，容许复用的路数多，同时分路也很方便。因此，它为目前模拟通信中最主要的一种复用方式，特别是在有线和微波通信系统中，应用十分广泛。

频分复用系统的主要缺点是调制产生较为复杂；另一缺点是因滤波器特性不够理想和信道内存在非线性而产生路间干扰。

8.1.4.3　实验步骤

（1）根据 FDM 原理，设置三路基带信号，第一路为正弦波，第二路为方波，第三路为三角波。

（2）三路基带信号分别进行 DSB 调制，其载波参数见参数表。

（3）将调制后的信号叠加，形成一路 FDM 信号。

（4）将 FDM 信号经带通滤波器分路，实现解复用。

FDM 频分复用及解复用仿真实现框图如图 8.17 所示。

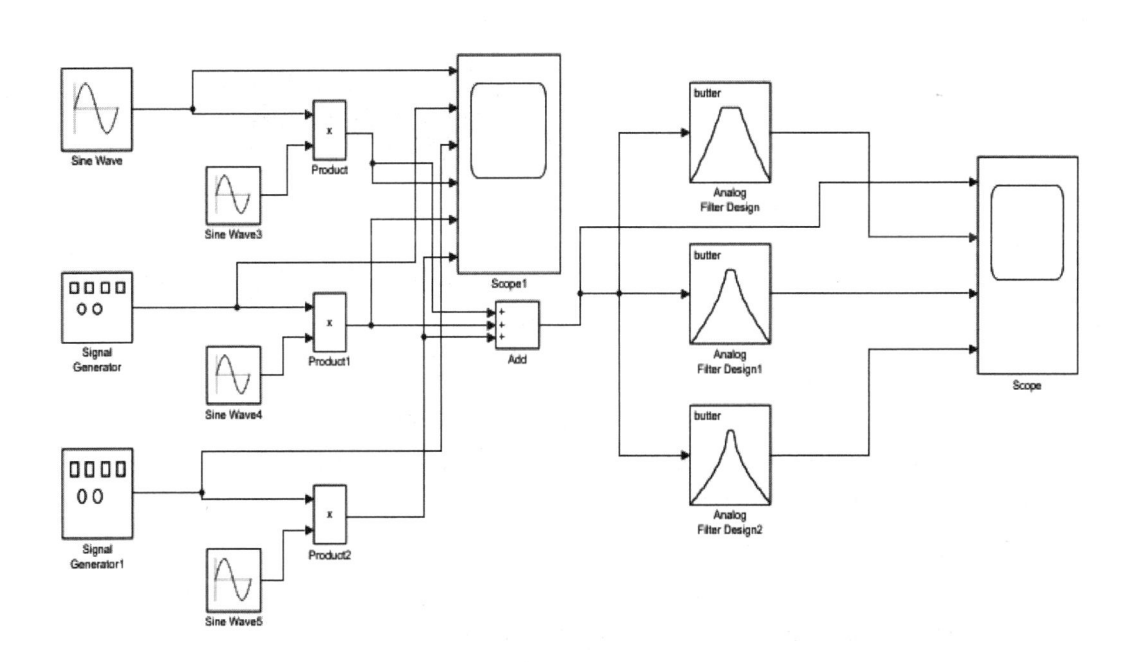

图 8.17　FDM 频分复用 Simulink 仿真框图

各模块参数设置如表 8.6 所示。

表 8.6　FDM 频分复用 Simulink 仿真参数

参数名称	模块名称	参数取值 /Hz
载波频率	Sine Wave1	100
	Sine Wave2	200
	Sine Wave3	300
带通滤波器通频带	Analog filter Design1	50～150
	Analog filter Design2	151～250
	Analog filter Design3	251～350

8.1.4.4　实验结果分析

仿真实验结果如图 8.18、图 8.19 所示，其中图 8.18 为复用前信号波形图，左侧三个信号分别是第一路信号正弦波，第二路信号方波，第三路信号锯齿波；右侧三个信号波形分别是三路信号经 DSB 调制之后的信号波形。

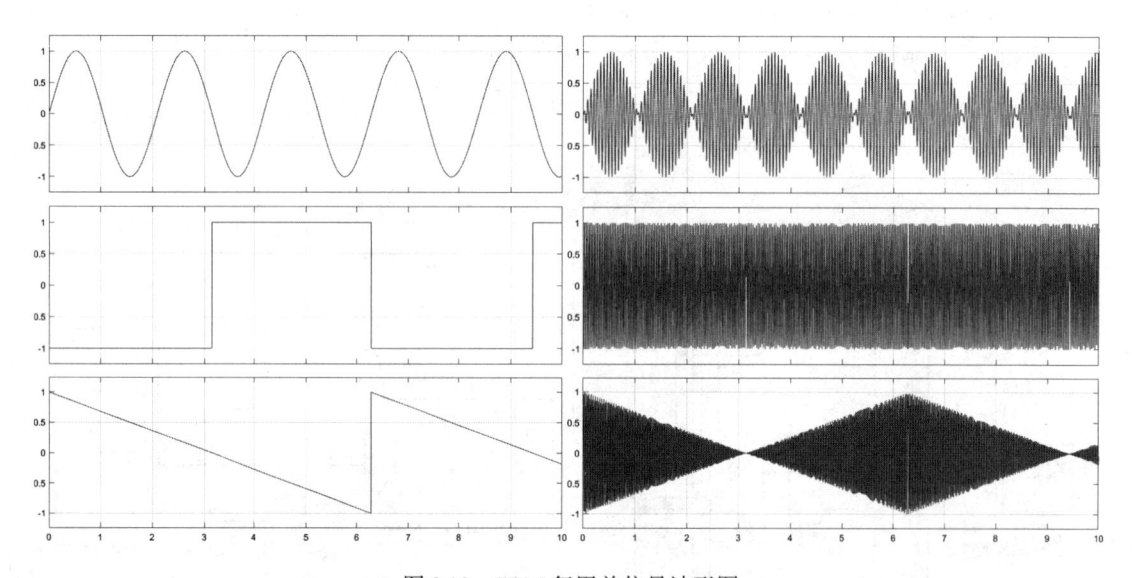

图 8.18　FDM 复用前信号波形图

图 8.19 中第一组波形是 FDM 信号波形，由三路已调信号叠加形成，其他三路信号分别是解复用后的已调波形及正弦波、方波、锯齿波。

8.1.4.5　问题讨论及开放性拓展

（1）调整滤波器参数，将带通滤波器通带调小 / 调大，观察输出波形变换，分析原因。

（2）解复用后波形存在失真，是什么原因导致的？

（3）请将解复用波形进行解调，观察恢复波形。

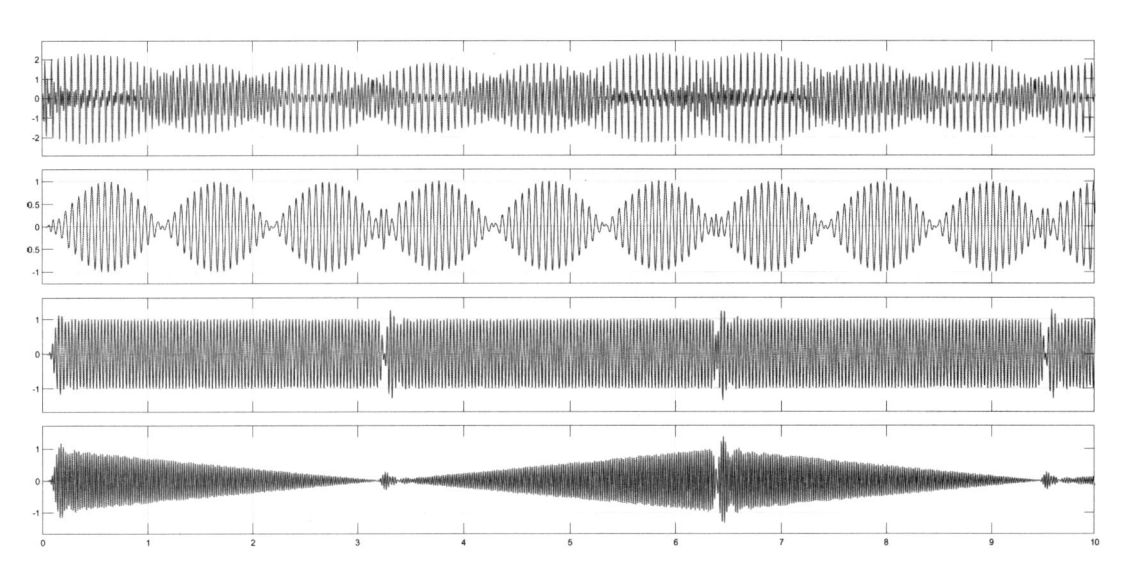

图 8.19　FDM 复用波形及解复用波形图

8.2　数字基带通信系统实验

8.2.1　数字基带信号实验

8.2.1.1　实验目的

掌握单极性归零、单极性非归零、双极性归零以及双极性非归零信号的特点。

8.2.1.2　实验原理

（1）单极性非归零波形。

分别用正电平和零电平表示二进制数字的"1"和"0"；或者说，在一个码元时间内用脉冲的有或无来表示信号"1"或"0"。

该波形的特点是电脉冲之间无间隔，极性单一，易于实现；缺点是有直流分量，要求传输线路具有直流传输能力，不适用于有交流耦合的远距离传输。

（2）双极性非归零波形。

分别用正、负电平的脉冲来表示二进制数字"1"和"0"。因其正负电平的幅度相等，极性相反，故当"1"和"0"等概率出现时，无直流分量，有利于在信道中传输，并且在接收端恢复信号时判决电平为 0 即可，不受信道变换影响，抗干扰能力强。

（3）单极性归零波形。

所谓归零波形就是指它的有电脉冲宽度小于码元宽度 T，通常归零波形使用半占空码，即占空比为 50%，可直接提取定时位定时信息。

（4）双极性归零波形。

兼有双极性和归零波形的特点，由于相邻脉冲之间存在零电位间隔，便于提取位定时信息。

8.2.1.3 实验步骤

用 Simulink 实现对单极性非归零、单极性归零、双极性非归零、双极性归零信号波形的仿真。仿真模型如图 8.20 所示。

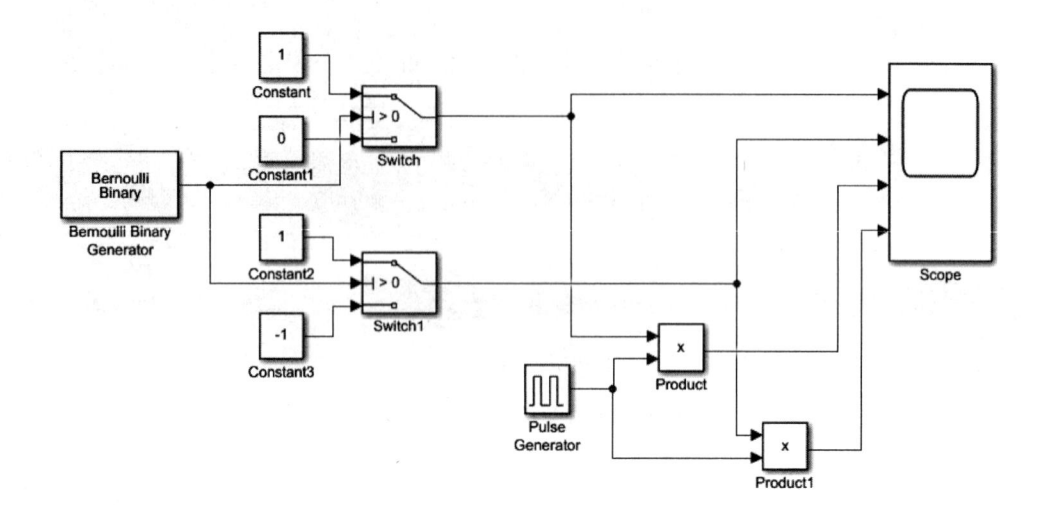

图 8.20 Simulink 仿真实现模型

主要模块参数模型如图 8.21 所示。

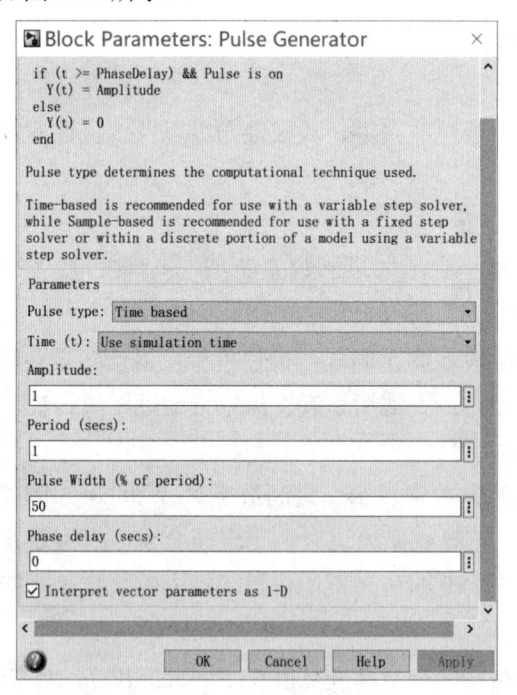

图 8.21 Pulse Generator 仿真参数

8.2.1.4 实验结果分析

仿真结果如图 8.22 所示，从上到下 4 条波形依次是单极性非归零波形、双极性非归零波形、单极性归零波形和双极性归零波形。

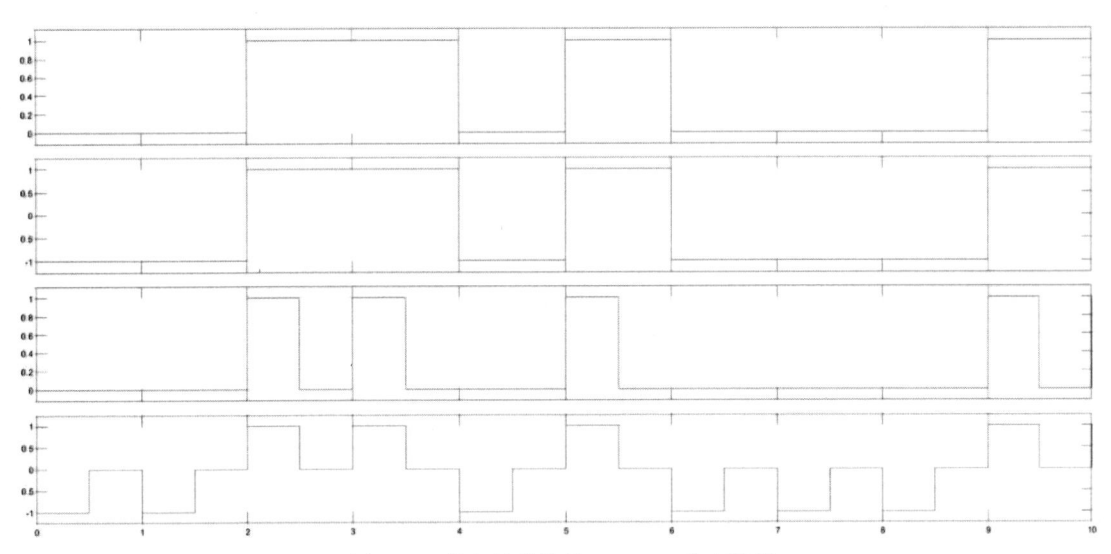

图 8.22 数字基带信号 Simulink 仿真结果

从图中可以看到，单极性非归零波形只用 1 电平和 0 电平来表示数字信号；双极性非归零波形分别用 +1 电平和 -1 电平表示数字信号 "1" 和 "0"；而单极性和双极性归零信号，在每个码元周期都会回到零电平。通过比较可以发现，归零信号要比非归零信号含有更加丰富的位定时信息，单极性归零在出现连 0 时，位定时信息不易提取，双极性信号每个码元时刻都有丰富的位定时信息。

8.2.1.5 问题讨论及开放性拓展

从频域分析，四种基带波形有何优缺点？

8.2.2 数字基带传输码型实验

8.2.2.1 实验目的

掌握 AMI 码，双相码、曼彻斯特码以及 HDB3 码的编码规则。

8.2.2.1 实验原理

（1）AMI 码。

AMI 码，全称是传号交替反转码，其编码规则就是将消息码的传号 "1" 交替的变为 "+1""-1"，而空号 "0" 则保持不变。例如：

消息码：0 1 1 0 0 0 1 1 0 0 1 1 1 0

AMI 码：0 +1 -1 0 0 0 +1 -1 0 0 +1 -1 +1 0

AMI 码对应的波形具有正、负、零三种电平的脉冲序列。它可以看成单极性波形的变形，也就是 "0" 对应零电平，"1" 交替对应正、负电平。

AMI 码的优点：没有直流成分，且高低频分量少，能量集中在频率为 1/2 码速的地方；编解码电路简单，且可利用传号极性交替这一规律观察误码的情况；可以从中提取位定时分量。

AMI 码的缺点：当原始消息码出现较长的连 "0" 串时，信号的电平长时间不变，很难提取位定时信息。

（2）曼彻斯特码。

曼彻斯特码又称双相码。它用一个周期的正负对称方波表示"0"，而用其反相波形表示"1"。编码规则之一就是用"01"两位表示"0"码，用"10"两位码表示"1"码，例如：

消息码： 1 1 0 0 1 1 0 1

双相码： 10 10 01 01 10 10 01 10

曼彻斯特码是一种双极性 NRZ 波形，只有极性相反的两个电平，它在每个码元间隔的中心点都存在电平跳变，所以含有丰富的位定时信息，且没有直流分量，编码过程简单。缺点是占用带宽加倍，频带利用率低。

8.2.2.3 实验步骤

（1）AMI。

①首先生成一串随机的二进制非归零序列；

②根据上升沿，数出 1 的个数（二进制），将其根据 AMI 的编码规则变换成 +1 或者 -1；

③将②中产生的 +1 和 -1 的序列，与原始序列相乘，即可得到 AMI 码；

④将 AMI 码取绝对值，就可以实现解码，还原原始信息序列。

具体的 Simulink 仿真原理图如图 8.23 所示。

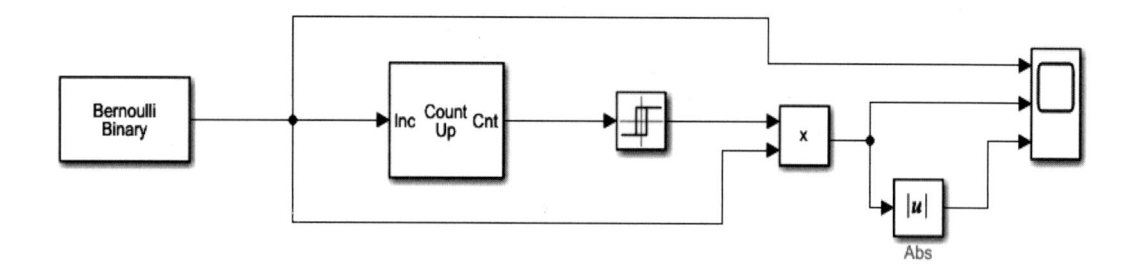

图 8.23　AMI 编解码 Simulink 仿真框图

仿真实现用到的主要模块参数如图 8.24 至图 8.26 所示。

图 8.24　Bernoulli Binary Generator 参数设置

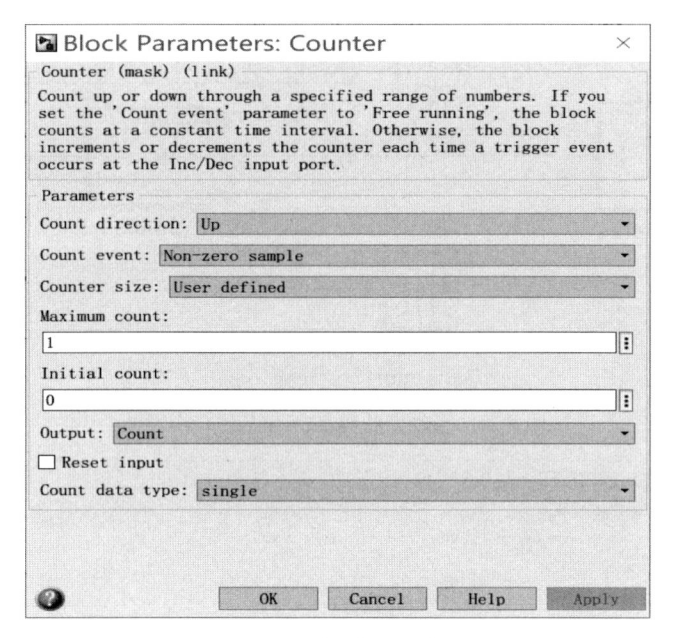

图 8.25　Counter 模块参数设置

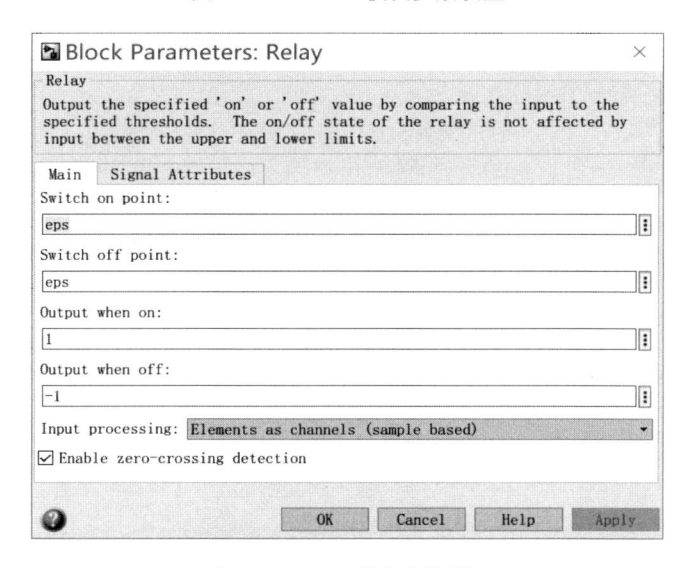

图 8.26　Relay 模块参数设置

（2）曼彻斯特码。

①首先生成一串随机的二进制非归零序列；

②两个脉冲生成器，分别用来生成"10"和"01"序列。

③用原始基带信号控制选通开关，原始信号为"1"时，开关选通"10"序列，原始信号为"0"时，开关选通"01"序列。

具体的 Simulink 仿真实现原理图如图 8.27 所示。

主要模块参数设置如图 8.28 至图 8.30 所示。

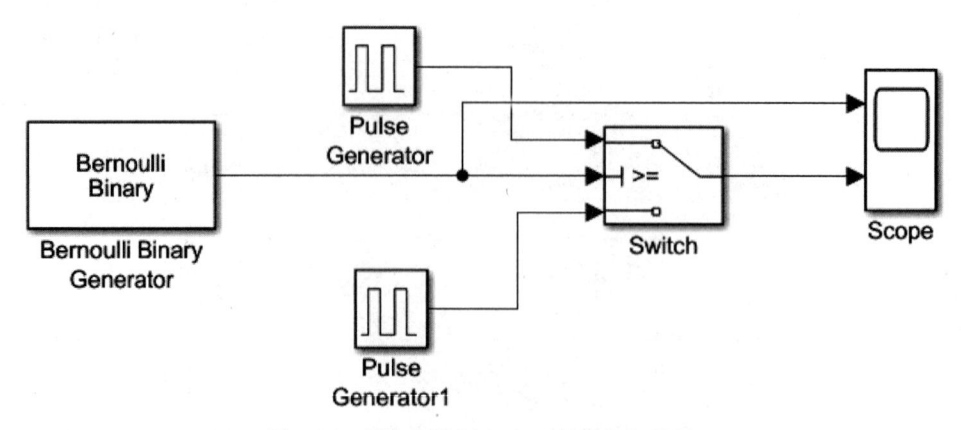

图 8.27 曼彻斯特码 Simulink 仿真实现图

图 8.28 贝努力二进制生成器参数设置

图 8.29 选通开关参数设置

8.2.2.4 实验结果分析

（1）AMI 码。

AMI 码编码波形如图 8.31 所示，最上面是原始信码波形，波形幅值从 0 到 1；中间是编码后形成的 AMI 码，原始信码中的"1"交替用"+1"和"-1"表示，原始信码中的"0"依然用"0"码表示；最下面的波形是 AMI 译码波形，可以看到，译码后的波形与原始信码完全一致，全部正确恢复。

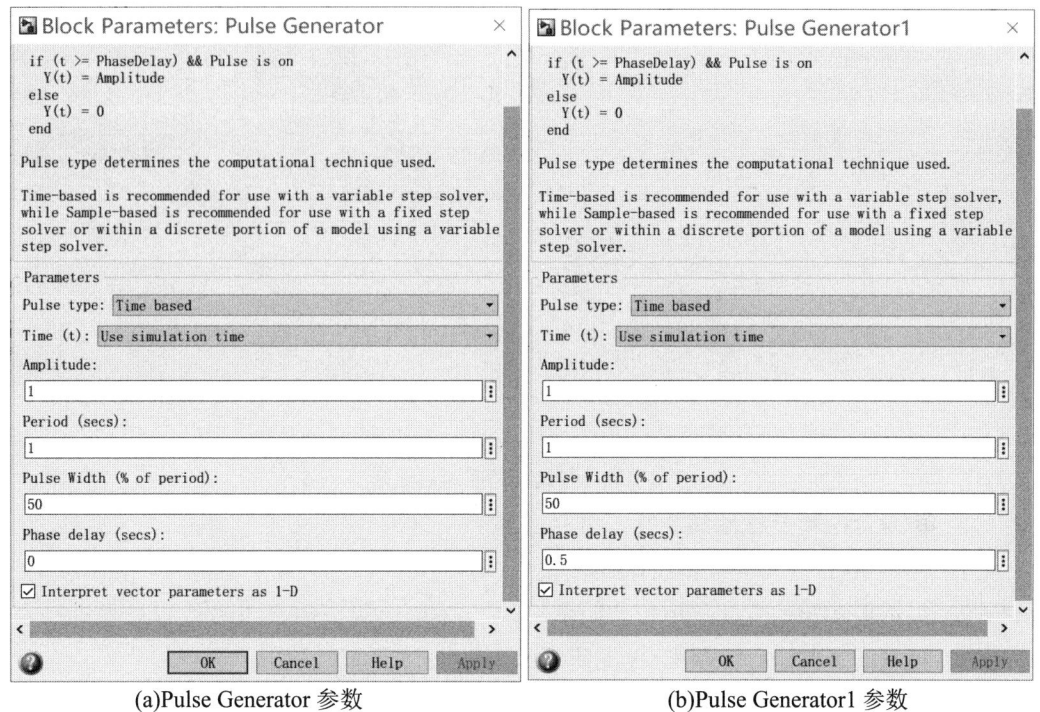

(a)Pulse Generator 参数　　　　　　　(b)Pulse Generator1 参数

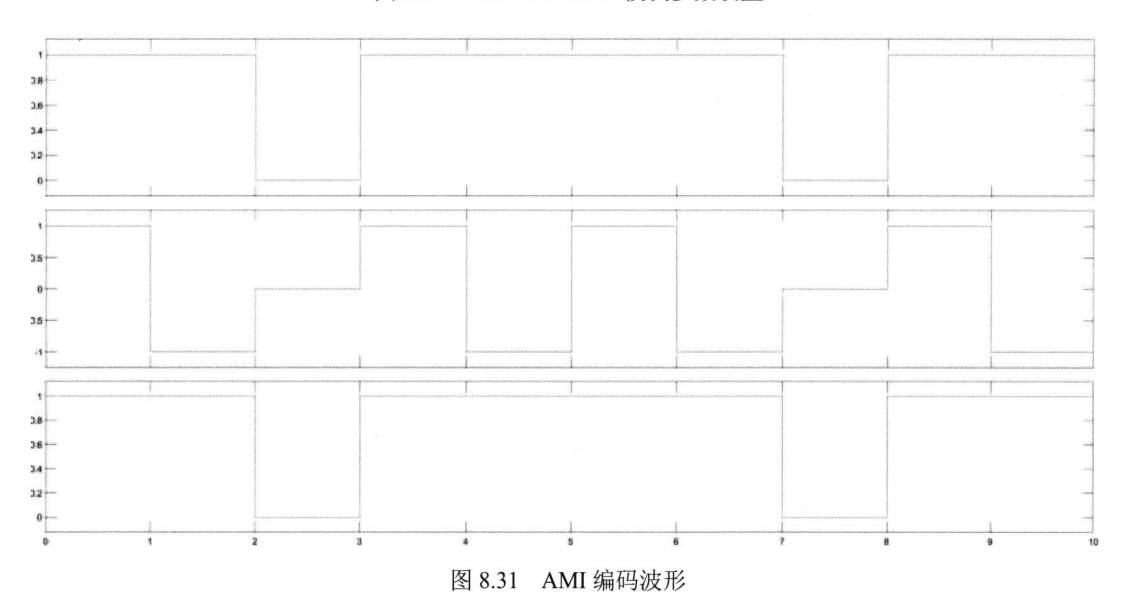

图 8.30　Pulse Generator 模块参数设置

图 8.31　AMI 编码波形

（2）曼彻斯特码。

曼彻斯特码编码波形如图 8.32 所示，上面是原始信码波形，下面是曼彻斯特码编码波形，可以看到，原始信码中的"0"码全部用"01"表示，原始信码中的"1"码，全部用"10"

表示。在每个码元时刻内都存在跳变沿，位定时信息丰富。

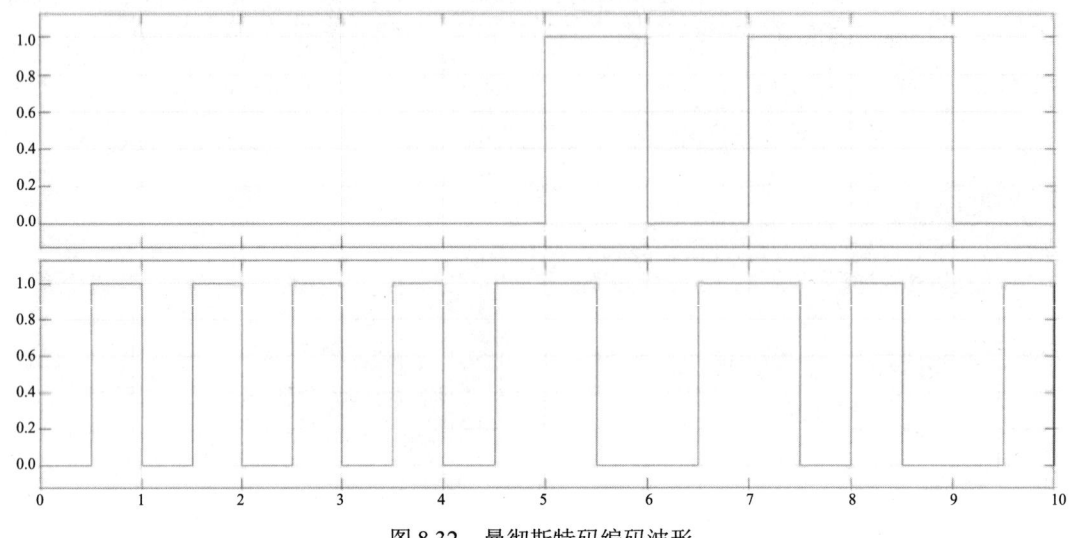

图 8.32 曼彻斯特码编码波形

8.2.2.5 问题讨论及开放性拓展

（1）比较 AMI 码与曼彻斯特码的优缺点？

（2）如何用实验的方法提取位定时信息？

（3）根据所学知识，完成 CMI 编码的 Simulink 仿真实现。

8.3 数字带通系统实验

8.3.1 2ASK 调制解调实验

8.3.1.1 实验目的

（1）掌握 2ASK 数字调制原理。

（2）掌握用键控法和模拟调制法产生 2ASK 信号的方法。

（3）掌握 2ASK 信号的解调方法。

8.3.1.2 实验原理

（1）2ASK 调制原理。

2ASK 振幅键控是利用载波的幅度变换来传递数字信息，而其频率和初试相位始终保持不变。在 2ASK 中，载波的振幅只有两种变化状态，分别用来表示二进制信码 "0" 和 "1"，2ASK 时间波形如图 8.33 所示。

从图中可以看到，载波在二进制基带信号 $s(t)$ 的作用下进行通断变化，所以二进制振幅键控又称为通断键控，即 OOK，可表示为

$$e_{OOK}(t) = \begin{cases} A\cos\omega_c t & \text{以概率 } P \text{ 发送 "1" 时} \\ 0 & \text{以概率 } 1-P \text{ 发送 "0" 时} \end{cases}$$

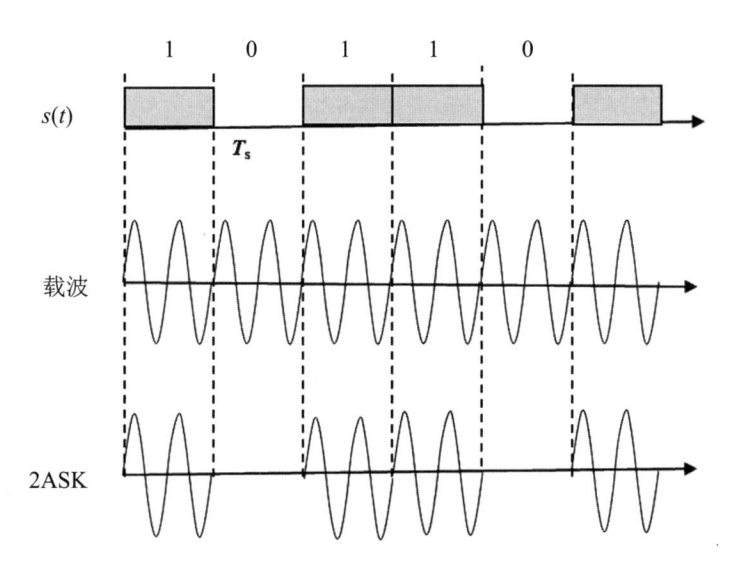

图 8.33 2ASK 时间波形

2ASK 信号的一般表达式为

$$e_{2ASK}(t) = s(t)\cos\omega_c t$$

式中：$s(t)$ 为单极性基带信号。

从上述两种表达式，我们可以得到 2ASK 的两种产生方法，即模拟调制法及数字键控法（图 8.34、图 8.35）。

图 8.34　模拟调制法　　　　图 8.35　数字键控法

（2）2ASK 解调原理。

2ASK 信号有两种基本的解调方法，即包络检波法和相干解调法，原理框图如图 8.36、图 8.37 所示。

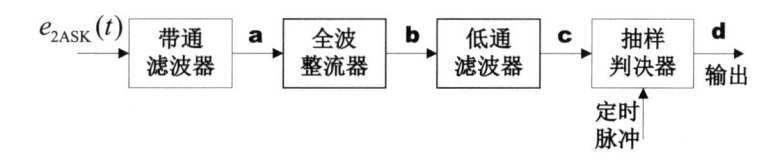

图 8.36　2ASK 包络检波法原理框图

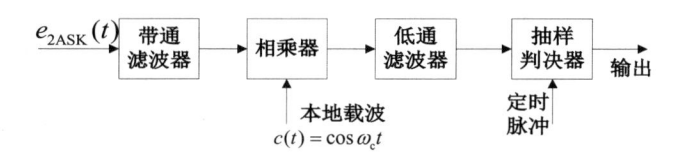

图 8.37　2ASK 相干解调法原理框图

8.3.1.3 实验步骤

（1）2ASK 键控法仿真。

2ASK 键控法 Simulink 仿真框图如图 8.38 所示。

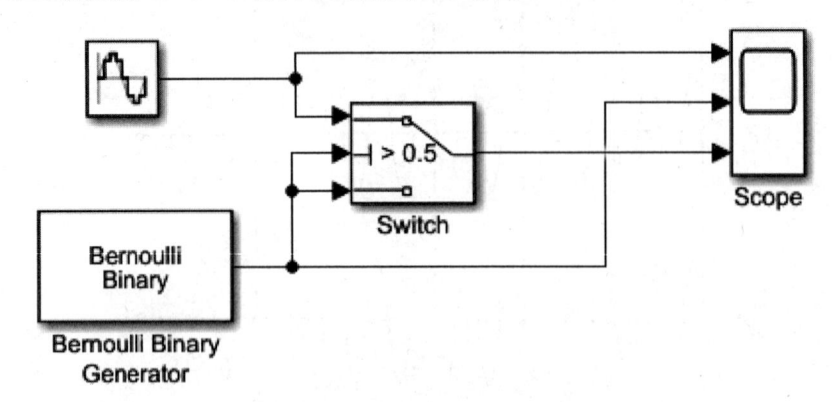

图 8.38　2ASK 键控法 Simulink 仿真实现框图

Simulink 各模块参数设置如图 8.39 至图 8.41 所示。

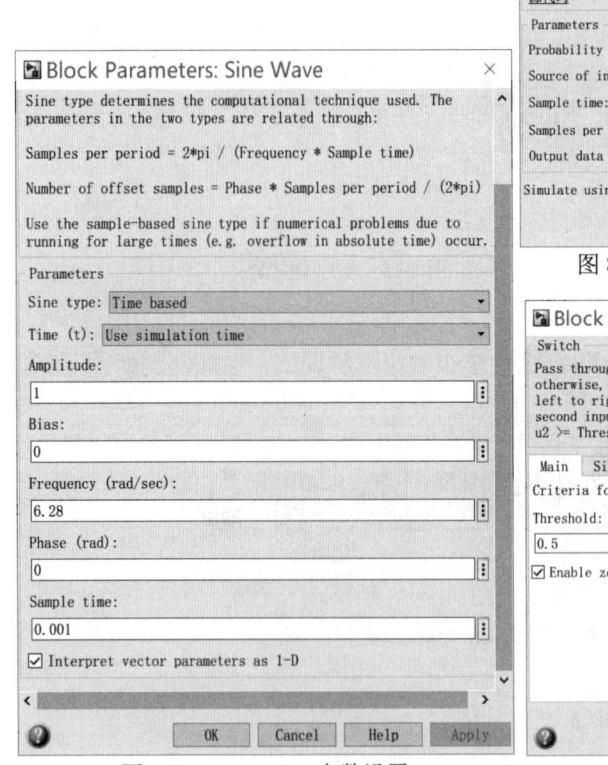

图 8.40　Bernoully Binary Generator 参数设置

图 8.39　Sine Wave 参数设置

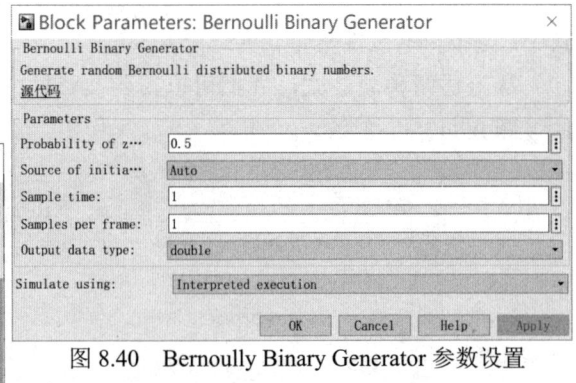

图 8.41　Switch 参数设置

（2）2ASK 模拟调制法仿真（图 8.42）。

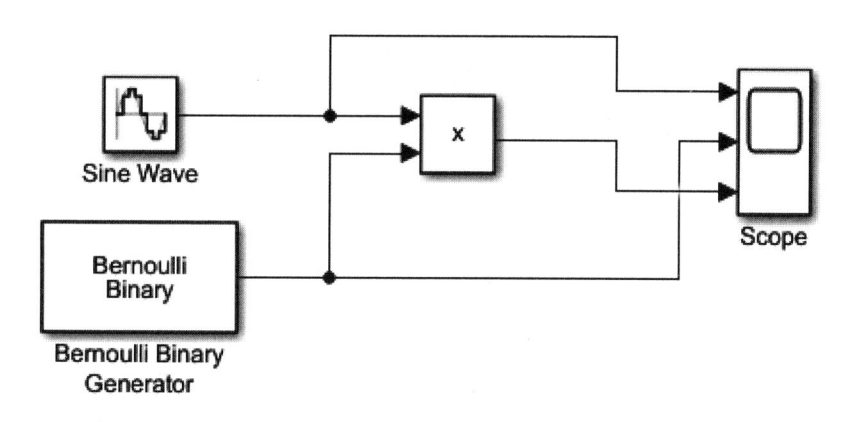

图 8.42　2ASK 模拟调制法 Simulink 仿真实现框图

主要模块参数设置与键控法一致。

（3）2ASK 相干解调仿真（图 8.43）。

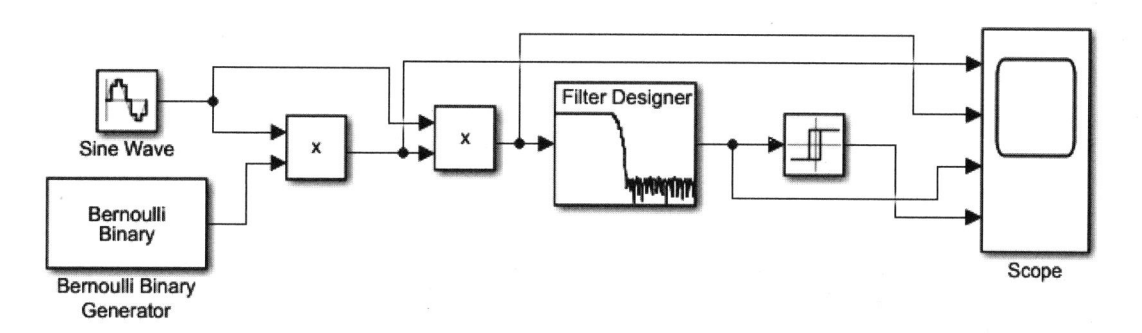

图 8.43　2ASK 相干解调法 Simulink 仿真实现框图

涉及模块参数设置如图 8.44、图 8.45 所示。

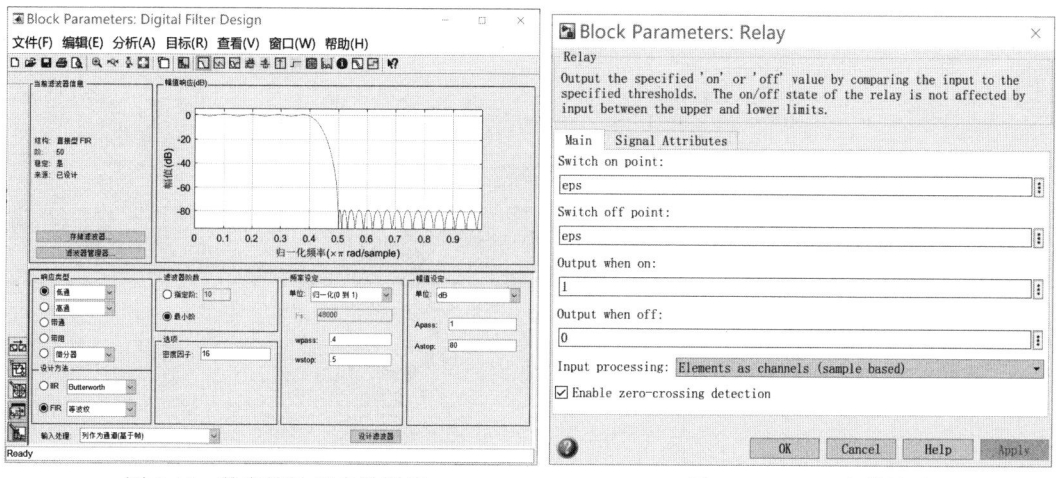

图 8.44　数字滤波器参数设置　　　　图 8.45　Relay 参数设置

8.3.1.4 实验结果及分析

（1）调制波形

键控法和模拟调制法仿真实现波形如图 8.46 所示，第一条是原始基带信号 $s(t)$ 的波形，是一个标准的单极性二进制信号；第二条是载波信号；第三条是 2ASK 波形。

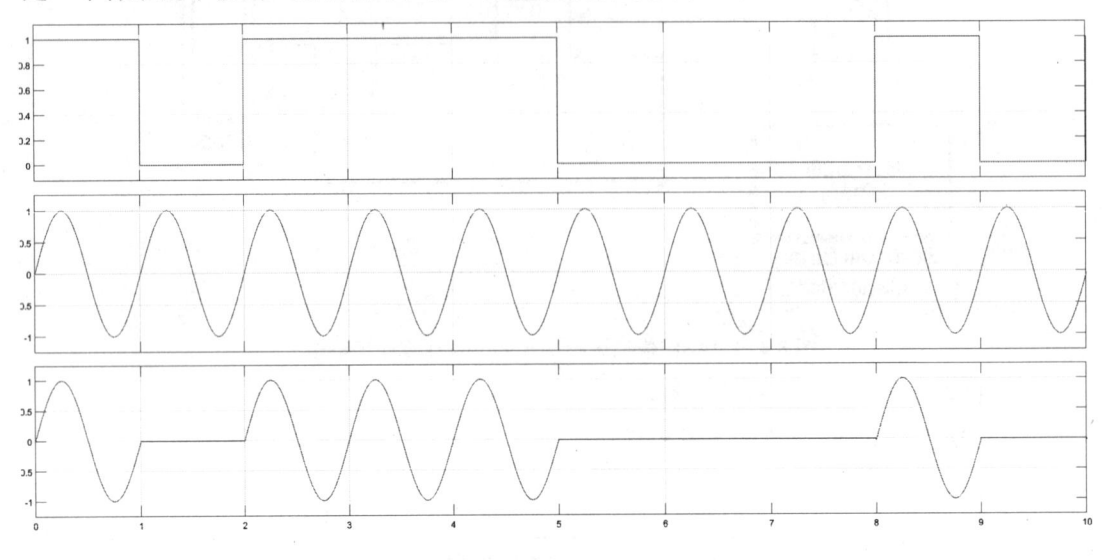

图 8.46 2ASK 调制波形图

可以看到，基带信号为"1"时，2ASK 信号为载波信号；基带信号为"0"时，2ASK 信号也为 0。

（2）2ASK 解调波形。

2ASK 相干解调波形如图 8.47 所示。其中第一条为 2ASK 信号波形，第二条为相乘器输出波形，第三条为低通滤波器输出波形，第四条为解调输出波形。

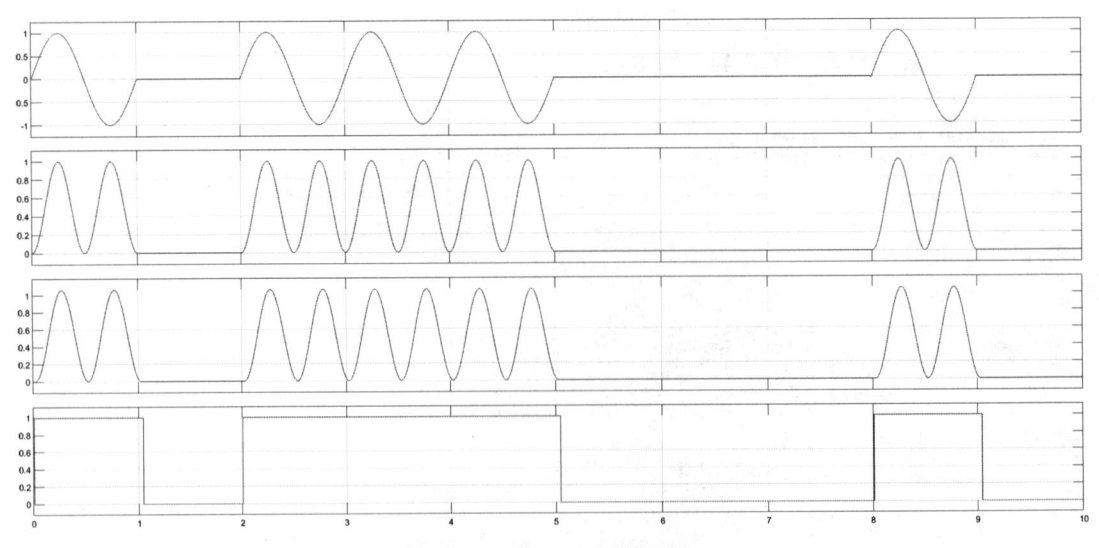

图 8.47 2ASK 解调波形图

对比调制波形图与解调波形图，可以看到，解调波形正确地恢复了原始基带信号。

8.3.1.5 问题讨论及开放性拓展

(1) 解调波形图中相乘器输出波形与滤波波形没有明显变化,为什么?

(2) 如何调整参数使得滤波器输出更平滑?

(3) 设计完成 2ASK 包络检波法 Simulink 仿真。

8.3.2 2FSK 数字调制

8.3.2.1 实验目的

(1) 掌握 2FSK 数字调制原理。

(2) 掌握产生 2FSK 信号的方法。

(3) 掌握 2FSK 信号的解调方法。

8.3.2.2 实验原理

(1) 2FSK 调制原理

频移键控是利用载波的频率变化来传递数字信息。在 2FSK 中,载波的频率随二进制基带信号在 f_1 和 f_2 两个频率变化。其表达式为

$$e_{2FSK}(t) = \begin{cases} A\cos\omega_1 t & \text{发送 "1" 时} \\ A\cos\omega_2 t & \text{发送 "0" 时} \end{cases}$$

波形如图 8.48 所示,2FSK 信号可以看成由 a 和 b 两路信号叠加而成。仔细观察 a 和 b 信号可以发现 a 和 b 就是两个 2ASK 信号,因此,2FSK 信号可以由两个频率不同的 2ASK 信号叠加而成。

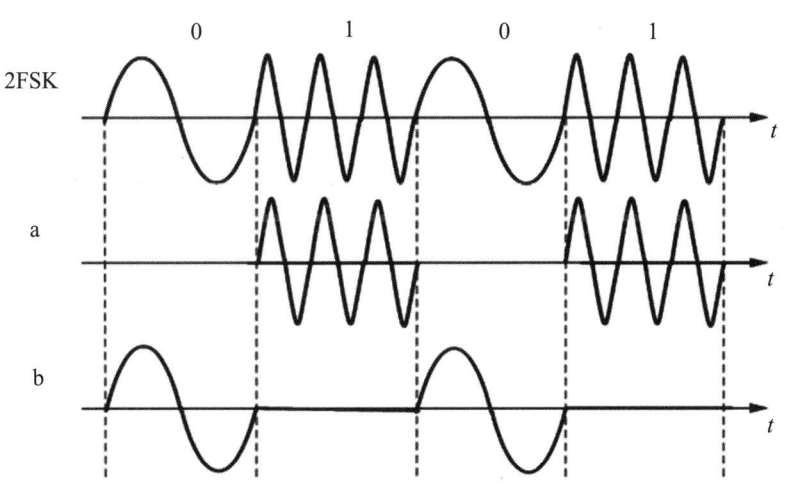

图 8.48 2FSK 波形示意图

2FSK 可用如图 8.49 所示的键控法产生,当然,也可以采用模拟调制法生产两路频率不同的 2ASK 信号叠加而成。

(2) 2FSK 解调原理。

2FSK 的解调原理是将其分解为上下两路 2ASK 信号进行解调,然后再进行判决,如图 8.50 所示。

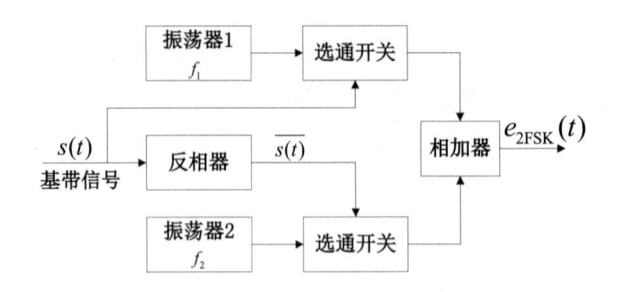

图 8.49　键控法产生 2FSK 信号的原理框图

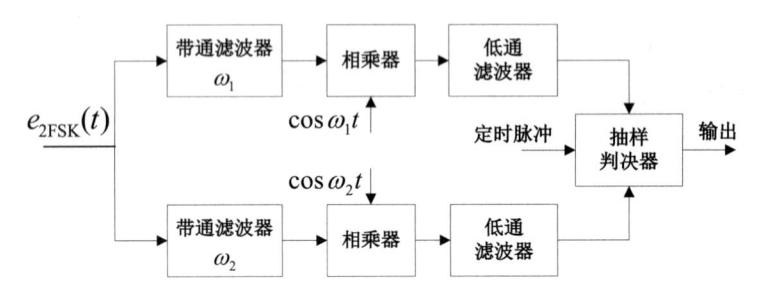

图 8.50　2FSK 相干解调原理图

8.3.2.3　实验步骤

（1）2FSK 键控法。

2FSK 信号的键控法产生仿真实现框图如图 8.51 所示。

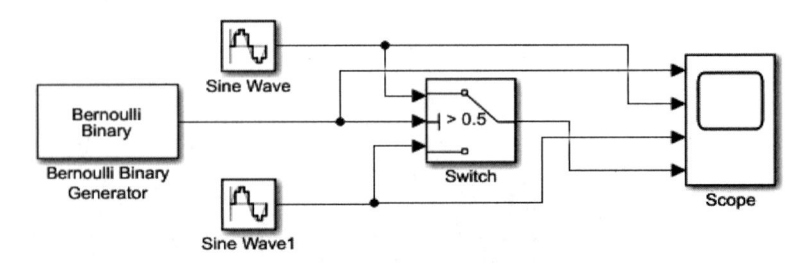

图 8.51　2FSK 键控法 Simulink 实现框图

框图中各主要模块参数设置如图 8.52 至图 8.54 所示。

图 8.52　贝努力二进制生成器参数

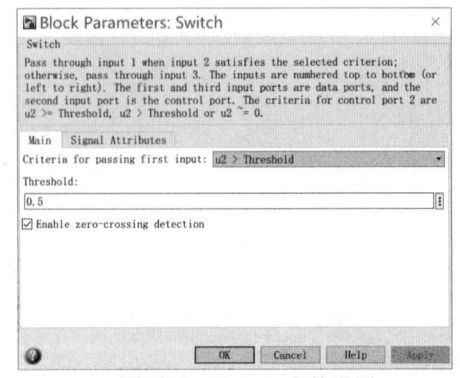

图 8.53　Switch 参数设置

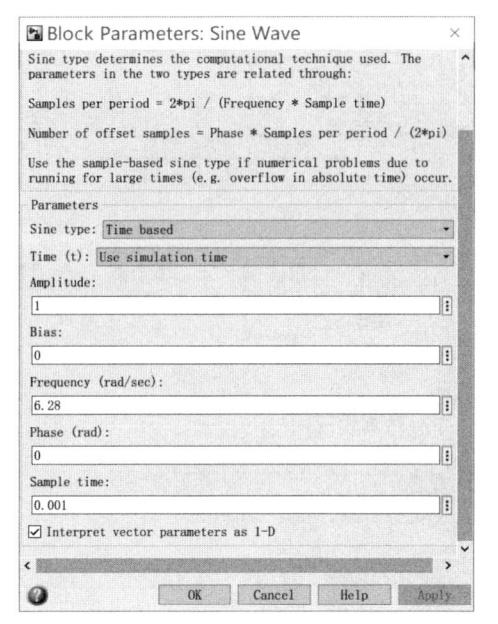

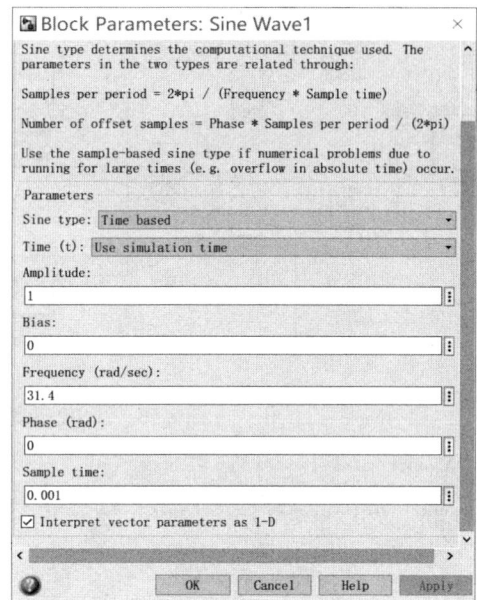

(a) Sine Wave　　　　　　　　　　　　(b) Sine Wave1

图 8.54　Sine Wave 模块参数设置

（2）2FSK 模拟相乘法。

2FSK 信号的模拟相乘法产生仿真实现框图如图 8.55 所示。

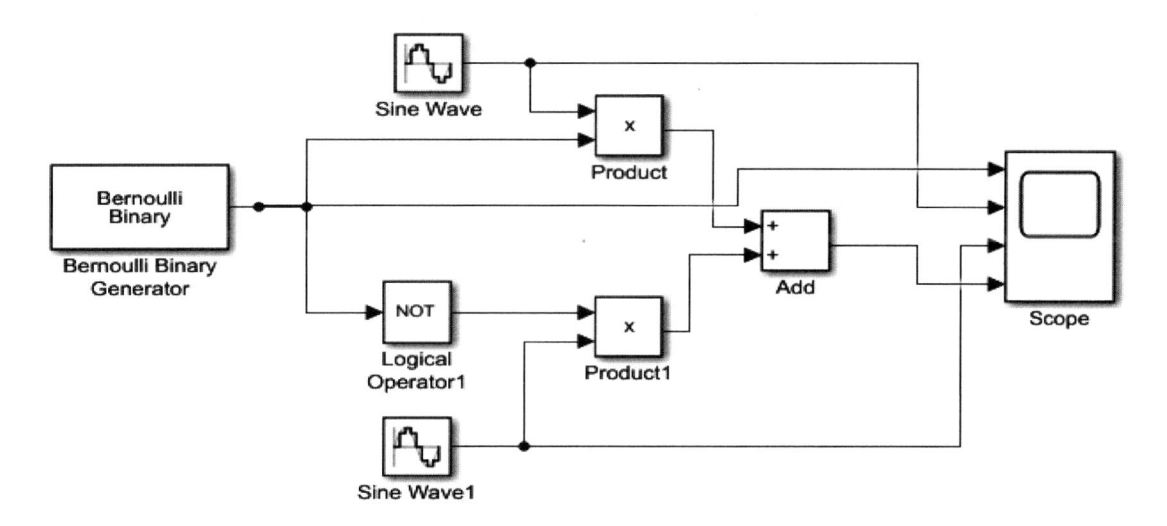

图 8.55　2FSK 信号模拟相乘法 Simulink 仿真框图

框图中各主要模块参数设置可参照键控法参数设置。

（3）2FSK 解调。

2FSK 解调仿真实现框图如图 8.56 所示。框图中主要模块参数如图 8.57 所示。

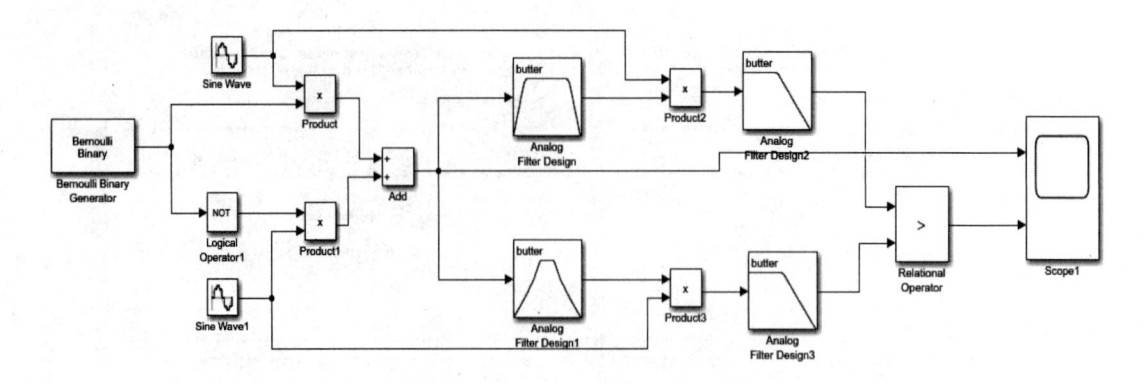

图 8.56　2FSK 解调 Simulink 仿真实现图

图 8.57　滤波器参数设置

8.3.2.4　实验结果分析

（1）2FSK 调制波形。

2FSK 调制波形图如图 8.58 所示，其中第一条是原始基带信号波形，第二条是载波 1，第三条是载波 2，第四条是 2FSK 信号波形。从图中可以看到，基带信号为 "1" 时，用载波 1 表示；基带信号为 "0" 时，用载波 2 表示。

（2）2FSK 解调波形

2FSK 解调波形如图 8.59 所示，第一条是 2FSK 信号波形，第二条解调后的信号，与图调制波形相比，正确恢复了基带信号。

图 8.58 2FSK 调制波形图

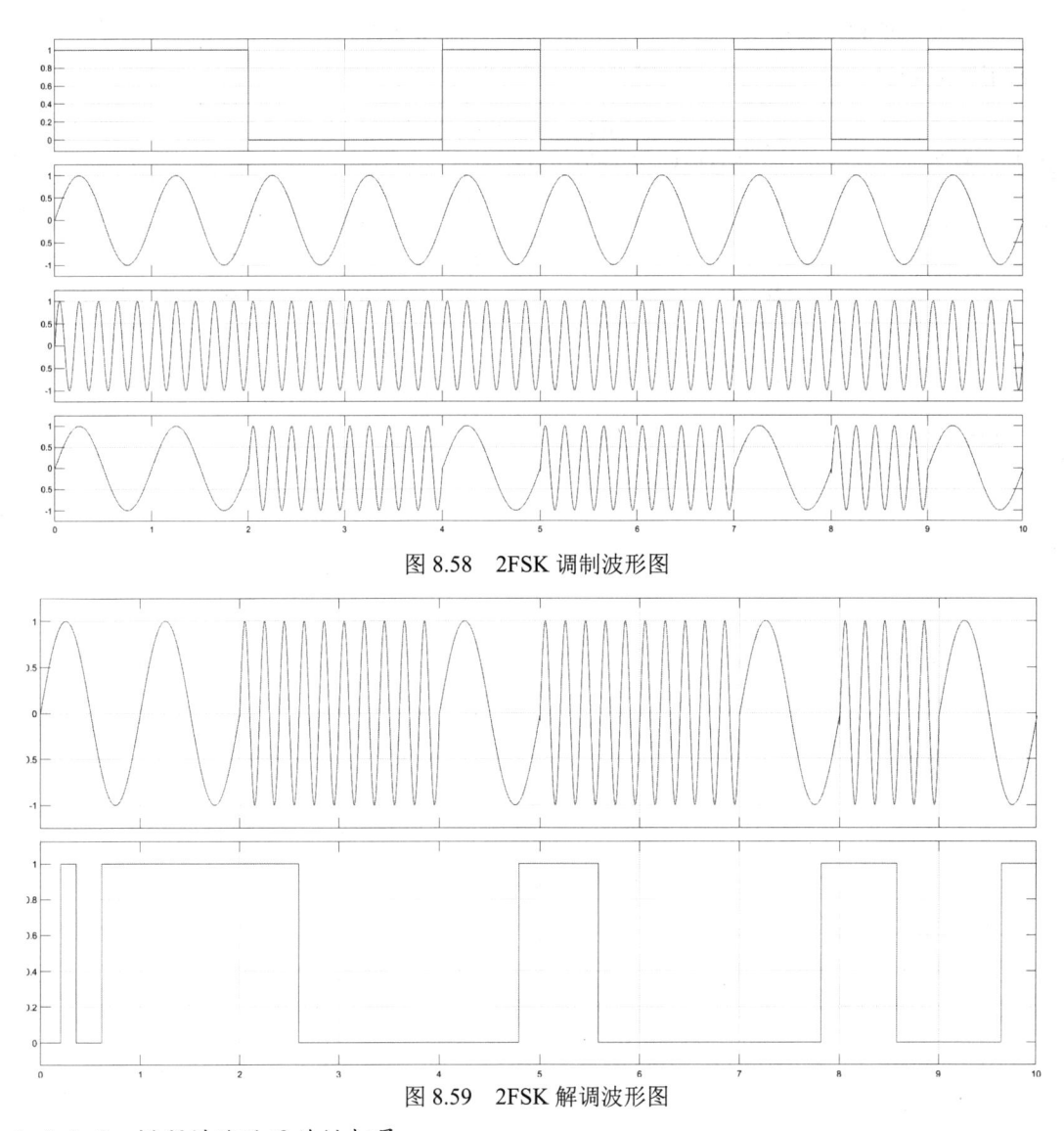

图 8.59 2FSK 解调波形图

8.3.2.5 问题讨论及开放性拓展

(1) 试分析为什么解调波形图中恢复波形滞后半个码元周期?

(2) 试分析为什么产生的 2FSK 信号相位是连续变换的?

(3) 试用 Simulink 实现 2FSK 的过零检测法。

8.3.3 2PSK 数字调制

8.3.3.1 实验目的

(1) 掌握 2PSK 数字调制原理。

(2) 掌握产生 2PSK 信号的方法。

(3) 掌握 2PSK 信号的解调方法。

8.3.3.2 实验原理

(1) 2PSK 调制原理。

相移键控是利用载波的相位变化来传递数字信息,而振幅和频率保持不变。在 2PSK 中,通常用初始相位 0 和 π 分别表示二进制 "0" 和 "1"。因此,2PSK 信号的时域表达式为

$$e_{2PSK}(t) = A\cos(\omega_c + \varphi_n)$$

式中,φ_n 表示第 n 个符号的绝对相位,即

$$\varphi_n = \begin{cases} 0 & \text{发送 "0" 时} \\ \pi & \text{发送 "1" 时} \end{cases}$$

将相位初始值代入 2PSK 时域表达式,可以得到 2PSK 的另一种形式的时域表达式:

$$e_{2PSK}(t) = \begin{cases} A\cos\omega_c t & \text{概率为} P \\ -A\cos\omega_c t & \text{概率为} 1-P \end{cases}$$

2PSK 波形与信息代码的关系如图 8.60 所示。

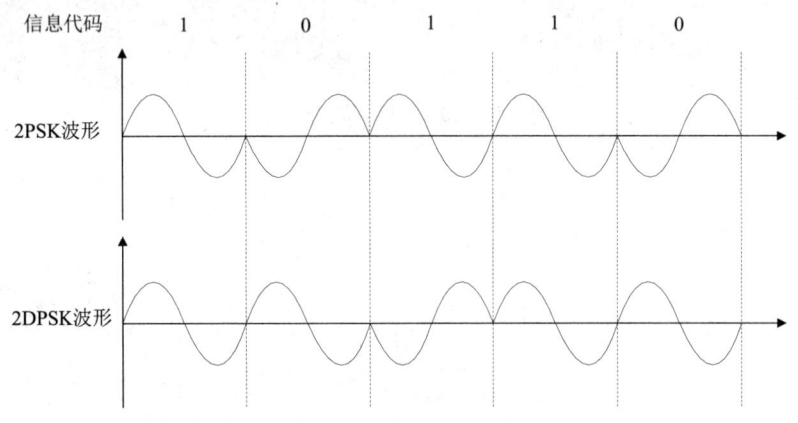

图 8.60 2PSK 信号波形

图中假设码元宽度等于载波周期。2PSK 信号的相位与信息代码的关系是:前后码元相异时,2PSK 信号相位变化 180°,相同时 2PSK 信号相位不变,可简称为"异变同不变"。2PSK 有两种产生方法,即模拟相乘法及数字键控法(图 8.61、图 8.62)。

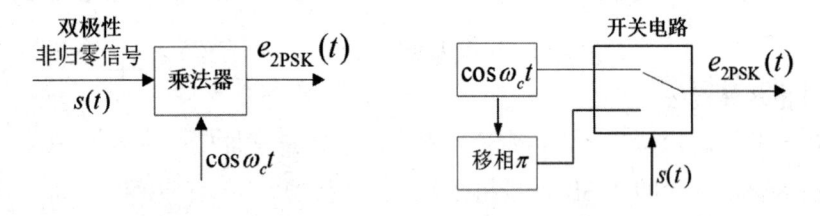

图 8.61 模拟相乘法   图 8.62 数字键控法

(2) 2PSK 解调原理(图 8.63)。

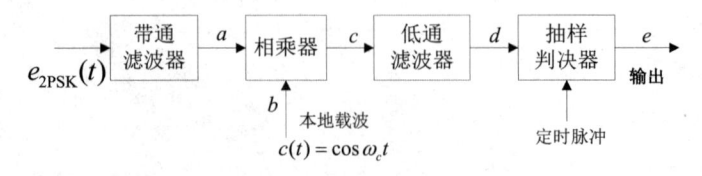

图 8.63 2PSK 相干解调法原理框图

(3) 2PSK 反相工作问题。

由于在 2PSK 信号的载波恢复过程中存在着 180° 相位模糊,即恢复的载波本地载波与所需的相干载波可能同相,也可能反相,这种相位关系的不确定性将会造成及诶套除的数字基带信号与发送的数字基带信号正好相反,即"0"变为"1","1"变为"0",抽样判决器输出数字信号全部出错。这种现象就是 2PSK 方式的"倒 π 现象",也称反相工作。

8.3.3.3 实验步骤

(1) 2PSK 调制。

首先将原始单极性基带信号进行变换,变成双极性基带信号,然后再与载波相乘,即可得到 2PSK 调制信号,Simulink 仿真原理框图如图 8.64 所示。

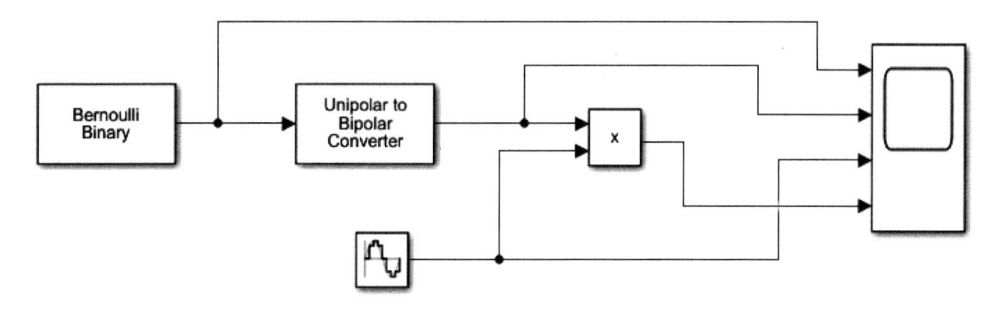

图 8.64 2PSK 调制 Simulink 仿真实现图

各个模块参数设置如图 8.65 至图 8.67 所示。

图 8.65 二进制生成器参数

图 8.66 单双极性转换模块参数

图 8.67 Sine Wave 参数设置

（2）2PSK 解调。

将 2PSK 信号与恢复载波相乘，然后经过低通滤波器滤波，再经 sign 函数模块变换为双极性信号，最后经极性变换模块将双极性信号变换为单极性信号即可。具体 Simulink 仿真实现如图 8.68 所示。

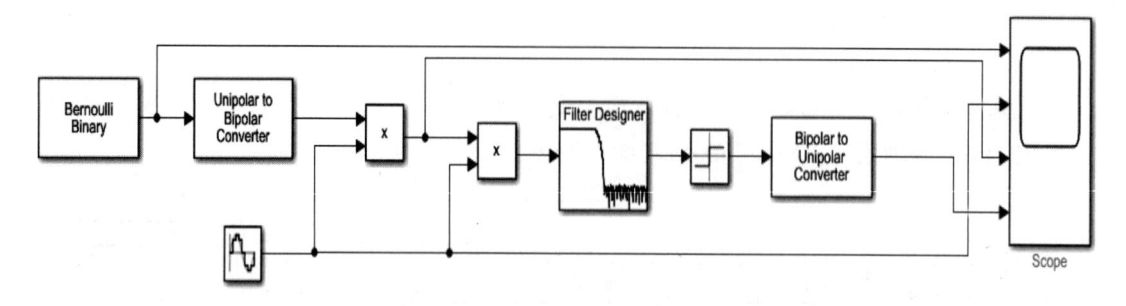

图 8.68　2PSK 解调 Simulink 仿真实现图

涉及的模块参数设置如图 8.69、图 8.70 所示。

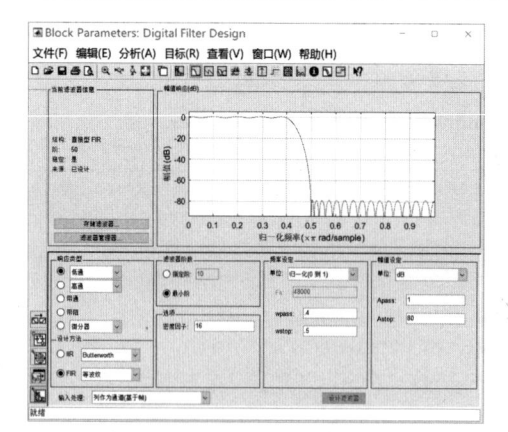

图 8.69　数字滤波器参数设置 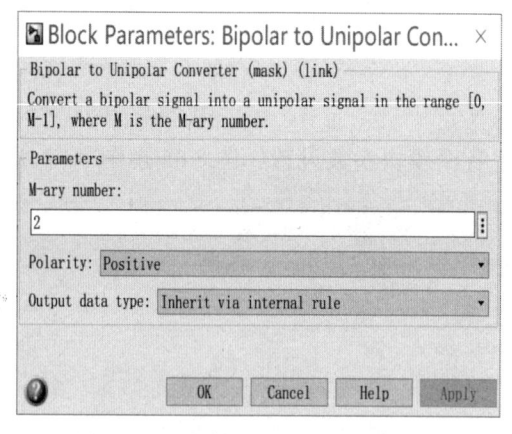　　图 8.70　双极性到单极性转换器参数

（3）2PSK 反向工作。

2PSK 解调时，将调制载波与直流分量"-1"相乘，使恢复载波发生 180° 相位，与调制载波反相，再进行相干解调，具体 Simulink 仿真实现如图 8.71 所示，参数设置如图 8.72 所示。

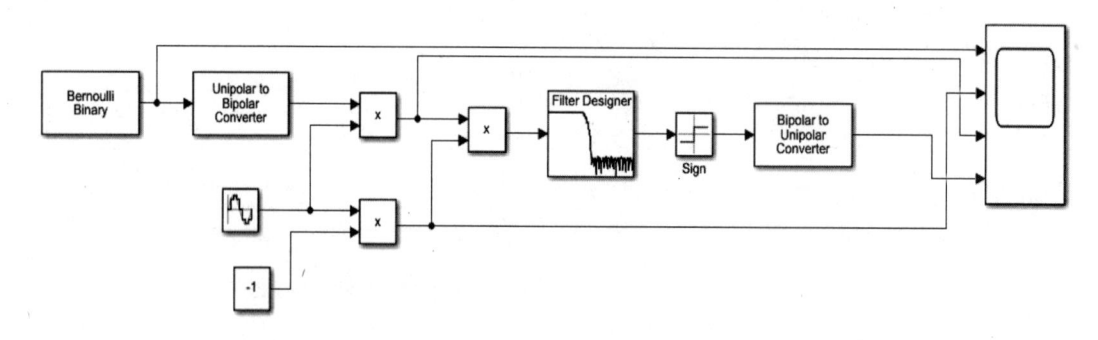

图 8.71　2PSK 倒 π 现象 Simulink 仿真图

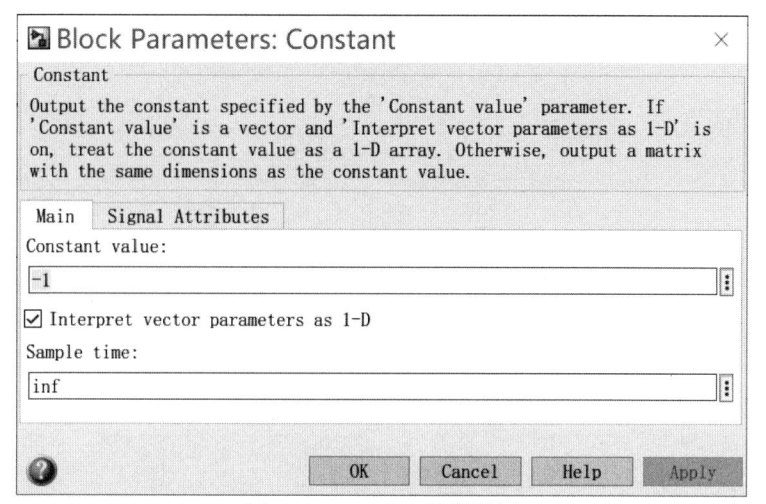

图 8.72　Constant 参数设置

8.3.3.4　实验数据分析

（1）2PSK 调制。

2PSK 调制波形如图 8.73 所示，其中第一条波形是原始单极性基带信号，第二条波形是经过变换之后的双极性基带信号，第三条是载波信号，第四条是已调信号——2PSK 信号。可以看到信码为"1"时，已调波形与载波波形相位相同；信码为"0"时，已调波形与载波波形相位相反，在"0"码与"1"码码型变换处，出现载波反相点。

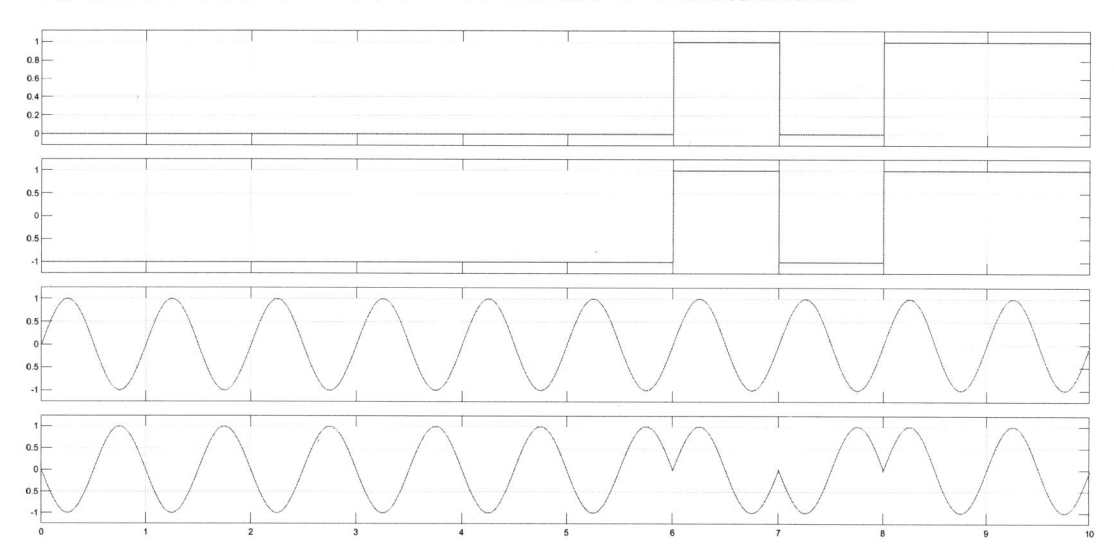

图 8.73　2PSK 调制各点波形

（2）2PSK 解调。

2PSK 解调波形如图 8.74 所示，图中第一条是 2PSK 已调波形，第二条是已调信号与载波信号相乘之后的波形，第三条是抽样判决之后输出的解调波形。与调制波形图中的原始基带信号相比，可以看到，解调波形与原始基带信号一致。

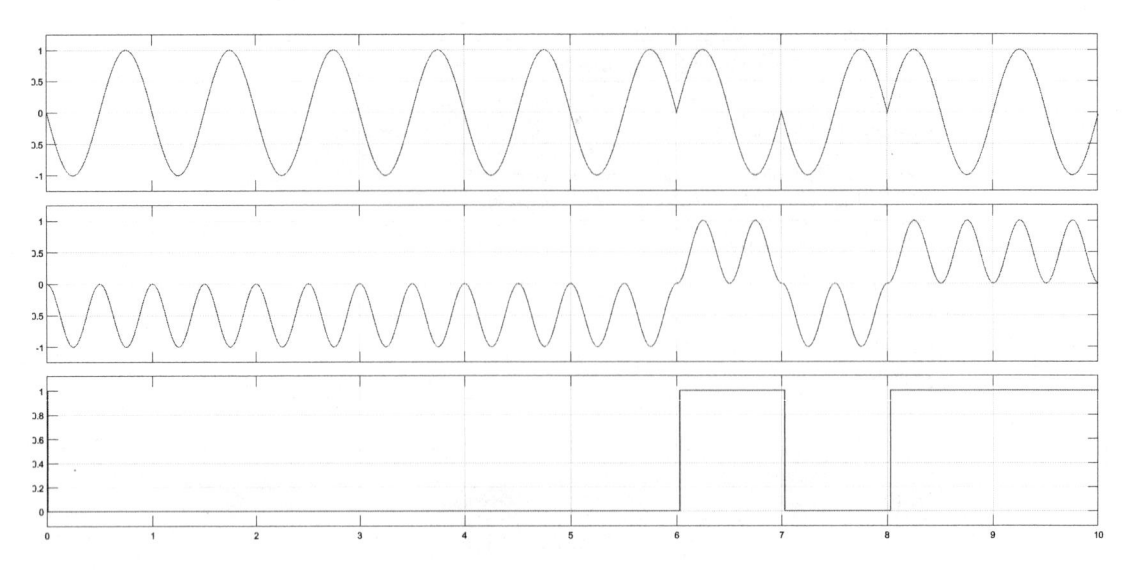

图 8.74 2PSK 解调各点波形

（3）2PSK 反相工作。

恢复载波发生 180° 相位模糊后，2PSK 的解调波形如图 8.75 所示，图中第一条波形是原始基带信号波形，第二条是反相之后的恢复载波波形，第三条是 2PSK 信号波形，第四条是解调之后的基带数据波形。

显而易见，第四条恢复数据波形与第一条原始基带信号波形完成相反，原始为"1"的信号，恢复成了"0"；原始为"0"的基带信号，恢复成了"1"，恢复数据全部出错。

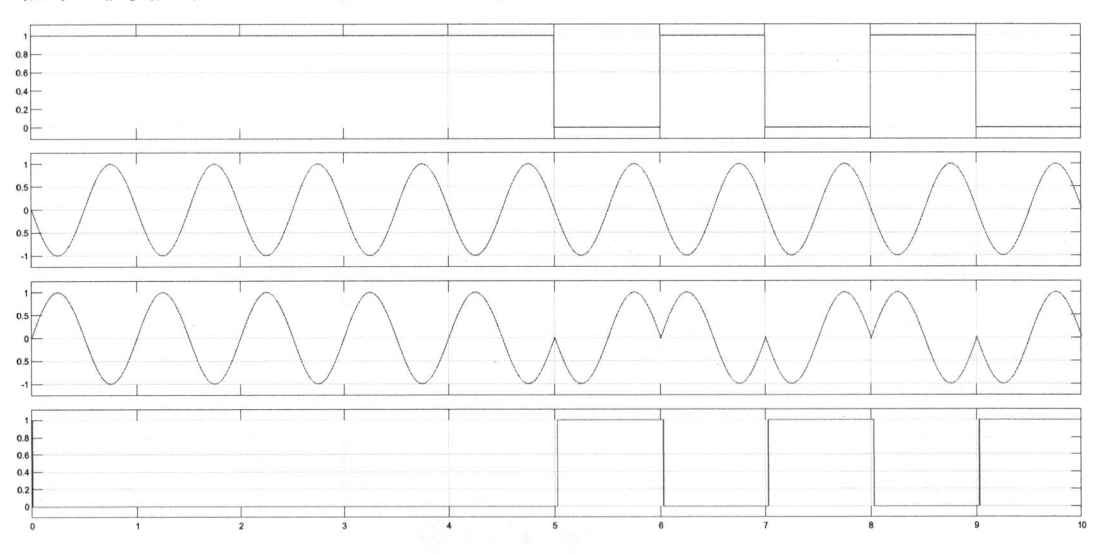

图 8.75 2PSK 解调倒 π 现象示意图

8.3.3.5 问题讨论及开放性拓展

（1）2PSK 信号解调时，相乘器的具体作用是什么？如何体现，请结合波形具体分析。

（2）试观察解调过程中低通滤波器的输出，并分析出现该现象的原因。调整参数再观察一次，有何不同？

8.3.4 2DPSK 数字调制解调实验

8.3.4.1 实验目的

（1）掌握 2DPSK 调制原理；

（2）掌握 2DPSK 解调原理。

8.3.4.2 实验原理

（1）2DPSK 基本原理。

2DPSK 是在 2PSK 的基础上改进得来的，目的是解决 2PSK 信号存在的严重问题——倒 π 现象。

2PSK 存在倒 π 现象的根本原因，在于相位变化是以未调载波的相位作为参考基准相位的，用载波的绝对相位来表示数字信息。因此，要想解决倒 π 现象，就需要从根本上解决绝对相位的表示方式，而采用相对相位来表示数字信息。

2DPSK 就是利用前后相邻码元的载波相对相位变换表示信息，假设 $\Delta\varphi$ 为当前码元与前一码元的载波相位差，则可定义一种数字信息与 $\Delta\varphi$ 之间的关系：

$$\Delta\varphi = \begin{cases} 0 & \text{表示数字信息 "0"} \\ \pi & \text{表示数字信息 "1"} \end{cases}$$

于是可将一组二进制数字信息与其对应的 2DPSK 信号的载波相位关系如表 8.1 所示。

表 8.1　二进制数字信息与其对应的 2DPSK 信号的载波相位关系表

二进制信码	1	1	0	1	0
2DPSK(0)	π	0	0	π	π
信号相位（π）	0	π	π	0	0

相应的 2DPSK 波形如图 8.76 所示。

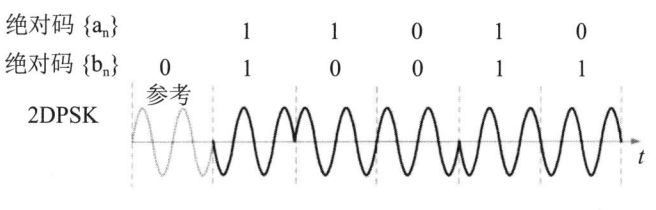

图 8.76　2DPSK 原理波形

（2）2DPSK 信号调制原理。

2DPSK 产生的方法，是先对二进制数字基带信号进行差分编码，即将表示数字信息序列的绝对码变换成相对码，也叫差分码；然后再对相对码进行绝对调相，从而产生二进制差分相移信号。

图 8.77 中 $s(t)$ 是原始基带信号，码变换模块进行差分编码，用开关电路实现键控法，也可以在码变换后采用模拟相乘法进行绝对调相

（3）2DPSK 信号解调原理。

2DPSK 信号的解调方法有两种，一种是相干解调（极性比较法）；另一种是差分相干解调（相位比较法）加码反变换法如图 8.78、图 8.79 所示。

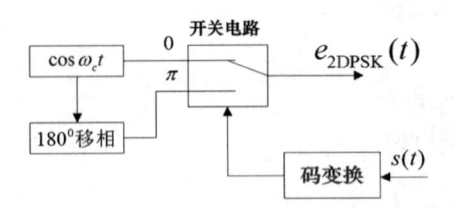

图 8.77 2DPSK 信号调制原理框图

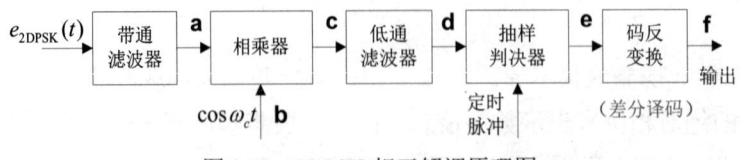

图 8.78 2DPSK 相干解调原理图

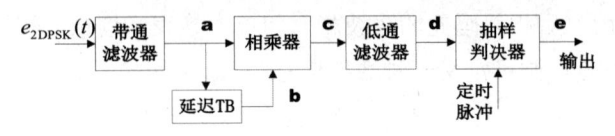

图 8.79 2DPSK 差分相干解调原理图

8.3.4.3 实验步骤

（1）2DPSK 调制。

调制模块主要包括两部分，一个是差分编码模块，另一个是开关电路。

因为调制过程中需要用到相对码，所以需要进行差分编码，把绝对码变换成相对码，然后对绝对码调相从而产生二进制差分相移键控信号。开关电路部分的主要功能是根据差分码和所给的针线波信号生成二进制差分相依键控信号，如图 8.80 所示。

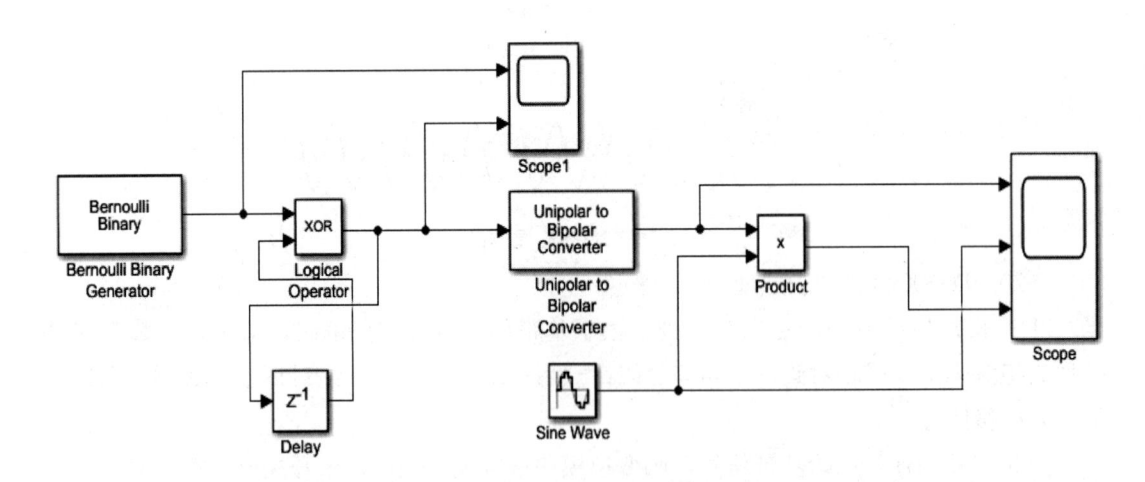

图 8.80 2DPSK 信号调制模拟相乘法仿真实现框图

其中第一个示波器（Scope）用来观察把绝对码转换成差分码，第二个示波器用来观察 2DPSK 调制波形。

主要模块参数设置如图 8.81 至图 8.83 所示。

图 8.81　Sine Wave 参数设置

图 8.82　Logical Operator 参数设置

图 8.83　Delay 模块参数设置

（2）相干解调设计。

相干解调主要有带通滤波器、相乘器、低通滤波器、抽样判决器、码反变换器构成。其中抽样变换器把经过低通滤波器后的正弦波信号转变成为二进制电平信号，即转换成为相对码。各阶段的波形用示波器观察。系统图如图8.84所示。

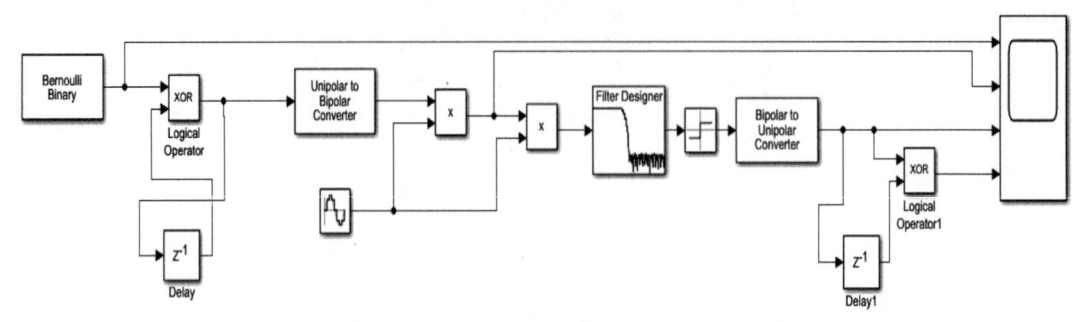

图 8.84　2DPSK 相干解调 Simulink 实现图

8.3.4.4　实验数据分析

（1）相对码波形。

经差分编码后，得到相对码波形，如图 8.85 所示，第一条是绝对码波形，第二条是相对码波形。从图 8.85 中可以看出，相对码以前一个码元为参考，"1"变"0"不变。

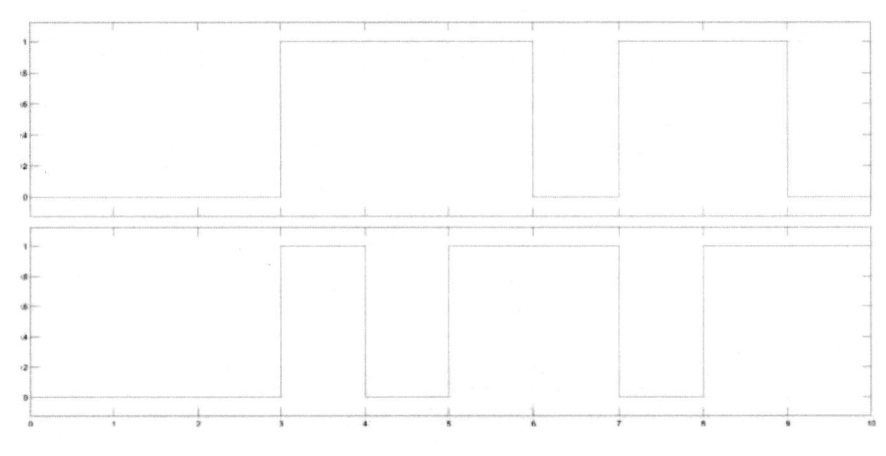

图 8.85　差分变换波形

（2）2DPSK 调制波形。

调制波形如图 8.86 所示，其中第一条是经码型变换后得到了相对码双极性信号，分别用"+1"和"-1"来表示相对码的"1"和"0"。第二条是载波波形，第三条是 2DPSK 调制波形，可以看到，2DPSK 波形的初始相位，与相对码波形呈一一对应关系，基带信码为"+1"时，相位为"0"，基带信码为"-+1"时，相位为"π"。

（3）2DPSK 信号解调。

2DPSK 信号解调波形图如图 8.87 所示，第一条是原始基带信号，第二条是 2DPSK 信号，第三条是抽样判决之后的相对码波形，第四条是差分译码之后恢复的绝对码波形。

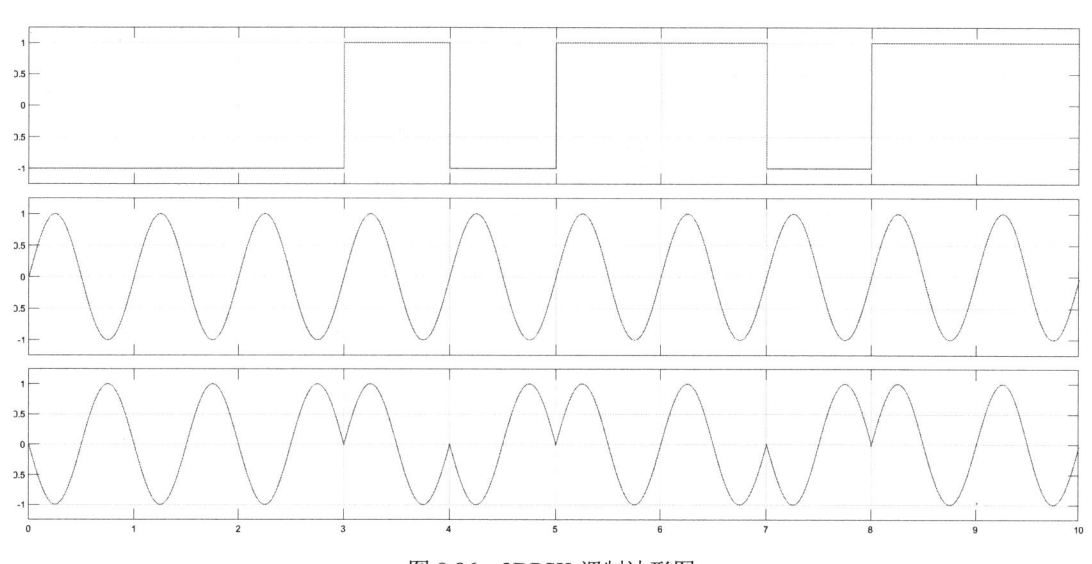

图 8.86　2DPSK 调制波形图

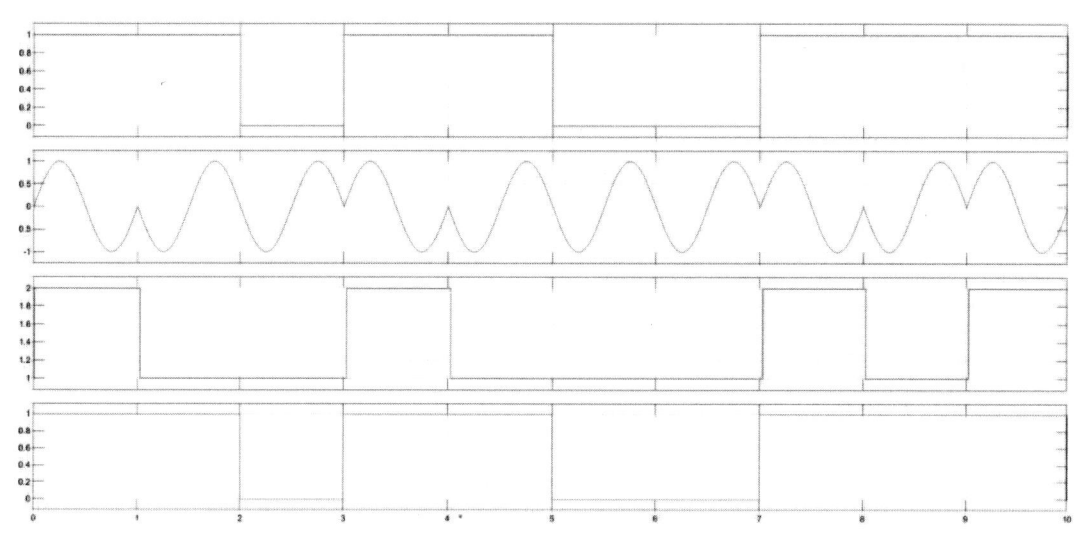

图 8.87　2DPSK 解调波形图

8.3.4.5　问题讨论及开放性拓展

（1）请结合 2PSK 实验，建模验证 2DPSK 是否能够解决倒 π 现象。

（2）请用 Simulink 仿真实现 2DPSK 差分相干解调。

参考文献

[1] 张新喜，许军．Multisim 14 电子系统仿真与设计 [M]．2 版．北京：机械工业出版社，2019．

[2] 魏鉴，朱卫霞．电路与电子技术实验教程 [M]．武汉：武汉大学出版社，2017．

[3] 吕承启，林其斌．电子技术基础实验 [M]．2 版．合肥：中国科学技术大学出版社，2014．

[4] 蔡苗．电子线路实验与课程设计 [M]．2 版．武汉：华中科技大学出版社，2017．

[5] 童诗白，华成英．模拟电子技术基础 [M]．5 版．北京：高等教育出版社，2015．

[6] 郑宽磊．模拟电子技术实验与课程设计 [M]．北京：电子工业出版社，2020．

[7] 阎石，王红．数字电子技术基础 [M]．6 版．北京：高等教育出版社，2016．

[8] 吴扬．电子技术课程设计 [M]．合肥：安徽大学出版社，2018．

[9] 赵建华，雷志勇．电子技术课程设计 [M]．北京：中国电力出版社，2012．

[10] 王艳春．电子技术实验与 Multisim 仿真 [M]．合肥：合肥工业大学出版社，2011．

[11] 尤佳．数字电子技术实验与课程设计 [M]．2 版．北京：机械工业出版社，2019．

[12] 陈柳．数字电子技术实验与课程设计 [M]．北京：电子工业出版社，2021．

[13] 赵文杰．MATLAB 在数字信号处理中的应用 [J]．潍坊学院学报，2021，21(2):33-36．

[14] 郭超然，王小飞，王晓燕．MATLAB 平台下数字信号优化处理及其仿真分析 [J]．电子世界，2020(9):175-176．

[15] 李洪潘，刘柏峰，汪源．"信号与系统"和"数字信号处理"优化整合的研究与探索 [J]．课程教育研究，2017(28):253．

[16] 王渊，罗运鹏，贾永兴，等．信号与系统频域分析虚拟仿真实验系统的设计与实现 [J]．工业和信息化教育，2016(9):19-22．

[17] 段凯宇，殷仕淑，付明，等．基于 MATLAB 的数字信号处理教学仿真实例 [J]．科技展望，2014(23):34+36．

[18] 党华丽．Matlab/Simulink 仿真在信号与系统分析中的应用 [J]．信息技术，2010，34(03):126-127+130．

[19] 张晓光，王艳芬，王刚．Matlab 在"数字信号处理"课程教学中的应用 [J]．电气电子教学学报，2004(5):37-40．

[20] 刘明．基于 MATLAB 的信号与系统仿真分析 [J]．琼州大学学报，2004(02):75-77

[21] 郑君里，应启珩，杨为理．信号与系统 [M]．3 版．北京：高等教育出版社，2011．